BABEL

I Magw Jên

BABEL

IFAN MORGAN JONES

Diolch yn fawr iawn i staff y Lolfa, yn arbennig felly
Meleri Wyn James am ei chyngor doeth a'i golygu deallus.

Diolch hefyd i Llinos Mair am awgrymu 'Agerstalwm'
fel cyfieithiad o enw *genre* 'Steampunk'.

Argraffiad cyntaf: 2019

Cynllun y clawr: Sion Ilar
Llun y clawr: Flavio Bolla

Rhif Llyfr Rhyngwladol: 978 1 78461 712 7

Dymuna'r cyhoeddwyr gydnabod cymorth ariannol
Cyngor Llyfrau Cymru

Cyhoeddwyd ac argraffwyd yng Nghymru
ar bapur o goedwigoedd cynaladwy gan
Y Lolfa Cyf., Talybont, Ceredigion SY24 5HE
e-bost ylolfa@ylolfa.com
gwefan www.ylolfa.com
ffôn 01970 832 304
ffacs 01970 832 782

'He had begun to regard men as so much animated mechanism. They were the cogs of the wheels. Inefficient men were like an ill-made crank or defective piston, to be put aside. Iron-making was a trade that admitted of no other consideration than capacity on the part of the labourer. His care was to obtain efficiency at its market value, and with that his relations with his men began and ended.'

– Charles Wilkins yn trafod William Manelaus (1818–1882), Rheolwr Gwaith Haearn Dowlais

'Ac efe a wnaeth o un gwaed bob cenedl o ddynion, i breswylio ar holl wyneb y ddaear, ac a bennodd yr amseroedd rhagosodedig, a therfynau eu preswylfod hwynt.'

– Actau, 17:26

Fe fu fy nhad yn dweud wrthyf fy mod yn mynd i uffern bob dydd ers blynyddoedd, ac felly doeddwn i ddim yn teimlo bod gen i unrhyw beth i'w golli drwy ei lofruddio – ddim fy enaid, beth bynnag. Roeddwn wedi cynllunio i ffoi o'i afael i'r dref agosaf ers wythnosau, ond sylweddolais na fyddwn i byth yn rhydd tra y byddai ef fyw. Y byddai'n dod o hyd i mi rywsut, neu fe fyddwn i'n treulio fy mywyd yn edrych dros fy ysgwydd yn chwilio amdano. Dyna pam y lleddais ef.

Roedd yn penlinio o flaen y tân, yn gwylio'r marwor yn mudlosgi, a'i gefn tuag ataf. Roedd yn amlwg newydd fod yn ceisio adfywio'r ychydig wreichion a losgai yng nghanol y mawn oherwydd fe orweddai'r procer ar y rŷg wrth ei ymyl.

Rhaid ei fod wedi clywed siffrwd fy nhraed.

'Sara!' poerodd. 'Cer i nôl y ffisig, neu ti'n gwybod beth fydd yn digwydd.'

Codais y procer pres a'i ddal yn fy llaw. Trodd ei ben tuag ataf ychydig, gan bendroni efallai pam nad oeddwn wedi brysio i gyflawni ei ddymuniad fel y byddwn fel arfer. Cyn iddo gael ystyried y peth ymhellach pastynais ef dros gefn ei ben, mor galed ag y gallwn. Teimlais ddirgryniad y procer yn goglais drwy fy mraich wrth i'r metel ergydio. Llamodd fy nhad ar ei draed fel jac yn y bocs, cyn simsanu am eiliad neu ddwy, a syrthio am yn ôl, taro'r ford fach yng nghanol yr ystafell – gan wasgaru'r poteli ffisig – a glanio ar ei gefn ar y rŷg.

Syllais arno am funud. Aeth oerfel drwof, oerfel marwolaeth, fel pe bai gwres bywyd yn cilio o'm corff innau hefyd. Wedi treulio fy mywyd yn f'atal fy hun rhag codi llais i'm hamddiffyn fy hun hyd yn oed, allwn i ddim credu yr hyn roeddwn wedi ei wneud.

Yna cefais fraw. Gwrandewais yn astud. Roedd yn dal i anadlu! Aeth ofn drwof. Roedd yn fyw! A wyddwn i ddim a fyddai gen i'r galon i'w fwrw drachefn. Ond roedd yr anadl nesaf yn ddistawach.

Anadlu mewn, anadlu allan. Fel siffrwd traed ar lawr yn camu ymhellach ac ymhellach i ffwrdd.

Yna dim.

Roedd wedi mynd.

Gollyngais yr arf, a cheisio rhwbio'r pechod oddi ar fy nwylo crynedig ac ar fy ffrog. Teimlwn ar unwaith yn rhydd ond eto'n gaeth. Yn llawen ac yn llawn ofn. Roedd pwysau gormes fy nhad wedi ei godi, a phwysau arall wedi cwympo arnaf: damnedigaeth dragwyddol.

Euthum ar fy ngliniau a gweddïo ar Dduw.

'Ti'n gweld popeth, ac fe welaist Ti'r hyn a wnaeth e i mi,' meddwn. 'Y clatsio, ar fy nghalon, ar fy nghroen. Fe welaist Ti nad yr un tad oedd e ag o'r bla'n, bod cythraul ynddo.' Caeais fy nwylo'n dynn am ei gilydd. 'Oes gobaith i mi?'

Ni ddaeth ateb. Teimlwn yn unig yn y tŷ yn fwyaf sydyn. Y mwyaf unig i mi deimlo erioed.

Agorais fy llygaid a chodi ar fy nhraed gan gofio y byddai Mr Williams y Post yn gadael am y dref cyn bod y gwlith yn codi. Byddai'n rhaid i mi frysio os oeddwn eisiau cael fy nghario. Doeddwn i ddim am din-droi am ddiwrnodau, rhag ofn i bobol ddechrau holi am fy nhad.

Estynnais am ddrws cefn y tŷ, cyn croesi'r ystafell eto a chydio yn nwy law fy nhad. Roedd yn syndod o ysgafn am un oedd wedi bod yn gymaint o fwrn arnaf am flynyddoedd, a'i drowsus melfaréd yn llithro'n esmwyth ar hyd y llawr pren. Penliniais i godi ei ben dros riniog y drws ac yna ei lusgo ar draws y buarth caregog yng nghefn y tŷ, gan edrych i bob cyfeiriad o'm hamgylch rhag ofn bod rhywun yn syllu arnaf dros ben y wal. Codais fy nhad ar ei eistedd yn erbyn y ffynnon, a'i adael yno er mwyn cael fy ngwynt ataf. Ac yna, gydag un ymdrech olaf, ei godi i fyny gerfydd ei geseiliau a'i osod ar ymyl y ffynnon, a'i ollwng. Llithrodd am yn ôl fel doli glwt a'r peth olaf welais i oedd un o'i sliperi'n diflannu i'r tywyllwch. Wedi eiliad clywais sŵn *sblwtsh* pŵl yn atseinio o'r dyfnderoedd, fel pe bawn i wedi gollwng carreg fawr.

Efallai y byddech yn meddwl i mi frysio o gwmpas wedyn. Ond roedd rhyw lonyddwch rhyfedd wedi fy meddiannu, fel pe na bawn i'n gallu llawn werthfawrogi'r hyn oedd wedi digwydd. Yn gwylio fy hun o bell. Es o amgylch y tŷ, yn methu credu'n iawn na fyddwn fyth eto'n gorfod cynnau'r tân, na golchi'r llestri, na chwyro'r seld nes ei bod yn sgleinio. Dywedais 'hwyl fawr' wrth bob ystafell, wrth bentyrrau o lyfrau rhy drwm i'w cario. Yna cydio yn y bag teithio, wedi ei guddio tu ôl i'r trilliw ar ddeg. Ynddo roedd ffrog sbâr, pais laes, llodrau isaf, staes – hen ddillad ar ôl fy mam yr oeddwn wedi eu trwsio a'u haddasu nes eu bod yn glytiau i gyd, gan wybod nad oedd fiw i mi holi fy nghybydd o dad am ragor – crib, yr ychydig inc a phapur oedd gen i, ac ambell swllt yr oeddwn wedi bod yn eu stwffio i fyny fy llawes heb iddo weld.

Yna dychwelyd at y ffynnon, er mwyn gwneud yn siŵr nad oedd golwg o'm tad, i'm hargyhoeddi fy hun o wirionedd y peth. Fel dychwelyd i sicrhau fy mod wedi diffodd y tân cyn mynd allan.

Yna codais fy mhac a cherdded o amgylch y tŷ, i lawr y bryn i gyfeiriad y pentref, a gwefr rhyddhad yn binnau bychan drwy fy nghorff.

'Mae'r ffordd fawr yn lle peryg i ferch ifanc,' meddai Mr Williams y post wrth i ni adael Melin Frewys. 'Mae dy dad yn lwcus fy mod i yma i edrych ar dy ôl.'

Dyn bychan, crwn ydoedd, â barf glaerwyn denau a edrychai fel bod cwmwl wedi bachu ar begwn ei ên. Eisteddai sbectol ddarllen mor grwn â'i fol ar ei dalcen, a het dri chornel am ei ben. Roedd ei geffyl yr un mor dew ac ni theithiai'n gyflymach na phedair milltir yr awr.

'Sut le yw'r dref?' gofynnais. 'Lle da i ferch gael gwaith, medden nhw.'

'Mae yna waith i ddynion. Ond dim gwaith parchus i ferch.'

Cyn y bore hwnnw nid oeddwn wedi bod heibio'r iet ym mhen draw'r dyffryn. Ni wyddwn i ddim am y dref ond yr hyn roeddwn wedi ei ddarllen mewn llyfrau a phapurau newydd, a'i glywed gan fechgyn a ddaeth 'nôl i helpu ar y ffermydd dros y cynhaeaf. Lle prysur ydoedd, llawn pobol a siopau, ac roedd yna byllau glo tebyg i ogofâu, ac adeiladau uchel, mwy na siop John Pugh yn y pentref hyd yn oed.

'Oes 'da ti deulu yn y dref?' gofynnodd Mr Williams.

'Doedd 'da fi… does 'da fi ddim teulu ond dad. W i'n mynd i fod yn newyddiadurwr.'

Edrychodd arna i drwy gornel ei lygaid.

'Drychwch', meddwn. Tynnais gopi o bapur newydd *Llais y Bobl* o'm cwdyn, ei blygu a chyfeirio at yr hysbyseb fechan a guddiai ar waelod tudalen 10, o dan wahoddiad ar gyfer taith awyrlong i Batagonia:

Yn eisiau, menyw a chanddi ddawn ysgrifennu.
Anfonwch lythyr o gyflwyniad at Joseph Glass,
yn Swyddfa *Llais y Bobl.*

'Fi,' meddwn.

Tynnodd Mr Williams ei sbectol gron i lawr at ei drwyn ac astudio'r hysbyseb yn fanwl. Yna edrychodd arna i â thosturi a rhoi'r papur yn ôl yn fy llaw.

'Bachan, mae angen gallu darllen a sgrifennu i weithio ar bapur newydd.'

Tawodd Mr Williams pan oedd y lôn ar ei mwyaf gwag a chul. Difyrrais yr amser drwy edrych ar y llythyrau yn ei sachau; i Lundain, y Brifddinas Ymerodrol, a dinasoedd mawr eraill. Dychmygais sut le'r oedd 'Liverpool' a 'Manchester', gan ddychmygu rhywbeth tebyg i Felin Frewys, ond yn fwy, yn grandiach.

Aeth pentrefi heibio. Bryn-frith, Croesrhiw, Penlan. Rhywbeth tebyg i Melin Frewys oedd y rhain. Yr un bythynnod to gwellt, tŷ tafarn a siop. Y bobol yn eu crysau gwyn a'u trowsus cotwm. Dechreuais feddwl efallai mai'r un peth oedd y byd i gyd er gwaethaf yr hyn roedd llyfrau fy nhad wedi addo.

Wrth agosáu at y dref aeth y coed yn brinnach ac fe agorodd y tirlun o'n hamgylch fel llaw. Bywiogodd Mr Williams drachefn. Dechreuodd ganu. 'Enynnaist ynof dân, perffeithiaf dân y nef', ac yna 'Mi dafla 'maich oddi ar fy ngwar'. Aethom heibio i deithwyr eraill, ac fe ymunodd mwy nag un yn y canu. Torrodd heulwen braf drwy'r cymylau. Roedd y tir wedi codi bob ochor i ni, yn fynyddoedd â phegynau claerwyn a siolau grugog am eu hysgwyddau, ac yn rhaeadrau crychewynnog.

'Mae fel gwanwyn,' meddwn wrth led-orwedd ar gefn y gert. Cydiodd ias o obaith newydd ynof. Penderfynais fod Duw yn gwenu arnaf, er gwaethaf yr hyn oeddwn wedi ei wneud.

'Mae'n fis Hydref,' cywirodd Mr Williams.

Tynnais *Llais y Bobl* o'm cwdyn, darllen yr hysbyseb drachefn a gwenu i'm hunan. Roeddwn wedi ei ddarllen gymaint o weithiau nes bod yr inc ar ymyl y dudalen wedi dechrau smwtsio dan fy mysedd. Daliais y papur at fy mrest, cau fy llygaid, a theimlo ychydig o wres yr haul ar fy nghroen. Roeddwn i mor fodlon fy myd, dechreuais bendwmpian.

Yn sydyn teimlais y gert yn neidio. Agorais fy llygaid a gweld bod Mr Williams wedi troi oddi ar y brif ffordd ac ar hyd llwybr caregog, gwledig. Rhaid ei fod yn gwybod am ffordd gyflymach, meddyliais. Ond aeth y cloddiau yn uwch ac yn uwch, a diflannodd y ffordd o dan y gwair.

O'r diwedd safodd y cerdyn yn stond mewn llannerch fwsoglyd, gysgodol. Baldorddai nant yn rhywle gerllaw.

'Mae'n – mae'n bryd i ni stopio yn rhywle am damaid o swper,' meddai Mr Williams.

Tynnwyd y gwynt o'm hwyliau. Roeddwn wedi addo wrth fy lletywraig, Mrs Davies o Tudor Street, y byddwn yn cyrraedd y diwrnod hwnnw. 'Ond roeddech chi wedi gweud y bydden ni yn y dref cyn diwedd y prynhawn,' meddwn.

Roedden wedi bod yn teithio ers oriau hir yn barod a'r haul bellach yn gostwng tua'r gorllewin, gan daflu cysgodion coed fel bysedd hir ar draws y ffordd. Ond roedd rhai oriau o olau dydd i'w cael o hyd, meddyliais.

Dringodd Mr Williams i gefn y gert ac edrych yn hir arnaf, nes peri i mi deimlo braidd yn anesmwyth. Yna, er mawr dychryn i mi, dechreuodd ddatod ei drowsus.

'Mr Williams?' gofynnais.

'Taliad, dyna i gyd.'

'T-taliad…?'

'Mae stamp ar bob llythyr yma. Bob un weti talu am eu cludo. Ond dwyt ti ddim.'

'Ff-ffafr, meddech chi.'

'Gwranda, Sara,' meddai, gan geisio llacio ei wregys â dwylo crynedig. 'Wi'n gwbod mai rhedeg i ffwrdd wyt ti. Fyddai dy dad di byth yn gadael i ti fynd fel arall.'

'Ond –'

'Ac wi'n gwbod beth fyddai dy dad yn ei wneud i ti pe bawn i'n mynd â ti'n ôl.' Edrychodd arnaf dros ben ei sbectol. 'Ond dydw i ddim am wneud hynny.'

'D-diolch...'

'Ond mae'r dref yn 'en le caled i fenywod ifanc a... phert fel ti.' Cnodd ei wefus. 'Do's dim swydd yn disgwyl amdanat ti yna na nunlle arall.'

'Oe –'

'Mae yna filo'dd yn heidio i'r dref bob dydd yn whilo am waith, a do's dim digon i'w gael i bawb. Ond do's dim angen i ti lwgu.'

'Sa i yn –'

'Mae nifer o ferched ifanc yn mynd i hwrio nes eu bod nhw'n ôl ar eu trêd.'

'Hwr –?'

'Do's dim cywilydd yn y peth. Ceisio dy roi di ar ben ffordd odw i. Mae'n well bod dy gwsmer cyntaf yn rhywun wyt ti'n nabod. Rhywun wyt ti'n ei barchu.'

Gwenodd, ond roedd ei lygaid yn sgleinio. Daeth tuag ataf a'm gwthio ar fy nghefn, ac yna mynd i orwedd arnaf. Rhewais. Teimlais ei goesau blewog yn rhwbio yn erbyn fy rhai i. Cododd fy ffrog dros fy nghoesau.

'Sa i –'

Pe bai Mr Williams yn ddyn ifancach a chryfach rwy'n ofni na fyddwn wedi gwrthwynebu, rhag ofn iddo fy sgrego yn y fan a'r lle. Ond edrychai'n ormodol fel gafr-ddyn bach tila â'i goesau blewog a'i sbectol gron. Ceisiodd fy nhroi ar fy mol ond cydiais yn y sachaid llythyrau agosaf a'i daro ar ymyl ei ben gyda holl gryfder fy mreichiau.

'Ag!'

Rhaid bod rhywbeth mwy na llythyrau yn y sach oherwydd roedd yr ergyd llawer caletach nag oeddwn i wedi ei fwriadu. Hwyliodd sbectol Mr Williams oddi ar ei ben a diflannu rhywle i ganol y gwair hir, a syrthiodd ef oddi ar y gert ar ei ôl. Roeddwn i'n poeni am eiliad fy mod i wedi ei ladd yntau hefyd, cyn ei glywed yn ebychu:

'Y slwt – y blydi hwren!'

Llithrais oddi ar y gert, cydio yn fy nghwdyn, a thynnu fy ffrog i lawr dros fy nghoesau, cyn rhedeg am fy mywyd tuag at y ffordd fawr.

'Ffycing ast! Hoeden fach ddigywilydd!'

Roedd yr ofn fel injan yn fy ngyrru ymlaen i lawr y ffordd, a llwyddais i anwybyddu'r boen yn fy nhraed a'r llosgi yn fy mrest. Ond wedi hanner milltir dda dechreuais arafu. Gwyddwn y byddai Mr Williams yn dal i fyny â mi yn ei gert cyn i mi gyrraedd y ffordd fawr. Rhewais ac ystyried lle gallwn guddio. Yr unig ddewis hyd y gwelwn i oedd ceisio dringo dros y clawdd uchel i'r cae gyferbyn. Dringais ddwywaith a syrthio, fy mreichiau a 'nghoesau'n grafiadau wrth ymbalfalu yn y drain a'r mieri. Llwyddais ar y trydydd cynnig, gan anwybyddu'r brigau'n procian fy nghorff fel cyllyll cymaint oedd fy ngorffwylltra. Wrth gyrraedd y brig ceisiais ollwng fy hun y pen arall ond daliodd rhywbeth yn fy ffrog. Estynnais fy llaw i'w ryddhau, ond rhwygodd y defnydd, a syrthiais yn un swp i ganol baw gludiog.

Codais yn sigledig ac edrych yn alarus ar y twll yn fy ffrog. Roeddwn wedi treulio oriau yn ei thrwsio orau gallwn i fel ei bod yn ddigon taclus ar gyfer y dref. Ond doedd fiw i mi boeni am hynny yn awr gyda Mr Williams wrth fy nghwt.

Codais fy llygaid. Y cyfan allwn i ei weld oedd dyffryn eang yn llawn caeau agored, ac ambell ddafad yn pori yma a thraw. Ond gwyddwn, petawn i'n dilyn cysgod y clawdd, y deuwn at y ffordd fawr yn y pen draw ac y byddai honno'n arwain at y dref.

Ar ôl cerdded am hanner awr dda clywais wich olwynion pren a sŵn carnau ceffyl yn taro'r cerrig. Ciliais yn erbyn y gwrych, a cheisio aros mor llonydd â phosib, heb dorri'r brigau na chadw sŵn, gan wybod bod Mr Williams a'i gert yn mynd heibio.

Credwn fy mod wedi llwyddo i dwyllo Mr Williams. Ond yn sydyn daeth sŵn y cerbyd yn sefyll yn stond. Syllais i fyny drwy'r mieri a gweld corun ei ben yn syllu dros ymyl y clawdd.

'Hoi!'

Neidiais o 'nghroen wrth glywed y waedd, gan dybio ei fod wedi fy ngweld. Ond nid o'i enau ef y daeth. Roedd dyn arall yn brasgamu tuag ataf ar draws y caeau, gyda ffon hir bren wedi ei haddurno â phres yn ei law. Roedd golwg wyllt gacwn arno.

'Mi ddysga i chi ddwyn defaid, y diawliaid!'

Cododd y ffon hir a'i ddwy law, a meddyliais am eiliad ei fod am ei thaflu fel gwaywffon. Ond yna daeth clec fyddarol ohoni a goleuni fel mellten, ac fe ffrwydrodd y gwrych o'm cwmpas yn wreichion tanllyd. Llanwyd fy ffroenau ag oglau rhudd y mwg o'r ffon, a phren llosgiedig.

Sgrechiais a rhedeg i gyfeiriad pen arall y cae, fy nwylo dros fy mhen. Oedd rhyw fath o hudlath ganddo? Ond yna cofiais am y gwybr-ddrylliau yr oeddwn wedi darllen amdanynt mewn llyfrau. Disgwyliais gael fy nharo gan un o'r fflamau tanllyd unrhyw eiliad. Ond ni ddaeth yr ergyd farwol. Trewais gip dros fy ysgwydd a deall nad ataf i oedd y ffermwr yn anelu ond at gert Mr Williams. Daeth fflach arall a gwelais un o'r codau llythyrau'n ffrwydro.

'Beth ddiawl y'ch chi'n ei wneud ddyn?' gwaeddodd Mr Williams, o'i go yn llwyr, wrth i'r llythyrau llosgiedig arnofio fel plu yn yr awyr.

Nid oeddwn am aros i gael golwg arall. Rhedais am fy einioes am yr iet ben arall y cae, gan droi fy ffêr a gwlychu fy sgidiau ar y ffordd. Taflais fy hun dros yr iet gan braidd ei chyffwrdd a baglu i lawr y ffordd fawr, heb allu gweld i le roeddwn i'n mynd yn iawn oherwydd y cymysgedd o ddagrau a chwys yn fy llygaid.

Des o hyd i dwll yn y clawdd a chuddiais yno, fy mrest yn codi a gostwng fel megin. Ni wn am faint y bûm yn cuddio. Dechreuodd fwrw glaw yn drwm, gan droi'r pridd ar y ffordd yn llynnoedd o fwd. Gwyliais bob cert wrth iddynt fynd heibio. Dyn oedd pob gyrrwr ac roedd arna i ormod o ofn gofyn am eu cymorth. Wedi tua ugain munud fe aeth Mr Williams ei hun heibio. Roedd wedi cynnau lamp nwy ar flaen ei gert ac yn ei golau llachar gallwn weld golwg fel taran ar ei wyneb. Daliais fy anadl nes bod fy mrest yn boenus a gweddïo na fyddai'n fy ngweld. Ond diolch byth fe aeth yntau heibio hefyd.

Roedd wedi tywyllu o ddifrif erbyn hynny. Rhedai diferion y glaw yn rhaeadrau oer oddi ar y clawdd ac i lawr cefn fy ffrog. Gallwn weld goleuni yn y pellter – ffermdy, neu dân efallai – ond ni feiddiwn adael fy nghuddfan.

Llusgodd y noson heibio a rhaid 'mod i wedi pendwmpian, neu fod fy meddyliau wedi crwydro mor bell o'r fan lle cuddiwn fel nad oedd modd dweud y gwahaniaeth rhwng breuddwyd ac effro. Bob hyn a hyn deuai sŵn siffrwd yn y gwrych – llwynog efallai, neu ddraenog – a hwtiau tylluan, a minnau'n deffro trwof gan ofni perygl pellach. Ond ymhen hir a hwyr suddais i lawr yn araf ar fy mhen ôl i leithder oer y baw, a phwyso fy mhen ar glustog bigog y gwrych.

'So ddi weti marw. Ma ddi'n anadlu.'

'Mae golwg y diawl arni.'

Agorais fy llygaid a gweld gwair hir yn codi'n gawraidd o'm cwmpas, ac yn ei ganol pâr o esgidiau trymion lledr yn gaglau mwd i gyd. Troais ar fy nghefn gyda'm breichiau o'm blaen i'm hamddiffyn fy hun. Edrychai hen ffermwr i lawr arnaf. Roedd ganddo fwstásh a chrychau o amgylch ei lygaid a awgrymai ei fod yn barod i wenu, er fod golwg bryderus arno ar hyn o bryd. Safai hen wraig wrth ei ymyl, ei hwyneb yn grwn fel y lleuad. Roedd yr awyr uwch eu pennau yn ddu-las boreol.

'Mae'n ddrwg gen i,' meddwn gan gywilyddio. Cydiais yn fy nghwdyn a chodi ar fy nhraed.

'Beth ddicwddodd i chi?' gofynnodd yr hen wraig a cheisio cydio yn fy mraich.

Symudais o'i gafael. 'Roeddwn i'n cerdded i'r dref.'

Edrychodd yr hen ddyn a'r wraig ar ei gilydd yn ddrwgdybus.

'Byddai'n well i chi droi yn ôl am eich cartref,' meddai'r dyn. 'Rhag ofn bod rhywrai yn poeni amdanoch chi.'

Bwriodd y wraig ef ar ei ysgwydd â chefn ei llaw. 'Sdim golwg bo ddi weti dod o gartref gwerth dychwelyd iddo.'

Ochneidiodd ef, a cherdded yn ôl at geffyl a chert ar ochor arall y ffordd. Gallwn weld bod hanner cynnwys tŷ wedi ei lwytho ar y gert. Roedd hyd yn oed yr hen geffyl, druan, yn cario sachau bob ochr i'w ganol.

'Y'ch chi'n mynd i'r dref?' gofynnais.

Nodiodd y wraig ei phen, a gallwn weld ei bod yn meddwl yn ddwys. 'Yno mae pawb yn mynd,' meddai. Aeth draw i siarad dan ei gwynt â'i gŵr. Taflodd y ddau gipolwg arnaf o dro i dro a gwelais y gŵr yn ysgwyd ei ben yn anfodlon.

'Dewch i'r cefn,' galwodd y wraig o'r diwedd.

'Dydw i ddim am fod yn faich arnoch chi.'

'Dim o gwbwl.'

'Does 'da fi ddim byd...'

'Dewch...'

Dringais yn ddiolchgar i'r gert a gweld fy mod yn rhannu taith â bord, cadeiriau, seld, cist ddillad, ac wedi eu gwasgu rhyngddynt a chefn y cerbyd, hwch, baedd a phedwar ar ddeg o foch bach du a gwyn. Rhochiodd yr hwch yn amddiffynnol, felly ciliais i gornel bellaf y gert. Dechreuon ni symud yn araf yn ein blaen.

Erbyn hyn roedd hi'n dechrau gwawrio, a bob yn- dipyn diferodd mymryn o liw yn ôl i'r tir.

'Wyt ti weti bod i'r dref o'r blaen?' gofynnodd y gŵr.

Ysgydwais fy mhen, a wedyn difaru, rhag ofn i'r rhain geisio cymryd mantais o'm hanwybodaeth, fel y gwnaeth Mr Williams.

'O ba bentref wyt ti'n dod?' gofynnodd y gŵr wedyn. Ni allwn weld ei wyneb ond roedd cywair bwriadol ddifater i'w gwestiynau.

'Penlan,' meddwn.

'Y'n ni'n symud i fyw at yr wyrion,' meddai'r wraig, â gwên obeithiol ond trist ar ei hwyneb. 'Maen nhw weti bod yno ers blwyddyn neu ddwy. Weti prioti, un mab yn gwitho yn y ffatri haearn a'r llall yn y pwll glo.'

'Paid â dweud gormod, Martha,' meddai'r gŵr. 'Dim fel yna maen nhw'n gwneud pethe yn y dref, dyna ddywedodd Bob.'

'Ŷn ni ddim yn y dref eto, Wmffra,' dwrdiodd hithau. 'Croten fach o'r wlad yw hon.'

'Medde hi.'

Anwybyddodd y wraig ef a throi tuag ataf eto. 'Ry'n ni'n mynd â'r moch hyn i'r lladd-dy i gael rhywfaint o arian i allu rhentu, nes fod Wmffra yn ca'l hyd i waith.'

'Os oes gwaith i'w ga'l,' meddai'r gŵr.

'Twt, fyddai pawb ddim yn heidio yno os nad oedd gwaith i'w ga'l.'

Trodd y gŵr i edrych ar ei wraig, ei fwstásh am i lawr fel gwg, ac ansicrwydd yn ei lygaid pŵl.

Wrth i lednentydd ffyrdd cefn gwlad redeg yn un afon i gyfeiriad y dref cynyddodd y traffig. Certiau trymlwythog yn symud fel malwod a'u cartrefi ar eu cefnau. Y menywod yn eu siolau coch a'u sgertiau gwlân streipiog, a'r dynion yn eu hetiau gwellt a'u crysau gwyn llac a throwsusau cotwm. Carafán o bobol wedi troi cefn ar grafu byw ar eu llecynnau mwdlyd o dir a phawb yn ysu am ddechrau bywyd newydd lle'r oedd gwaith i'w gael, eu llygaid yn gymysgedd o dristwch wrth gefnu ar yr hyn a fu a chynnwrf addewid y byd newydd.

'Blynyddoedd yn ôl byddai'r rhain i gyd yn mynd am America,' meddai'r hen ddyn, gan wthio ei fwstásh yn ôl i fyny â'i fysedd.

Wedi awr arall o boeni y deuwn ar draws Mr Williams, roeddwn wedi ymlacio fymryn. Es i eistedd ar ymyl y gert, a'm coesau yn hongian i lawr, gan siglo yn ôl ac ymlaen fel pendil awrlais, yn gwylio'r dirwedd yn mynd heibio.

Fe deithion ni ymlaen tan ganol y bore, cyn sefyll ar ddarn o dir moel ar frig dyffryn Siddim lle'r oedd y gwair wedi diflannu o dan gorddi cyson traed ac olwynion certi. Roedd degau o deithwyr eraill wedi stopio yno, rhai yn mynd i'r dref a rhai yn dod oddi yno, ac roedd yn amlwg yn fan poblogaidd oherwydd roedd olion lludw hen danau ymhobman. Bob ochor i'r ffordd roedd pentyrrau anferth o gerrig du yr un mor dywyll â'u cysgodion. Yn eu canol roedd ysgerbwd rhydlyd peiriant tyllu fel dril haearn anferth bron yr un maint â thŷ. Wyddwn i ddim beth oedd yn ei wneud yn y fan honno.

'Pentyrrau o wastraff y ffatrïoedd haearn a'r pyllau glo yw'r rhain,' meddai'r hen wraig. 'Fe welais rywbeth tebyg wrth fynd â da i'r farchnad unwaith.'

Er eu golwg ryfeddol ni allwn ddirnad sut y gallai fod yn wir i fryniau gael eu creu gan ddynion. Edrychent fel petai inc wedi llifo o ysgrifbin Duw a glanio'n smotiau anferth o'n cwmpas.

'Gymerwch chi rywfaint o'r bara ceirch yma?' gofynnodd yr hen ddynes wedyn.

'Rydych chi weti bod yn rhy garedig yn barod,' meddwn i, gan ysu am gael bwyta.

'Mae golwg hanner llwgu arnach chi.'

Doeddwn i ddim wedi sylweddoli mor rheibus oeddwn i nes llyncu'r darn hwnnw o fara. Wedi gorffen y tamaid, llenwyd fy ffroenau gan oglau tatws a bacwn o sosbenni'r gwersyllwyr eraill. Dechreuodd fy stumog ganu grwndi.

Bryd hynny y clywais lais soniarus.

'Frodyr!' galwodd. 'Rhaid i ni sefyll gyda'n gilydd – yn werin lafurus – er mwyn sicrhau cyfiawnder.'

Trois i wynebu'r llais, a gweld dyn â barf laes mewn dillad du carpiog yn sefyll ar frig un o'r pentyrrau du.

'Ond mae ofn arnom!' galwodd. 'Ofn y byddwn ni, o gymryd y cam hwnnw, ar ein pennau ein hunain, yn ca'l ein cau mês o'r gwaith ac yn llwgu!'

'Pwy yw hwnna?' gofynnodd yr hen ddyn.

'Solomon y Pentyrrau Sorod maen nhw'n ei alw,' meddai un o'r dynion a eisteddai gerllaw. 'Cafodd y sac o'r ffatri haearn am geisio sefydlu undeb.'

'Mae weti mynd hanner o'i go yn crwydro mês fan hyn medden nhw,' meddai un o'r lleill.

'Ond os ydyn ni'n sefyll gyda'n gilydd, mi fyddwn ni'n gryf!' galwodd y dyn, gan godi ei ddyrnau uwch ei ben. 'Yn gryf fel haearn weti pwdlo, nad oes modd ei hollti!'

'Gadewch i ni fwyta mewn heddwch, ddyn!' galwodd rhywun arno, a chwarddodd y lleill.

Parhaodd y dyn i areithio. Efallai ei fod yn rhy uchel ar y pentwr sorod i'w clywed.

'Onid oedd Iesu Grist yn saer co'd, yn un o'r dosbarth gweithiol?' galwodd. 'Oni ddosbarthodd y pysgod a'r bara yn gyfartal rhwng pob dyn? Oni fu farw dros ein pechodau un ac oll, yn gyfoethog ac yn dlawd?'

Parhaodd i bregethu ond anwybyddodd y mwyafrif ef a siarad ymysg ei gilydd. Roedd yr hen ddyn a'm cludodd ar ei gert wedi mynd i eistedd ymysg sawl teithiwr arall. Clustfeiniais ar eu sgwrs.

'Ry'n i gyd fan hyn am yr un rheswm â phawb arall, am wn i,' meddai'r hen ddyn. Cnodd ddarn o fara yn feddylgar. 'Dianc rhag y sgriw.'

Nodiodd dyn ifanc ei ben. 'Ro'n ni'n rhentu tir ger Dolgaer,' meddai. 'Os y'ch chi'n pleidleisio dros y rhyddfrydwyr yn yr etholiad cewch chi fynd, dyna ddywedodd y meistr wrthom ni.'

Amneidiodd yr hen ddyn ei ben. 'Mae'n un peth rhoi arian i rentu tyddyn,' meddai. 'Ond mae rhyddid barn a chrefydd yn bris rhy uchel i'w dalu.'

'A mae digon o waith i'w gael yn y dref, medden nhw,' meddai'r dyn ifanc.

'Ie, ond ma digon yn ceisio ca'l gafael arno hefyd!'

Trodd y dynion a gweld bod Solomon y Pentyrrau Sorod yn sefyll y tu cefn iddynt, ei lygaid yn sgleinio fel arian tawdd. Roedd wedi dod i lawr o'i bulpud. Gwelais ei fod mewn gwirionedd yn gymharol ifanc, yn ei dridegau efallai, ond bod ei farf wedi tyfu'n hir ac yn fudr a'i groen wedi ei grasu gan yr haul.

Shifftodd yr hen ddyn yn anghyfforddus yn y man lle'r eisteddai. 'Swyddi yn eu miloedd, glywais i.'

'A miloedd yno'n barod yn eu gwitho nhw,' meddai Solomon. 'A'r 'en Fairclough yn gwbod bod miloedd mwy yn dod bob mis, ac felly nad oes rhaid iddo dalu llawer o ddim er mwyn eu cadw nhw.'

'Fairclough?'

'Robert Fairclough. Ffaro y Tir Haearn,' meddai Solomon. 'Fe sy berchen y ffatri haearn a'r pwll glo,' meddai gan amneidio at y gorwel. 'Y dyn cyfoethocaf yn y byd, medd rhai. Mae un filiwn o bunnoedd ganddo.'

Agorodd llygaid yr hen ddyn fel soseri. 'I beth mae angen cymaint ar un dyn?'

'Rhaid ei fod weti gwitho'n galed am filiwn o bunnoedd,' meddai rhywun arall.

'So fe ddim gwell na'r meistri tir,' meddai Solomon. 'Weti gwneud arian mawr ar wys a gwa'd eraill.'

Ysgydwodd y dyn ifanc ei ben. 'Diwydiannwr yw e, nid tirfeddiannwr.'

'Ond fe fydd yn eich trin chi'r un fath,' meddai Solomon. 'Dyw Fairclough ddim yn gweld dynion. Dim ond rhifau.'

'Am beth gollest ti dy waith?' gofynnodd yr hen ddyn.

Agorodd Solomon ei freichiau bob ochor iddo. 'Mi wetais i wrth Fairclough: Oni ddywedodd Iesu ei fod yn haws i gamel fynd trwy grau'r nodwydd nag i ddyn goludog fynd i'r nefoedd?'

Bu saib. 'A beth atebws e?' gofynnodd rhywun.

'Tywalltodd bentwr o sorod dros y capel ble'r oeddwn i'n pregethu.'

Edrychodd rhai o'r dynion ar ei gilydd yn bryderus.

Tuchanodd yr hen ddyn. 'Wel, efallai ein bod ni'n newydd i fyd haearn. Ond so ni'n newydd i frwydro dros ein hawlie. Fe fyddwn ni'n iawn.'

'Brwydrwch chi dros ych hawlie,' meddai Solomon. 'Fe fyddwch chi mês ar eich tine a deg arall yn barod i gymryd eich lle tra'ch bod chi'n starfo.' Cododd fys unigol. 'Dim ond wrth siarad ag un llais, sefyll gyda'n gilydd, allwn ni ennill y dydd – pob un, neu neb.' Caeodd ei law yn ddwrn.

Crwydrodd i ffwrdd drwy'r gwersyll, gan adael y dynion yn mwmian yn anfodlon ac yn ysgwyd eu pennau, heb wybod a ddylen nhw gredu'r crwydryn rhyfedd ai peidio.

Y peth cyntaf drawodd fi wrth agosáu at y dref oedd yr oglau. Oglau llethol glo yn llosgi – yn bennaf – ond hefyd oglau gwrtaith, a chwys, a rhyw sawr sur na ddeallwn ei darddiad. Dechreuodd fy nhu mewn a'm llygaid losgi, a thorrais allan i dagu, a dechreuodd y moch aflonyddu a gwichian yn un côr.

Trodd y wraig tuag ataf. 'Ni 'ma nawr!' meddai, a'i llygaid yn sgleinio â chyffro.

Codais ar fy mhenliniau yn simsan, a syllu i ben draw y dyffryn. Dysgwyd i mi erioed gan fy nhad fod Duw yn cosbi pobol am eu pechodau, nid yn unig ar ôl marw ond ar y ddaear hefyd. Ac wrth weld y dref yn ymestyn o'm blaen yn y dyffryn hwnnw deallais nad oedd Duw wedi gwastraffu amser yn fy alltudio'n syth i uffern.

Edrychai fel clwyf. Hollt nadreddog yn y ddaear wedi lledaenu fel haint i'r bryniau o'i amgylch gan eu blingo o unrhyw wyrddni.

Ar gyrion y dref roedd nifer fawr o dai isel ac anniben yr olwg, wedi eu codi ar frys amlwg, ac yn nythu mor agos at ei gilydd nes y byddai'n amhosib arwain trol rhyngddynt. Tua'r dwyrain, uwchlaw, roedd pentyrrau uchel o sorod yn tywynnu fel cyfog llosgfynyddoedd. A thua'r de-orllewin, gwelais weithfeydd dur yn codi megis crafanc gythreulig, yn goedwig o simneiau, yn gybolfa o warysau cochddu, yn rhes o ffwrneisi uchel fel temlau i Baal, wedi eu coroni â thân.

Codai cudynnau o fwg du, cannoedd ohonynt, o bob simnai, gan lenwi'r awyr â chaddug du a droeai ganol dydd yn nos. Edrychai fel pe bai'r dref gyfan ar dân.

'Mae'n rhyfeddod, ond yw hi,' meddai'r gŵr. 'Yr hyn all dyn ei gyflawni.'

Ond yr hyn a ddaliodd fy llygaid wrth agosáu oedd y tŵr uchel yng nghanol y dref. Roedd cwmwl o fwg o'i gwmpas, ond roedd yn codi yn llawer uwch na'r dref o'i amgylch, a'i gopa'n torri drwy'r caddug a bron â chyrraedd y cymylau.

Ymlaen â'r gert at ymylon y dref ac yn lle arswyd dechreuais deimlo dryswch. Ni welais gymaint o bobol yn fy myw. Ar gefn troliau, yn cario nwyddau, yn sefyll a sgwrsio. Yn drigolion cefn gwlad, newydd gyrraedd yn eu crysau cotwm gwyn, â'r un olwg o ryfeddod, braw neu gyffro ar eu hwynebau, yn ymdoddi i ganol dynion mewn siwtiau a hetiau du, a'r menywod mewn gwisgoedd trwchus o gotwm du a hetiau gwellt, eto'n ddu, fel rhai'r dynion ar eu pennau, yn barod i'w croesawu, eu cynorthwyo neu eu harwain ar gyfeiliorn. A'r cyfan hyd eu fferau mewn baw llaith.

Cymaint o bobol. A chertiau, bocsiau, llysiau, celfi. Moch, ieir a chŵn. Gormod i'w weld a'i glywed a'i ogleuo ar unwaith a gwneud synnwyr ohono. Y synhwyrau'n llyncu ond y meddwl yn tagu.

Canolbwyntiais ar dri dyn a safai uwchlaw'r dorf, yn ceisio bloeddio dros y cwbwl. Roedden nhw wedi eu gwisgo'n fwy trwsiadus na'r rhai o'u cwmpas, mewn hetiau silc a siacedi gweddol lân. Roedd gan bob un Feibl trwchus o dan ei gesail, ac roedd eu lleisiau soniarus yn cystadlu â'i gilydd.

'Clywch a llawenhewch!' galwodd un mewn llais uchel, main. 'Canys fe roddodd Duw y wlad o'ch blaen chwi; ewch i mewn, a pherchnogwch y wlad hon a dyngodd yr Arglwydd i'ch tadau chwi...'

'A dywedodd Ef wrth y bobol,' galwodd un arall, mewn llais dyfnach yn rhowlio dros bennau'r dorf fel taran, 'nac ofnwch; oherwydd i'ch profi chwi y daeth Duw, a bod ei ofn ef ger eich bron, fel na phechech...'

'Mae capel newydd sbon yn eich disgwyl ar Fogg Street,' galwodd un arall. 'Gyda digon o le yn y corau i bum cant. O ba enwad bynnag yr ydych wedi dod, mae croeso i chi ymuno â'r Trochwyr!'

Teimlais fod gan y pregethwyr hyn y swydd hawsaf yn y byd – cynnig achubiaeth i eneidiau wrth borth Annwn.

Gwasgodd y gert heibio iddynt yn araf bach, drwy'r dorf ac i ganol yr annibendod o dai tu hwnt, y mwyafrif wedi eu hadeiladu o bren, a cherrig, a darnau o haearn, toeau gwellt, ac weithiau y cyfan gyda'i gilydd, a hynny ar sylfaen o faw a gwastraff. Roedd haen seimllyd o fryntni dros y cyfan, fel llwch glo. Dyfalais mai dyna pam roedd yn rhaid i bawb yn y dref wisgo du, neu fe fyddai eu dillad yn dywyll cyn bo hir beth bynnag.

Safodd y gert yn stond yn ddisymwth a bownsiodd rhai o'r perchyll hanner modfedd i'r awyr.

'Diawl,' meddai'r ffermwr.

Edrychais dros ymyl y gert a gweld bod yr olwynion wedi taro pentwr o weddillion llysiau a chig a gwastraff diwydiannol oedd wedi casglu fel argae yn erbyn y budreddi a lifai fel nant drwy'r stryd, heb na chwter na dim arall i'w gario i ffwrdd. Roedd trigolion y dref wedi gosod estyll pren neu gerrig sarn yma a thraw er mwyn croesi o un pen i'r llall heb faeddu. Ond nid oedd hynny'n llyfnhau'r ffordd i'r cerbydau.

Neidiodd yr hen ffermwr oddi ar y gert a rhoi cynnig ar ei gwthio. Gwelais ei draed yn suddo'n ddwfn i'r llaca. Edrychodd arnaf.

'Elli di roi help llaw i mi?' gofynnodd.

Edrychais ar yr hen wraig fferm, ond trodd hithau i ffwrdd. Gollyngais fy nghwdyn a dringo oddi ar y gert yn anfodlon, gan wybod na allwn wrthod, a chodi fy ffrog yn y gobaith na fyddai'n sarnu. Ond roedd yr ymdrech yn ofer. Teimlais y mwd oer, gludiog yn llenwi fy esgidiau a'r drewdod yn llenwi fy ffroenau ac yn codi pwys arnaf. Credais am eiliad na fyddwn fyth yn lân eto.

Rhoddais hyrddiad i'r gert ar y cyd â'r ffermwr ond ni lwyddwyd i ryddhau'r olwyn.

'Unwaith 'to.'

Rhoddwyd hergwd arall iddi.

'Dyna ni!'

Dringodd y ffermwr i flaen y gert ac ysgwyd y cyfrwy a bu'n rhaid i mi neidio eto i'r cefn cyn i'r ceffyl ein llusgo ymlaen i ganol y dryswch o dai.

Edrychais ar fy ffrog, un o ddwy oedd gen i. Nid yr orau o'r ddwy, ond anobeithiais yn llwyr yr un fath wrth weld y godreon mor fudr.

'Tudor Street o'ch chi moyn ife?' gofynnodd y wraig.

Nodiais fy mhen yn frysiog.

'Ni newydd fynd heibo.'

Ymbalfalais am fy mag yng nghanol y gwellt a neidio'n ôl i lawr y stryd. Aeth y gert yn ei blaen heb stopio.

'Diolch yn fawr i chi,' codais fy llaw.

Galwodd y wraig rywbeth, ond ni allwn ei chlywed. Ac i ffwrdd â'r gert a fy ngadael yn y fan a'r lle.

⚙

Edrychais i fyny a gweld yr arwydd wedi ei hoelio ar dalcen tŷ tafarn ar gornel y stryd. 'Tudor Street'. Stryd o dai teras cul cwbwl unffurf, a chynifer ohonynt yn yr un stryd ag ym Melin Frewys i gyd, ac ar lethr hynod serth. Roedd twr mawr o blant yn dringo a gweiddi a rhedeg a chwarae fel anifeiliaid yn y pyllau mwdlyd. Roedd sawl drws yn llydan agored a gwragedd yn gweiddi ar ei gilydd o riniog i riniog.

Sylweddolais mewn braw na wyddwn fawr ddim am y lletywraig y bûm yn gohebu â hi. Roeddwn wedi cael ei henw a'i chyfeiriad, 'Mrs Davies, Tudor Street', drwy wraig John Pugh y Siop fu'n lletya gyda hi flynyddoedd ynghynt cyn priodi. Ond nid oedd wedi gwawrio arnaf cyn gadael cartref lle mor fawr oedd tref, a pha mor anodd fyddai dod o hyd i un unigolyn. Y tir hyd yr iet ym mhen draw'r cwm oedd terfyn fy myd cyn hynny a phob wyneb oddi mewn iddo'n syrffedus o gyfarwydd.

Ystyriais ofyn am gymorth ond fe aeth sawl un heibio heb wneud sylw ohonof. Gwisgai rhai bâr o goglau neu fwgwd lledr, i amddiffyn eu llygaid a'u cegau rhag y tarth parhaol, dyfalwn, ond roedd methu â gweld eu hwynebau yn dwysáu'r dieithrwch. Doeddwn i erioed wedi profi cymaint o bobol o'm hamgylch, na theimlo mor unig.

'Hei, Miss!'

Trois a gweld bod y ciwed o blant ar y stryd wedi fy ngweld ac yn heidio tuag ataf. Roedden nhw mor denau a brwnt nes ei bod yn anodd gwybod eu hoed, ond roedd ambell un mewn cewyn, a dyfalwn fod ambell un arall mor hen ag wyth. Roedd un ohonynt, bachgen, wedi llosgi ei ben yn erchyll, hanner ei wallt wedi mynd, croen ei wyneb yn goch fel machlud a phant ar un ochr i'w wyneb lle dylai llygad fod.

Ceisiais fynd heibio iddynt, i fyny'r stryd, ond ymgynullodd y plant yn llinell o'm blaen gan fy atal rhag mynd dim pellach.

'Rhaid i chi dalu gynta.'

Un o'r merched siaradodd. Os mai merch oedd hi. Roedd ymysg y talaf, a golwg wyllt arni, ei gwallt yn glymau a'i hwyneb mor ddu â phetai wedi bod yn gweithio lawr y pwll glo.

'T-talu?'

'Ceiniog.'

'Does gen i ddim arian,' meddwn, a'm llais yn crynu.

'Be sy yn y bag?' Camodd y bachgen a'r wyneb llosgiedig ymlaen a chydio ynddo.

'Dim i ti,' meddwn a'i dynnu o'i afael. Penderfynais fynd dros y wal – camais dros ben un o'r plant byrraf, yn ei gewyn, a brysio lan y stryd serth. Dilynodd y plant yn un dyrfa.

Euthum ar fy union at un o'r drysau agosaf a churo arno'n ysgafn gan obeithio y bydden nhw, o leiaf, yn gwybod lle i ddod o hyd i'm Mrs Davies. Edrychais dros fy ysgwydd gan ofni y byddai'r plant yn hel o'm cwmpas eto.

Agorodd y drws â gwich a syllodd dynes ifanc, denau arnaf yn ddisgwylgar ond nid yn angharedig.

'Mae'n ddrwg 'da fi darfu arnoch,' meddwn. 'Ond y'ch chi'n gwbod lle mae Mrs Davies yn byw?'

Agorodd ei cheg a daeth geiriau ohoni ond ni allwn ei deall. Saesneg, efallai, ond mewn acen gref nad oeddwn yn gyfarwydd â hi. Doedd fy Saesneg ddim yn ddrwg. Gallwn ddarllen llyfrau diwinyddol fy nhad o'i ddyddiau coleg ym Mryste yn bur dda. A phan fyddai pregethwr Saesneg yn ymweld â 'nhad gallwn ddeall y sgwrs, a chyfrannu ambell frawddeg os oedd croeso i mi wneud. Ond ni allwn ddeall gair gan hon. Ymddiheurais a gadael dan gochi.

Roedd pryder bellach yn drobwll yn fy stumog. Roedd hanner y stryd wedi dechrau sylwi arnaf, ond nid oedd y llygaid a'm dilynai o le i le yn gyfan gwbwl gyfeillgar.

'Cenhades gan y Trochwyr,' sibrydodd rhywun.

Ac roedd y plant yn dal i'm dilyn. Wedi i mi fagu'r plwc, curais ar ddrws arall.

'Ie?' Roedd hon yn hŷn a chanddi dri o blant yn ymgynnull o amgylch ei choesau, ac roedd golwg llai amyneddgar arni.

'Mae'n ddrwg 'da fi darfu arnoch,' meddwn. 'Ond y'ch chi'n gwbod lle mae Mrs Davies yn byw?'

'Sawl Mrs Davies ffordd hyn. Am ba un y'ch chi'n whilo?'

'Sai'n gwbod,' meddwn, gan deimlo fy llygaid yn llenwi.

Cododd ei gwar a chau'r drws.

Sefais yng nghanol y stryd yn edrych o'm cwmpas heb syniad lle i fynd. Roeddwn bron ag anobeithio. Yna cydiodd rhywbeth yn fy mag.

'Shŵ nawr,' meddwn wrth y bachgen bach llosgiedig.

'Am bwy y'ch chi'n whilo?' gofynnodd merch, yr un un a'm cyfarchodd wrth geg y stryd.

'Mrs Davies. Rhyw Mrs Davies.'

'Ifa Bopa?'

'Beth-pa?'

'Mrs Davies. Bopa. Ni'n gwbod ble mae hi'n byw.'

'Y'ch chi?' gofynnais yn ddrwgdybus.

'Am geiniog.'

'Ceiniog?'

Cofiais mor brin fyddai arian arna i nes i mi gael fy nhalu. Ond tynnais geiniog o'r bag a'i dal o'u blaenau. Hoeliodd y ferch ei llygaid arni, fel ci yn llygadu darn o gig.

'Beth yw dy enw di?'

'Begw,' meddai, a llyfu ei gweflau sych.

'Ac os w i'n rhoi'r geiniog yma i ti, ei di â mi at y Mrs Davies wi'n whilo amdani?'

'Am geiniog,' meddai, yn llygadrythu ar y darn arian.

'Ar ôl i chi fynd â fi.'

'Addo?'

'Ar y Beibl.'

'Ar y geiniog?'

'Odw.'

Trodd y ferch a'm harwain ddeg llath oddi yno, a churo ar un o'r drysau. Bu oedi am ryw ugain eiliad ac yna fe agorodd.

'Mrs Davies?' gofynnais.

'Ia, ia?'

Roedd adnabyddiaeth yn ei llygaid. Gwyddwn yn syth mai hon oedd fy Mrs Davies, y bûm i'n gohebu â hi dros yr wythnosau diwethaf. Roedd yn andros o ddynes fawr, ei chorffolaeth bron yn lletach nag agoriad y drws. Ddim yn dew o gwbwl, ond mor gryf a chnotiog â choeden. Roedd ei gwallt du wedi ei glymu yn belen y tu ôl i'w phen, ei dillad yn glytiau wedi eu trwsio a'u haildrwsio drosodd a thro, a'i dwylo'n goch. Roedd un ochor i'w hwyneb wedi ei greithio gan olion brych hen afiechyd. Edrychai'n ddynes galed oedd wedi dioddef bywyd, nid ei fyw.

Roedd arnaf ei hofn hi hefyd. Roedd arnaf ofn popeth y diwrnod hwnnw. Ond yr eiliad honno, roeddwn yn falch o'i gweld.

'Miss Maddocks, ie?' gofynnodd. 'Dewch i mewn, dewch i mewn.'

'Diolch. Mae'n ddrwg calon 'da fi am fod diwrnod yn hwyr.'

'Ceiniog!' mynnodd y ferch fach wrth fy mhenelin.

Gosodais y geiniog yn ei llaw, gan ddiawlio ychydig ar fy swildod fy hun. Rhedodd i ffwrdd i lawr y stryd mor gyflym ag y gallai ei thraed noeth ei chario, fel llwynog ar flaen helfa, y plant eraill yn ei dilyn yn un dyrfa.

'Peidiwch â dechrau rhoi arian iddyn nhw,' meddai Mrs Davies. 'Chewch chi byth lonydd.'

Edrychai ei dau lygad am allan, gan roi rhyw sirioldeb hurt i'w gwedd. Dilynais hi dros y trothwy.

'Rydw i weti gwneud rhywbeth bêch i chi i fwyta,' meddai.

'O, diolch.' Nid oeddwn wedi cael dim ond darn o fara ers y bore, ond roedd fy stumog yn dal i droi ac nid oedd llawer o awydd bwyd arnaf. Teimlwn braidd yn benysgafn. Roeddwn eisiau gosod fy mag i lawr, gorwedd a chau fy llygaid, a doedd dim llawer o ots gen i pryd y byddwn yn eu hagor nhw.

Wrth i'm llygaid arfer â'r tywyllwch gwelais fod y tŷ yn sylweddol lai na chartref 'nhad, nad ydoedd ychwaith yn balas. Roeddwn i'n sefyll mewn ystafell fechan foel. Yn yr ystafell hon yr oedd cist ddroriau, un ford, un gadair bren ac un gadair freichiau, yn ogystal â chrud pren, a hwnnw'n wag. Prif nodwedd yr ystafell oedd y stof fawr haearn, ddu oedd yn llenwi'r lle tân, gyda ffwrn ar y naill ochor i'r tân a thanc berwi dŵr ar y llall, a silff goginio uwchben y cwbwl. Arni yr oedd Mrs Davies wedi gosod padell ffrio, hambwrdd pobi, tecell enamel a sosbannau mawr a bach. Ar y silff ben tân uchel roedd ambell lyfryn Saesneg, awrlais, drych a chanhwyllbren nad oedd wedi'i chynnau.

'Yr ystafell gefn yw'ch un chi,' meddai Mrs Davies, wrth droi sosban ar y tân. 'Ewch chi i osod eich pethe a newid o'ch dillad teithio. Y drws ar y chwith – mae'r llall yn mynd i'r iard gefn. Bydd cinio yn barod mewn munud.'

'Diolch, Mrs Davies.'

'Galwch fi'n Bopa, dyna mae pawb arall ar y stryd 'ma yn fy ngalw i.'

'Bopa.'

Wrth fynd trwy'r drws gwelais fod yr unig ystafell arall yn y tŷ yn llai ac yn foelach eto. Llanwai gwely'r rhan fwyaf o'r lle, ac roedd bord fechan a sedd plentyn wedi eu gwasgu rhyngddo a'r wal. Roedd ffenest uwch y gwely'n edrych allan ar iard gefn foel a thŷ bach ar y gwaelod.

Caeais y drws, tynnu fy ffrog a fy esgidiau budr ac eistedd ar y gwely anwastad yn fy mhais. Daliais y ffrog at fy nhrwyn, a bron â thagu. Tybiais ei bod wedi ei sarnu am byth. Doeddwn ddim am i'r drewdod lynu at ddim na allwn ei sgrwbio'n hawdd, felly tynnais y gadair plentyn ymhellach o'r ford a'r gwely a gosod y ffrog i hongian arni fel na fyddai'n cyffwrdd â'r llawr na'r wal. Yna tynnais fy ail ffrog o'r bag, ei gwisgo, ac ystyried sut gallwn i fynd ychydig gamau o gartref 'Bopa' heb sarnu honno hefyd.

Beth oedd ar fy mhen yn dod i'r fath le? gofynnais i'm hunan. Roedd Duw yn fy nghosbi, gwyddwn hynny. Roedd fel roedd fy nhad wedi fy rhybuddio. Roeddwn i wedi bod yn dweud celwydd wrthyf fy hun, yn ceisio argyhoeddi fy hun mai dymuniad Duw oedd i mi wneud peth mor erchyll â'i ladd. Y byddai'n rhyddhau'r cythraul oedd ynddo. Ac yn awr roedd Duw wedi dangos i mi fy mod wedi pechu drwy fy ngosod yng nghanol tlodion brwnt ac anobeithiol.

'Miss Maddocks? Dewch i chi gael eich swper.'

Deffrowyd fi o'm synfyfyrio gan lais Mrs Davies o'r ystafell nesaf.

'Sara,' meddwn.

'Dewch i chi gael eich swper, Sara.'

'Diolch Mrs Davi – Bopa. Sa i ishe bod yn faich arnoch chi.'

Roedd 'Bopa' wedi gwneud cawl ar fy nghyfer yn y sosban fawr ar ben y tân. Moron, panas, tatws, ambell damaid o gig, a chrystyn a darn o gaws i'w trochi ynddo. Roedd yr oglau'n tynnu dŵr o'm dannedd.

Bwyteais yn awchus mewn tawelwch. Ni ddywedodd Bopa ddim.

'Hyfryd,' meddwn wrth orffen.

Goleuodd ei hwyneb â boddhad a rhyddhad. 'Estynnwch atoch chi. Mae digon ar ôl.'

'Y'ch chi am i mi adael peth i chi?'

'Na, ewch chi. Wi'n nabod llwgu o'i weld.'

Codais y lletwad a gwagio gweddill cynnwys prin y sosban i'm dysgl, yn teimlo'n euog am wneud hynny, gan wybod nad oeddwn i'n haeddu tamaid ohono. Ond roedd archwaeth gen i wedi'r cwbwl, nawr fy mod i wedi ymlacio ryw fymryn.

'A oes gennych chi faban?' gofynnais, wrth edrych ar y crud.

'Rwy'n fam o fath i hanner y stryd,' meddai Bopa, gan rwbio'i dwylo ar ei thrwyn ac yna'i barclod. 'Yn ôl y galw.'

'Diolch am y llety.'

Gwenodd a nodio ei phen. Roedd sirioldeb parod-i-blesio yn perthyn iddi er gwaethaf ei gwedd hagr. Ond nid oedd llawer o sgwrs i'w chael ganddi.

Ar ôl cinio euthum i orwedd ar y gwely anwastad yn fy ystafell ac edrych ar y nenfwd. Roeddwn eisiau rhoi fy meddyliau ar bapur tra eu bod yn llenwi fy mhen. Gwneud synnwyr o bethau. Ond doedd dim digon o oleuni yn dod drwy'r ffenest fach yng nghefn yr ystafell i mi weld yn iawn. Doeddwn ddim am wastraffu cannwyll nac ysgrifennu rhywbeth rywbeth yn flêr a gwastraffu'r ychydig bapur oedd gen i.

Meddyliais am y fyfyrgell ym Melin Frewys, haul y bore yn llifo drwy'r ffenest gan drochi'r ddesg ysgrifennu mewn golau a wnâi i'r pren derw dywynnu'n goch fel pe bai wedi ei wneud o wydr lliw... oglau fel lemwn y friallen yn cosi fy nhrwyn wrth i mi ysgrifennu ar ddiwrnod braf, a'r ffenest ar agor.

Casglodd dagrau fel gwlith yng nghorneli fy llygaid wrth i'r hiraeth godi. Caeais nhw'n dynn a gwasgu cledr fy llaw ar fy mrest fel na allai'r teimlad ddianc drwy weddill fy nghorff. Onid dyma'r hyn oeddwn wedi awchu amdano gyhyd? Onid dyma'r rhyddid rhag fy nhad oeddwn i ei eisiau?

Gorweddais yno nes bod blinder yn drech nag ofn. A gwelais fy nhad unwaith eto, yn wyneb yn dod o niwl fy atgofion. Fy nhad fel yr oedd, cyn i'r cythraul ei feddiannu.

'Dad, pam fod Duw yn gadael i bethau drwg ddigwydd, os yw e'n dda?' Finnau'n nythu'n belen yn ei gôl unwaith eto, yn blentyn. Oglau mwg cetyn ac inc a llwydni'r capel yn gwmwl o'i amgylch.

A gallwn weld fy nhad yn oedi, ac yn llyfu ei wefus isaf. Yn sugno ar goes ei getyn.

'Oherwydd bod Duw weti rhoi ewyllys rydd i ni, a heb ewyllys rydd ni fydden ni'n greaduriaid go iawn,' meddai. 'Ewyllys rydd sy'n ein gwneud ni'n wahanol i blanhigyn, neu garreg. Ond mae ewyllys rydd yn golygu'r ewyllys i wrthwynebu Duw.'

'Felly ni sydd yn dewis bod yn ddrwg?'

'Ie. Mae pob drygioni yn y byd yn tarddu o benderfyniad dyn i gofleidio pechod. Ac mae'r dafol yn wastad o hyd – mae pob un sy'n pechu yn ca'l ei haeddiant. Odi wir.'

Cofiwn y diwrnod wedyn i mi gwympo a bwrw fy mhen-glin ar lawr, a thynnu gwaed, a bod ofn dweud wrth Dad wedyn gan y byddai'n siŵr o feddwl i mi bechu er mwyn haeddu cwympo.

'Sut allai i beidio â phechu?' gofynnais wrtho yn y gegin.

'Wyt ti'n cofio'r gorchmynion?' Roedd ei law yn dynn amdanaf.

'Anrhydedda dy dad a'th fam. Na ladd.'

'Da iawn.'

Teimlais waliau'r ystafell fechan yn cau'n belen amdanaf a llithrais yn agosach at ddibyn cwsg.

'Ai Duw wyt ti, neu'r Diafol?' gofynnais.

'Duw yw'r goleuni ond mae pob goleuni yn taflu cysgod.'

Roeddwn i'n rhy bell i ffwrdd i'w ddeall, fy meddyliau'r dechrau ymddatod ac ystumio dan ddylanwad cwsg.

Cnoc, cnoc, cnoc...

Deffrais o'm pendwmpian gyda naid. Roeddwn i'n ôl yn yr ystafell wely yn nhŷ Bopa. Ac roedd sŵn fel petai rhywun yn curo morthwyl ar ddrws y tŷ.

'Ia, ia?' clywais lais Bopa.

'Odi Miss Sara Maddocks yma?' Llais dyn.

'A beth ydych chi ishe?'

Mr Williams? Y cwnstabliaid?

Edrychais ar y ffenest fechan ac ystyried tybed a allwn ddianc drwyddi. Ond na, roedd yn rhy fach. Roedden nhw wedi dod amdanaf yn gynt na'r disgwyl.

'Chewch chi ddim ei gweld hi nes fy mod i'n gwybod beth yw eich bwriad.'

'Fy mwriad? Am beth y'ch chi'n sôn fenyw?'

'Mae gen i gyfrifoldeb i amddiffyn fy lletywyr rhag dynion ar berwyl drwg.'

Codais ac edrych drwy gil y drws. Ni allwn weld llawer y tu hwnt i ysgwyddau Bopa, ond gallwn glywed dyn ifanc yn dadlau â hi.

'Ar berwyl drwg? W i'n ŵr bonheddig. Ac mae gŵr bonheddig arall, Joseph Glass, wedi fy anfon yma.'

'Ac ry'ch chi'n bwriadu mynd â hi, ar draws y dref, heb *chaperone*?'

'Chaperone! Mynd â hi i'r swyddfa argraffu ydw i, nid ei chyflwyno i'r Prins of Wêls.'

Gwelais Bopa'n camu i'r naill ochor yn anfodlon.

'Well i chi ddod i mewn am funud fach, neu fe fydd pawb yn y stryd yn gwybod eich busnes.'

Tynnais y drws yn nes ataf, ond gallwn weld rhywfaint o wyneb y dyn wrth iddo ddilyn Bopa i'r ystafell fyw. Roedd ychydig yn hŷn na mi, mor denau â rhaca, gyda thalcen eang a mop o wallt du cyrliog yn goron arni. Er lleted ei dalcen roedd ei wyneb yn culhau yn raddol nes diweddu mewn ceg fechan a gên finiog ag ambell flewyn unigol yn tyfu ohoni, yn ymdrech i dyfu barf. Roedd ei wyneb yn goch fel petai wedi cyffroi drwyddo.

'Ydi hi yma nawr?' gofynnodd wrth edrych o amgylch yr ystafell fach, fel pe bai'n ofni fy mod yn cuddio o dan y ford.

'Eisteddwch am funud nawr. Mae'n hi'n gwisgo. Gymerwch chi ddishgled?'

'O, fe gymera i ddishgled, diolch,' meddai gan eistedd ar y gadair bren wrth y ford. 'Mae yna rywbeth yn ogleuo'n ffein yma.'

Crogodd Bopa decell uwchben y lle tân. 'A sut mae eich mam, Jenkin? Ydi hi'n dal i werthu pysgod yn y farchnad?'

Culhaodd llygaid y dyn. 'Sut y'ch chi'n ei nabod hi?'

'W i'n dy gofio di mewn trowsus byr.' Estynnodd am set o lestri te tolciog a'u rhoi ar y ford. Yna daeth draw at ddrws fy ystafell, a chaeais y drws fymryn ymhellach fel na allai fy ngweld yn sbecian. 'Sara?' galwodd yn uwch nag oedd angen. Dyfalais ei bod ychydig yn fyddar.

'Ie?'

'Mae yna ddyn ifanc yma i'ch gweld,' meddai, gan gyfleu ei drwgdybiaeth â phob gair. 'Yn gweud ei fod weti dod i fynd â chi i weld Joseph Glass.'

'Fe fyddaf i mês mewn eiliad fach.'

Roeddwn i'n ymwybodol iawn yn fwyaf sydyn o'r golwg oedd arnaf, ond doeddwn i ddim am ei gadw yn disgwyl. Gwisgais fy sgidiau budron drachefn, cyn cydio yng nghynfas y gwely a cheisio rhwbio rhywfaint o'r baw oddi ar fy nwylo, yna codi fy mag oddi ar y gwely.

'Dyn papur newydd y'ch chi?' clywais Bopa'n gofyn wrth eistedd yn ei chadair freichiau.

'Nofelydd,' meddai. 'Ond yn gwneud ambell erthygl i'r *Llais* i gadw'r blaidd rhag y drws.'

Camais drwy'r drws. Trodd y dyn ifanc i'm hwynebu ac agorodd ei lygaid yn fawr mewn syndod. Cododd o'i sedd fel petai ar sbring.

'Miss Maddocks.'

Ni ddywedodd ragor, dim ond edrych ar Bopa fel petai'n disgwyl cefnogaeth.

'Dyma Jenkin Jones,' meddai hi.

'Braf cwrdd â chi,' meddwn, ac estyn fy llaw. 'Ydi popeth – ydi popeth yn olréit?' Edrychai fel petai wedi cael braw am ei fywyd.

'Roeddwn i weti disgwyl rhywun…'

'Rhywun?'

'Rhywun hŷn.' Amneidiodd tuag at y drws. 'Ond dyna ni. Mae – mae gen i gert tu fas.' Cyfeiriodd at y drws.

'Y'ch chi ddim am yfed eich dishgled?' gofynnodd Bopa.

'Na. Well i ni beidio â chadw Mr Glass. Mae'n ddyn diamynedd – prysur! Ond diolch i chi'r un fath.'

Edrychai Bopa'n siomedig wrth i mi ddilyn Jenkin Jones at ddrws y ffrynt. 'Wi'n ei disgwyl hi'n ôl cyn iddi nosi, cofiwch!' meddai.

'W-wrth gwrs!' tagodd Jenkin. 'Diolch i chi, Mrs Davies.'

Gwenais yn ddiolchgar ar Bopa cyn mynd. Roedd yn rhyfedd teimlo bod rhywun yn mynegi pryder amdanaf, yn enwedig a minnau newydd gwrdd â hi. Edrychais i gyfeiriad yr awrlais a gweld bod y bys mawr newydd fynd heibio i un y prynhawn. Dim ond wedi pendwmpian yn y gwely oeddwn i.

Dilynais Jenkin allan i'r stryd, a gweld bod y dyrfa o blant bychain eisoes yn defnyddio ei gert fel ffrâm ddringo.

'Shw! Shw!' meddai.

'Gawn ni geiniog arall?' galwodd Begw o'r brig.

'Gewch chi gic yn y pen ôl!' dwrdiodd Jenkin.

'Gawn ni'r sgitsha hefyd?'

'Gewch chi fyth geiniog gen i eto'r cnafon,' meddwn.

Wedi llwyddo i hel y plant o'r gert, estynnodd Jenkin law anfoddog i'm helpu i ddringo i'r sedd drws nesaf i un y gyrrwr, heb edrych i'm cyfeiriad. Dringodd ef i fyny yr ochor arall, ysgwyd y cyfrwy a dechreuodd y gert symud.

Bu tawelwch hir wrth i ni ddringo i ben draw'r stryd. Syllodd Jenkin yn syth o'i flaen fel soldiwr.

Roeddwn i am wneud argraff dda arno ac felly ceisiais dorri ar y distawrwydd. 'Y'ch chi'n gwitho i *Lais y Bobl* ers yn hir?' gofynnais.

'Dwy flynedd,' meddai. 'Fues i'n brentis mewn swyddfa ustus ond doeddwn i ddim yn gallu stumogi'r peth.'

Sychodd y sgwrs unwaith eto. Roedd plant y stryd yn dal i ddilyn y gert. Rhedodd Begw, y ferch fach, wrth ein hochr.

'Ife eich cariad chi yw hwnna, miss?' galwodd.

'Nage!' meddai Jenkin gan gochi unwaith yn rhagor.

'Shw, y cnafon!' meddwn wrth y plant, a rhoeson nhw'r gorau i'n dilyn. 'Am beth mae eich nofel chi, Jenkin?' gofynnais wedyn, er mwyn ceisio newid y pwnc.

Agorodd ei geg a'i chau drachefn. 'Cyfiawnder,' meddai'n chwithig.

'Llysoedd barn... a phethau felly?'

'Cyfiawnder naturiol. Tlodi, ac yn y blaen.' Cododd ei ên. 'Mae'n ca'l ei chyhoeddi bob wythnos yn y *Llais* ar hyn o bryd. Dan y teitl *Hunangofiant Rhys Huws, gweinidog Bethania*.'

'O! Rwy'n darllen *Rhys Huws* bob wythnos.'

Edrychodd arna i o'r diwedd, a gwenu. 'Ydych chi?'

'Felly nid Rhys Huws go iawn sydd wedi ei hysgrifennu hi?'

'N-nage,' meddai Jenkin. 'Roedd Mr Glass yn meddwl y byddai'n fwy priodol cyflwyno'r gwaith fel hunangofiant go iawn, rhag i rywun weld chwith ein bod yn cynnwys ffuglen yn y papur.'

Cofiwn agwedd fy nhad at ffuglen – 'Amgen-efengyl sy'n rhwystr i wirionedd yr efengyl ledu yn ein gwlad!' – a phenderfynu efallai fod Mr Glass yn gwneud y peth iawn. Bu saib arall. Ond roeddwn wedi cyffroi wrth gael cwrdd ag awdur. 'Ydych chi'n ei chael yn anodd meddwl am rywbeth i ysgrifennu bob wythnos?'

'Nac ydw! Dim o gwbwl. Weithiau mae'r geiriau'n dod mês fel... pistyll.' Rhoddodd blwc i'r cyfrwy. 'Mae'n corddi dyn weithiau gymaint o annhegwch sydd yn y byd. O dlodi fan hyn, i gaethwasanaeth yn America.'

'Roedd Dad yn gweud bod pobol yn ca'l yr hyn y maen nhw'n ei haeddu.'

'Wel, efallai y byddai'n teimlo'n wahanol pe bai amseroedd celyd yn ei daro ef fyth,' meddai, cyn sylweddoli iddo fod braidd yn anfoesgar. 'Mae pawb yn haeddu ail gyfle,' ychwanegodd.

Edrychais o 'nghwmpas ar wynebau difater a blinedig y bobol, yn strempiau o lwch du o fwg y glo oedd yn syrthio fel eira tywyll o'r awyr uwch eu pennau. Menywod â'u siolau yn dynn am eu pennau. Dynion yn cerdded ar goesau crwm. Symudent yn araf drwy'r strydoedd, pob un â'i lwyth, eu llygaid yn bŵl. Oedden nhw, fel fi, yn haeddu bod yn Uffern? Allen nhw ddim i gyd fod yn llofruddion.

'Jenkin!' galwodd llais.

Cododd hwnnw ei ben yn sydyn o'i fyfyrdod, ac edrych o'i gwmpas. Gwelais ei wefus yn symud yn rheg fud.

Roedd dau ddyn ar geffylau wedi cyrraedd un bob ochor i ni. Roedd gwên ysmala ar eu hwynebau ifanc. Hongiai picasau o gyfrwyau'r ceffylau.

Anwybyddodd Jenkin nhw, a chadw ei ben i lawr.

'Jenkin y diawl!' meddai'r dyn eto. 'Pwy ydi hon? Dy butain di?'

'Gwas bêch Glass ydi Jenkin erbyn hyn,' meddai'r llall. 'Mynd â phutain i Mr Glass.'

Putain? Ofnwn yn sydyn bod hyn yn wir ar ôl fy mhrofiad â Mr Williams. Troais at Jenkin. 'Pwy y'n nhw?'

'Gwneud hwyl am ein pennau ni maen nhw,' sibrydodd o dan ei wynt.

'Ife Cloddwr wyt ti o hyd, Jenkin?' galwodd yr un agosaf. Llywiodd ei geffyl i ochor arall y gert, gyferbyn â Jenkin. ''Ta wyt ti weti ein bradychu ni a mynd at y Mecanyddwyr erbyn hyn? Dydw i ddim wedi dy weld di yn y capel ers deufis da.'

Mwmiodd Jenkin rywbeth dan ei wynt.

'Beth?'

'W i weti bod yn pregethu.'

'Yn lle?'

'Bant.'

'Pregethu bant! Dyna lle gest ti hon ife? Dim rhyfedd ei bod hi'n frwnt fel swch cefn mochyn.'

Chwarddodd y dyn arall. Edrychais ar Jenkin, a gweld bod cywilydd arno.

'Wow!' galwodd llais arall o'n blaenau.

Roedden ni wedi dod at bont haearn ar draws yr afon lydan a lifai drwy ganol y dref. Safai tri dyn wrth geg y bont, golwg yr un mor arw arnynt â'r ddau oedd yn ein dilyn. Daliai un, a chanddo fwstásh cyrliog yn lledu o un foch i'r llall, frysgyll haearn. Ar y pen uchaf roedd croes o fewn cylch, fel croes Geltaidd, ond bod dau drawst ychwanegol yn croesi ei gilydd gan ei wneud yn debycach i olwyn.

Safodd ein cert, a'r dynion ar y ceffylau, yn stond.

'Pwy yw'r rhain, Jenkin Jones?' gofynnodd y dyn â mwstásh llydan a ddaliai'r brysgyll. 'Dy *bodyguard*?'

'Maen nhw'n edrych yn debycach i'r dynion gwagio tai bach i fi,' meddai un o'r lleill a safai wrth y bont. Chwarddodd y tri.

'Shgwl, Jenkin,' meddai un o'r dynion â'r picasau oedd ar y ceffylau. 'Mae dy warchodwyr yn y Mecanyddwyr weti dod i dy achub di.'

'Gwarchod ein hochor ni o'r afon ydyn ni,' meddai'r dyn mwstashog â'r brysgyll.

'Rhag beth?' gofynnodd yr un ar y ceffyl. 'Ofn y bydd eich gwragedd yn dianc?'

'Mae'n lannach pen yma'r Yfrid, y'ch chi'n gweld,' meddai'r dyn â'r brysgyll. 'Fyddech chi'r Cloddwyr yn gwneud y lle'n fawlyd gyda'r holl lwch sy'n dod i lawr o'r pwll draw fan 'co.'

Gwelais wyneb y dyn ar gefn y ceffyl yn newid o ddifyrrwch ysmala i ddicter. Datglymodd y picas oedd yn hongian o gyfrwy y ceffyl. Gwnaeth y llall yr un fath, a'i ddal o'i flaen.

Roedd y dyn â'r mwtsásh wedi codi ei frysgyll ond amneidiodd ar y dyn a safai wrth ei ochr. Agorodd hwnnw ei gôt hir a dangos y dryll ar ei wasgod – dryll hir pren, ag addurn pres o amgylch y carn. Trodd ceidwad y brysgyll â gwên fodlon ar ei wyneb i weld ymateb y dynion ar y ceffylau.

'Fe welwn ni ti yn y capel ddydd Sul, Jenkin.' Trodd y ddau wrth ein hochr eu ceffylau a'u llywio'n ôl i gyfeiriad llif y stryd.

Gostyngodd y dyn mwstashog ei frysgyll a diflannodd dryll ei gyfaill o'r golwg unwaith eto.

'Ga i fynd heibio nawr?' gofynnodd Jenkin, ei lais yn fach.

'Dwn i ddim,' meddai'r dyn â'r brysgyll. 'Rwyt ti'n gymaint o Gloddwr â'r rheiny.'

'Ry'ch chi'n achwyn arna i am fod yn Gloddwr, a'r rheiny'n achwyn arna i am weithio i Fecanyddwr,' cwynodd Jenkin.

'Wel, paid â bod yn gymaint o Sioni bob ochor te.'

Wedi saib anfodlon, amneidiodd y dyn mwstashog ar ei ddau gydymaith, a chamon nhw o'r neilltu i adael i ni fynd heibio.

Doeddwn i ddim eisiau holi Jenkin beth oedd wrth wraidd y ffrae nes ein bod ymhell o glyw y dynion a'n hataliodd, felly edrychais dros ymyl y bont ac ar y dŵr islaw. Roedd yr un lliw â phwdin plwm ac yn symud yr un mor araf. Codai'r drewdod mwyaf atgas bosib ohono – fel petawn i wedi rhoi fy mhen mewn tŷ bach. Petai gan farwolaeth oglau, dyna oglau'r afon. Bu bron i mi gyfogi am yr ail dro y diwrnod hwnnw.

Gallwn weld bod criw o ddynion yn eistedd ar ymyl y bont a chefais fraw wrth sylweddoli bod eu trowsusau am eu pengliniau a'u bod yn cachu dros yr ymyl. Troais fy mhen mewn embaras a gweld bod hen wraig yn gostwng bwced i godi dŵr ar yr ochr arall.

Wrth gyrraedd pen draw y bont, trodd Jenkin ataf. 'Mae'n… ddrwg gen i am hynny…' meddai.

'Pwy oedd y bobol yna?'

Ochneidiodd Jenkin. 'Welaist ti'r groes yna ar bastwn y dyn?'

'Do.'

'Symbol enwad y Mecanyddwyr,' meddai Jenkin. 'Maen nhw'n gryf yn y rhan hon o'r dref. Ac maent yn gwbod mod i'n dod o deulu o Gloddwyr.'

'Ydyn nhw'n bobol gas?'

'Dim felly. Mae Mr Glass yn Fecanyddwr. Ond mae'r Cloddwyr a'r Mecanyddwyr yn casáu ei gilydd, a'r ddau enwad yn casáu'r Trochwyr. Ydych chi'n perthyn i enwad?'

'Sai'n credu,' meddwn. Hynny yw, meddyliais, roedd Dad yn casáu pawb yr un fath. 'Oes rhaid dewis?'

'Dydw i ddim yn credu ei fod mor syml â hynny. Mi fyddi di'n ca'l dy lyncu gan un ohonyn nhw yn ddigon buan. Ca'l dy ddal rhwng sawl stôl sydd waethaf.'

'Ond beth yw'r gwahaniaeth rhyngddyn nhw?'

'Wel, i ddechrau mae 'da ti'r Trochwyr,' meddai Jenkin. Amneidiodd â'i law tua'r de-orllewin. Yno gallwn weld simnai uchel y ffatri haearn yn codi uwch toeau llechi'r tai. 'Pobol y gwaith haearn ydi'r rheina yn benna, pobol Fairclough. Y gwŷr sy'n cynnal y ffwrnais, pwdlwyr, ambell i of. Rhaid i ti wynebu'r bedydd tên i fod yn Drochwr.'

'Y bedydd tên?'

'Ia – rhaid i ti sefyll dan letwad llawn haearn tawdd, yn gwisgo helmed ddur. Mae'r haearn yn ca'l ei dywallt ar dy ben di. Os wyt ti'n goroesi heb gael dy losgi, rwyt ti ymysg yr etholedig rai. Fel arall, wel…'

Cododd ei ysgwyddau wrth i mi edrych arno mewn syndod mud.

'Dyna eu capel nhw fan 'co,' meddai, gan gyfeirio ar hyd glan yr afon. Yno roedd awyrlong anferth, y fwyaf oeddwn i wedi ei gweld erioed, ei chorff wedi ei weldio at ei gilydd o haenau anferth o haearn. Ond roedd wedi ei chodi ben i waered fel bod y llyw a'r gilbren yn yr awyr a'i dec yn fflat ar lan yr afon. O ganlyniad roedd gwaelod pigfain y llong yn codi i'r awyr fel nenfwd capel.

'A'r enwadau eraill?'

'Mae gen ti'r Mecanyddwyr fel Mr Glass. Y rhan fwyaf yn beirianyddion, neu'n siopwyr,' meddai. Roedd fel petai wedi ymlacio ar ôl croesi'r bont, ac yn siarad yn fwy parod. 'Unrhyw un sy'n gwisgo het uchel neu'n ca'l olew ar ei ddillad, Mecanyddwyr ydyn nhw gan amlaf.'

'A beth maen nhw'n ei gredu?'

'Bod trefn arbennig i bethau, am wn i. Bod y bydysawd yn fath o beiriant sy'n rhedeg yn esmwyth o beidio ymyrryd ag ef. Ac os wyt ti'n dilyn eu cyfarwyddiadau, fe fyddi di'n olréit.'

'A'r Cloddwyr?'

'Glowyr,' atebodd. 'Llaweroedd ohonyn nhw. Roedd fy nhad yn löwr, a 'nhad-cu, a'i dad-cu yntau. Lamp y mwynwyr yw eu symbol nhw.'

'Pam felly?'

'Am eu bod yn credu bod llwybr ffydd fel cerdded dan ddaear gyda lamp – all neb weld a deall y cwbwl, a rhaid i bawb ddewis ei lwybr ei hun.'

'A pam eu bod nhw i gyd yn ffraeo am hen bethau felly?'

Cododd ei war. 'Mae pobol yn hoffi perthyn i rywbeth. Ac er mwyn perthyn i un grŵp rhaid i ti beidio perthyn i grŵp arall. Ond mae ein pobol yn iawn fel arall, pan nad ydyn nhw'n ffraeo am enwadath.'

Roedd y strydoedd y tu hwnt i'r afon yn llawer llai unffurf, yn troelli yma a thraw fel y gwnânt ym Melin Frewys, ac olwynion pren y gert yn rhuglo dros goblau.

'A wyddost ti be, dydw i ddim yn siŵr lle mae Mr Glass ar hyn o bryd – yn ei wasg neu yn y Capel Mawr,' meddai Jenkin. 'Maen nhw groes ffordd i'w gilydd, fel ei fod yn gallu mynd yn syth o'r pulpud i'r printin offis.'

Gwelais y Capel Mawr o bell. Edrychai'n debycach i eglwys gadeiriol na chapel Melin Frewys. Codai meindwr dros gan troedfedd i'r awyr, a symbol croes y Mecanyddwyr ar ei frig. Roedd blaen y capel wedi ei addurno â cholofnau a bwâu rhyngddynt. Uwch eu pennau, wedi eu cerfio i'r garreg, roedd y geiriau 'Y Capel Mawr'. Sgleiniai'r waliau yn newydd, heb eu gorchuddio eto gan yr un haen seimllyd o lwch a baw oedd ar weddill y dref.

Gwenodd Jenkin. 'Mae'n gwneud argraff ar rywun, ond yw e?' meddai. 'A Mr Glass weti codi'r cyfan o'r arian i'w adeiladu. Dere i mewn.'

'Ydi e'n saff?' gofynnais, gan gofio am y dynion arfog ar y bont.

'Wrth gwrs. Fyddai neb yn codi bys yn dy erbyn di fan hyn heb i Mr Glass ddweud y gair.'

⚙

Wrth gamu dros drothwy y capel fe ddes i'n ymwybodol o ryw rwnian dwfn. Roeddwn wedi darllen disgrifiad o gri morfil ymhell o dan y môr mewn llyfr, ac yn dychmygu bod hwn yn sŵn tebyg. Mor ddwfn nes ei fod tu hwnt i glyw bron â bod, ond i'w deimlo fel daeargryn ym mêr fy esgyrn. Ac yna cododd y sain yn uwch, ac yna'n uwch eto, fel pe bai'r adeilad cyfan yn llawn gwenyn yn sïo yn un côr.

'Triwch y pedalau eraill eto!' galwodd llais o rywle.

Wrth gyrraedd corff y capel daeth yn amlwg yn syth beth oedd yn cadw'r fath dwrw rhyfedd. Safai'r organ fwyaf anferthol a welais erioed yn erbyn y wal bellaf, yn rhaeadr o gannoedd o bibellau copr a phren mahogani. Yn eistedd â'i gefn tuag atom wrth droed yr organ, mewn ynys fechan o seingloriau a liferau di-ri, yr oedd dyn tal main a het uchel ar ei ben.

'Ydi 'wnna'n olréit?' galwodd.

'Tria'r stopiau!' meddai llais o rywle.

Dilynais Jenkin rhwng y corau – roedd lle i rai miloedd yno – nes ein bod yn sefyll wrth droed y sedd fawr, a fyddai wedi bod yn ddigon eang i ddal y gynulleidfa gyfan ym Melin Frewys.

'Rwy'n gweld bod yr organ yn gwitho, Ellis!' galwodd Jenkin ar y dyn a'i chwaraeai.

Trodd y dyn ei ben. 'Sut sŵn sydd arni?'

'Bydd pawb yn y dref yn gallu ei chlywed rwy'n credu!'

'Rwy'n amau mai dyna sydd gan Mr Glass mewn golwg. Neu o leiaf ei bod hi'n fwy swnllyd na niwlgorn y Trochwyr.'

Daeth llais o'r tu mewn i'r organ yn rhywle. 'Allet ti 'ngadael i mês?'

Estynnodd Ellis am lifer wrth ei ymyl. Daeth sŵn aflafar o ganol y peiriant ac agorodd gorddrws wrth droed yr organ. O ganol y dryswch o bibau camodd dyn a'i wyneb yn ddu gan huddygl, pâr o gogyls pres am ei ben, a dillad gwaith yn staeniau baw ac inc. Safai bachgen yn ei arddegau wrth ei ochr. Dyfalwn mai dyma ei fab am ei fod mor debyg iddo heblaw am y farf drwchus ddu.

'Sut mae'n edrych?' gofynnodd Ellis.

Rhoddodd y peiriannydd ei ddwylo ar ei gluniau ac edrych yn feddylgar. 'Nid cerddor odw i ond ar yr amod bod popeth yn wythu i'r lle reit, dylai bara canrif dda, ar yr amod ein bod ni'n edrych ar ei hôl hi.'

'Ar yr amod nad ydych chi'r Trochwyr yn llosgi'r lle i'w seiliau,' meddai Ellis. 'Mae rhai ohonoch chi'n edrych ar y lle braidd yn eiddigeddus.'

'Allwn ni ddim cwyno am sŵn eich organ chi gyda'r blydi corn 'na sydd ar ein capel ni! Os allet ti alw llong yn gapel!'

Diflannodd y peiriannydd a'i fab yn ôl i ganol yr organ, a chaeodd y gorddrws ar eu holau. Trodd Ellis yn ôl at y trawfwrdd a chwarae rhan o emyn, ei freichiau hirion a'i fysedd main yn ymestyn o'r nodau uchaf i'r isaf.

Galwodd Jenkin dros y sŵn: 'Ellis. Dyma Miss Maddocks sydd weti dod i weithio ar *Frenhines yr Aelwyd*.'

Brenhines yr Aelwyd? Doeddwn i erioed wedi clywed am hwnnw o'r blaen. Rhaid bod Jenkin wedi drysu, meddyliais.

Trodd Ellis ei ben i syllu arnom. 'A!' Cododd a phrysuro o'r pulpud. Roedd yn ddyn tal iawn, ben ac ysgwydd yn dalach na mi, a'i het corn simnai yn ychwanegu at yr argraff honno. Ond er gwaethaf ei daldra doedd dim byd cawraidd na brawychus amdano; roedd tua deng mlynedd yn hŷn na mi, oddeutu tri deg oed, ac edrychai braidd yn lletchwith, gyda chorff tenau a symudiadau afrosgo.

Daeth i sefyll o'm blaen ac edrych arna i'n ddisgwylgar, ei lygaid llwyd-las yn pefrio, a rhwbiodd gledrau ei ddwylo mawr at ei gilydd.

'Braf cwrdd â chi, Mr Ellis,' meddwn ac estyn fy llaw.

'Ellis Morgan,' meddai â gwên. Cyffyrddodd yn fy llaw a thynnu ei het â'i law arall. 'Roeddwn i'n disgwyl rhywun...'

'Hŷn,' meddai Jenkin.

'Ydych chi'n briod, Miss Maddocks?' gofynnodd.

'Na!' meddwn, gan feddwl ei fod braidd yn hy yn gofyn.

'A, rwy'n gweld. Nid yw'n arferiad yn y dref, chi'n gweld, i fenywod dibriod ddod i'r capel heb fam neu fodryb i'w tywys.'

'Does dim disgwyl i fi ga'l fy nhywys i bobman os ydw i am newyddiadura i'r *Llais*,' meddwn dan chwerthin. Dim ond edrych arnaf yn ddryslyd wnaeth Ellis, felly newidiais y pwnc. 'Mae gennych chi gapel hynod, Mr Morgan.'

'Capel Mr Glass,' meddai. 'Ond w i'n ca'l cymryd ambell i wasanaeth pan mae e yn Llunden. Dyw bod yn olygydd *Llais y Bobl* ddim yn talu fel y dylai.'

'O! Chi yw'r golygydd?'

'Wel, dyna wi'n ca'l fy ngalw. Adysgrifwr Mr Glass mae rhai yn fy ngalw i.' Gwenodd eto.

Pwniodd Jenkin ef â'i benelin ac amneidio i ben draw'r capel. Trodd Ellis i weld a daeth golwg bryderus i'w wyneb.

Gwelais fod dyn arall, llawer hŷn yn stryffaglu tuag atom drwy ganol y corau. Roedd ganddo farf ac aeliau trwchus ond dim mwstásh, a llygaid tywyll a fudlosgai fel haearn tawdd.

'Mr Glass?' gofynnais.

'Oho!' Gwenodd Ellis. 'Fyddai'r Parchedig Evan Evans ddim am i chi ei gamgymeryd am Mr Glass! Arweinydd y Trochwyr yw Evan Evans. Mae weti dod i fusnesu yn ein capel newydd.'

Cofiais yr hyn a ddywedodd Jenkin am y Trochwyr.

'Y'n ni ar eu tiriogaeth nhw – yn fwriadol felly. Helô, Mr Evans!'

'Rwy'n gweld bod yr organ yn ei lle,' meddai'r hen bregethwr. 'Dim ond y mwnci i'w ware sydd angen arnoch chi nawr!'

'A dim ond organ sydd angen ar eich capel chi, Mr Evans,' atebodd Ellis.

Torrais allan i chwerthin, ond tewais wrth weld yr olwg ddifrifol ar wyneb y dynion.

'Y fath olud!' aeth yr hen barchedig yn ei flaen. 'Pan oeddwn i'r un oed â chi'ch dau, roeddwn i'n pregethu mewn bythynnod bychan gyda thyllau yn y nenfwd. Roedd y glaw yn dod i mewn ar ein pennau. Ac roedd fy nhad innau'n pregethu mewn ogof.'

'Dim ond dilyn esiampl yr ysgrythur ydym ni,' meddai Ellis. 'Roedd cynllun y Tabernacl a roddwyd gan Dduw i Moses yn llawer crandiach na'r adeilad hwn.'

'Ond teml i Dduw oedd hwnnw, nid teml i Mr Glass,' meddai Evan Evans. Gwnaeth sioe o edrych o'i gwmpas. 'Mae hen awyrlong yn gwneud y tro i ni'n iawn. Pobol sy'n gwneud capel, nid adeilad, yntê? Does dim i'w ennill drwy gystadlu â'r Eglwys Wladol am yr adeilad crandiaf.'

'Y'ch chi yma ar fusnes penodol, Mr Evans?'

'Clywed bod eich bechgyn yn trin y bont fel eu heiddo personol. Yn tynnu gynnau a brysgyll, ac yn rhegi a bygwth unrhyw Drochwr neu Gloddwr sydd eisiau croesi.'

'Doeddwn i ddim wedi clywed, Mr Evans.'

'Wi'n siŵr nad ydyn ni ishe rhoi esgus i'r Eglwys bardduo enw'r enwadau Ymneilltuol.'

'Mi wnaf i grybwyll eich pryderon wrth Mr Glass.'

Ochneidiodd yr hen ddyn. 'Gwnewch chi hynny,' meddai. 'A dywedwch wrtho nad yw'r Trochwyr yn bobol dreisgar. Ond ry'n ni'n wydn, fel haearn. A gallwn greu arfau haearn, os oes rhaid.'

'Mi wnaf i grybwyll y peth wrth Mr Glass.'

Edrychodd yr hen ddyn yn anfodlon, cyn troi ar ei sawdl a hercio am y drws, gan fwmial dan ei wynt.

Gwnaeth Jenkin geg gam. 'Rhaid i ti beido â gwneud gelynion, Ellis,' meddai, wedi i'r hen ddyn ddiflannu o'r golwg. 'Fe fydd e'n siŵr o daranu yn erbyn y *Llais* ym mhapur ei enwad er mwyn cael gwared ohonot ti.'

Wfftiodd Ellis. 'Eiddigeddus ydi Evan Evans.'

Teimlwn fod y dynion wedi anghofio amdanaf braidd, felly pesychais er mwyn ceisio dal eu sylw. Edrychodd Ellis arnaf fel petai'n fy ngweld am y tro cyntaf.

'Miss Maddocks.'

'Sôn am Mr Glass,' meddwn. 'Roeddwn i fod i fynd i'w weld am ddau o'r gloch.' Edrychais i fyny ar yr awrlais mawr addurniedig ar wal gefn yr ystafell. 'Ac mae hwnnw'n gweud ei fod yn warter weti erbyn hyn.'

'Wrth gwrs!' meddai Ellis, gan ysgwyd ei ben. 'Dyw hi ddim yn syniad da cadw Mr Glass i ddisgwyl.'

'Eisteddwch, Miss Maddocks.'

Roedd y swyddfa'n dywyll, yn rhy dywyll i mi adnabod perchennog y llais i ddechrau, er y gallwn synhwyro ei bresenoldeb y tu ôl i'r ddesg dderw oedd yn llenwi'r rhan fwyaf o'r ystafell fechan. Gorchuddid honno â bocsys o deip, potyn inc, a sawl cyfrol drwchus, ac ymwthiai rhes o diwbiau copr ohoni na wyddwn eu diben.

Eisteddais.

Roedd dwy ffenest isel bob ochor i'r swyddfa, yn rhy agos i'r llawr i oleuo ryw lawer arni, ond wedi eu gosod mewn man delfrydol i edrych drwyddynt ar bobol yn y stryd islaw. Cynigai'r ffenest ar y chwith drosolwg o'r stryd y tu allan i'r swyddfa a'r Capel Mawr gyferbyn. Edrychai'r ffenest i'r dde dros yr iard waith lle y gallwn weld ambell un yn llafurio i symud darnau o offer trwm.

O'r uchelfan hon gallai Mr Glass fwrw golwg dros bob rhan o'i deyrnas.

'Ry'ch chi'n darllen ac yn ysgrifennu?' gofynnodd.

'Ydw.'

'Beth?'

'*Llais y Bobl*, wrth gwrs. A'r *Canllaw*.'

'Saesneg?'

'Dim ond ychydig.'

'*Girl's Own*? *Penny Paper*?'

'Y *Nonconformist*.'

Ychydig iawn o oleuni a ddeuai i mewn drwy'r ffenestri isel, a doedd hynny ond yn dwysáu'r caddug yn yr ystafell. Wrth i'm llygaid arfer daeth Mr Glass fwyfwy i'r amlwg. Golygai'r siwt ddu oedd wedi ei chau hyd at ei ên bod ei ben fel petai'n arnofio yn y tywyllwch o'm blaen. Roedd ganddo wyneb wedi ei naddu o'r graig, a honno wedi ei herydu ymhellach gan flynyddoedd o stormydd. Fframiwyd ei wyneb gan aeliau trwchus a chernflew claerwyn a ddylifai fel rhaeadrau ewynnog ar hyd dwy ochor ei wyneb. Edrychodd arnaf â llygaid tywyll, gochelgar. Roedd rhyw ansicrwydd, rhyw anesmwythder yno, fel petawn i'n sarff.

Nodiodd ei ben. 'Kate?'

Ceisiais ddeall pwy oedd Kate, ac yna llamodd fy nghalon wrth i mi sylweddoli bod ail berson yn sefyll y tu ôl iddo. Nid oedd wedi symud modfedd ers i mi ddod i mewn i'r swyddfa, ac o ganlyniad wedi suddo bron yn gyfan gwbwl i batrwm y papur wal. Gwisgai ffrog frown blaen â rhywfaint o les o amgylch y goler, a siôl ddu am ei hysgwyddau. Roedd hi o leiaf ddeugain mlynedd yn hŷn na mi.

'Y llythyr,' meddai.

Er nad oedd ei dillad yn rhodresgar mewn unrhyw fodd, gallwn weld o'r olwg graff ar ei hwyneb a'i hosgo ei bod yn ddynes o statws cymdeithasol uchel.

'Dyma fy ngwraig,' meddai Mr Glass, ac yna: 'Oes gennych chi lythyr caniatâd gan eich têd?'

Ymbalfalais yn fy mag a thynnu amlen ohono. Cydiodd Mr Glass ynddi â blaenau ei fysedd, ei hagor, a darllen y llythyr mewn distawrwydd syber, yn araf bach, fel petai'n chwilio am esgus dros fy ngwrthod.

'Rwy'n gyfarwydd â'ch têd,' meddai. 'Drwy ddarllen ei lythyrau yn y *Canllaw*.'

'Mae'n cofio atoch.' Daeth y celwydd yn rhwydd.

Trodd Mr Glass y llythyr drosodd. 'Ac a oes gennych chi eirda gan eich gweinidog?'

'Fy nhad oedd fy ngweinidog.'

'Gofynnwyd am ail eirda.'

Suddodd fy nghalon, ond yna gwelais law fanegog ei wraig yn codi ac, yn gynnil iawn, yn gwasgu ysgwydd ei gŵr.

'O'r gorau,' meddai. Crafodd y cernflew ar un ochor i'w wyneb, ac edrych drwy'r ffenest i gyfeiriad y Capel Mawr gyferbyn â'r swyddfa. 'Atgoffwch fi. I ba enwad mae eich têd yn perthyn?'

'Roedd – mae'n ddyn annibynol iawn ei farn. Dydw i ddim yn credu ei fod yn perthyn yn ffurfiol i unrhyw enwad. Ond wi'n barod i fod yn hyblyg wrth gwrs.'

Hoeliodd fi â'i lygaid. Teimlais am ennyd ei fod yn edrych yn ddwfn i fy enaid, ac yn ei dafoli. 'Yn hyblyg?'

'O fewn yr enwadau ymneilltuol,' ffwndrais. 'Fyddwn i byth yn ymuno â...' Ymgrymais â fy mhen.

'Yr Estrones,' sibrydodd. 'Yr Eglwys Wladol'.

Nodiais.

Gollyngodd y llythyr ar ei ddesg. Ac yna trodd ei ben fymryn er mwyn cydnabod y wraig a safai y tu ôl iddo. 'Wel?' gofynnodd.

'Ifanc,' meddai. 'Ond yn landeg.' Oedodd i edrych braidd yn llym ar y baw ar fy ngwyneb a'm dwylo. 'Ar y cyfan. Digon garw yn ei ffordd wledig. Heb ei hagru gan demtasiynau dinas a thref.'

'Eto,' ychwanegodd Mr Glass, ond cyn iddi gael ymateb cydiodd yng nghaead un o'r tiwbiau copr oedd yn ymwthio o'r ddesg, a bloeddio i mewn iddo, gan wneud i mi neidio yn fy sedd. 'Êeeeeeb!'

Syrthiodd tawelwch prudd dros yr ystafell unwaith eto, ar wahân i dwrw pell dychlamu'r gweisg argraffu islaw. Yna clywais y grisiau pren yn gwichian fesul un a daeth pen barfog hen ddyn i'r golwg, ei lygaid yn sgleinio â chynnwrf.

'Mr Glass?'

'Rwyt ti wedi rhwydo menyw o'r diwedd. Dere i weld a yw hi'n gwneud y tro.'

Codais o'm sedd wrth i'r dyn hwn, Êb, nesáu ataf ac ymgrymu gan ysgubo ei het o'i flaen. Roedd yn llai na mi o ran taldra, ac yn denau ofnadwy. Edrychai fel gwiwer lwglyd oedd wedi gweld y gneuen olaf ar y goeden.

'Hyfryd cwrdd â chi, Mrs – ?'

'Miss Maddocks.'

'Abraham ap Hywel.' Cymerodd fy llaw yn foneddigaidd.

'Eisteddwch, Miss Maddocks,' gorchmynnodd Mr Glass. Pwysodd yn ôl yn ei sedd. 'Êb, dyma dy gyfle i esbonio'r dyletswyddau wrthi.'

'Diolch i chi,' meddai. Pesychodd ag arddeliad. Pesychiad croch, uchel yr oedd yn syndod ei glywed yn deillio o gorffolaeth mor fach. 'Rwy'n siŵr bod merch o'ch oed chi'n gyfarwydd â chylchgrawn *Brenhines yr Aelwyd*?'

Edrychais o'r naill wyneb i'r llall. 'Mae Melin Frewys yn bentref gwledig a...'

'Wrth gwrs nad yw hi'n gyfarwydd, Êb,' meddai Mr Glass. 'Mae bron y cyfan o'r copïau yn bentwr yn ein storfa ni, heb eu gwerthu.'

Pylodd y wên o wyneb Êb am eiliad. 'I-ie. Yn blaen, n-nod y cylchgrawn yw dyrchafu cymeriad menywod Cymru,' meddai. 'Mae'r wasg Lundeinig weti bod yn taflu sen ar lacrwydd moesol a thrythyllwch ein menywod, gan geisio dwyn gwarth ar y genedl gyfan.'

'Cynllwyn Eglwysig,' chwyrnodd Mr Glass.

'Mae Mr Glass a minnau yn gryf iawn o blaid hawliau addysgol ac economaidd y ferch,' meddai Êb. Cododd fys pregethwrol. 'Weti'r cwbwl, rhaid cydnabod mai'r fam sydd yn bennaf oll gyfrifol am drosglwyddo ei harferion a'i hiaith i'w phlant.'

'Yn ogystal â dysgu iddynt beidio clebran yn ormodol ar y rhiniog, a dwrdio a phlagio eu gwŷr,' ychwanegodd Mr Glass.

Edrychais ar Mrs Glass, ond ni symudodd ewyn.

'Nod *Brenhines yr Aelwyd* yw cynnig arweiniad moesol i'n Cymraesau,' meddai Êb. 'Ond yn anffodus,' a phetrusodd er mwyn dewis ei eiriau'n ofalus, 'cyfyngedig a fu gwerthiant y gyfrol hyd yma.'

'Cyfyngedig iawn,' ategodd Mr Glass.

'Bu'r rhifyn cyntaf yn gymharol lwyddiannus, gan werthu yn agos at bum cant o gopïau...'

'Pedwar cant dau ddeg a wech.'

'Ond ni werthodd yr ail ond hanner hynny. Mae'n anodd rhoi bys ar beth yn union aeth o'i le.' Mwythodd ei farf.

'Felly ry'ch chi am i mi olygu'r cylchgrawn?' Daeth y geiriau ohonof yn fwrlwm cyffrous.

Edrychodd Êb fel pe bawn wedi ei wthio. 'O, na! Na. Fe fyddai hynny'n... amhriodol,' ffwndrodd. 'Yr hyn a awgrymodd Mr Glass yw y byddai o werth ca'l menyw yn ymgynghorydd o fath, ynglŷn â'r math o bynciau sydd yn mynd â'u bryd.'

Tuchanodd Mr Glass, gan wfftio'r awgrym mai ei syniad ef oedd y fath beth o gwbwl, a gwelais wên gynnil yn chwarae ar wefusau ei wraig.

'O,' meddwn. Ysgrifennu oeddwn i am ei wneud, nid ymgynghori. Ond ceisiais beidio â dangos siom. 'Ac rydych chi wedi fy newis i!'

'Chi oedd yr unig un i ateb yr hysbyseb,' meddai Mr Glass.

Pwysodd Êb tuag ataf. 'Ai... ai dyna beth oedd gennych chi mewn golwg?' gofynnodd, gan uno'i ddwylo yn weddi ymbilgar.

Ond fe atebodd Mrs Glass ar fy rhan.

'Bydd Miss Maddocks yn sylweddoli bod angen cymryd camau bêch yn gyntaf,' meddai. 'Nid dros nos y daw menyw yn olygydd cylchgrawn cenedlaethol.'

Roedd nodyn o gerydd yn ei llais, ond rhywbeth arall yno hefyd.

'Wel, y'ch chi'n derbyn ai peidio?' gofynnodd Mr Glass, oedd eisoes wedi cydio yn un o'r tiwbiau copr yn barod i wysio gwrthrych y cyfarfod nesaf.

'Rwy'n derbyn, wrth gwrs,' atebais. Doedd gen i ddim dewis mewn gwirionedd. Heb swydd, fe fyddwn i yn llwgu ar y stryd.

Nodiodd ei ben. 'Dyna'r mater weti ei setlo felly,' meddai Mr Glass. 'Bydd unrhyw gyflog yn dibynnu ar lwyddiant y cylchgrawn. Os yw'n gwerthu, fe fyddwch chi'n ca'l tâl. Êb…'

Teimlais fel pe bai cyllell oer yn suddo i mewn i mi ac yn trywanu fy nghalon. 'Ond…!' ebychais mewn braw.

Oedodd Mr Glass. 'Ie?' gofynnodd yn ddiamynedd.

'Ond does gen i ddim byd. Dim arian ar gyfer bwyd, na rhent, na dillad.'

'Mae eich têd yn fyw ac iach?' gofynnodd Mr Glass.

Nodiais fy mhen.

'Felly gall eich cynnal chi, fel ag y mae weti gwneud ers eich geni, bid siŵr. Nid elusen ydw i, Miss Maddocks. Dydw i ddim yn cynnal cylchgronau sydd ddim yn gwerthu. Rhaid iddynt lwyddo neu fethu yn ôl mympwy'r farchnad, a'u hawduron yn yr un modd.'

Codais fy llygaid a chwrdd â rhai Mr Glass. Ei lygaid tywyll. Fel edrych i faril canon a gweld y belen yno'n barod i'w saethu. Doedd dim cydymdeimlad yno.

'Fe fyddai gen i gywilydd gwisgo'r carpiau yma i'r capel dydd Sul,' meddwn.

'Paid â phoeni dim am hynny,' meddai Mrs Glass. 'Fe gei di fenthyg un o fy hen ffrogiau i, os nad oes cywilydd gen ti ei gwisgo. Braidd yn hen ffasiwn, ond sdim byd o'i le ar sobreiddiwch a darbodusrwydd. Yn enwedig os wyt ti am fod yn wyneb *Brenhines yr Aelwyd*.'

Ceisiais wenu'n ddiolchgar ond roedd cyhoeddiad Mr Glass wedi fy nghlwyfo.

'Ond,' meddai Mrs Glass. 'Rwy'n disgwyl rhywbeth yn ôl. Mae angen cynorthwyydd arnaf yn yr Ysgol Sul. A rhywun i fod o gymorth â'r gwaith glanhau.'

Doedd dim dewis gen i ond cytuno. 'Wrth gwrs, fe fyddai'n bleser gen i.'

'Dyna ni,' meddai Mr Glass. 'Dau dderyn ag un garreg. Êb, a fyddet cystal â chyflwyno Miss Maddocks i'r bechgyn, rhag iddyn nhw feddwl bod y Ladi Wen yn crwydro coridorau Gwasg Glass.' Yna gwaeddodd i'r corn siarad. 'Eeêellis, lle mae Mr Salesbury? Roeddwn i'n ei ddisgwyl warter awr yn ôl.'

'Diolch,' sibrydais wrth ddilyn Êb allan drwy'r drws, a dilyn llwybr y grisiau troellog. Teimlwn yn barod i gyfogi. Ni wyddwn sut oeddwn i'n mynd i oroesi heb arian i dalu am fwyd a rhent nes bod rhifyn nesaf y *Frenhines* wedi ei gyhoeddi.

Atseiniai geiriau Mr Williams yn fy nghlustiau: 'Ond rwyt ti'n ferch ifanc. Ddim angen i ti lwgu. Sdim cywilydd yn y peth.' Ceisiais wthio hynny o'm meddwl.

Cyn cyrraedd gwaelod y grisiau daeth dyn ifanc mewn siwt ddu a het uchel i gwrdd â ni, a bu rhywfaint o wthio, ymgrymu chwithig a sibrwd cyfarchion wrth i ni fynd heibio i'n gilydd.

'Guto Salesbury, darpar ymgeisydd y Rhyddfrydwyr yn yr Etholiad Cyffredinol oedd hwnnw,' esboniodd Êb.

'Fe gadwodd Mr Glass ddyn mor bwysig â hynny yn disgwyl, a hynny er mwyn siarad â mi?'

'Fe gadwodd Guto Salesbury yn disgwyl er mwyn cadw Guto Salesbury yn disgwyl. Dyw Mr Glass ddim yn cynnig sêl bendith *Llais y Bobl* yn rhad.'

⚙

Deuai sŵn chwyrnu rhyfeddol ac oglau cemegol, poeth drwy ddrysau'r warws a oedd yn gartref i weisg argraffu Gwasg Glass, a dychmygais am eiliad fod draig anferth yn llechu y tu fewn.

'Mae pethe'n flerach na'r arfer yma,' esboniodd Êb, wrth gydio yn fy mraich a'm tywys drwy fynwent o offer haearn – olwynion, platiau mawrion, a liferi a bob math – wedi eu pentyrru yn yr iard o flaen y warws. 'Mae Mr Glass weti ca'l tegan newydd. *Line-o'-type* mae'n ei alw. Mae'n gallu consurio brawddegau cyfan o ddim, yn lle bod angen gosod pob llythyren yn ei thro.'

Wrth gamu drwy'r drysau gallwn weld, nid creadur, ond peiriannau anferth, yn annibendod o liferi ac olwynion. Wedi eu gwasgu rhyngddynt yr oedd dwsin neu fwy o ddynion yn sefyll mewn rhesi, eu llewys wedi eu torchi a'u breichiau'n llwyd gan inc. Troellai'r olwynion a'r lifrau rhyngddynt gyda'r fath ffyrnigrwydd nes fy mod i'n ofni am eu bywydau. Gweithiai pob un ar beiriant, eu dwylo'n gwibio yma a thraw mewn symudiadau pendant, gofalus, wrth osod yr argrafflythrennau yn eu lle. Roedd yn boeth dan nenfwd tun y warws, a'r dynion yn chwys diferol yn eu crysau a'u gwasgodau.

Roeddwn eisiau troi'n ôl yn syth i ddianc rhag y sŵn a'r gwres ond plethodd Êb ei fraich drwy fy un i a fy llywio 'mlaen rhwng y peiriannau, fel petawn i'n ddalen rhwng y rholeri. Syllais mewn rhyfeddod ar yr olwynion a'r pistonau oedd fel pe baent yn troi heb i neb eu gweithio. Roedd peiriant gwnïo yn ddigon i wneud i drigolion Melin Frewys feddwl bod y diafol ar waith – byddai'r olygfa yma'n ddigon i wneud iddynt alw am y bwriwr cythreuliaid.

Safodd Êb wrth un o'r byrddau a chodi plât metal oddi arno. Gallwn weld bod rhesi o eiriau wedi eu hengrafu arno.

'Stereoteip ydi hwn,' bloeddiodd dros y sŵn. 'Mae'n gwneud copi o lyfr a'i atgynhyrchu drosodd a thro, fel nad oes angen ailosod yr argrafflythrennau. Pwysig iawn yn Gymraeg – gallu argraffu ychydig bêch o lyfrau a gweld a ydyn nhw'n gwerthu, cyn argraffu rhagor.'

Aethpwyd â mi i ben draw'r ystafell lle safai'r mwyaf o'r gweisg, un deulawr anferth a rhai o'r gweithwyr ar yr ail lawr yn gosod tudalennau. Edrychai fel corryn anferthol, mecanyddol a'i gorff yn troelli gan sugno'r tudalennau i mewn o'r breichiau uchaf a'u cyfogi allan ar hyd y breichiau isaf.

'Môn ydw i'n galw hon,' gwaeddodd Êb. 'Dyma fam y *Llais*! Bob nos Fawrth mae'n esgor ar y papur! Bob nos Fawrth mae'n argraffu Cymru.'

Cododd gopi o'r papur oedd yn gorwedd wrth geg yr anghenfil a'i osod o'm blaen. Sylweddolais bryd hynny fod oglau'r peiriant hwn yn gyfarwydd. Oglau'r *Llais* oedd. Oglau oedd yn rhan o'r ddefod o agor y papur bob wythnos a darllen am yr hyn oedd yn digwydd ar draws y byd. Oglau papur rhad, inc poeth a chwys. Oglau'r stydi ym Melin Frewys. Oglau oedd i mi yn gyfeillgar, cartrefol.

Trodd un o'r dynion oedd yn gweithio argraffwasg y *Llais* ac edrych arnom â syndod, cyn ebychu rhywbeth a gollwyd yn y twrw. Sylweddolais fy mod wedi ei weld o'r blaen – y dyn barfog a fu'n gweithio yng nghrombil yr organ yn y Capel Mawr oedd hwn, ei gyhyrau'n sgleinio â chwys. Drwy chwifio ei freichiau gyda'r un egni â'r olwynion ar yr argraffwasg llwyddodd i gyfleu'r neges ei fod am i ni adael yr ystafell argraffu.

'Dim merched,' gwaeddodd ar dop ei lais. 'Y ffrogiau.' Caeodd ei law yn ddwrn a'i thynnu drwy'r awyr. 'Maen nhw'n cydio.'

'Ddrwg gen i, Watkin!' galwodd Êb.

Ciliais wysg fy nghefn o'r ystafell argraffu, gan ddal fy ffrog yn gwlwm o 'mlaen i. Anadlais yn ddwfn, yn falch o fod allan yn oerfel a thawelwch yr iard.

'Rwy'n deall eich bod weti cwrdd ag Ellis a Jenkin yn barod,' meddai Êb wedyn, yn fy arwain yn ôl i'r adeilad tri llawr gwyngalchog rhwng yr iard a'r stryd, lle'r oedd swyddfa Mr Glass. Yn hytrach na throi i'r chwith i fyny'r grisiau troellog a arweiniai i'r swyddfa, aethom i'r dde.

Os oedd ystafell y gweisg yn llawn sŵn byddarol, roedd yr ystafell hon yn debycach i sgriptoriwm mynachdy. Drwy gwmwl o fwg tybaco gwelwn Ellis a Jenkin, wedi tynnu eu siacedi, eu cefnau'n grwm dros eu desgiau pren a phentyrrau o bapurau newydd o'u cwmpas. Roeddent wrthi'n torri'n ofalus â siswrn a gludo â phast ar y tudalennau o'u blaenau. Yr unig sŵn oedd crafu'r ysgrifbinnau a chlecian y sisyrnau, a si pell yr argraffweisg.

Cododd Ellis ei ben. 'Ry'n ni weti gorfod tynnu mês eich colofn am y dilyw yn Llydaw, Êb,' meddai. 'Bechgyn y gweisg weti rhedeg mês o'r 'd's, 'l's, ac 'w's.' Crafodd ei wegil. 'So'r ffatrïodd Seisnig 'ma'n cynhyrchu digon o'n nhw.'

'Chi ishe i fi sgwennu rhywbeth arall?'

Gwasgodd y golygydd ei fysedd at ei gilydd i ddynodi mai bychan oedd y bwlch. 'Ma 'da ni hysbyseb hwyr i gymryd ei lle.'

Edrychais o amgylch y swyddfa a gweld awrlais arall ar y wal gyferbyn â desgiau'r newyddiadurwyr. Dim ond un neu ddau ohonynt oeddwn wedi eu gweld erioed yn Melin Frewys, ond roedden nhw ar bob wal ac adeilad yma. Yn Melin Frewys roedd amser yn cael ei fesur mewn boreau, prynhawniau, dyddiau, wythnosau a misoedd. Yma roedd popeth wedi ei fesur i'r eiliad.

Llygadais un o'r byrddau gweigion. 'Fan hyn fydda i'n gwitho, 'te?'

Edrychodd Ellis ac Êb ar ei gilydd. Roedd Ellis ar fin agor ei geg i siarad pan daranodd llais Mr Glass drwy'r ystafell.

'Eeêeeeee-lis!'

Neidiais o'm croen wrth i'r llais dorri drwy'r distawrwydd. Troais a gweld iddo ddod o gaead tiwb copr ar y wal oedd yn gysylltiedig, dyfalais, ag un tebyg ar ddesg Mr Glass.

'Cer i weud wrth Wat fod Mr Salesbury angen y dudalen fla'n,' meddai.

Gwingodd Ellis wrth godi ar ei union a diflannu drwy'r drws i'r iard.

Yn syth wedyn clywyd y grisiau gyferbyn yn gwichian wrth i Mr Salesbury a Mr Glass ddod i lawr. Sythodd Êb a Jenkin ryw fymryn, fel plant ysgol wrth i'r athro ddod i mewn. Edrychodd Mr Glass o'r naill i'r llall, y gwreichion yn tasgu o'i lygaid. Ni ddywedodd ddim am funud, dim ond gadael i'r tawelwch anesmwyth lenwi'r ystafell fel bloedd.

'Oes trefn ar betha?' gofynnodd o'r diwedd.

'Roedd Miss Maddocks yn holi le fydd hi'n gwitho,' meddai Êb.

Ateb swta a gafwyd. 'Gytra.'

'Ond…' meddwn.

Bu saib anghyfforddus arall wrth iddo droi i syllu arnaf. 'Beth sy nawr eto, Miss Maddocks?'

'Ond does dim pethe ysgrifennu yn y tŷ.'

'Ewch â be chi ishe. Ma digon o inc 'da ni i lenwi'r baddon cyhoeddus.'

'Hynny yw, does 'da fi ddim desg, na gole…'

Oedodd Mr Glass, a gwthio aer allan drwy ei drwyn. 'Êb, a wnei di sicrhau bod desg ar gyfer Miss Maddocks yn yr hen ystorfa? Ac allwedd? A phethau ysgrifennu? Nawr, lle mae Ellis a Wat 'da'r tudalennau bla'n?'

Brysiodd Ellis yn ôl i mewn, y dyn a waeddodd arnom i adael y wasg funudau ynghynt wrth ei gwt. Roedden nhw'n cario plât metal yr un. Gosodwyd nhw o flaen Mr Glass a Mr Salesbury ar un o'r byrddau. Hyd yn oed â phob llythyren wedi eu gosod tu chwith gallwn weld mai tudalennau blaen ar gyfer *Llais y Bobl* oeddynt.

'Drychwch chi nawr, Guto,' meddai Mr Glass, gan amneidio â'i law i'r darpar ymgeisydd Rhyddfrydol astudio'r platiau. Roedd Guto Salesbury yn ei dri degau hwyr, gyda gwallt coch cyrliog oedd yn dechrau cilio'n ôl tuag at gefn ei ben a mwstásh tenau siâp dolen. 'Dyma ddwy dudalen fla'n i'r *Llais*, weti eu gosod, ac yn barod i fynd i'r wasg. Un yn rhoi sêl bendith i chi, a'r llall i'r gwrthwynebydd, Mr Fairclough – yr ieuengaf.'

Gwelais geg y dyn yn symud heb eiriau, wrth iddo geisio darllen y testun tu chwith. 'Pa un y'ch chi am ei brinto?' gofynnodd o'r diwedd.

'Eich penderfyniad chi.'

'Fy mhenderfyniad i? Wel, yn amlw–'

'Ydych chi am glywed y telera yn gyntaf?'

'Y telera?'

'Y telera os ydych chi am ennill cefnogath *y Llais*.' Sgwariodd. 'Yn gynta, ry'n ni'n disgwl eich cefnogaeth lawn i'r Mesur i Ddatgysylltu'r Eglwys Wladol oddi wrth y Llywodraeth, diddymu'r dreth y mae'r eglwys yn ei gorfodi ar bob dyn ag eiddo, a rhoddi rhyddid crefyddol i bob dyn.'

'Wrth gwrs, rydw i o blaid rhyddid –'

'Ac, wrth gwrs, eich gwrthwynebiad llwyr i'r Mesur Addysg sy'n bygwth agor ysgolion y llywodraeth yng Nghymru.'

'Y Mesur Addysg? Ond –'

'Y Mesur Addysg hwnnw fydd yn gosod ein plant mewn ysgolion Eglwysig, â'u holl ddylanwad yn wrth-Ymneilltuol,' ffromodd Mr Glass. 'Y Mesur Addysg fydd yn cymryd ein plant a lefeinio eu heneidiau â rhai o egwyddorion gwaethaf y Babaeth!'

Bu saib am ennyd. Gwelais fod Ellis a Jenkin yn dal eu gwynt.

Roedd y gwleidydd wedi gwelwi.

'Eich dewis chi, Mr Salesbury,' meddai Mr Glass, ei lais yn ddistaw ond ei wyneb yn goch. 'Y'ch chi ishe sêl bendith *Llais y Bobl* ai peidio?'

'O-odw, ond bydd rhaid i mi gael amser i benderfynu...'

'Olréit i chi benderfynu. Ond cofiwch.' Gwasgodd Mr Glass fys mawr ar y platiau haearn. 'Os y'ch chi'n cytuno, ac yna'n torri'ch gair, fe fydd *y Llais* yn eich dinistrio yr un mor gloi ag y crewyd chi.'

Teimlais fy mhen yn troi. Roedd yr ystafell yn rhy fach, yn rhy lawn. Ciliais am yn ôl at y drws heb i neb fy ngweld. Roeddwn i'n crynu wrth fynd i'r iard.

'Oes rhywbeth o'i le, Miss Maddocks?' Daeth Êb ar fy ôl.

Ni allwn ddeall beth oedd wedi codi'r fath fraw arnaf, ond yna daeth i mi. Roedd Mr Glass yn rhy debyg o lawer i'm tad.

'Teimlo ychydig yn benysgafn, dyna'r cyfan. Mae weti bod yn ddiwrnod hir.'

Edrychodd yn gonsyrnol. 'Dylech chi fynd gartref i orffwys.'

Roeddwn yn flin wedyn, a finnau eisiau ymddangos yn ddigon gwydn i fod ymysg dynion. I fod yn ohebydd papur newydd.

'Roedd Mr Glass yn codi ychydig o ofn arna i, dyna i gyd. Roedd yn fy atgoffa i o rywun...'

'Sdim cywilydd yn hynny.' Gwenodd arnaf gan ddangos rhes o ddannedd crwca. 'Mae hyd yn oed y Prif Weinidog ofn Mr Glass.'

Dechreuodd dyrchu yn ei siaced.

'Mae gen i rywbeth i chi,' meddai. 'Copi arbennig.' Tynnodd lyfryn tenau wedi ei rwymo mewn lledr coch ohoni a'i osod yn fy llaw.

Agorais y dudalen flaen, gwich y lledr yn protestio. Roedd yn brydferth. Doeddwn erioed wedi gweld llyfr mor newydd, ei dudalennau mor wyn.

Darllenais. '*Brenhines yr Aelwyd*. Rhifyn un a dau.'

Ymgrymodd Êb ei het. 'At eich gwasanaeth, eich mawrhydi.'

Edrychai ystorfa Gwasg Glass fel pe bai peiriant uffernol wedi ffrwydro yn ei chanol. Roedd y llawr yn garped o lyfrau llychlyd, a rhagor ohonynt wedi eu pentyrru yn bendramwnwgl ar hyd y waliau. Roedd rhywun wedi creu llwybr drwy'r cwbwl, er mwyn gallu cyrraedd drws ym mhen draw'r ystafell, ond fel arall prin oedd yna le i roi troed ar lawr.

Roedd yr awyr yn llawn oglau sur papur pydredig a thamp.

'Mae... braidd yn anniben!' meddwn. Mewn gwirionedd roedd yn fochedd, ond nid oeddwn am ddweud hynny.

'Does neb llawer yn dod lan fan hyn,' meddai Ellis, gan ymestyn a thynnu ar un o'r rhaeadrau o we pry cop oedd yn hongian o'r nenfwd.

Cododd Jenkin lyfr o'r pentwr anniben. 'Drychwch, rhifyn

cyntaf *Geiriadur Glass*. Dydw i ddim wedi gweld un o'r rhain ers blynyddoedd.'

'A dyma fy swyddfa?' gofynnais. 'Y-y'ch chi'n disgwyl i mi weithio yn... fan hyn?'

Edrychodd y ddau ar ei gilydd yn betrus.

'Croeso i chi gymoni ychydig,' meddai Ellis, ac fe aeth y ddau allan, gan edrych yn lletchwith.

Edrychais o'm hamgylch mewn anobaith. Roeddwn wedi ymlâdd, ac yn agos at ddagrau. Roedd gormod wedi digwydd i mi mewn un diwrnod i stumogi rhagor. Penderfynais ddianc. Cerddais i lawr y grisiau, drwy ystafell y newyddiadurwyr heb yngan gair, rhag i mi dorri allan i wylo, ac allan drwy'r iard ac yn ôl i'r stryd.

Cerddais yr holl ffordd yn ôl i Tudor Street – bron i filltir – drwy lwch a baw y stryd, â'm pen yn fy mhlu. Anwybyddais y Mecanyddwyr ar y bont, ac fe wnaethon nhw fy anwybyddu i. Roedd gormod o dyrfa i wneud sylw o neb ar droed. Teimlwn fel un llygoden ymysg nifer yn dringo drwy geunant llawn budreddi. Gallwn weld fy ffawd, os nad oedd y *Frenhines* yn gwerthu, o'm hamgylch ym mhobman. Mor druenus yr ymddangosai'r bobol yn eu dillad carpiog. Roedd eu hanner yn droednoeth, a mwyafrif y gweddill â'u bodiau yn gwasgu drwy esgidiau darniog. Safai menywod ifanc ar bob cornel stryd bron â bod, y tu allan i adeiladau a ddyfalais oedd yn dai tafarn, yn ceisio dal sylw'r gwŷr. Ceisiais osgoi cwrdd â'u llygaid, rhag ofn i mi weld fy wyneb fy hun yn syllu'n ôl arnaf.

Gyda rhywfaint o ryddhad cyrhaeddais dŷ Bopa.

'Helô?' galwodd yn ansicr wrth fy nghlywed yn dod drwy'r drws. Roedd ei chadair freichiau wedi ei thynnu yn ôl yn erbyn y wal a gyda syndod gwelais fod criw o blant y stryd yn eistedd ar lawr yr ystafell, gyda brwshys paent yn eu dwylo a phentwr o ddail rhyngddynt. 'O, Sara, ti sydd yna,' meddai.

'Paentio?' gofynnais yn syn.

'Paentio dail â phlwm,' meddai Bopa. 'Mae'n well na bod ar y stryd yn gwneud dryga. Aeth popeth yn olréit gyda Mr Glass?'

Eisteddais ar y gadair freichiau, a rhoi fy mhen yn fwy nwylo. Teimlais ddagrau yn gwthio rhwng fy mysedd. Sylwodd Bopa'n syth.

'Dere i'r cefn,' meddai.

Eisteddais ar fy ngwely a gosododd hi ei phen ôl llydan ar y gadair plentyn.

Er nad oeddwn i'n adnabod Bopa braidd o gwbwl teimlwn rywsut y gallwn ddweud unrhyw beth wrthi. Ac er na phwysodd arnaf i fwrw fy mol, dyna a wnes i. Nid popeth wrth gwrs: nid fy mod i wedi llofruddio 'nhad, na chwaith y ffaith na fyddwn i'n cael fy nhalu os na fyddai *Brenhines yr Aelwyd* yn gwerthu. Roeddwn i'n ofni y byddai'n fy nhaflu allan i'r stryd pe bawn i'n datgelu hynny. Ond gwrandawodd ar hanes fy nhaith i'r Capel Mawr, am Ellis a Jenkin, am Êb, ac am Mr a Mrs Glass. A gwrandawodd arna i'n diawlio'r llanast yn yr ystorfa.

'Wel, fe allwn ni wneud rhywbeth am 'ny yn ddigon rhwydd!' meddai wedi i mi roi'r gorau i lefain.

Cododd ac aeth allan i'r cefn, a dod oddi yno wedi pum munud â brwsh sgwrio, bwced, pentwr o gadachau a churwr carpedi.

'Mae gennych chi ddigon fan yna i sgwrio plasdy,' meddwn i'n syn.

'Dyna oedden nhw'n arfer ei wneud.'

'Diolch i chi. Ond bydd rhaid i mi wneud dau drip i gario'r cwbwl.'

'Dim o gwbwl – wi'n dod hefyd!'

'Sa i ishe bod yn faich arnoch chi.'

Wfftiodd Bopa hynny â'i llaw. Trodd at y plant. 'Ewch chi mês dros y ffens ar waelod yr iard pan fyddwch chi weti gorffen, ac fe wela i chi heno.'

Gwisgodd Bopa bâr o esgidiau trwchus â gwadnau pren, taro siôl a siaced frown drwchus amdani, a het wellt â thop gwastad am ei phen. Edrychai fel petai hi'n mynd i begwn y gogledd yn hytrach nag ar draws y dref. Wedi iddi gloi drws y tŷ, gosododd y cadachau yn y bwced a rhoi honno i eistedd ar yr het wastad ar dop ei phen, cyn codi gweddill yr offer yn ei llaw rydd. Rhaid ei bod wedi hen arfer cario neges fel hyn achos ni welais y fwced yn edrych fel pe bai am syrthio unwaith.

Ond yn hytrach na mynd yn syth am Wasg Glass bu'n rhaid yn gyntaf mynd at un o'r nentydd bychain a lifai i lawr y dyffryn i mewn i'r dref. Yno roedd rhes o fenywod eraill, pob un â bwcedi i'w cario ar eu pennau neu i hongian oddi ar bolyn haearn neu astell bren a garient ar draws eu hysgwyddau.

'Dyma'r unig le yn y dref y cei di ddŵr glân,' meddai Bopa. 'Hyd yn oed os wyt ti'n gadael casgen yn yr ardd gefn fydd y dŵr glaw a ddaw ohoni yn fudr.'

Fe gafodd Jenkin ac Ellis sioc eu bywydau ymhen tipyn wrth fy ngweld i a Bopa'n dod i mewn yn gybolfa o frwshys a bwcedi llawn dŵr.

'Fydd tên i gynhesu'r rhain?' gofynnodd Bopa iddynt.

'Printin offis yw hon, nid cegin!' gwichiodd Ellis.

'Ho!' Aethom i fyny'r grisiau troellog i'r ystorfa.

Lle i ddechrau? Roedd cymaint o lwch yn grystiau ar y ffenestri mawr nes y byddai angen cannwyll i weld beth oedden ni'n ei wneud. Penderfynon ni eu glanhau nhw yn gyntaf i daflu goleuni ar bopeth arall.

Roedd cefnogaeth Bopa wedi rhoi ail wynt i mi. Treulion ni rai oriau yn symud llyfrau a'u gosod yn bentyrrau taclus yng nghefn yr ystafell cyn sgrwbio lloriau ac wynebau byrddau. Y mwyaf yr oedden ni'n clirio, y mwyaf o lanast a ddeuai i'r wyneb. Ond yn araf bach daeth ystafell helaeth i'r golwg. Wedi i ni gyrraedd y wal bellaf, cartref newydd y pentyrrau taclus, dringais ar ben ystol a chlymu'r gwe pry cop o amgylch y curwr carpedi wrth i Bopa sgwrio'r llawr â nerth peirianyddol. Fe allen ni fod wedi taflu rhai o'r llyfrau oedd wedi colli eu cloriau, a'u papurau'n felyn, ond doedd gen i ddim syniad o'u gwerth a gormod o barch at lyfrau yn gyffredinol, gan eu bod mor brin ym Melin Frewys.

Rhoddodd Ellis ei ben rownd y drws. 'Mae mwy o sŵn yn dod o fan hyn nag o beiriannau'r wasg,' meddai. Edrychodd yn gegrwth ar y gofod oedd wedi ymddangos o'i flaen. 'Dduw mawr, mae hon yn brafiach na swyddfa Mr Glass!'

'Mae'n fwy na festri'r Capel Mawr!' meddai Jenkin gan wthio'i ben o dan ei gesail.

'Peidiwch chi'ch dau â hel syniadau nawr,' meddwn yn hunanfoddhaus. 'Os ydych chi ishe swyddfa gystal, fydd rhaid i chi fynd ati i sgrwbio, a chlirio'r holl ludw baco yna ar lawr.'

Wrth i'r oriau fynd heibio teimlais bwl o euogrwydd fy mod wedi cael lle cystal i weithio, a Bopa mor barod i'm helpu. Petai hi neu Mr Glass yn gwybod fy hanes go iawn, ni fydden nhw'n gallu edrych arnaf heb sôn am fy nhrin â'r fath garedigrwydd, meddyliais. Roeddwn i'n twyllo pobol dda, a gallwn glywed llais fy nhad yn rhybuddio bod yr Hollalluog yn prysur fyfyrio sut i dalu'r pwyth yn ôl i mi am hynny a phopeth arall.

Wedi gorffen glanhau, cerddais adref gyda Bopa gan frwydro i roi un troed o flaen y llall, nid yn unig oherwydd yr holl waith corfforol ond oherwydd y gwaith meddwl wrth ddod i arfer â'm newid byd. Wrth edrych yn ôl, gwelaf yn awr fy mod wedi teithio'n bellach nag oeddwn wedi tybio y diwrnod hwnnw. Nid dros filltiroedd maith yn unig, ond drwy'r degawdau, o fyd yr amaethwr a'r ysgwier i fyd y fforman, y ffyrdd haearn a'r oes ddiwydiannol. Nid oedd agerfeirch, peiriannau teip a ffatrïoedd haearn ond geiriau mewn llyfrau cyn i mi adael cartref y bore cynt. Erbyn diwedd y dydd hwnnw roeddwn wedi eu gweld oll â'm llygaid fy hun. Ac roedd teithio can mlynedd mewn diwrnod yn waith blinedig.

'Fe deimli di'n well ar ôl tamaid o swper.'

Roeddwn eisoes yn pendwmpian yn fy sedd erbyn i Bopa osod bowlen o 'mlaen – tatws wedi berwi a thamaid o grwstyn. Deallais fod y cawl moron, panas, caws a chig hwnnw yn wledd groeso anarferol o hael. Nid oedd y pethau hyn mor gyffredin mewn tref ag oeddynt yng nghefn gwlad.

'Tato a bara yw'r unig bethau gei di'n rheolaidd fan hyn,' meddai Bopa. 'A rhywfaint o uwd o dro i dro.'

Ar ôl gorffen, a diolch i Bopa, gofynnais a fyddai'n iawn i mi ddefnyddio'r tŷ bach.

Gwelwodd.

'Mae – mae potyn o dan y gwely...'

'Wneith hwnnw mo'r tro mae arna i ofn.'

'Mae yna dŷ bêch ar waelod yr iard, drwy'r drws bac, ond...' Ochneidiodd ac edrych arnaf â golwg debyg i gywilydd.

Codais ac agor drws y cefn. Gallwn weld y lloches ar waelod yr iard. Adeilad bychan o bren â tho sinc. Nid oedd fwy nag ychydig lathenni o'r drws cefn – doedd dim digon o iard i'w osod ymhellach i ffwrdd. Doedd dim ots gen i am hynny, ond roedd fy nhrwyn wedi dechrau dyfalu beth oedd yn poeni Bopa.

Agorais ddrws pren y tŷ bach gyda'm llawes dros fy ngwyneb a pharatoi am y gwaethaf. Chwarae teg i Bopa, doedd dim bryntni ar yr wyneb. Roedd wedi gwyngalchu'r waliau ac roedd y llawr, a'r silff bren i eistedd arni, wedi eu sgrwbio'n drwyadl. Roedd hyd yn oed sgwariau o dudalennau papur newydd – yr *Weekly Advertiser*, sylwais, nid y *Llais* – wedi eu gosod gerllaw.

Ni allwn ddal fy anadl am byth a bu'n rhaid i mi lyncu llond ysgyfaint o'r drewdod. Er gwaethaf y bwlch dan y drws i'r oglau ddianc, roedd yn llethol. Yn ochelgar, edrychais i mewn i'r carthbwll. Rhaid nad oedd wedi cael ei wagio ers misoedd. Roedd yn llawn hyd at yr ymyl â hylif brown, trwchus.

Teimlais don o gyfog yn codi'n bistyll i fyny fy nghorn gwddf a bu'n rhaid i mi ffoi yn ôl i'r tŷ gan ddal fy nhrwyn.

Roedd Bopa'n eistedd yn ei chadair freichiau o hyd, â golwg bell ar ei hwyneb.

'Sai'n gwbod beth i'w wneud,' meddai. 'Rydan ni'n rhannu pwll â drws nesaf, ond maen nhw'n gwrthod yn lân talu i'r dynion ddod i'w wagio. Rydw i weti talu chwe gwaith yn barod ond mae'n costi dau swllt bob tro.'

'Peidiwch â phoeni, Bopa, mi wna i ddefnyddio'r tŷ bêch yng Ngwasg Glass am y tro,' meddwn, gan obeithio bod un i'w gael yno. Fel arall efallai y byddai'n rhaid i mi ymuno â'r dynion oedd yn gwneud eu busnes oddi ar y bont. Fyddai gen i ddim arian i'w roi at wagio'r tŷ bach, nes i mi gael fy nhalu, beth bynnag.

Mi es i'n syth i'm hystafell wedyn, newid i fy nghoban a dringo i'r gwely. Roedd yn anghyfforddus iawn ac roedd y tŷ wedi oeri'n sylweddol (roedd Bopa'n mynnu fy mod yn cadw'r ffenest fach ar agor i warchod rhag aer drwg – er mai'r aer gwaethaf oedd hwnnw yn y tŷ bach) ond roedd yn weddol gynnes o dan y blanced o leiaf, ac mi'r oeddwn yn ddiolchgar am hynny. Ceisiais ddarllen rhywfaint o *Frenhines yr Aelwyd* ond roedd yn dechrau tywyllu a doedd dim cannwyll gen i, felly gosodais y gyfrol ar y bwrdd wrth y gwely. Caeais fy llygaid, gan ddisgwyl cysgu'n syth, ond roeddwn wedi gorflino a thyrfa o feddyliau cymysglyd yn mynnu rhedeg drwy fy meddwl.

Yn sydyn, clywais sŵn trystio treisgar ac ysgydwodd yr ystafell gyfan. Neidiais o'r gwely mewn braw gan feddwl bod daeargryn wedi ein taro a bod y tŷ cyfan yn chwalu o'm cwmpas, a rhedeg i'r ystafell fyw. Eisteddai Bopa yn ei chadair freichiau yn gweu wrth olau cannwyll.

'Beth sy'n bod?' gofynnodd wrth weld yr arswyd ar fy wyneb.

Amneidiais o 'nghwmpas yn wyllt. Parhâi i syllu'n syn arnaf.

'O, yr agerfarch yw hwnna,' meddai wedi deall beth oedd gen i. 'Mae'n mynd yn syth heibio'r tŷ. Agor y drws i ti gael gweld.'

Agorais y drws cefn a gweld degau o gerbydau yn taranu heibio, pob un yn drymlwythog o bentyrrau o lo, gan wasgaru cwmwl trwchus o ager ar eu holau fel ewyn gwyn yn torri ar greigiau. Rhuodd heibio yn fwystfil gludiog a budr, gyda rhu brawychus ac yna sgrech gwynfannus. Doeddwn erioed wedi gweld peth yn symud mor gyflym, ddim hyd yn oed y goets fawr. Roedd yn gyffrous ac yn arswydus ar yr un pryd.

'Pa mor aml mae'n mynd heibio?' gofynnais.

'Mor aml wnei di ddim sylwi arno.'

Ond mi sylwais, i ddechrau o leiaf. Fe aeth yr agerfarch heibio sawl gwaith y noson honno, a ches fy neffro bob tro, ond o leiaf roeddwn i'n gwybod i beidio ag ofni. A bob tro es ar fy mhengliniau ar y gwely i sbio arno drwy ffenest fach fy ystafell, a gweld ei groen yn sgleinio yng ngoleuni'r lloer. Ymddangosai fel creadur byw, ond roedd hwn yn llawer mwy brawychus nag unrhyw geffyl neu darw, yn greadur dideimlad, a diflino – nerth tân a dŵr mewn corff o ddur.

⚙

Erbyn canol y bore y diwrnod canlynol roeddwn wedi ymgartrefu yn fy swyddfa newydd ac wedi darllen y ddau rifyn o'r *Frenhines* o glawr i glawr, gan wneud rhestr o'm hawgrymiadau innau ar bapur wrth fy mhenelin i'w rhannu ag Êb yn ddiweddarach. Gobeithiwn y byddai ef, yn hen ddyn, yn gweld gwerth ym marn merch ifanc. Llifai haul y bore drwy'r ffenestri mawr o gyfeiriad y dwyrain gan beri i'r ychydig lwch nad oedd Bopa wedi ei waredu ddawnsio fel syniadau o'm hamgylch wrth i mi weithio.

Cyn amser cinio ymwelodd Êb â mi. 'Hoffech chi ddod am dro?' gofynnodd. 'Mae'n well gen i drafod wrth gerdded, a hoffwn ddangos ambell beth i chi.'

Roeddwn i'n dal wedi blino, ac fe fuasai'n well gen i aros yn fy swyddfa newydd lân na mynd yn ôl i fudreddi'r stryd, ond doedd fiw i mi anghytuno.

'Un am grwydro fues i ariôd,' meddai Êb wrth ymestyn ei goesau allan ar hyd yr iard. 'W i weti teithio Ewrop ac America. Hoffwn i feddwl bod gen i fwy o brofiad o'r byd na'r mwyafrif sy'n cyfrannu at y wasg Gymraeg, y rhai sy'n cretu bod y bydysawd yn troi o amgylch Llunden.'

Aeth criw o fenywod heibio gan gludo llond jygiau o ddŵr, basgedi o lo, a basgedi trymion o lysiau ar eu pennau. Bu'n rhaid iddynt gamu o'r neilltu i osgoi Êb, a grwydrai rhyngddynt fel pe na bai yn eu gweld.

'A sut beth oedd y gwledydd hynny?' gofynnais. Roeddwn wedi darllen enwau gwledydd pell yn y *Llais* heb syniad sut olwg oedd arnynt y tu hwnt i ddarluniau rhyfeddol fy nychymyg fy hun.

Oedodd Êb ar gyfer pwl o daglu, cyn parhau. 'Mae pobol dwyrain Ewrop yn cymryd llawer mwy o falchder yn eu hieithoedd a'u ffyrdd eu hunain,' meddai, a'i ysgyfaint yn gwichian. 'Yn hytrach na cheisio cefnu arnynt bob gafael fel ni'r Cymry.'

'Hoffwn i gael mynd i America,' meddwn.

'Roedd yn agoriad llyged,' meddai Êb. 'Maent weti bod yn rhy barod i gefnu ar ein hiaith a chofleidio'r Saesneg, ac weti mynd yn llac iawn eu moesau o'r herwydd. A sôn am hynny, wyt ti weti ca'l cyfle i gael golwg ar y *Frenhines*?'

'Do,' meddwn. 'Wi weti ei ddarllen o glawr i glawr y bore 'ma.'

'A?' gofynnodd yn gyffrous.

Roedd rhaid i mi ddewis fy ngeiriau'n ofalus. 'Mae gen i awgrymiada.'

'Wyt ti'n meddwl bod ganddo rywbeth i'w wneud â'r clawr? Dyna oeddwn i'n ei dybio. Efallai y byddai llun yn ei wneud yn fwy deniadol i ferched?'

'Awgrymiadau ynglŷn â'r cynnwys sydd gen i, a gweud y gwir. Mae yna lawer iawn o erthyglau am ddaeareg y Beibl, a llawer o rybuddio'r darllenydd i ochel rhag yr iaith a ffasiynau Seisnig.'

'Oes.'

'Mae yna ddwy erthygl yn yr ail rifyn am wlanenni cenedlaethol.'

'Ers cyn cof, bu gwlanenni cenedlaethol yn rhan o wisgoedd traddodiadol ein cenedl! Maent yn diogelu ein Cymraesau rhag effeithiau niweidiol lleithder a glaw, ac yn cuddio'r corff rhag peri i –'

'Mae yna hefyd lawer iawn o erthyglau am bwysigrwydd y Gymraeg.'

'Argae yw'r iaith a godwyd gan Dduw i'n gwarchod rhag dilyw diwylliant llygredig y Saeson!'

'Ond oes angen cymaint ar yr un pwnc? Beth am ambell erthygl am yr hyn sy'n ffasiynol heddiw?'

Syrthiodd ei wep. Deallais yn syth ei fod yn cymryd unrhyw feirniadaeth ar y *Frenhines* fel beirniadaeth arno ef ei hun.

'Mae'r rhan fwyaf o'r cynnwys yn ganmoladwy iawn,' meddwn. 'Does dim ond angen ei wneud ychydig yn fwy perthnasol i fywydau menywod heddiw.'

'Ond, Sara fach. ishe codi menywod Cymru i dir moesol uwch ydw i, nid... bodloni chwant haerllug am bethau Seisnig.'

'Êb,' gwenais. 'Ry'ch chi ishe helpu menywod o Gymru, ac mae yna fenyw o Gymru yma i'ch helpu chi. Eich cynorthwyo i weld pethe drwy lygaid menyw. Beth mae eich gwraig yn ei hoffi?'

'Does dim gwraig i ga'l 'da fi.'

'Wel, oedd 'da chi gariad ariôd?'

'Roedd 'da fi gariad, yn llanc ifanc.'

Petrusais gan bryderu fy mod wedi cyffwrdd â stori boenus. 'Fuws... fuws hi farw?'

'Na. O'n ni ddim yn cytuno... ar bopeth.'

'Iawn. Beth am i mi ysgrifennu pwt o erthygl ac i chi fwrw golwg drosti?'

Bu Êb yn bur dawedog am ychydig funudau wrth i ni gerdded i fyny'r stryd, ond yna siaradodd.

'Rydw i am ddangos rhywbeth i chi,' meddai. 'A fydd efallai yn gymorth i chi weld pethe o'm safbwynt i.'

Hyd hynny roedden ni wedi bod yn cerdded tua'r gogledd, gan ddilyn glan orllewinol Afon Yfrid a lifai drwy'r dref (ond heb fynd yn ddigon agos i'w hogleuo). Ond yna fe drodd Êb i gyfeiriad eglwys siâp croes fyrdew a safai yn bentwr o fwâu a chromenni danheddog ar y bryn uwchben.

'Dyma Eglwys Sant Teiriol,' meddai. 'Maen nhw wedi bachu'r man harddaf yn y dref. Ond roedden nhw yma ganrifoedd o flaen pawb arall.'

Roedd y bryn yn serth ac ar ôl cyrraedd y fynwent gron eisteddon ni ar fainc i gael ein gwynt atom. O'r fan honno roedd gennym olygfa bur dda o'r dref i gyd. Tua'r de, Capel y Trochwyr, a edrychai fel corff morfil anferth, wedi ei ddymchwel ar lan yr afon. Y ffatri haearn tu hwnt iddo. Y tai teras a'r adeiladau masnachol ar y lan ddwyreiniol. A'r tŵr anferth a welais o bellter mawr wrth gyrraedd y diwrnod blaenorol. O'r fan hyn gallwn weld mai tŵr awrlais ydoedd. Roedd ei waelodion yn orchuddedig â sgaffald ond roedd wyneb yr awrlais a'r bysedd yn eu lle.

'Welwch chi'r orsaf?' gofynnodd Êb.

Gallwn ei gweld, tua'r de-ddwyrain, ei tho gwydr bwaog yn sgleinio yn yr haul, ac yn mynd heibio iddi, dryswch o draciau a chamlesi a holltai ddyffryn Siddim fel clwyf. Yn y pellter, gallwn weld sawl agerfarch yn dringo'r ffyrdd haearn tuag atom fel ras wlithod.

'Bob dydd mae miloedd o lyfrau, cylchgronau a phapurau newydd Saesneg o Loegr yn cyrraedd ar yr agerfeirch hynny o Lundain,' meddai Êb. 'Ac maent oll weti eu hargraffu yn eu miloedd, ar weisg anferthol, ac felly'n rhad. Gall y Cymro brynu holl weithiau Shakespeare o un o weisg Llundain am bris un Gruffudd Hiraethog o Wasg Glass.'

O'r pellter hwn, ni allwn weld yr agerfeirch yn gadael a chyrraedd yr orsaf ond gallwn weld y stêm gwyn yn codi ohonynt.

'Y canlyniad yw bod y Cymro trefol yn gwbod popeth am hanes a diwylliant y Saeson, ond yn ca'l ei ddysgu nad yw ei iaith a'i genedl ei hun yn werth dim,' meddai. 'Mae'r ffyrdd haearn yn ein rhwymo yn agosach at y Saeson bob dydd, a chyn bo hir ni fydd gwahaniaeth o fath yn y byd rhyngom ni.'

Beth sydd a wnelo hyn â mi? Gofynnais i'm hunan. Diwrnod ynghynt nid oedd sôn am genhedloedd o fwy o bwys i mi na straeon am ryfeloedd pellennig. Melin Frewys oedd fy myd ac roedd popeth y tu hwnt iddo'r un mor estron â'i gilydd.

'Mae'r *Frenhines* ar flaen y gad yn y frwydr hon, Miss Maddocks,' meddai Êb, gan droi ei ben o'r olygfa ac edrych i'm llygaid yn daer. 'Ac mae hynny'n golygu eich bod chi ar flaen y gad. Swyddogaeth y *Frenhines* yw achub Cymru, ac felly eich swyddogaeth chithe yw achub Cymru.' Cydiodd yn fy mraich.

Ond mae'n rhaid i mi fy achub fy hun yn gyntaf, meddyliais. Os oeddwn i'n mynd i oroesi roedd yn rhaid i mi gael fy nhalu, ac er mwyn i mi gael fy nhalu roedd yn rhaid i'r *Frenhines* wneud elw. Ac os nad oedd dim ynddo o ddiddordeb i fenywod Cymru, ni fyddai'n gwerthu dim mwy na'r rhifyn diwethaf.

'Êb, rwy'n deall beth yw diben y cylchgrawn,' meddwn. 'Y cyfan odw i'n ei ddweud yw bod yn rhaid denu'r darllenwyr ag ychydig o'r hyn maen nhw ishe, fel eu bod yn gweld yr hyn y'ch chi am iddynt ei weld.'

Edrychai'n bur siomedig.

'Efallai fy mod weti camgymryd,' meddai, wrth ollwng gafael o'm braich. 'Efallai nad y chi yw'r person gorau i gydweithio â mi ar y cylchgrawn. Fe gaf i sgwrs â Mr Glass.'

'Na!' meddwn, gan gydio yn ei fraich fel pe bai'n fad ar fôr stormus. Gwenais yn ymbilgar. 'Rwy'n deall, wrth gwrs. Rhowch gyfle i mi ysgrifennu rhywbeth, ac mi gewch chi weld yr hyn sydd gen i mewn golwg!'

Culhaodd ei lygaid. 'Olréit.' Cymerodd fy mraich eto. 'Cawn weld.'

Wrth i ni gerdded yn ôl i gyfeiriad Gwasg Glass aethom heibio llecyn o dir gwyrdd agored, a gwelais ddynion yn cicio pêl, wedi eu gwisgo mewn trowsusau croen gwadd a gwasgodau, a sgidiau gwaith. Roeddynt wedi clymu rhaff rhwng dwy goeden ac yn ceisio cicio'r bêl heibio i'w gilydd dan y rhaff. Roedd ambell un arall wedi ymgasglu ar ochr y cae yn gweiddi anogaeth.

Chwarddais wrth i un o'r chwaraewyr lwyddo i gicio'r bêl heibio i'r lleill a dathlu drwy daflu ei hun din dros ben ar hyd y glaswellt.

'Beth ar y ddaear maen nhw'n ei wneud?' gofynnais.

'Pêl-droed,' meddai Êb yn ddirmygus. 'Mae'n ddefnydd diangen o egni dyn ac yn peryglu ei iechyd. Ac yn arwain at lawer o hap-wara, a diota, a'r iaith fwyaf aflan, hyd y gwelaf i.'

Roeddwn ar fin anghytuno, wrth weld yr hwyl oedd y chwaraewyr a'r gwylwyr yn ei gael, y tro cyntaf i mi weld pobol â gwên ar eu hwynebau ers i mi gyrraedd, dybiwn i. Ond feiddiwn i ddim dweud dim arall yn groes i Êb rhag iddo newid ei feddwl a chael sgwrs â Mr Glass, wedi'r cwbwl.

Yn ôl yn fy swyddfa yng Ngwasg Glass syllais ar y papur melyn-wyn gwag o'm blaen. Beth ddylwn i ysgrifennu? Crafais fy ngên. Yr hyn y credwn fyddai orau i'r cylchgrawn neu'r hyn oedd Êb am i mi ei ddweud?

Wrth i mi bendroni, dechreuodd llais bychan fy mhlagio. Llais tebyg iawn i un fy nhad. *Dyma dy gyfle*, meddai. *Prawf yw hwn gan Dduw.*

'Pa fath o brawf?' gofynnais i wagle'r ystorfa.

Mae'n amlwg. Mae'n cynnig dewis i ti.

'Dewis?'

Cyfle i ti osod moesoldeb uwchlaw dy anghenion hunanol dy hun. Cyfle i ti wneud yn iawn am fy lladd i.

'Ond os nad yw'r *Frenhines* yn gwerthu mi wna i lwgu!'

Dyna'r pris sydd yn rhaid ei dalu am bechod.

Gwthiais fy mysedd drwy fy ngwallt. Y llais oedd yn iawn. Codais yr ysgrifbin a dechrau llunio'r hyn y tybiwn y hoffai Êb i mi ei ysgrifennu.

Cefais fraw am fy mywyd wrth geisio gadael yn hwyrach y diwrnod hwnnw a methu agor y drws i ystafell y newyddiadurwyr.

'Help!' galwais a dyrnu ar y drws yn y gobaith y byddai rhywun yn fy nghlywed. Heb allu mynd drwyddo fe fyddwn i'n gaeth dros nos.

Doedd dim ateb am funud ond yna clywais leisiau y pen arall a sŵn fel petai celfi trwm yn cael eu symud.

'Oes rhywun yno? Wi wedi fy nghloi miwn!' galwais.

'Beth sy?' daeth llais o'r pen arall.

'Sara sy 'ma! Wi'n sownd!'

Bu rhagor o sŵn llusgo, ac yna agorodd cil y drws a syllai wyneb chwyslyd Jenkin arnaf drwy'r agoriad.

'Be ar y ddaear sy'n bod?' gofynnodd.

Edrychai'r ystafell y tu hwnt iddo fel petai'r wasg argraffu wedi colli rheolaeth arni'i hun a chyfogi ei holl gynnwys dros Wasg Glass i gyd. Roedd papurau newydd ymhobman – ar lawr, ar y desgiau, ar silffoedd. Ond nid *y Llais* oedd yno, ond y *London Evening Standard*, y *Times*, *Pall Mall Gazette* a degau o rai eraill. Roedd yn amlwg i bentwr ohonynt fod yn gorwedd o flaen y drws ac mai dyna pam na lwyddais i'w agor. Ac yn eistedd wrth eu desgiau yng nghanol y llanast oedd Ellis ac Êb, yn gweithio fel lladd nadroedd â mwg yn codi o'u cetynnau a stêm oddi ar eu talcennau.

'Beth ar y ddaear sy'n dicwydd?' gofynnais.

'Mae'n nos Fawrth. Diwrnod rhoi'r *Llais* i'w wely,' meddai Jenkin, fe pe bai'n ddefod sanctaidd.

'I'w wely?'

'I argraffu,' meddai Ellis, a'i getyn yn rhuglo rhwng ei ddannedd. 'Rhaid iddo fod yn barod i'w argraffu erbyn hanner nos, a dal yr agerfarch i fynd i Lundain am chwech y bore.'

Codais bentwr o'r papurau oddi ar y ddesg wag. 'Pam i Lundain?'

'Mae'n gloiach mynd â'r papurau i Lundain na'u certio drwy'r canolbarth,' meddai Ellis, wrth ailddechrau ysgrifennu. 'O Lundain gallwn nhw gyrraedd y gogledd erbyn prynhawn yfory.'

'Doedd y *Llais* ddim yn cyrraedd ein tŷ ni am bythefnos,' Cliriais le i eistedd.

'Mae rhai dosbarthwyr yn well na'i gilydd.'

'Mae rhai o'r diawliaid yn gwerthu'r papur ac yn pocedu'r arian,' meddai Jenkin.

'Ond pam bod angen yr holl bapurau newydd hyn?' gofynnais.

Tynnodd Ellis ei getyn o'i geg a chyfeirio at y llanast â'i gwt. 'Dyma ein newyddion ni,' meddai. 'Bob prynhawn dydd Mawth mae Jenkin yn mynd i'w casglu oddi ar yr agerfarch.'

'Yna rydw i, Ellis ac Êb yn mynd drwyddyn nhw a dewis y straeon fydd fwyaf at ddant y darllenwyr,' meddai Jenkin.

Edrychais arno'n syn. 'Roeddwn i'n meddwl bod gan y *Llais* ohebwyr ym mhedwar ban byd!' Roeddwn i wedi dychmygu gohebwyr yn neheudir Affrica yn brwydro'r Boer, yng nghanol rhyfeloedd opiwm Tsieina, ac yn eistedd yn cymryd nodiadau wrth benelin yr Arlywydd Lincoln yn yr Unol Daleithiau.

Dechreuodd Jenkin chwerthin mor afreolus nes y bu bron iddo

syrthio oddi ar ei sedd. 'Ym mhedwar ban byd! Dim ond un gohebydd sy 'da ni tu fas i'r swyddfa yma – a hwnnw yn y Senedd yn Llundain! A dim ond un rhan amser yw e.'

Gwenodd Ellis, ond roedd Êb ar goll yng nghanol ei bapurau.

Teimlwn yn flin wrth Jenkin am chwerthin ar fy mhen. Ond yna gwelais gyfle.

'Wel, pam na alla i helpu?' gofynnais, wrth estyn am bentwr o'r cyfnodolion.

I weithio i'r *Llais* oeddwn i wedi dod i'r dref, wedi'r cyfan. Roeddwn wedi darllen pob copi a ddeuai i'r tŷ ym Melin Frewys o glawr i glawr ers oeddwn i'n ddim o beth. Roedd wedi bod yn ddihangfa o'm byd cyfyng, yn ddihangfa rhag fy nhad.

'Wel…' Edrychodd Ellis yn ansicr. 'Byddai'n rhaid holi Mr Glass.'

'Ydych chi'n meddwl y byddai'n cytuno?'

'Na, dybiwn i,' meddai Jenkin.

'Ond mae'n hapus i mi ysgrifennu i'r *Frenhines*!'

'Cylchgrawn i fenywod,' meddai Ellis. 'Mae *Llais y Bobl* yn wahanol. Dyma lais y genedl.'

'Mae rhai o bobol y genedl yn fenywod, siawns.'

'Ha! Nid llais y bobol yw *Llais y Bobl*,' meddai Jenkin, 'ond llais Mr Glass.'

'Dewch, wnaiff pâr arall o ddwylo ddim drwg,' meddwn. 'Rhowch wybod i mi beth sydd angen i mi ei wneud, ac mi wnaf i e. Os yw Mr Glass yn achwyn mi ro i'r gorau iddi, ond does dim angen mynd o flaen gofid.'

Felly dechreuais ar y gwaith o dynnu sylw at erthyglau, ac os y byddai Ellis yn cytuno i'w cynnwys fe fyddwn yn cyfieithu ambell baragraff yn frysiog a'u rhoi ar y pentwr i'w cludo i'r wasg er mwyn eu gosod ar ffurf argrafflythrennau.

'Mae wyth o forwyr Prydeinig weti eu dal yn garcharorion gan Sbaen,' galwais.

'Ie, rho hwnnw i mewn.'

'Mae gweinidog weti ei feirniadu gan lys ym Manceinion ar ôl cyrraedd i roi tystiolaeth yn feddw.'

'Gweinidog Ymneilltuol neu Eglwysig?'

'Ymneilltuol.'

'Gad e mês.'

'Mae yna streic yn Newcastle.'

'Dyw Mr Glass ddim yn hoffi undebau llafur,' meddai Jenkin. 'Maen nhw'n torri'r trydydd gorchymyn, meddai fo.'

Roedd yn waith llafurus ac erbyn tua deg o'r gloch roedd pawb wedi mynd naill ai i chwerthin neu ffromi. Ond nid oedd ein llafur ond megis dechrau; tua'r adeg honno gyrrwyd Jenkin i'r orsaf i nôl rhagor o lythyrgodau yn llawn papurau newydd o barthau eraill o'r byd – *Yr Adlewyrchydd,* papur newydd Cymry'r Unol Daleithiau, *Colonial and Commercial* o India, *Nord* o Ffrainc, a llawer yn rhagor i fwrw golwg drostynt. Dim ond y papurau Saesneg allwn i eu darllen, ond roedd Ellis yn siarad Almaeneg, Jenkin yn siarad Ffrangeg, ac Êb yn siarad sawl un o ieithoedd dwyrain Ewrop, a rhyngom cafwyd darlun cyffredinol o faterion mawr y byd yr wythnos honno i'w rhoi yn y *Llais.*

Nid copïo oedd popeth chwaith. Roedd Ellis yn awyddus ein bod yn rhoi ein stamp ein hunain ar y newyddion, drwy ychwanegu pytiau o sylwebaeth at waelodion yr erthyglau.

'Mae yna ddirwasgiad yn Sardinia,' meddwn.

'Beia'r Babyddiaeth,' meddai.

'Mae yna reiat ym Mafaria.'

'Beia'r Babyddiaeth.'

O dro i dro fe fyddai negeseuon hefyd yn cyrraedd ar 'adenydd mellt' – dyfais a yrrai bytiau drwy wifrau trydan – ac fe roddwyd lle breintiedig iddynt mewn colofn arbennig ar y dudalen flaen. O ran digwyddiadau'r wythnos yn y Senedd, copïwyd y rheini yn eu crynswth o'r *Times.*

O'r diwedd, tua hanner nos, daeth Watkin Tomos y Wasg i mewn i ddweud nad oedd lle ar gyfer rhagor o straeon, a suddodd pawb i'w seddi, gosod eu hysgrifbinnau o'r neilltu, a rhwbio'u cymalau dolurus â chryn ryddhad.

Er gwaetha'r blinder teimlwn foddhad a chyffro na theimlaswn erioed o'r blaen. Roeddwn wedi creu rhywbeth – rhywbeth a fyddai'n cael ei ddarllen mewn tai tafarn i'r gwrandawyr anllythrennog, y byddai barnwyr a meddygon yn ei ddarllen ar yr agerfeirch, yn ffenest i'r byd i bobol yr oedd eu barn yn *bwysig.*

Ac efallai petai Ellis yn sôn wrth Mr Glass fy mod i wedi cael hwyl arni, fe fyddai yna rywfaint o arian yn y peth, hefyd.

'Reit, fe welaf i chi yfory,' meddai Jenkin gan godi a rhoi ei siaced amdano. 'Ond rwy'n credu y bydd angen i rywun ddeffro Êb.'

Roedd hwnnw'n rhochian yn braf yn ei sedd, ei ben yn ôl a'i geg ar agor.

Roeddwn innau ar fin codi i adael ond yr ennyd honno agorodd drws y swyddfa a chlywyd y floedd fwyaf annynol.

'Fy merch i! Fy merch fach i! Weti mynd! Maen nhw weti ei chipio hi!'

Hoeliwyd Ellis a Jenkin yn eu hunfan. Clepiodd y drws ar gau a daeth ffurf dynes o'r cysgodion, wedi ei gwisgo mewn dillad mor garpiog nes ei bod yn anodd credu y buont unwaith yn gyfan, ei hwyneb yn fudr a'i gwallt fel tar, a golwg gwallgof yn ei llygaid melyn.

'Fe gymeron nhw hi! Yn y nos! Tra'r oeddwn i'n cysgu,' meddai. Rhuthrodd at Jenkin, a chydio yn labed ei siaced ag ewinedd hir, melyn. 'Wedi mynd â hi!'

'Mês!' meddai Ellis gan amneidio at y drws, ond heb ryw lawer o awdurdod.

Anwybyddodd y ddynes ef. 'Wedi mynd â hi!' meddai.

'Pwy sydd weti mynd â'ch merch chi?' gofynnais.

Gollyngodd afael ar Jenkin a throi ei golygon tuag ata i.

'Nhw,' meddai, a'i cheg yn sws rychiog.

'Gwrach yw hi, Sara,' rhybuddiodd Jenkin. 'Mae'n byw lan yn un o'r cabanau yna ar y pentyrrau slag, ac yn mynd i hefru ar gornel y Stryd Fawr bron bob bore.'

Amneidiodd y fenyw arnaf â'i llaw, a meddalodd ei golwg. Gwelais nad oedd mor hen â hynny mewn gwirionedd, ond bod tlodi ac afiechyd wedi creithio ei gwedd.

'Y nhw sy'n chwilio am y gair,' meddai, fel pe bai'n ymbil.

'Ydych chi weti meddwl mynd at yr heddlu?' gofynnais.

'Yr heddlu?' Edrychodd arnaf fel pe bawn i'n wallgo. 'Yr heddlu? Hahahahahahaa!'

Agorodd drws yr ystafell unwaith eto a daeth mab Watkin Tomos y Wasg i mewn, a'r proflenni yn ei ddwylo. Agorodd ei lygaid led y pen mewn braw wrth weld y ddynes.

'Aaaaaaaaa!' gwaeddodd.

Trodd hi ato. 'Aaaaaaaa!' gwaeddodd hithau, wedi cael llawn cymaint o ofn.

Brysiais innau ymlaen a chydio ym mraich y ddynes. 'Dewch,' meddwn. Tynnais arni gan obeithio y byddai'n fy nilyn, ond roedd hi mor fregus nes bod arnaf ofn ei hanafu.

Tawelodd ryw fymryn, wedi ei dychryn a'i drysu gan weiddi mab Watkin Tomos, a llwyddais i'w thywys allan yn gymharol ddiffwdan, heibio i'r crwt ac i'r stryd.

'Dyna chi nawr,' meddwn gan fwytho ei chefn a theimlo'r esgyrn dan y carpiau. 'Peidiwch â phoeni.'

'Hi oedd yr unig un fuws fyw heibio'r tair oed,' sibrydodd. Trodd i edrych arnaf. 'Wnes i ddim hyd yn oed rhoi enw iddi nes ei bod hi'n ddwy. Rhag ofn...'

'Eich merch?'

'Jane.'

Roedd dagrau yn powlio i lawr o bantiau du ei llygaid.

'Beth alla i ei wneud?'

Ond yn sydyn daeth fflach o ddicter i'w llygaid.

'Beth allech chi ei wneud?' poerodd. 'Dim!'

Camais yn ôl, ond yna meddalodd hi eto.

'Gobeithio eu bod nhw weti ei lladd hi,' sibrydodd, gan gydio yn fy ngarddwrn â'i dwylo oer. 'Gobeithio nad ydyn nhw wedi gwneud iddi hi beth maen nhw wedi ei wneud i'r lleill. Rydw i wedi eu gweld nhw, yn y fynwent.'

'Gweld beth?'

Pwysodd ymlaen. 'Yr ysbrydion. Gobeithio ei bod hi lan 'da'i brodyr a'i wiorydd.' Trodd ei phen i ffwrdd. 'Gwell gen i hynny na... ei bod hi'n dioddef.'

Yna gollyngodd ei gafael ynof a simsanu'n igam-ogam i lawr y stryd, yn ysgerbwd herciog, brau.

Daeth Ellis allan ataf. 'Wyt ti'n iawn?' gofynnodd.

'Ydw. Dydw i ddim yn credu ei bod hi'n berygl i neb.'

'Wyt ti am i mi fynd â ti adref? Bydd rhaid i fi ddisgwyl am y proflenni i gyd, ond ddylen nhw ddim bod mwy na hanner awr.'

'Na. Mae golwg flinedig arnoch chi.' Troais ato a gwenu. 'Rwy'n gwybod y ffordd.'

Ond roeddwn i'n difaru fymryn wrth i mi frysio ar hyd y strydoedd tywyll, o ddiogelwch goleuni un lamp nwy i'r llall, gan ddychryn at bob symudiad a bob gwich llygoden. Roedd y ddynes guredig wedi rhoi braw i mi, a gallwn weld siâp ei chefn crwm ym mhob pentwr sbwriel a'i cheg ddiddannedd ym mhob bricsen goll mewn wal.

Ond wedi i mi gyrraedd y brif hewl daeth pethau'n well. A hithau bron yn un o'r gloch y bore roedd yna nifer o bobol ar y stryd, naill ai yn cychwyn am shifft nos yn y gwaith haearn neu'n dod oddi yno. A bob hyn a hyn codai tafod o dân o un o'r ffwrneisi chwyth, gan oleuo, fel pe bai yn ddydd, bob manylyn o'u hwynebau lluddedig, blinedig a difynegiant. Symudasant yn rhesi swrth, wedi eu gwthio yma a thraw gan rym anweledig, i'w gwaith ac yn ôl, heb ryddid i ddewis eu llwybr eu hunain, fel troliau ar ffyrdd haearn.

Pan gyrhaeddais adref roedd Bopa yn rhochian yn ei chadair freichiau.

Er gwaetha'r noson hwyr cychwynnais i'r gwaith am saith y bore canlynol. Roeddwn i'n awyddus i gael gafael ar gopi o *Lais y Bobl* a gweld fy ngeiriau fy hun ynddo. Gorweddai copi yn boeth o'r wasg ar ddesg Ellis. Cipiais ef fel ci bwtsiwr yn bachu selsigen a'i gario i fyny i'm swyddfa i'w lyncu yn gyflawn. Eisteddais yno am awr dda yn pori drwyddo, yn ei drysori a'i werthfawrogi, yn dychwelyd droeon i ailddarllen yr ychydig baragraffau yr oeddwn i'n gyfrifol amdanynt. Am y tro cyntaf ers blynyddoedd, teimlais yn reit falch o'm hunan a'r hyn yr oeddwn wedi ei gyflawni. Daliais ef at fy mrest fel pe bai'n faban newydd ei eni. Roedd yn dal yn gynnes.

Wedi cael blas ar weld fy ngeiriau mewn print yn *Llais y Bobl* troais fy sylw at y *Frenhines* gyda brwdfrydedd newydd a dechrau crafu pen yn meddwl am rywbeth i'w ysgrifennu. Pa fath o gyngor oedd ei angen ar fenywod Cymru?

Dechreuais dyrchu am ysbrydoliaeth yn y pentwr llyfrau roeddwn wedi ei glirio ddau ddiwrnod ynghynt. Bryd hynny roeddwn wedi gweld ambell i lyfr a chylchgrawn a allai fod o ddefnydd i mi. Des i o hyd i un – llyfr gan Dr Frances Browne o'r enw *The Modern Female and Her Duties*. Wyddwn i ddim beth oedd yn ei wneud yng nghanol pentwr o lyfrau yng Ngwasg Glass, ond roedd llawer llai o lwch ar ei dudalennau na rhai o'r cyfnodolion eraill.

Roedd yn drysorfa erthyglau difyr, yn llawn cyngor defnyddiol, o ba ddillad i wisgo i lendid y corff. Roedd yna gyngor ar ofal babanod a sut i wnïo siôl fagu ac osgoi lapio'r plentyn yn rhy dynn mewn cadachau. Roedd yna gyngor ar sut i dynnu lled oddi ar ffrog oedd yn rhy fawr. Ac fe agorodd fy llygaid yn lletach wrth droi at y bennod 'A Woman's Duties in Marriage', a dechreuais ei ddarllen yn ofalus a throsi'r manylion i'r Gymraeg, gan bipo i gyfeiriad y drws bob hyn a hyn i sicrhau nad oedd neb yn dod i fyny:

> Nid yw menywod, ar y cyfan, wedi eu blino gan deimladau rhywiol o unrhyw fath. Yn wir, mae'r mwyaf dilychwin ohonynt yn ymffrostio yn eu anhoffter tuag at y weithred. Serch hynny, mae'n bwysig eu bod yn cadw anghenion dynion mewn ystyriaeth. Ni ddylid cadw dyn i ddisgwyl yn rhy hir cyn ei briodi. Ac ar ôl priodi, ni ddylai'r fenyw ei wrthod.

A fyddai Êb yn caniatáu erthygl o'r fath yn ei gylchgrawn? A fyddai Mr Glass? Annhebygol, ond doeddwn i ddim gwaeth na chadw cofnod o'r peth, rhag ofn, meddyliais. Roedd y bennod yn mynd rhagddi am beth amser yn nodi effeithiau negyddol gwrthod dyn:

> Os nad yw egni rhywiol dyn yn cael ei ryddhau fe fydd yn dechrau sianelu yr egni hwnnw i gyfeiriadau eraill, amhriodol, fel ymweld â phuteiniaid, ymyrryd â'i hun, cadw meistres neu wrywgydiaeth.

Clywais sŵn estyll yn gwichian ar y grisiau y tu allan i'r swyddfa a gwthiais *The Modern Female and Her Duties* o dan bentwr o lyfrau eraill. Yna clywais sŵn sibrwd, yr oeddwn yn siŵr oedd yn dod o'r ystafell oddi tan fy un i. Yn araf bach, heb aflonyddu dim ar yr estyll, suddais ar fy mhengliniau er mwyn clustfeinio'n agosach. Roeddwn i'n nabod llais Ellis yn syth – ond roedd yr ail lais yn anghyfarwydd.

'Diolch am dy gymorth,' meddai hwnnw, braidd yn swta.

'Pa gymorth?' Llais Ellis.

'Yn union.'

'Paid ti â phwdu nawr,' meddai Ellis. 'Allet ti ddim ennill yr enwebiad heb gefnogaeth y *Llais*.'

'Ffermwyr cefn gwlad sy'n prynu'r *Llais*! Mae pawb yn y dref yn darllen yr *Weekly Advertiser*. I beth sy angen sêl bendith Glass arna i o gwbwl?'

'Oherwydd ei fod yn fawr ei ddylanwad! Bydd pob Mecanyddwr yn y dref dan orchymyn i bleidleisio drosot ti. Perchnogion siopau, peirianwyr, pwdlwyr y gwaith haearn, clerciaid – pobol ag eiddo, pobol â'r bleidlais.'

'Dydw i ddim am gael fy ethol i fod yn gi bêch yn y Senedd i Joseph Glass.' Adwaenais y llais digalon yn sydyn. Guto Salesbury oedd, y darpar ymgeisydd Rhyddfrydol. 'Mi ddes i fyd gwleidyddiaeth er mwyn dod o hyd i atebion i broblemau go iawn, nid i fynd yn gaeth i'r un hen ddadleuon diwinyddol diflas.'

'Mae Mr Glass yn gwybod sut i ennill etholiad...'

'Rwyt ti'n rhy debyg iddo. Yn trin yr etholwyr fel peiriant, y mae angen gwthio'r botwm hwn a thynnu'r lifer arall ac fe wnawn nhw fel wyt ti'n dymuno.'

'Rwyt ti'n meddwl gyda dy galon eto,' meddai Ellis. 'Mae angen i ti ddechrau meddwl â dy ben.'

'A beth am i ti ddechrau meddwl gyda dy galon?'

Doedd dim ateb.

'Wyt ti'n dod yn ôl i'r tŷ heno?' gofynnodd Guto.

'Fydd dy ddyweddi o Lundain yno?'

Clywais ddrws yn agor a chau, braidd yn ddisymwth, fel pe bai rhywun wedi gadael ar frys. Yna, yn ddistaw bach, ochenaid hir, glwyfus.

Disgwyliais am ddeng munud ac yna cripian i lawr y grisiau yn araf bach. Agorais ddrws swyddfa'r newyddiadurwr a chododd Ellis ei ben o'i ddesg yn syn.

'Sara!' meddai. 'Wyddwn i ddim fod neb yma heddiw. Mae'r diwrnod ar ôl i'r papur fynd i'r wasg yn dawel fel arfer.'

'Mi fenthycais eich copi o'r *Llais*,' meddwn, gan ei osod yn ôl ar ei ddesg.

'O, sylwais i ddim,' meddai. 'Rhyw fodio drwy'r peth fydda i fel arfer. Mae rhywfaint o'r cynnwrf wedi mynd ar ôl y...' Dechreuodd gyfri ar ei fysedd. 'Dwi ddim yn gwybod sawl rhifyn a gweud y gwir.'

Gwthiais fy ngwallt y tu ôl i'm clustiau. 'Roeddwn weti bwriadu gofyn un peth,' meddwn a phwyso'n ôl yn erbyn fy nesg. 'Pam nad oes yna newyddion o Gymru ar dudalennau blaen y *Llais*?'

Llygadodd Ellis fi, o'm corun i'm sawdl. 'Wel, dau reswm mewn gwirionedd,' meddai. 'Y tudalennau blaen sy'n ca'l eu gosod olaf a, gan ein bod ni'n cystadlu â phawb arall am newyddion o Brydain a'r byd, rhaid sicrhau bod y newyddion yn gyfredol.' Gwthiodd ei gadair yn ôl o'r ddesg a throi i'm hwynebu. 'Yn ail, does gennym ni ddim gwerth o ohebwyr yng Nghymru, heblaw am y rheini sy'n 'ala pytiau i mewn yn ddi-dâl, felly anaml mae unrhyw beth o werth i'w roi ar y tudalennau blaen.'

'Felly...' gwenais, gan ddangos fy nannedd. 'Petawn i'n gallu dod o hyd i newyddion o Gymru i'w gynnwys yn y papur, fyddech chi'n ei gynnwys?'

'Oes gen ti rywbeth mewn golwg?'

'Roeddwn i'n meddwl efallai y gallech chi fy rhoi ar ben ffordd.'

'Wel, mae yna ddigon o newyddion i'w gael yn yr hen dref yma – mewn llysoedd barn, cyfarfodydd y cyngor, cynadleddau yr heddlu, ac yn y blaen.'

Nodiais fy mhen yn frwdfrydig.

'Dim ond un broblem sydd,' meddai, gan droi yn ôl at ei waith.

'Beth?'

'Dyw menywod ddim yn ca'l mynd i un o'r rheini.'

Er gwaethaf yr hyn oedd gan Ellis i'w ddweud fe delais ragor o sylw i'r byd o'm hamgylch wrth gerdded adref y diwrnod hwnnw, rhag ofn i mi weld rhywbeth a allai fod yn newyddion. Gwelais fod amryw o bosteri wedi eu gludo at ochor hen dŷ adfeiliedig a safais am gyfnod yn eu darllen. Roedd llwch du eisoes wedi eu gorchuddio ond wrth agosáu gallwn weld eu bod yn dweud 'Solomon Prichard – United Labour Party' a bod torlun pren o ddyn a edrychai yn debyg iawn i Solomon y Pentyrrau Sorod arnynt. Safais hefyd y tu allan i dafarn yng nghanol tyrfa yn gwylio dau ddyn yn dyrnu ei gilydd yn y mwd, rhag ofn y digwyddai rhywbeth gwerth ei roi yn y papur.

Dyna pryd y sylwais arno, yn sefyll deg troedfedd i ffwrdd â'i ddwylo yn ei bocedi. Un dyn nad oedd yn gwylio'r frwydr, ond yn hytrach yn syllu arnaf yn llechwraidd.

Mr Williams y Post.

Rhythais arno'n gegagored am eiliad, cyn rhoi fy mhen i lawr a brasgamu yn ôl allan o'r dyrfa, ar hyd y stryd ac i dŷ Bopa heb dorri cam, a'm breichiau yn dynn amdanaf, yn syllu'n ôl bob hyn a hyn rhag ofn ei fod yn fy nilyn.

Unig orchwyl mawr arall fy wythnos gyntaf oedd helpu Mrs Glass yn y Capel Mawr. Am y tro cyntaf ers cyrraedd y dref teimlwn fy mod ar dir cyfarwydd. Yr un oedd pob capel yng Nghymru i mi a gallwn gamu i mewn i bob un a theimlo fy mod yn yr un lle, fel pe bai'r adeilad cyfan yn teithio drwy ofod ac amser ar fy nghyfer. Roeddwn i'n adnabod yr emynau, roedd Cymraeg Beiblaidd pregeth Mr Glass, os nad yn ddealladwy, yn gyfarwydd annealladwy, a chaeai'r corau pren gloyw amdanaf fel croth.

Ond mater gwahanol oedd yr Ysgol Sul ei hun. Fel gyda phopeth arall ers cyrraedd, roeddwn wedi dychmygu pethau fel yr oeddynt ym Melin Frewys, lle gellid bod wedi gosod pob un o blant y capel yn rhes ar un o'r corau.

Cefais fraw, felly, pan gerddais i mewn i'r festri a gweld bod yn agos at 60 o blant o dair i ddeg oed yno, bron y cyfan ohonynt mewn carpiau, a'r mwyafrif yn rhedeg o gwmpas yn droednoeth.

Roedd Mrs Glass yno eisoes. Gwisgai ffrog gotwm frown tywyll a chap les ar ei phen. 'Nawr, Sara, beth yw'r peth pwysicaf i'w ddysgu i'r plant?' gofynnodd i mi wrth ddechrau.

Ceisiais gofio beth oeddwn wedi ei ddysgu yn yr Ysgol Sul. 'Y byddant yn mynd i uffern os nad ydynt yn edifarhau?'

'Dyna'r ail beth,' meddai Mrs Glass. 'Ond cyn eu cyflwyno i ddysgeidiaeth y Beibl mae'n rhaid dysgu trefn. *Trefn*. Dyna'r peth pwysicaf.' Pwysleisiodd hyn drwy chwifio pren mesur i'm cyfeiriad. 'Mae'r rhain yn blant i weithwyr haearn a phyllau glo y dref. Os ydynt yn goroesi plentyndod, byddant yn wynebu llafur caled drwy gydol eu hoes.'

Trodd i wynebu'r plant.

'Pawb i eistedd yn dawel!' gwaeddodd.

Er syndod i mi, aeth y plant ati'n syth i'w trefnu eu hunain yn rhesi. Lle bu terfysg, roedd yn awr dawelwch, heblaw am sŵn cyson anadlu llafurus fel petai chwe deg o feginau bychain yn chwythu ar unwaith.

'Rhaid dysgu iddynt sut mae ymdrin â diflastod ac ymarferion ailadroddus,' meddai Mrs Glass. 'Os oes rhywun yn camfihafio mewn ffatri, fe fydd yn colli coes neu fraich, ac yn dda i ddim i'w gyflogwr.' Trodd yn ôl at y plant. 'John Williams! Na, dim ti John, y John arall. Ie, dere fan hyn.'

Cododd un o'r bechgyn yn wylaidd a cherdded yn araf tua'r blaen.

'O'n i'n eistedd yn llonydd, miss.'

'Roeddet ti, ond doedd dy boced ddim,' meddai Mrs Glass. 'Beth sydd gen ti yn dy boced, John bêch?'

'Dim by–'

'Dangos.'

Estynnodd y bachgen bach law i'w boced a thynnu ffured fach wen â llygaid coch ohoni. Camais yn ôl mewn braw.

'Ydi hi'n iawn dod â chreadur fel yna i Dŷ'r Arglwydd?' gofynnodd Mrs Glass.

'Dwi am fod yn *rat catcher*, miss.'

Cododd Mrs Glass ael. 'Wel, wara teg i ti. Mae angen *rat catcher* ar bawb.' Estynnodd law. 'Ond rho hi i fi am nawr. Gei di'r creadur yn ôl wedyn, paid poeni.'

Estynnodd y bachgen y ffured iddi, a rhoi ei law yn ôl yn ei boced.

'Y! A'r llaw.'

Gydag ochenaid, estynnodd y bachgen ei law, a chau ei lygaid yn barod i dderbyn yr ergyd. Gyda'i llaw rydd – roedd y llall yn dal y ffured – cododd Mrs Glass ei phren mesur a bwrw cledr ei law yn galed. Gwingodd y bachgen.

'Nawr, eistedd.'

Aeth y bachgen oddi yno gan fwytho ei law goch, yn dal i sbecian i gyfeiriad y ffured rhag iddi ddianc.

'Drwy eu curo yn awr rydym ni'n eu cadw rhag anaf difrifol yn ddiweddarach yn eu bywydau,' meddai Mrs Glass. 'Rhaid iddynt ddysgu pwyllo ac ymddwyn yn dda. Wyt ti'n deall?'

Nodiais fy mhen.

'Wrth gwrs, er mwyn iddynt fodloni ar aberthu eu cyrff i ofynion cynnydd a gwelliant, rhaid cynnig iddynt rywbeth mwy na chyflog,' meddai wedyn. 'Rhaid cynnig gobaith! Rhaid iddynt ddysgu bod rhywbeth i edrych ymlaen ato yn y bywyd nesaf, hyd yn oed os nad oes dim byd yn y bywyd hwn.'

Edrychais arni'n syn. Doedd fy nhad i erioed wedi pregethu am obaith. Tân yr oedd wedi ei addo erioed. Tân dwyfol fyddai'n llosgi pechodau o'r byd. Ond, meddyliais, roedd yn anos bygwth tân mewn lle oedd eisoes yn llawn fflamau.

'Y ffordd orau i gwrdd â'r nod o'u trwytho yn yr efengyl *a* dysgu iddynt ymdopi â thasgau ailadroddus yw y catecism,' meddai Mrs Glass. 'Rhaid iddynt ddysgu'r geiriau ar eu cof. Wythnos diwethaf fe fuom yn dysgu hanes Tŵr Babel.'

Trodd yn ôl at y plant.

'Pam y chwalwyd Tŵr Babel?' gofynnodd.

Atebodd y plant yn un llais annaearol: 'Er mwyn cyfyngu balchder dynoliaeth syrthiedig oedd am ei dyrchafu ei hun i'r un gwastad â Duw.'

Er gwaethaf ei hymdrech i ymddangos yn llym ni allai Mrs Glass ymatal rhag gwenu o glust i glust wrth weld bod y plant yn cofio'r geiriau.

'Pam ei fod wedi rhannu'r bobol yn genhedloedd ac ieithoedd gwahanol?' gofynnodd.

'Mae ymraniad y cenhedloedd yn gynllun Duw,' atebodd y plant gyda'i gilydd, 'ac ymraniad y bobloedd hefyd, a'u hieithoedd, fel nad yw un yn tra-arglwyddiaethu ar y llall.'

'A beth wnaeth Duw i'r rheini oedd yn adeiladu Tŵr Babel?' gofynnodd Mrs Glass.

'Yr Arglwydd a'u gwasgarodd hwynt oddi yno ar hyd wyneb yr holl ddaear,' meddai'r plant. 'A pheidiasant ag adeiladu y ddinas, a Thŵr Babel a adawyd yn adfail.'

Trodd Mrs Glass ataf unwaith eto, y balchder yn disgleirio yn ei llygaid.

'Fe fyddwn yn mynd trwy Genesis i gyd yn y modd hwn, nes eu bod wedi dysgu pob cwestiwn ac ateb ar eu cof.'

Roedd Mrs Glass wedi mabwysiadu system addysgu oedd mewn bri yn ysgolion yr ardal, meddai hi. Roedd y plant hŷn – neu, o leiaf y mwyaf addysgedig – yn dysgu'r catecism am chwarter awr wrth i'r plant eraill orfod eistedd yn gwbwl lonydd a thawel. Yna byddai'r hanner cant o blant eraill yn cael eu rhannu'n grwpiau o bump, a'r plant hŷn a addysgwyd yn gynharach yn eu harwain nhw drwy'r un wers ac yn cywiro unrhyw gamgymeriadau. Tasg yr athro wedyn oedd cadw golwg, a rhoi ambell glustan neu bren mesur ar ben ôl yn ôl y galw pan fyddai rhywun yn cambihafio.

'Rydych chi'n disgyblu yn llawer rhy addfwyn, Sara,' meddai Mrs Glass wrth fy ngweld yn rhoi claets bach ysgafn i un o'r bechgyn nad oedd yn canolbwyntio. 'Mae'n rhaid eu dysgu i wrando.'

Bwriodd Mrs Glass y bachgen ar draws ei wegil gyda'r pren mesur. Llifodd ambell ddeigryn o gorneli ei lygaid gan adael stribedi gwyn ar hyd y llwch glo ar ei ruddiau.

Gwelais un o'r merched yn aflonyddu. Rhoddais glustan iddi.

'Na, na,' meddai Mrs Glass. 'Mae'n bwysig peidio rhoi straen ar gyrff merched ifainc. Gall anafu'r groth. Clustan neu bren mesur i'r bechgyn – pinsh i'r merched.'

Estynnodd ei llaw a phinisio boch y ferch fach. Wylodd y plentyn.

'Bydd dawel!' meddwn, wrth fynd i hwyl pethau.

Roeddwn eisoes yn adnabod un o'r plant oedd yn arwain y wers – Begw, y ferch oedd wedi hawlio ceiniog gen i wrth i mi gyrraedd Tudor Street. Roedd ganddi wallt du blêr a syrthiai bob ochor i wyneb mor welw â lleuad lawn. Gwrandewais arni'n adrodd y catecism yn berffaith air am air i'r babanod a eisteddai o'i hamgylch, eu llygaid fel soseri.

'Beth a ddywedodd yr Arglwydd wrth Abram?' gofynnodd. 'Dos allan o'th wlad, ac oddi wrth dy genedl, i'r wlad a ddangoswyf i ti.'

'Da iawn,' meddwn wrthi.

'Reit!' galwodd Mrs Glass o'r blaen. 'Rydan ni'n mynd i rannu'n ddau grŵp nawr. Y grŵp iau gyda Miss Maddocks i adrodd y catecism yr y'ch chi wedi ei ddysgu, a'r ail gyda fi i ganolbwyntio ar yr wyddor.'

'A fyddai'n well i ni ddysgu'r wyddor i'r rhai iau?' gofynnais, wedi i'r plant fynd yn ôl i'w rhesi. 'Fe allen nhw ddarllen y Beibl eu hunain wedyn, yn lle gorfod dysgu'r cyfan ar eu cof.'

'Fydd y mwyafrif ohonyn nhw ddim yn byw'n ddigon hir i ddysgu darllen, Sara. Achub eneidiau yn gyntaf, dysgu darllen wedyn.'

Gwelodd y braw ar fy wyneb, ac oedodd.

'Oes gen ti gynlluniau amser cinio yfory?' gofynnodd.

'Nac oes.'

'Tyrd i gwrdd â mi wrth y tŵr awrlais am hanner dydd.'

Wedi i'r Ysgol Sul ddod i ben cerddais adref i gyfeiriad Tudor Street yn poeni ynglŷn â beth oedd Mrs Glass am ei ddangos i mi. Doedd bosib ei bod am fy ngwahodd i ginio yn nhŷ Mr Glass? Roedd arnaf ofn hwnnw o hyd.

Brithid y stryd â dom ceffyl a bûm yn gweu rhyngddynt wrth gerdded. Wrth godi fy mhen gwelais Begw yn cerdded o'm blaen, yn droednoeth, yn edrych o'i chwmpas yn ochelgar.

Daliais i fyny â hi a chydgerdded am ychydig gamau. 'Roeddet ti'n gwneud yn olréit,' meddwn. 'Roedden nhw i gyd yn gwrando arnat ti.'

'Mae Mrs Glass yn rhoi ceiniog yr un i ni am arwain,' meddai. Gwelais ei bod yn dal y geiniog at ei brest fel petai y peth mwyaf gwerthfawr yn y byd.

'Da iawn ti yn ennill arian i dy fam a dy dad,' meddwn.

Stwffiodd ei dwrn i'w phoced. 'I fi mae hwn.'

'Wel am beth hunanol!' dwrdiais. 'Dwyt ti weti dysgu dim yn yr Ysgol Sul?'

Edrychodd arnaf â dirmyg llwyr. 'Mae Mam weti marw a mae Dad yn gwario pob ceiniog yn y dafarn.'

Prysurodd ei chamau ac roedd yn amlwg nad oedd am siarad rhagor.

Roedd tŷ Bopa'n llawn aroglau cinio dydd Sul. Roedd hi wedi gosod nionod, tatws, perllys a briwsion bara, a darn bychan o gig, ar y hambwrdd pobi. Wrth i mi wylio, gan hanner glafoerio, tywalltodd ddŵr dros y cwbwl a'i osod ar y silff haearn uwchben y tân nes ei fod yn dechrau ffrwtian, cyn trosglwyddo'r cyfan i'r ffwrn.

'Doedd dim rhaid i chi wneud y cyfan i mi.'

'Bydd rhaid iddo bara drwy'r wythnos, cofia.'

Wedi i gynnwys yr hambwrdd orffen coginio, gosodwyd ef ar y bwrdd rhyngom gyda chopi o *Llais y Bobl* oddi tano rhag llosgi'r pren. Gwyliodd Bopa wrth i mi ei fwyta â phleser.

'Daw bola'n gefn,' meddai.

Yn sydyn iawn teimlwn yn hynod o euog yn eistedd yno'n

llenwi fy mol ac yn cofio am y plant bychain yna yn yr Ysgol Sul yn hanner llwgu. Roedd fel petai Duw yn chwarae â mi, fel y byddai cath yn chwarae â llygoden. Gwyddwn fod cosb ar ei ffordd am fy nhroseddau, ond ers cyrraedd y dref roedd pawb wedi fy nhrin gyda'r fath haelioni.

'Tasech chi'n gwbod sut un ydw i go iawn, fyddech chi ddim yn fy nhrin i cystal,' meddwn, gan deimlo'r bwyd yn cawsio y tu mewn i mi.

'Sara bêch, wi weti dysgu un peth yn yr hen fywyd yma, a hynny yw i beidio â beirniadu neb.'

'I ba gapel aethoch chi y bore 'ma?' Dyfalwn mai Cloddiwr oedd hi.

'Dim un ohonyn nhw,' atebodd yn swta.

Syllais arni'n gegagored, â'm fforc fodfeddi o'm ceg. 'Dim un?'

'Mae yna rai pobol sydd ddim yn gallu fforddio gwisgo ar gyfer y capel, Sara,' meddai Bopa wedyn. 'Paid ti â'u beirniadu nhw. Mae yna bobol dda ar y strydoedd mewn carpiau a phobol yn y capel yn eu dillad gorau a'u hunig ddiddordeb yw edrych yn barchus.'

Cnoais gil ar ei geiriau wrth fwyta. Roedd fy nhad yn arfer dweud bod yna hollt yn y byd rhwng y defaid a'r geifr; rhwng pobol y capel a phobol y dafarn. Ond doedd Bopa ddim yn ymddangos fel un o bobol y dafarn i mi.

'O! Neno'r tad,' meddai hi fwyaf sydyn.

'Beth sy'n bod?' gofynnais, gan feddwl am eiliad mai wedi ffromi wrthyf oedd hi.

'Gwynt wedi troi.' Cododd a brysio i gefn y tŷ. 'Bydd yn rhaid i fi dynnu'r dillad o'r lein tu fas neu fyddan nhw'n smwts i gyd.' Gwelodd y dryswch ar fy ngwyneb. 'Llwch y gwaith.'

Roeddwn ar fin holi pam ei bod yn golchi dillad ar y Sul, ond penderfynais beidio. 'Y'ch chi ishe help llaw?'

'Na, gorffen di dy gino.'

Edrychais ar yr hyn oedd yn weddill ar yr hambwrdd. Na, roedd rhaid ymatal rhag bwyta'r cwbwl o'r bwyd, er mor wancus y teimlwn, er mwyn sicrhau bod rhywfaint o gig a thatws ar ôl ar gyfer y diwrnodau canlynol.

Murmurodd fy stumog mewn anghytundeb.

Y diwrnod canlynol euthum i gyfeiriad y Stryd Fawr i gwrdd â Mrs Glass. Dyna'r tro cyntaf i mi fynd i ganol y dref, ac roedd yn brysurach hyd yn oed na'r strydoedd rhwng Tudor Street a Gwasg Glass. Rhedai tramiau yn gyforiog o ddynion a'u gwragedd mewn dillad crand yn hwylio i gyfeiriad y siopau. Daeth bws i'r golwg, y cyntaf i mi ei weld erioed, wedi ei yrru gan injan stêm, a thua ugain o ddynion yn eistedd arno'n cydio'n dynn yn y rheiliau rhag iddynt syrthio. Safodd gyferbyn â mi a gwaeddodd y tocynnwr, oedd yn sefyll ar lwyfan bychan tua'r cefn, 'High Street!'. Llamodd dwsin o glercod ohono, gan wasgaru a diflannu yn y tarth llychlyd.

Yma roedd siopau o bob math – siopau dillad, siopau hetiau, siopau esgidiau, banciau, apothecari a bwtsiwr. Roedd yn amlwg bod perchenogion y siopau crand yn mynd i gryn ymdrech i'w cadw'n lân yng nghanol y llwch a'r baw. Roeddynt wedi eu paentio mewn lliwiau crand, eu henwau mewn aur, ac roedd y ffenestri'n sgleinio.

Mi es yn fy mlaen at brif sgwâr y dref, a chael Mrs Glass yn sefyll yng nghysgod y tŵr awrlais anferthol fel yr oedd wedi addo.

'Yma ar y sgwâr mae rhai o adeiladau pwysicaf y dref,' meddai. Amneidiodd tua'r dwyrain, at adeilad tywodfaen uchel â nenfwd wydr. 'Dyma'r orsaf,' meddai.

Roeddwn wedi ei gweld o bell yng nghwmni Êb, ond yn agos edrychai'n debyg i deml neu eglwys, gyda cholofnau uchel o'i blaen a rhes o ffensetri bwaog. Gallwn glywed chwibanu'r agerfeirch dros leisiau'r dyrfa'n dylifo allan drwy'r drysau yn annibendod o hetiau, ffrogiau lliwgar a phob un yn cario papur dyddiol Saesneg o dan eu ceseiliau.

'A dyma neuadd y dref,' meddai Mrs Glass, gan amneidio tua'r de, at adeilad gyda ffasâd eang o bileri Corinthaidd a rhes o lewod cerrig o'i flaen. 'Dyna lle mae'r awdurdodau yn dod â'r dref i drefn.' Cyfeiriodd tua'r gorllewin. 'A dyma'r Awrlais Mawr. Y tŵr cyntaf ag iddo fframwaith haearn yn y dref hon.'

Hwn oedd adeilad uchaf y dref o bell ffordd. Roedd hyd yn oed yn uwch na simneiau'r gwaith haearn. Wrth ei waelod yr oedd olwyn ddŵr yn corddi dyfroedd Afon Yfrid a'u cyfogi yn rhaeadr felynfrown i bwll oddi tano, gan godi cawod barhaol o ddŵr. A fyny fry, o amgylch wyneb yr awrlais disymud, cannoedd o droedfeddi uwchben, yr oedd yr arysgrif: *Tempora Labuntur More fluentis Aquae*.

'Beth mae'n olygu?' Codais law dros fy llygaid i ddarllen.

'Bod bywyd yn treiglo fel afon,' meddai Mrs Glass. 'Rhaid peidio â gadael i amser lifo heibio.'

'Mae'r dref yn wahanol i gefn gwlad,' meddwn.

'Mae'n bellach ar y blaen.'

Roedd yn fwy na hynny. Ceisiais roi trefn ar fy meddyliau. Teimlwn fy mod i'n gwybod rhywbeth yn ddwfn ynof fy hun na allwn eto ei fynegi. 'Ym Melin Frewys, roedd y dyfodol yno'n barod. Doedd dim ond angen i chi ei oddef.'

'Ac yn y dref?'

'Dyw'r dyfodol ddim yno eto. Gallwch ei ennill neu ei golli, dim ond i chi frwydro drosto.'

'Dyma drindod yr oes newydd, Sara,' meddai Mrs Glass. 'Technoleg, Llywodraeth, Amser. A'r cyfan yn esgor ar gynnydd.'

Gwenais arni. 'Mae'n drawiadol iawn. Ai dyma oeddech chi am i fi ei weld?'

'Nage.'

Dilynais hi i ben arall y sgwâr, heibio i neuadd y dref, a thrwy gyfres o strydoedd cul. Daethom at bont a arweiniai dros yr afon i orllewin y dref a ffatri Fairclough yr ochor draw. Yno, yn nythu yn erbyn y lan roedd casgliad o adeiladau a edrychai'n debycach i gytiau cerrig wedi hanner suddo yn y mwd.

'Dyma ochor arall y geiniog i gynnydd canol y dref, yr ardal a elwir "Burma" – yma mae gwehilion y dref yn ymgasglu,' meddai Mrs Glass. 'Y merched sy'n gwerthu eu cyrff, y cyffurgwn, y cardotwyr, y picwyr pocedi, a'r Gwyddelod. Yn anffodus mae nifer fawr yn dod yma i ddianc rhag rhyw gamwedd. Ond maen nhw'n dod â'u natur droseddol gyda nhw.'

Safai llond dwrn o gardotwyr o dan fwa isel wrth geg y bont. Nid oedd golwg arbennig o groesawgar arnynt.

'Paid â phoeni,' meddai Mrs Glass. 'Cadw llygad y maen nhw, am yr heddlu – neu waeth. Ond maen nhw'n hen gyfarwydd â fy ymweliadau i.'

Rhaid fy mod yn edrych yn bur ansicr.

'Bûm mewn mannau llawer peryclach fel cenhades dramor.'

Cododd Mrs Glass ymylon ei ffrog a chamu dros y bont fel petai'n mynd i siop groser. Fe'm tywysodd drwy'r ddrysfa o hewlydd cul, cilfachau tywyll, a dros bentyrrau o sbwriel a baw, heb dorri cam.

Roedd yr anheddau cerrig – os gellid eu galw yn gartrefi o gwbwl – yn pwyso ar ei gilydd yn y modd mwyaf anniben a pheryglus yr olwg. Roedd drysau nifer ohonynt yn is na lefel y stryd, ac roedd dŵr yn llifo iddynt heb ddim i'w atal. Bu bron i mi wrthod pan gefais wahoddiad gan Mrs Glass i ddringo i lawr ystol i un o'r adfeilion hyn.

'Dere, Sara, rydw i am i ti weld drosot ti dy hun,' meddai. 'Does dim perygl yma.'

Doeddwn i ddim am ei siomi, felly cydiais yn yr ystol. Wrth fynd i lawr cododd y fath oglau afiach oddi yno fel y bu bron i mi ddringo'n ôl i fyny'n syth. Sadiais fy hun a pharhau ar fy nhaith. Gwyddwn fod rhywun yno, oherwydd gallwn glywed peswch truenus o'r gwaelodion.

Daeth Mrs Glass i lawr ar fy ôl.

'Mae tri plentyn yn byw yma y bu eu rhieni farw o glefyd y geri.'

Yn y golau egwan, daeth y plant i'r golwg, ar eu cwrcwd o amgylch aelwyd lychlyd a'r tân wedi hen ddiffodd. Roedd y llawr yn gymysg o lo a baw. Nid oedd unrhyw gelfi ond ambell gasgen i eistedd arni. Roedd yr unig ffenestr, ychydig fodfeddi uwchben lefel y stryd, wedi dryllio.

Cododd y plentyn hynaf a dod draw atom. Edrychai tua saith oed. Roedd hi'n droednoeth ac mewn carpiau, ei gwallt fel nyth a'i hwyneb yn grwstyn o faw.

'Pwy sy'n gofalu amdanoch chi?' gofynnais, gan edrych o amgylch y tŷ yn ofer. Gwelais fod gwely gwellt yn yr ystafell nesaf ac arno flanced denau a budr.

'Bronagh,' meddai'r plentyn.

Euthum yn fy nghwrcwd i siarad â hi.

'A phwy yw Bronagh?'

'Mae'n galw arnom gyda'r nos,' atebodd.

'Cardotyn,' meddai Mrs Glass. 'Mae'n ca'l ei thalu i warchod y plant gan swyddfa'r plwyf. Tri swllt yr wythnos.'

Edrychais i lygaid mawr y plentyn. 'Wyt ti'n gallu darllen ac ysgrifennu?' gofynnais.

Nodiodd ei phen.

'Roedden nhw'n dod i'r Ysgol Sul pan oedd eu rhieni'n fyw,' meddai Mrs Glass.

'Beth yw dy enw?'

'Ethel.'

Gwelais nad oedd unrhyw beth anifeilaidd am y ferch hon, er gwaethaf ei golwg. Roedd deallusrwydd yn ei llygaid y tu hwnt i'w hoed, dealltwriaeth o'r byd a'i bethau oedd wedi ei gorfodi arni'n llawer rhy ifanc.

Roedd meddwl am y plant hyn yn rhynnu yn eu daeargell dros y gaeaf, heb dân na dillad, yn ormod i mi. Dechreuais dynnu fy siôl i'w rhoi o amgylch ei hysgwyddau.

'Paid â rhoi dim iddyn nhw,' meddai Mrs Glass. 'Bydd Bronagh yn ei werthu a gwario'r arian ar ffisig caethiwus i'w hunan. Dere.'

'Ond –'

Gosododd law ar fy ysgwydd. 'Does dim alli di ei wneud yma, Sara.'

'Hwyl fawr, Ethel.' Gwenais arni'n drist, a rhwbio ychydig o'r baw oddi ar ei boch gyda'm llaw, cyn dringo i fyny'r ystol.

Mae'n rhaid bod y golwg ar fy wyneb yn ddigon, oherwydd fe dywysodd Mrs Glass fi yn syth yn ôl dros y bont heb ddweud gair. Wrth gerdded yn ôl i fyny'r Stryd Fawr, teimlwn yn flin wrth y bobol gefnog a'r cyfoeth a welwn o'm cwmpas.

'Rwyt ti'n gwerthfawrogi yn awr yr hyn yr ydym ni'n ceisio ei gyflawni yn yr Ysgol Sul,' meddai Mrs Glass o'r diwedd. 'Mae'r bobol yn llifo i'r dref yn afon ddiddiwedd, ac maent yn wan, yn bechadurus ac anhrefnus, ac o ganlyniad maent yn cael eu malu yn lo mân gan beiriannau diwydiant. Yma, y tu hwnt i gyfraith a threfn, mewn uffern o fwg a thân, dim ond crefydd sydd â'r grym i ddistewi meddwl a chalon dyn. Gallwn gynnig gobaith iddynt yn y bywyd nesaf am nad oes *dim* i'w gael iddynt yn y bywyd hwn.'

'Sut all plant fyw yn y fath le?'

Gwenodd yn dosturiol. 'Fe fydd y plant hynny wedi marw cyn y daw gwawr blwyddyn newydd arnom. A dyna fydd orau iddynt. Pe bai'r ferch yna'n cyrraedd oed prifio fe fyddai Bronagh yn ei gwerthu'n butain.'

Rhoddais law dros fy ngheg.

'Paid â digalonni – trugaredd Duw ydyw eu bod yn cael eu

dwyn ymaith o'r fath esgeulustod a dioddefaint, a dylem obeithio y daw y diwrnod hwnnw iddynt ynghynt yn hytrach nag yn hwyrach.'

Meddyliais am eiriau fy nhad, nad oedd neb yn dioddef heb bod ryw bechod y tu cefn i'r peth. 'Ond beth mae'r plant wedi ei wneud o'i le?'

Edrychodd arnaf braidd yn rhyfedd. 'Y plant? Dim byd. Dim byd o gwbwl. Talu'r pris am gyflwr pechadurus a didrefn cymdeithas y maent.' Yna gwenodd. 'Ond paid â digalonni. Rhyw ddydd fe ddown â'r cyfan i drefn. Rhyw ddydd fe fydd yr un drefn ddwyfol i gymdeithas ag i'r awrlais neu'r agerfarch, ac yn hytrach na chael ein dinistrio gan ddiwydiant, am ein bod yn wan, fe fydd dynolryw yn cydsymud â chynnydd fel adain olwyn. Bryd hynny fe fydd y ddynoliaeth yn esgor ar gyflwr perffeithiach.'

'Sut y'ch chi'n disgwyl i mi ei gladdu os na chawn ni ddefnyddio'r capel?'

Cododd Sara ei phen o'r papurau ar y ddesg wrth glywed y gweiddi. Cydiodd yn y papurau a'r offer ysgrifennu o'i blaen a'u claddu yn y drôr. Yna plygodd i lawr er mwyn syllu drwy'r ffenest isel. Drwy blygion y gwydr, a heibio'r trilliw ar ddeg, gallai weld siapiau gwyrgam nifer o bobol wrth y capel. Yn dadlau.

Cododd flaen ei ffrog a rhedeg o'r stydi, drwy'r cyntedd, allan drwy ddrws y ffrynt, ac ar hyd y llwybr mwdlyd. Fferrodd ei chalon – gwelodd ei thad, yn ei gôt cynffon, ond yn dal yn ei hen drowsus gwaith, yn sefyll o flaen drws y capel â'i freichiau ar led, yn wynebu teulu cyfan o alarwyr, gan gynnwys tri a gariai arch bren fechan ar eu hysgwyddau.

'Tra bod gwa'd yn fy ngwythiennau,' taranai ei thad yn ei lais pregethwrol. 'Chewch chi ddim dod â'r Bedyddiwr bêch yna dros riniog y capel hwn!' Pwyntiodd fys cyhuddgar i gyfeiriad yr arch.

''Nhad!' galwodd Sara. Roedd hi wedi ei adael yn rhy hir ar ôl rhoi ei ffisig iddo, wedi ymgolli yn ei hysgrifennu, a heb sylwi ei fod wedi deffro, wedi gwisgo amdano a mynd i grwydro.

Roedd y dyn ar flaen y galarwyr yn ceisio ymresymu ag ef. 'Wi'n aelod yn y capel hwn, Mr Maddocks.' Cyfeiriodd at yr adeilad gyda'i law.

'Ond dyw eich gwraig ddim. Doedd eich mab ddim! Dyw eich

pregethwr ddim!' meddai ei thad. 'Bedyddwyr ydyn nhw. Ac felly ni chewch chi gynnal eich gwasanaeth angladdol yn fy Siloh i.'

Camodd Sara ymlaen a cheisio cydio'n ysgafn ym mraich ei thad i'w annog i'w dilyn. 'Dewch, 'nhad,' meddai. 'Rydych chi wedi ymddeol, ydych chi'n cofio? Nid y chi yw'r gweinidog nawr.' Er gwaethaf ei henaint roedd wedi ei wreiddio yn ei unfan fel hen dderwen. Plethodd ei freichiau yn ystyfnig. Llediodd Sara: 'Gadewch iddyn nhw gynnal yr angladd, er mwyn dyn.'

Trodd tad y plentyn marw ei lid ar Sara. 'Mae'r hen wallgofddyn yma weti cloi'r drws,' poerodd, ei wyneb yn goch. 'Lle w i fod claddu 'mab nawr?' Roedd yn agos at ddagrau.

Adnabu Sara ef fel un o bobol y pentref, William Hughes, yr oedd ei fab wedi trengi o'r frech wen ar y dydd Gwener.

'Lle mae'r Parch David Evans?' gofynnodd hi.

'Weti mynd i bregethu ym Mwlchderwen. Ac fe roddodd ganiatâd i'r Parch Brythonfryn Griffiths i arwain y gwasanaeth.'

Deallodd Sara beth oedd wedi mynd o'i le. Brythonfryn Griffiths oedd gweinidog y Bedyddwyr yng Nghynon Dewi, y pentref nesaf yn y cwm. Mae'n rhaid bod ei thad wedi clywed ei fod yn dod i weinyddu'r angladd, a'i fod wedi dod yma i'w hatal.

'Lle mae'r allwedd, 'nhad?' gofynnodd Sara.

Trodd ef tuag ati a'i llygadu â dirmyg llwyr. 'Paid â'n herio i yr hoeden ddigywilydd!'

Roedd hi'n rhy hwyr i osgoi'r cefn llaw ar draws ei hwyneb. Cwympodd yn glewt ar ei chefn a lledodd poen o waelod ei gên hyd at ei chlust.

'Mae'r dyn o'i go!' meddai rhywun.

'Bydd rhaid cynnal y gwasanaeth yn y tŷ, 'te,' meddai tad y plentyn yn biwis. Trodd i wynebu gweddill ei deulu. 'All yr hen feddwyn ddim cloi'r *bedd* – o leia.'

Cododd Sara ar ei thraed mewn pryd a gweld y boen yn llygaid y fam wrth i'r galarwyr droi ac ymlwybro yn araf yn ôl i gyfeiriad y ffordd, gan gludo'r arch fechan a'i chynnwys gyda nhw.

Gostyngodd ei thad ei freichiau. Safodd yno fel delw nes iddyn nhw ddiflannu o'i olwg y tu hwnt i'r bryn. 'Paganiaid,' mwmiodd yn ysgafn.

'Y Parch David Evans yw'r gweinidog nawr, 'nhad.'

''Y nghapel i yw e,' meddai. 'Fe adeilades i'r waliau â'm dwylo fy hun.'

'Beth am i chi ddod yn ôl i'r tŷ?'

Edrychodd arni fel pe bai'n ei gweld am y tro cyntaf. Gwgodd. 'Rwyt ti'n frwnt!' ebychodd.

Herciodd ymaith ar draws y llwybr i gyfeiriad y tŷ. Ceisiodd Sara wasgu ar y casineb a deimlai'n codi yn ei mynwes. Y diafol ynddi oedd hwnnw. Roedd rhaid iddi fod yn amyneddgar â'i thad.

Weithiau dymunai ei ladd.

Na, na, y diafol oedd hwnnw eto. Roedd meddyliau pechadurus cynddrwg â'r weithred. Roedd rhaid eu gwasgu i lawr, fel boddi cathod dan y dŵr.

Ond roedd ganddi syniad. Dilynodd ei thad i'r tŷ. Erbyn iddi gyrraedd roedd yn eistedd yn ei gadair yn y parlwr, gyda *Llais y Bobl* a photel bron yn llawn o Dr J Borne Opium Tincture ar y bwrdd bach wrth ei ymyl. Aha! Rhaid ei fod wedi cysgu cyn yfed y dos arferol. Roedd poteli eraill yno hefyd: Lloyd's Cocaine Toothache Drops, Mrs Wilson's Morphine Soothing Syrup a Dilbert's Red Label Chloroform.

Rhaid bod y cyfan yn gwneud lles i'w gryd cymalau – roedd yn dweud ar y botel ei fod yn lladd poen – ond wrth i'r boen gorfforol leihau roedd fel petai ei ymddygiad yn gwaethygu.

'Mae'r ffisig yn llosgi'r cythraul yndda i sy'n achosi'r holl boen – a hwnnw sy'n dod i'r wyneb,' meddai ei thad un tro pan oedd mewn hwyliau ymddiheuriadol.

Gwelodd Sara ef yn codi'r botel laudanum ac yn cymryd dracht go hegar. Ni fyddai'n hir cyn cysgu eto. Doedd dim amser i'w wastraffu. Aeth Sara i'r gegin ac agor y cwpwrdd dal potiau. Symudodd nhw o'r neilltu yn ofalus, ofalus, er mwyn peidio â chadw sŵn. Cododd ddarn o bren yng nghefn y cwpwrdd a rhoi ei llaw i mewn y tu ôl iddo. Yma yr oedd hi'n cadw copïau sbâr o allweddi'r tŷ rhag ofn bod ei thad yn ei chloi i mewn unwaith eto. Roedd yn anodd gweld p'run oedd p'run yn nhywyllwch cefn y cwpwrdd ond roedd goriad y capel yn fwy ac yn drymach na'r lleill. Goriad mawr haearn ydoedd.

Wedi cael gafael arno aeth ar flaenau ei thraed heibio'r parlwr, gan gymryd cipolwg trwy'r drws cilagored. Ni allai weld oedd ei thad yn cysgu, ond roedd ei ên yn cyffwrdd â'i frest a'i lygaid ynghau. Gadawodd ef ac, yn ddistaw bach, aeth drwy'r drws ffrynt a'i gau y tu ôl iddi.

Rhedodd â'i gwynt yn ei dwrn ar hyd y llwybr i gyfeiriad y pentref. Daliodd i fyny â'r orymdaith angladdol cyn iddynt gyrraedd gwaelod y rhiw.

'Dyma'r allwedd!' meddai, gan anadlu'n drwm. Syllodd y dyrfa arni fel pe bai o'i cho. 'Mae 'nhad yn cysgu. Ddrwg calon gen i am beth wnaeth e.'

'Mi ddylai gael ei gloi lan.' Roedd y tad yn dal i ffromi. Ond fe gymerodd yr allwedd. Roedd ei ruddiau yn wlyb. 'Diolch,' meddai'n floesg.

Gwyliodd Sara wrth i'r arch a'r dyrfa mewn du droi a chychwyn yn ôl yn falwennaidd i fyny'r bryn tuag at y capel unwaith eto. Nid edrychai'r fam fel pe bai ganddi'r egni i gyrraedd y brig. Cydiodd rhywun yn ei braich a'i hanner llusgo y camau olaf.

Roedd ychydig o amser gan Sara yn awr tra'r oedd ei thad mewn trwmgwsg. Gallai ddychwelyd at ei hysgrifennu. Yn lle hynny, crwydrodd i'r pentref. Sylwodd fod arwydd newydd sgleiniog uwchben y siop: 'John Pugh & Son – Drugs, Tea, Grocery' a 'Dispensing Chemist'. Aeth i mewn i fusnesa a gweld John Pugh yn sefyll y tu ôl i'r cownter.

'Wel, wel, Sara Maddocks, a heb ei thad,' meddai hwnnw. 'Fel gweld cysgod yn cerad heb y corff!'

'Mae weti cael pwl reit ryfedd heddiw,' meddai, gan wybod y byddai newyddion am yr angladd yn lledu drwy'r pentref o fewn dim.

'Bydd angen rhagor o'r ffisig arnoch chi, felly.' Dyn tew, moel oedd y siopwr, gyda barf ddu yn fframio ei geg. 'Ydych chi weti meddwl trio Enoch's Fruit Salts? I fabanod mae e ond maen nhw'n gweud bod gwitho'r perfedd yn régilar yn gwneud byd o les wrth buro'r corff.'

'Dim ond y ffisig arferol mae e ishe,' meddai Sara. 'Fe gewch chi siarad ag e tro nesaf mae e 'ma.'

Aeth John Pugh i ben ei stol i nôl y botel.

'Roeddwn i'n gweld bod gennych chi arwydd newydd,' meddai Sara.

'Oes!'

'Un Saesneg.'

'Ie!'

'Oes Sais ariôd weti bod yn y siop yma, 'te?'

'Dim eto, ond maen nhw'n adeiladu cymaint o ffyrdd haearn hyd y lle dim ond mater o amser fydd hi.' Daeth i lawr o'r stôl a gosod y botel o Dr J Borne ar y cownter, a dechrau ysgrifennu'r bil. Gwelodd ei fod yn cymryd yn hirach na'r arfer a sylwi ei fod yn ceisio gwneud hwnnw yn Saesneg hefyd. 'Ydych chi am i mi ei roi ar y llyfr?' gofynnodd y siopwr.

'Diolch yn fawr,' meddai Sara, a chymryd y ffisig. Gwyddai fod dyled ei thad yn llawer mwy nag y caniateid i unrhyw un arall, ac yn llechu y tu ôl i wên siriol John Pugh oedd y ddealltwriaeth y byddai Sara yn ei thalu ryw ddydd. Roedd hynny'n pwyso arni'n drwm. Cafodd ei thad gadw'r Mans ar ôl ymddeol, gan nad oedd neb arall am fyw yno, ond nid y nhw oedd piau'r lle a doedd ganddi ddim byd o bwys i'w werthu. Byddai ei orthrwm yn parhau y tu hwnt i'r bedd.

Ond digon i'r diwrnod ei ddrwg ei hun. Roedd Sara'n ymlwybro'n flinedig i fyny'r bryn, y botel yn ei llaw, pan ogleuodd y llosgi. Gallai glywed gweiddi yn y pellter.

Rhedodd y gweddill o'r ffordd ond safodd yn ei hunfan mewn braw wrth weld yr olygfa o'i blaen. Roedd mwg du dieflig yn codi o ffenestri'r capel gan staenio'r waliau gwyngalchog, a thafodau tân yn llyfu'r ffenestri. Roedd sawl un a fu'n rhan o'r angladd eisoes yn sefyll y tu allan yn gwylio'r fflamau yn gegrwth a rhagor yn dianc drwy'r drysau derw agored.

Gwelodd y fam yn ceisio brwydro o afael ei gŵr.

'Mae e'n dal mewn yno!' gwaeddai drwy ei dagrau.

'Mae e wedi marw,' meddai'r tad.

Trodd Sara a rhedeg i fyny i gyfeiriad y tŷ. Trodd i edrych yn ôl cyn mynd drwy ddrws y ffrynt, ac erbyn hynny roedd y tân yn torri drwy'r to llechi.

''Nhad, mae'r capel ar dân!' meddai.

Aeth i'r ystafell fyw a'i gael yn dal i eistedd yn ei gadair freichiau, y poteli wrth ei ochor, ei ên ar ei frest.

''Nhad!'

Roedd yn amlwg ei fod yn cysgu'n drwm.

Aeth Sara at y ffenest a gwylio'r capel yn llosgi, y galarwyr yn gwylio mewn syndod mud. Pesychai gwreichion o nenfwd yr adeilad a syrthio'n gawod o lwch yn eu mysg. Gallai weld y fam, yn wargrwm, yn ddelwedd o alar, a llaw fawr y gŵr ar ei chefn.

Doedd Sara erioed wedi mwynhau yr oriau hir a dreuliai yn y capel. Roedd pregethau tân a brwmstan ei thad fel petaent yn rhybudd iddi, a hithau'n unig. Roedd disgwyl iddi warchod plant rhai o'r pentrefwyr am oriau yn yr Ysgol Sul wrth iddyn nhw feddwi yn y dafarn. Ac roedd wedi cwyro a pholisho pob côr gant neu fwy o weithiau wrth geisio codi sglein y pren.

Ond roedd yr hen gapel yn gymaint ran o'i bywyd ag unrhyw berson. Un o'r ychydig atgofion oedd ganddi o'i mam oedd swatio wrth ei hymyl ar un o'r seddau pren, yn chwarae â'r ffrilen ar ei llawes wrth i'w thad fytheirio a gweiddi. Roedd rhan o'i byd yn llosgi'n ddim o'i blaen, gan adael cragen wag ddu.

'Wetais i mai fy nghapel i oedd e,' meddai llais y tu ôl iddi.

Gwelais y ffynnon yng nghefn y tŷ. Roedd hi'n nos, ond roedd yr awyr yn goch fel gwaed, a'r goedwig tu hwnt mor ddu â dallineb ac yn glymau i gyd. Doedd dim sŵn ond sïo'r gwynt ar draws y clos, a dim oglau ond y dail yn pydru ymysg gwreiddiau'r coed.

Yna, wrth wylio, gwelais fysedd budr yn codi fel mwydod dros ymyl y ffynnon. Llaw oer fel crafanc yn chwilio am rywbeth i afael ynddo. Yna, braich arall esgyrniog yn codi dros yr ymyl fel lleuad dros y gorwel. Ac yna, er mawr arswyd i mi, wyneb claerwyn fy nhad. Dringodd o'r ffynnon fel pry ac ymlusgo tuag ataf, cyn codi ar ddwy goes a hercian yn simsan tuag ataf.

'Sara,' meddai, ei ên yn llac, 'wi'n ôl.'

Roeddwn i eisiau ffoi ond ni allwn. Doedd dim o'm cwmpas ond tywyllwch. Daeth yn agosach. Roedd ei groen yn chwyddedig gan ddŵr. Gallwn weld lle'r oedd y llwydni dan ei ewinedd wedi pydru pennau ei fysedd. Amdano roedd côt ddu hir fel honno oedd ganddo pan fyddai'n mynd i bregethu, yn diferu o ddŵr du fel inc.

'Rwyt ti'n ffŵl, Sara,' meddai. 'Mae Duw yn dy roi ar brawf.' Er ei bod yn noson oer, ni chodai unrhyw ager o'i geg wrth iddo siarad. Cododd law rybuddiol. 'Dyma dy gyfle i wneud yn iawn am beth wnaethost ti i mi.'

'Unrhyw beth…' ymbiliais. 'Dim ond un cyfle dwi ishe.'

Camodd heibio i mi a gwelais nad oedden ni adref ym Melin Frewys wedi'r cwbwl ond ymysg y pentyrrau sorod a edrychai dros y dref. Roedd yr awyr yn goch â goleuni ffwrneisi chwyth y gwaith haearn, a chyfodai mwg o'r tir fel mwg ffwrn.

'Y Sodom newydd,' meddai fy nhad. 'Ei gwaedd yn ddirfawr, a'i phechod yn drwm. Dyma pam fod y plant a welaist yn dioddef, Sara. Mae pechod yn byrlymu o'r cwteri fel carthffos. Lle mae pechod, mae haeddiant.'

Agorodd ei gôt a sgrechiais wrth iddo ddatgelu bod ei gorff wedi pydru ymaith yn ddim. Ond roedd creaduriaid eraill yno, yn syllu o gawell ei asennau. Dychrynais o weld mai'r plant a welais yn Burma oeddynt, ond roedd eu gwedd yr un mor bydredig a llygredig â'm tad.

Syrthiais ar fy ngliniau o'i flaen ac erfyn arno. 'Beth a wnaf i?' gofynnais.

'Mae dynion da i'w ca'l yn y dref o hyd,' meddai wrth gau ei gôt. 'Ond maent weti eu dallu gan eu rhagrith eu hunain. Rhaid i ti gloddio'r pechod i'r wyneb, a'i ddal o flaen eu trwynau fel oglau, a'u gorfodi hwynt i wneud yn iawn amdano. Beth oedd proffwydi'r Beibl, ond newyddiadurwyr eu dydd, yn herio grym ac yn dinoethi eu ffuantrwydd.'

Cydiodd yn fy ysgwyddau â'i ddwylo esgyrniog. Teimlais leithder oer ei gyffyrddiad drwy fy ffrog.

'Cer nawr!' meddai, ei wedd ddrylliog arswydus fodfeddi o'm hwyneb innau. 'Gweithreda yn enw'r Arglwydd. Neu bydd rhaid i mi ddychwelyd i dy drwblu drachefn.'

Yn ddisymwth gwthiodd fi am yn ôl a sgrechiais wrth i mi blymio oddi ar y clogwyn. Bwriais y llawr ag ergyd galed a'm taflodd ar fy eistedd.

'Beth sy?'

Roeddwn yn anadlu'n drwm. Yn y tywyllwch gwelais siâp aneglur person o'm blaen.

'Sara?'

Sylweddolais mai llais Bopa oeddwn i'n ei glywed.

Taniodd Bopa gannwyll. 'Bachan, ti mor goch â phishyn o ham weti ferwi,' meddai'n gonsyrnol. 'Wyt ti'n dost?'

Sylweddolais fy mod yn crynu ac yn wylo. 'N-na. Hunllef, mae'n rhaid, dyna oll.'

'Mmm,' meddai Bopa, fel petawn i wedi cadarnhau rhyw amheuaeth. Tynnodd y gadair ac eistedd arni, a gosod y gannwyll ar y bwrdd ger pen y gwely. 'So ti'r ferch gyntaf i aros 'ma sy'n gweud enwa yn dy gwsg, Sara, a nid ti fydd yr ola. Sa'i byth yn gofyn. Ond wi'n glust i wrando.'

Dechreuais igian.

'Tyrd nawr.' Pwysodd ymlaen i'm cofleidio, a rhwbio fy nghefn wrth i mi wlychu ei hysgwydd â dagrau.

'Mae – mae yna ormod o ddioddef yn y byd,' meddwn.

Gallwn weld wyneb y plentyn yn y ddaeargell o hyd.

'Fe allet ti fynd o dy go wrth geisio achub pawb,' meddai. 'Mae rhywun yn dioddef yn rhywle o hyd. Y cyfan alli di ei wneud yw helpu lle galli di.'

'Roeddwn i'n disgwyl i'r dref fod yn wahanol.' Cymru lân a llonydd, meddai fy nhad.

'Beth wyt ti weti gweld nawr?'

'Y cyfan oeddwn i ishe o'r bla'n oedd ca'l dianc i fywyd gwell,' meddwn. 'Ysgrifennu. Mynd ar goll mewn geiriau.'

'Ia, ia,' meddai, er nad oedd hi'n deall. Doeddwn i ddim yn deall beth oeddwn i'n ceisio ei ddweud chwaith.

Sut allwn i ysgrifennu straeon dwl am Senedd Llundain a phethau tramor pan oedd pobol y tu fas i'r drws heb fwyd yn eu boliau? Ochneidiais. Doedd neb yn gallu bwyta papur newydd, neu lyfr. 'Hoffwn i allu rhoi llais… llais go iawn iddyn nhw.'

Ni ddywedodd Bopa ddim, dim ond gwrando, a bodloni ar y tawelwch wedyn wrth mi syllu'n hir i fflam y gannwyll.

Bryd hynny teimlais rywbeth yn tanio y tu mewn i mi, fel ffwrnais agerfarch. Dyna *oedd* yr ateb. Ysgrifennu. Ysgrifennu'r ffeithiau am yr hyn oeddwn i'n ei weld. Deffro'r dref i'r dioddefaint o dan eu trwynau, fel y plant yn y ddaeargell yn Burma. Carthu'r holl bechod ar bapur, fel na allai neb anwybyddu'r drewdod. Fel y dywedodd 'y nhad.

Ac yna byddent yn ymroi i'w lanhau.

'Codwyd caws llyffant gerllaw Tre'r Merthyron, y dydd o'r blaen, yn pwyso pwys a hanner ac yn 35 modfedd o'i amgylch.'

'Diflas,' meddai Ellis, gan blethu ei freichiau a phwyso'n ôl yn ei sedd.

Gwasgodd Jenkin y llythyr yn belen a'i daflu i'r pentwr ar lawr.

Cydiais mewn llythyr arall o'r bag post. 'Wy hynod,' meddwn. 'Darganfuwyd wy hynod yng Nghaerporth, na welwyd ei fath yn y parthau hyn o'r blaen.'

Ochneidiodd Ellis. 'Pa fath o wy?'

'Agorwyd ef, a chafwyd yn ei ganol... wy perffaith arall, cymaint ag wy colomen â phlisgyn cryf!'

Ebychodd Ellis yn rhwystredig, a chladdu ei wyneb yn ei ddwylo. 'Rhaid bod rhywbeth o natur dieithr, aruthr, neu gyffrous weti dicwdd yng Nghymru yr wythnos hon!'

Roedd hi'n ddydd Mercher, a golygai hynny osod y tudalennau newyddion am Gymru. Gan na allai'r *Llais* fforddio talu i'w ohebwyr, roedden ni'n gyfan gwbwl ddibynnol ar gyfraniadau gwirfoddol a ddeuai drwy'r post. Roedd y *Llais* yn derbyn mwy na digon o straeon ond prin oedd y rhai o unrhyw ddiddordeb.

Daeth mab Watkin Tomos y Wasg i mewn gyda'r post wrth i ni weithio, cyn prysuro o amgylch y swyddfa yn llenwi'r potiau inc, 'nôl glo a brwsio'r llawr.

'W! Gwrandewch ar hyn,' meddai Jenkin, wrth agor un o'r llythyrau. 'Llythyr gan un o bregethwyr y Cloddwyr. Dyma un hanesyn hynod sydd weti dicwdd yma...'

'Cnepyn o lo siâp digrif?' gofynnodd Ellis.

'Tywalltiad nefol ym Mryn Eithin!' meddai Jenkin. 'Ar y Saboth fe aeth nifer o blant ieuanc i'r comin i weddïo. Ond aeth llanciau ieuanc o'r gwersyll sipsiwn cyfagos i'w canlyn ac i wawdio ac aflonyddu arnynt. Yn hytrach na cheisio eu hel oddi yno, penderfynodd y plant weddïo dros y sipsiwn anwaraidd.'

'Mmm,' meddai Ellis.

'Yna gwelwyd dwy law fawr yn ymaflyd yn un o'r bechgyn hyn, ac yn ddisymwth cafodd ei gyfodi i'r awyr! Yn uwch na brigau uchaf y co'dwigoedd, cyn diflannu i'r cymylau!'

Eisteddodd Ellis yn ôl yn ei sedd. 'Wel wir,' meddai a rhwbio ei ên, heb lawer o frwdfrydedd.

'Roedd y llanciau sipsiwn weti eu brawychu'n fawr, a chwmpon nhw ar eu gliniau'n unionsyth a gweddïo gyda'r plant eraill!' darllenodd Jenkin. 'Trodd gweddill y paganiaid bychan hyn yn Gristnogion yn y fan a'r lle a mynychu Capel y Cloddwyr ym Mryn Eithin y Sul canlynol.'

'Mi glywis i am yr un peth yn digwydd wythnos diwethaf,' meddai mab Watkin Tomos, oedd wedi bod yn clustfeinio. 'I lawr yn y Dreflan. Plentyn yn ca'l ei gipio i'r awyr fel yna yn union.'

Estynnodd Ellis a chymryd y llythyr o afael Jenkin. 'Ie, dyna'r trydydd adroddiad am blant yn ca'l eu cipio yr yden ni weti ei dderbyn y mis yma.' Crafodd ei gorun gwalltog. 'Un gan y Trochwyr, un gan y Mecanyddwyr, a nawr un gan y Cloddwyr. Dyna gyd-ddigwyddiad, yndê!'

Synnais at ddiffyg brwdfrydedd Ellis at hanes mor wyrthiol.

'Beth oedd enw'r pregethwr?' gofynnais.

Edrychodd Ellis ar waelod y llythyr. 'Edgar Williams, Pen y Cnwc, Bryn Pistyll.'

'Lle mae hwnnw?'

'Ar gyrion y dref, lan ger y pyllau glo.'

'Alla i gael y llythyr?'

Estynnodd Ellis ef. 'Ond efallai y bydd ei angen yn ôl, cofia, os nad oes dim byd gwell i'w gael yn y sach yma.'

Darllenais y llythyr o'i gwr. Roedd rhywbeth am hanes y bachgen yn cael ei gipio i'r awyr oedd wedi dal fy nychymyg. Roeddwn i'n ffyddiog ei fod yn arwydd gan Dduw, yn arwydd ei fod ar waith yn y dref. A dyma oedd fy nghyfle i gael stori i'r *Llais*.

'W!' meddai Jenkin. 'Dyma bwt: peiriant i odro gwartheg gydag ager – gellir godro dwsin o wartheg mewn ychydig funudau!'

Rhwbiodd Ellis ei dalcen.

'Wyddost ti beth, mi fydd rhaid iddo wneud y tro!'

Edrychai simneiau ffwrneisi chwyth ffatri Fairclough fel rhes o ganhwyllau anferth yn y tywyllwch. Drwy'r awyr poeth a godai o'u coronau tanllyd roedd y mynyddoedd sorod a fudlosgai tu draw fel pe baent yn symud, yn diferu, gan dwyllo'r llygad i feddwl bod rhaeadrau tân yn llifo o'r bryniau i mewn i'r dref.

Roeddwn wedi deffro cyn y wawr er mwyn cyrraedd Bryn Eithin, a bellach yn rhan o dyrfa oedd yn ymlwybro tua'r pyllau glo. Dynion oedd y mwyafrif, yn hen ac yn ifanc, eu lampau unigol yn disgleirio yn un stribyn ar hyd y stryd dywyll, yn ddrych i'r llwybr llaethog uwchben.

Ond roedd merched hefyd. Gwisgent drowsusau fel dynion o dan y sgertiau carpiog wedi eu tynnu i fyny bron at eu pengliniau fel nad oeddynt yn sgubo'r llawr, a siolau trwchus wedi eu clymu o amgylch eu pennau, yn ddu gan lwch glo.

'Y'ch chi'n mynd i Fryn Eithin?' gofynnais wrth un ohonynt.

Trodd sawl pâr o lygaid gochelgar ataf. Rhaid fy mod i'n edrych allan o le yn llwyr yn fy siaced ddu a'm ffrog lwyd blaen. Nodiodd un o'r menywod ei phen heb ddweud dim.

Daeth y dyrfa i stop wrth orsaf fechan lle safai agerfarch byrdew ar lein fach gul, â rhes o wageni wrth ei gwt. Arhosodd y gweithwyr yno am beth amser, eu hanadl yn codi'n darth uwch eu pennau yn oerni'r bore, yn disgwyl cael dringo i'r wageni. Daeth fy nhro innau a llwyddais i godi fy hun dros yr ymyl heb ddatgelu gormod o'm llodrau isaf. Dringodd dau ddyn, ddwywaith fy maint, i mewn bob ochor i mi, a'm gwasgu rhyngddynt fel feis. Disgwyliwn i rywun godi twrw unrhyw eiliad, a dweud wrthyf nad oeddwn i fod yno. Ond doedd dim sŵn, dim siarad na chwerthin, tu hwnt i wich siglo'r wageni wrth i'r gweithwyr eu meddiannu, ac ambell besychiad croch.

Pe na bawn wedi fy nghaethiwo rhwng y ddau gwlffyn bob ochor i mi, heb allu symud coes na braich, fe fyddwn wedi neidio wrth i'r injan chwibanu. Ysgydwodd y wageni fel cwt cath yn barod i sboncio yn ei flaen, a dechreuodd yr agerfarch gyflymu. Cydiodd y glowyr bob ochor mewn cadwyni ar flaen y wagen er mwyn sadio eu hunain, ac o fewn eiliadau roeddem wedi ein llyncu gan dywyllwch ochor y graig. Ni allwn weld dim ond gallwn deimlo'r llwch du a godai o simnai yr agerfarch yn pigo fy llygaid, ac roedd sŵn poeri'r injan a chlecian yr olwynion bron yn fyddarol.

Bob hyn a hyn fflachiai goleuni lamp nwy a chefais argraff o waliau'r twnnel yn gwibio heibio fodfeddi i ffwrdd. Yna daeth yr agerfarch i ganol ceudwll wedi ei oleuo o bobtu gan ddatgelu cannoedd o lowyr wrth eu gwaith. Gwelais fod y ffordd haearn wedi ei gosod ar ffrâm bren, uchel, serth. Roedd degau o weithwyr yn tynnu peiriant tyllu anferth, dwywaith maint dyn mewn uchder, i ochor y graig, ac roedd sawl caets haearn yn cael ei ostwng a'i godi gan olwynion mawr. Eiliadau yn unig y parhaodd yr argraffiadau hyn wrth i'r agerfarch wibio yn ei flaen, gan fy nhaflu i'r naill ochor a'r llall nes y teimlwn fod fy nhu mewn wedi ei gymysgu bob sut fel glo mân. Sylwais fy mod yn sgrechian ond ni allwn glywed fy hun dros dwrw'r injan a rhuglo'r wageni.

O'r diwedd teimlais yr injan yn cyrraedd tir gwastad, ac yn fuan wedyn daeth allan yn araf bach i oleuni gwawr y bore a theimlais chwa o awyr iach yn sychu'r chwys oddi ar fy nhalcen. Hyd yn oed cyn i'r wageni sefyll yn llonydd roedd y gweithwyr wedi dechrau neidio ohonynt, ac fe ymunais yn y wasgfa, gan benderfynu yn y fan a'r lle y byddwn yn cerdded yn ôl adref. Os oedd gwibio am i fyny mor frawychus doeddwn ddim am feiddio mynd i lawr.

Adeiladwyd Bryn Eithin mewn cwm mor serth nes ei fod bron yn geunant, ac roedd yn anodd gwybod lle dechreuai'r pwll glo a lle gorffennai'r pentref. Saernïwyd y tai i'r graig, ac roedd rhannau ohonynt yn sefyll ar stiltiau haearn, a rhedai ffyrdd haearn y wageni glo oddi tanynt, drostynt a rhyngddynt.

Symudais yn nes at hen ddynes oedd yn ceisio'n ofer sgwrio'r baw oddi ar riniog ei drws wrth i'r glowyr godi llwch wrth fynd heibio.

'Edgar Williams, Pen y Cnwc?' gofynnais.

'Tŷ capel,' meddai, gan bwyntio gyda'i bys at adeilad ar frig un o lethrau'r cwm.

'Sut wi'n cyrraedd fan yno?'

'Os ydych chi'n dilyn y stêr fan yna fe ddylwch chi ddod mês yn y lle iawn.' Cyfeiriodd at risiau o haearn a phren wedi ei adeiladu ar ymyl clogwyn.

Diolchais iddi a chychwyn dringo. Roedd yn ffordd bell i fyny a chyn pen dim roeddwn i'n chwythu fel hen fegin. Er ei bod hi'n oer roeddwn i'n boeth iawn yn fy staes, fest, pais gotwm, camisol a ffrog wlân – dillad a wnai'n iawn ym Melin Frewys, neu hyd yn oed er mwyn eistedd mewn swyddfa, ond nid dillad dringo. Roedd y chwys dan fy staes yn cosi fy nghroen a dim ffordd i mi gael ato.

Wedi i mi gael fy ngwynt ataf codais fy ngolygon at y capel o'm blaen. Ni edrychai fel unrhyw gapel a welais erioed o'r blaen. Roedd iddo odyn siâp potel wedi ei adeiladu o frics coch yn feindwr. Curais ar y drws pren ac atebwyd ef gan hen ddyn gwynfarfog mewn crys gwlanen.

'Edgar Williams?'

'Ie.'

'Y chi ysgrifennodd erthygl i'r *Llais* am y bachgen a gafodd ei godi i'r awyr gan bâr o ddwylo?'

Cododd ei aeliau. 'Y *Llais*?'

'Rydw i weti dod i holi am ragor o'r hanes.'

Edrychodd yn hurt arnaf. 'Pam?'

'I'w roi yn y papur. Pam... pam arall ysgrifennu atom ni?'

'Wel, fel arfer maen nhw yn... rhoi popeth wi'n ei ysgrifennu i mewn, air am air.' Stwffiodd un llaw i'w boced a chodi'r llall i rwbio cefn ei wddf. 'Maen nhw'n reit awyddus i gael unrhyw beth o gwbwl, fel arfer.'

'Ga i ddod i mewn?'

'Wrth gwrs.' Camodd yn ôl i adael i mi groesi'r trothwy. 'Mae drws y capel yn agored i unrhyw un sydd ishe canfod y gwir.'

Roedd Edgar Williams yn amlwg yn byw yn yr hen gapel. Roedd yno fwrdd, a lle tân, a gwely, y cyfan mewn un ystafell fechan. Roedd mynedfa isel yn ei chysylltu â'r odyn, lle'r oedd cylch o ystolion yn wynebu ei gilydd.

'Eisteddwch,' meddai, wrth chwilio am decell mewn bocs wrth y lle tân. 'Mae gen i de ond dim i'w gynnig i fwyta.'

'Diolch.' Estynnais gadair. 'Cloddwyr y'ch chi?' gofynnais. Cofiwn i Jenkin sôn i ba enwad roedd mwyafrif gweithwyr y pyllau glo yn perthyn.

'Ie.'

'Sa i ariôd weti gweld capel Cloddwyr o'r blaen. Mae'n edrych yn... wahanol.'

'Yng nghapel y Mecanyddwyr mae pawb yn wynebu'r pregethwr. Dim ond ei farn e sy'n bwysig.'

'Fe fyddwn i ar goll braidd heb bregeth.'

'Ry'n ni'n credu bod rhyddid gan bob dyn... a dynes... i ddod o hyd i'w llwybr eu hunain. Llusern yw crefydd i oleuo'r ffordd drwy ddyfnderoedd tywyll anwybodaeth, ond mae llwybr pawb yn wahanol.'

'Oes perygl wedyn y bydd pawb yn gwneud fel y mynnan nhw?'

'Mae'r Ysgrythur yn fwriadol amwys, on'd yw e?' Cynheuodd dân a gosod tecell arno wrth siarad. 'Petai Duw ishe un dehongliad o bopeth, fe fyddai weti ysgrifennu'n blaen.'

'Ond chi yw'r pregethwr?'

'Rhyw fath o lywio'r sgwrs ydw i.' Cododd ei war. 'W i'n rhy hen i fod dan ddaear.'

'Mae'n well na gweithio yn y pwll.'

'Dyne lle'r oeddwn i'n gweithio, tan yn ddiweddar. Ers o'n i'n wech.'

'Wech!'

Trodd i'm hwynebu a phwyso'n ôl yn erbyn y lle tân.

'Ie. Dyna'r arfer. Roedd y têd yn ca'l ei dalu yn ôl faint o lo oedd yn cyrraedd pen y pwll, felly roedd y teulu i gyd i lawr y pwll yn helpu ora allen nhw.'

Agorodd botel o laeth a thywallt rhywfaint ohono i'r mygiau crochenwaith.

'Agor y trap-dôr oedd 'yn swydd gyntaf i,' meddai. 'Wi'n cofio eistedd yn y tywyllwch am oriau ar fy niwrnod cyntaf, yn llefen.' Gwenodd. 'Deuddeg awr! Ar fy mhen fy hun bêch.'

'Allwn i ddim gadael plentyn yn y fath le.'

'Sdim dewis, nac oes? Dau swllt yr wythnos yw'r gwahaniaeth rhwng goroesi a llwgu. Ac mae plentyn ishe mynd, on'd yw e? Eisiau rhoi tamed o gyflog yn llaw ei fam, a chael darn bêch o gig efo'i swper.' Edrychodd ar ei ddwylo. 'Ro'n i'n gweld Mam yn mynd a dod, yn dal cannwyll ac yn tynnu'r gert. Dyna'r unig bryd oeddwn i'n gweld unrhyw beth.' Syllodd drwy'r ffenest yn feddylgar. 'Roedd 'da fi ddarn o gaws a bara i fynd 'da fi bob dydd, ond ro'n i'n eu bwyta nhw'n syth fel nad oedd llygod yn dwyn y bag.'

Tynnodd y tecell oddi ar y tân a thywallt y dŵr i'r mygiau.

'Waeth i ni fwynhau'r ddishgled yn yr awyr iach, gan ei bod hi'n weddol braf heddiw,' meddai.

Aethom tu allan i eistedd ar fainc garreg, ac yfed y te mewn tawelwch, ac fe gefais amser difyr yn gwylio'r wageni a'r glowyr yn mynd a dod. O'r fan hyn gallwn weld pen y pwll, dwy simnai uchel a thŵr haearn sgerbydol a godai lwyfannau haearn o'r ddaear wedi eu llwytho â wageni glo. Yno i'w derbyn yr oedd cannoedd o ferched, yn eu rhesi yn disgwyl torri'r glo yn fân a thynnu'r cerrig ohono, cyn pentyrru'r glo mewn rhengoedd o gerbydau mwy o faint, yn barod iddynt gael eu shyntio at yr agerfeirch.

'Rhyfedd bod y merched hyn yn cael gwneud gwaith mor frwnt a pheryglus,' meddwn. Tra bod sawl un yn y dref yn troi eu trwynau at y syniad ohonof i'n newyddiadura â phapur ac inc, meddyliais.

Pwysodd y pregethwr ei ddishgled ar ei lin. 'So'r merched yn cael mynd dan ddaear rhagor. Ti'n gwbod pam?' Gwenodd, gan ddangos rhes o ddannedd du.

'Diogelwch?'

'Na, am eu bod nhw'n poeni nad oedd y merched yn gwisgo digon o ddillad dan ddaear. Mae'n boeth yno!'

Edrychais ar yr anghyfanedd-dra o'm blaen, ac ysgwyd fy mhen. Beth oedden nhw weti ei wneud i haeddu hyn?

'Ond mae Duw ar waith yma,' meddwn i'n obeithiol. 'Beth ddicwddodd i'r crwtyn bêch 'na, gafodd ei dynnu i'r awyr?'

Oedodd am funud. 'Clywed y peth wnes i.'

'Welsoch chi e'n dicwdd?'

'Naddo, siŵr. Pan dach chi 'di bod yn gwitho wrth olau cannwyll am ddeugain o flynyddoedd y'ch chi'n gweld affliw o ddim os nad yw o flaen eich trwyn.' Roedd wedi troi tu min fwyaf sydyn. 'Ond pan glywais i bod erthygl yn y *Llais* wythnos diwetha am fachgen o'r Trochwyr weti cael ei godi i'r awyr, dyma fi'n meddwl y byddai'n syniad rhoi gwybod bod yr un peth weti digwydd yn ardal y Cloddwyr hefyd. Rhag ofn i bawb feddwl bod Duw yn ffafrio un achos dros y llall.'

'Dyw hynny ddim yn ddweud celwydd?'

Bu bron iddo dagu ar ei ddishgled. 'Er mwyn cael celwydd mae'n rhaid cael gwirionedd, a phwy a ŵyr beth yw hwnnw.'

'Wel, mae rhywun yn gwybod y gwirionedd!'

Aeth munud heibio a meddyliais ei fod wedi pwdu, ond yna siaradodd: 'Pam o'n i dan ddaear yn wech o'd mi ddywedodd fy mam wrtha i fod yna gorachod bêch yno oedd yn edrych ar fy ôl i drwy'r amser. Nawr, i fyny fan hyn nawr, flynyddoedd wedyn, yng ngolau dydd, galla i ddweud i sicrwydd fod y peth yn gelw'dd. Ond mi gredes i'r peth am flynyddoedd. Am fy mod i ishe credu, oherwydd fel arall fyddwn i ddim yn gallu byw. A phetawn i'n mynd i'r pwll heddiw wi'n siŵr y byddwn i'n dewis credu'r un peth eto.'

'Sut allech chi ddewis credu rhywbeth?'

'Weithiau mae angen rhoi geirie amwys i bobol, yn does, fel eu bod nhw'n gallu eu defnyddio at eu dibenion eu hunen,' meddai'n feddylgar. 'Oes ots a ddicwddodd straeon y Beibl go iawn. Gardd Eden?

Arch Noa? Hyd yn oed Iesu ar y Groes? Pan wyt ti'n byw mewn düwch, mae celwyddau golau weithiau'n arwain y ffordd yn well na gwirioneddau tywyll.'

Roeddwn wedi cael braw y gallai pregethwr gredu'r fath beth. Doedd dim rhyfedd bod y fath ddioddef ym Mryn Eithin os oedd hyd yn oed y pregethwyr yn cablu.

Gorffennais fy nishgled a'i gosod ar y fainc garreg.

'Diolch am eich amser,' meddwn, gan godi.

'Pryd fydd yr erthygl yn ymddangos yn y papur?' gofynnodd wrth fy ngweld i'n mynd.

'Allwn ni ddim argraffu anwireddau mewn papur newydd!'

Dechreuais gerdded i ffwrdd i gyfeiriad pen y cwm.

'Fy ngwirionedd i!' gwaeddodd Edgar Williams ar fy ôl, gan chwifio ei freichiau. 'A beth yw unrhyw beth yn yr hen fyd 'ma ond dehongliade? Teimlo'n ffordd yn y tywyllwch!'

Brasgamais i fyny at y comin. Yno, ar ben y cwm. yr oedd gwastad glaswelltog a rhes o wageni sipsiwn. Roedd rhai wedi eu trefnu yn gylch amddiffynnol ar fan uchaf y bryn, eraill ar gyfeiliorn yma a thraw. Roedd ychydig o'r wageni wedi eu paentio'n wyrdd a choch gyda phatrymau aur, yn sgleinio'n dwt yn yr haul; ambell un arall â golwg fwy bregus arnynt wedi eu haddasu a'u hehangu cymaint o weithiau nes eu bod yn debycach i dai mawr pren, simsan ar olwynion. Roedd ambell un wedi ychwanegu olwynion mawr haearn, boeleri a simneiau fel bod modd i'w wageni grwydro'r wlad wedi eu gwthio gan ager heb fod angen yr un ceffyl.

Fu gen i erioed ofn sipsiwn, fel rhai pobol eraill. Bydden nhw'n cyrraedd Melin Frewys bob mis Mai ac yn dod â chanu a dawnsio a bob math o ddyfeisiau rhyfeddol gyda nhw o ben draw'r byd – colomen bres yn hedfan ar ager; goriad â dannedd yn cylchdroi fel ei fod yn gallu agor unrhyw glo; sbienddrych-gamera oedd yn gallu llunio delweddau o bethau pell iawn i ffwrdd. Roedd eu dyfeisiau wedi fy llenwi â rhyfeddod ynglŷn â'r byd y tu hwnt i Felin Frewys. Wedi rhoi awydd dianc i mi.

Cerddais draw gan fwriadu holi am ddiflaniad y plentyn.

'Psssst…'

Stopiais yn stond, heb wybod yn iawn o le daeth y llais.

'Mewn fan hyn.'

Troais at un o'r wageni. Edrychai hon yn debycach i rywbeth o'r syrcas, wedi ei haddurno â darluniau o eliffantod, teigrod a jiraffod. Roedd arwydd uwchben y drws yn cyhoeddi '*Fortune Teller* – Madame Shelta'.

'Does 'da fi ddim arian mae arna i ofn,' meddwn.

'Gwasanaeth am ddim,' meddai'r llais o grombil y wagen. 'W i'n fusneslyd heddi.'

Gwyrodd y wagen gyfan tuag ataf wrth i mi ddringo'r grisiau pren, gwichlyd a thynnu'r llen am yn ôl. Roedd y tu mewn yr un mor addurniedig â'r tu allan, yn bren a phaent gwyrdd a thrimins aur. Lledorweddai merch ifanc a chanddi wallt du cyrliog ar fynydd o glustogau. Gwisgai sgert frown, garpiog, corsed ledr a blows wen denau oddi tani.

'Mae gen ti naws,' meddai.

Eisteddais ar un o'r gorchuddion melfed. 'Naws?'

Gosododd fys bob ochor i'w thalcen. 'Ry'n ni sy'n gallu darllen y dyfodol yn nabod yr un gallu mewn eraill.'

Fe fyddai hynny'n gwneud newyddiadura yn llawer haws, meddyliais. 'Oes cardiau a phêl grisial gyda chi?'

'Sdim eu hangen nhw. Sioe yw hynny i gyd. Dim ond y gallu sydd ei angen. Nawr 'te –'

Cododd ar ei heistedd a'm gwynebu. Syllodd i'm llygaid. Roedd ganddi lygaid brown, dwfn. Cefais fraw wrth feddwl ei bod yn treiddio i mewn i mi, yn chwilota drwy fy meddwl. Beth os oedd hi'n gallu gweld y cwbwl?

'Wyddost ti, os w't ti'n meddwl am wal frics pan mae rhywun yn ceisio darllen dy feddwl, bydd hynny'n eu hatal nhw?' meddai. Yna symudodd ei gwefusau, fel pe bai'n darllen geiriau oddi ar fy nhalcen. 'Oedd gen ti deithwyr yn dy deulu di?'

'Nagoedd. Wel, dim hyd y gwn i.'

'Be ddicwddodd i dy fam?'

'Cafodd fy nhad ddigon ohoni un dydd. Fe daflodd dennyn o amgylch ei gwddf a'i harwain i'r farchnad fel buwch, a'i gwerthu. Yna fe ddaeth gytre a gweud mai fi oedd gwraig y tŷ.'

'Mae angen i ti gredu llai o bethau, os wyt ti am fod yn newyddiadurwr. Fel y gweinidog 'na ym Mryn Pistyll.'

'Sut o't ti'n gwbod am 'ny?'

'Fel wetais i, mae gen i dalent.'

'Sa i... sa i'n dy gredu di.'

'Da iawn, rwyt ti'n dechrau dysgu. Mi welais i ti'n mynd drwy ddrws y capel. Dyna pam oeddwn i am siarad â ti.'

'Am y plentyn gafodd ei gymryd i'r awyr?'

'Ie.'

'Fe ddicwddodd e go iawn?'

'Dim gan Dduw,' meddai. Cododd ac eistedd yn syth ar ymyl ei gwely. 'Ryw bythefnos yn ôl, roedd dau o'r plant yn wara ar ymyl y clogwyn pan glywon nhw sŵn fel tyrfau. Fe ddylen nhw fod weti rhedeg 'nôl yn syth ond... roedd yna gysgod yn y niwl... fel morfil yn 'etfan, medden nhw.'

Syllais arni'n fud. Roedd hynny hyd yn oed yn fwy anghredadwy na bod dwylo Duw wedi disgyn o'r nef a chipio'r plentyn.

'Rhedodd un yn ôl i roi gwbod i'w fam felly dim ond o bellter y gwelodd beth ddicwddodd. Dywedodd bod rywbeth weti dod o'r awyr. Cawell ar gadwyn. Ac roedd yna bobol ynddi... un wrach ac un dyn â thrwyn hir, a'i lygaid yn sgleinio. Eiliadau wedyn, diflannon nhw a'r plentyn o'r golwg, yn ôl lan i'r niwl.'

'Beth wnaethoch chi?'

'Mynd i wilo am y plentyn. A mynd i ofyn i'r pentrefwyr eraill ein helpu ni. Ond doedd neb ishe gwrando. Does neb yn credu sipsiwn. Roedden nhw'n benderfynol mai cosb oedd y peth ag y dylen ni edifarhau.'

Wyddwn i ddim beth i'w gredu chwaith bryd hynny.

'Mae pobol mor barod i weld cosb Duw yn nioddefaint pobol eraill,' meddai.

'Pam na aethoch chi at yr heddlu?'

'Yr heddlu?' Edrychodd arnaf fel pe bawn i o 'ngho, yn union fel y gwnaeth yr hen ddynes â'i chroen fel papur wal wedi pilio a'i llygaid fel pantiau du yng Ngwasg Glass. 'Dynion Fairclough yw'r rheini. Paid â gadael i'w cotiau glas a'u botymau aur dy dwyllo di. Gallai Fairclough saethu dyn ar y Stryd Fawr a byddai'r heddlu'n tyngu llw na ddigwyddodd dim. Tynnu nyth cacwn am ein pennau bydden ni.'

Teimlais y blew ar gefn fy ngwddf yn codi wrth i mi feddwl am yr hen ddynes eto. *Gobeithio eu bod nhw weti ei lladd hi. Gobeithio nad ydyn nhw wedi gwneud iddi hi beth maen nhw wedi ei wneud i'r lleill.* Doedd gen i ddim syniad a oedd cysylltiad rhwng yr hyn a ddywedai a diflaniad crwtyn y sipsiwn, ond roeddwn i'n benderfynol o ddarganfod y gwir. Efallai bod yna stori i'r papur fan yma yn rhywle oedd hyd yn oed yn bwysicach na chelwydd golau Edgar Williams, Pen y Cnwc.

Gwthiodd y ferch ifanc ei gwallt y tu ôl i'w chlust, a'm llygadu i.

'Dylet ti aros efo ni,' meddai o'r diwedd. 'Ti'n rhy wyllt i'r hen dref fyglyd 'na.'

Ysgydwais fy mhen.

'Os cei di gyfle i ddianc o'r dref, cymer e,' meddai wedyn. 'Y cyfan wi'n ei glywed ydi hen bobol y pwll glo yn dweud eu bod nhw wedi cael cyfle i ddianc a heb ei gymryd.' Edrychodd arnaf yn hir. 'I bwy wyt ti'n trio profi dy hun, ta beth? I'r têd a werthodd dy fam i'r ffair?'

'Mae gen i rywbeth i wneud yn iawn amdano.' Codais a thynnu'r cyrten am yn ôl. Yna troais. 'Wnest ti ddarllen fy meddwl i go iawn?'

'Sdim angen weithiau. Dim ond gweud wrth rywun dy fod ti'n darllen eu meddwl a gweld yr ymateb ar eu hwynebau.'

Tynnais y cyrten y tu ôl i mi a cherdded ar draws y gwastad i ymyl y cwm ac edrych i lawr ar y dref oddi tanaf. Gallwn weld yn gliriach o'r fan hyn rywbeth oedd wedi fy nharo wrth grwydro, sef nad tref mohoni mewn gwirionedd, ond yn hytrach nifer o bentrefi oedd wedi rhedeg i'w gilydd. Bryn Eithin a'i byllau glo, y Dreflan lle'r oedd y gwaith haearn, yr Hen Dref oedd yno cyn popeth arall, a'r Stryd Fawr a'r tai newydd crand a'r tai teras ar ochor ddwyreiniol yr afon.

Ond nid tryblith oedd y cyfan. Roedd rhyw drefn, wedi'r cwbwl, o weld y dref o'r uchder yma. Y modd y rhedai'r cerbydau glo ar gefn yr agerfarch ar hyd y ffordd haearn o'r pyllau glo i'r gwaith haearn, a'r ffordd haearn honno yn torri fel saeth drwy ganol y tai teras unffurf, gan gwtogi ambell iard. A'r rhwydwaith o ffyrdd haearn a chamlesi yn lledu o'r gwaith haearn i lawr y dyffryn, fel petai perfeddion y dref yn gollwng ohoni. O uchder, edrychai'r cyfan fel ei fod wedi ei gynllunio'r ofalus ac yn cydredeg fel wats.

Ond trefn er mwyn diwydiant oedd hwn, nid trefn er mwyn pobol. Cynhwysyn arall yn y broses oedd y bobol, fel y golosg, y mwyn haearn, y calchfaen a'r glo. Yn llifo yn nentydd o'r bryniau gwyrdd, fel mwyn haearn i ffwrnais chwyth. Degau o filoedd o bobol y wlad wedi eu datgloddio o'u cymunedau, a'u hel i mewn, a'u toddi, i greu rhywbeth gwahanol.

Ac wrth i mi edrych i lawr ar y ddrysfa o strydoedd sylweddolais rywbeth arall. Dim ots am ba hyd fyddwn i'n byw yma, dim ots pa mor bell fyddwn i'n cerdded drwy'r strydoedd, dim ots faint o bobol fyddwn i'n eu galw'n ffrindiau, ni fyddai'r dref fyth yn gyfarwydd i mi fel yr oedd Melin Frewys yn gyfarwydd i mi. Roedd hynny'n sylweddoliad braf, a dweud y gwir. Roedd y dref yn estron, roedd y dref yn ddryslyd, roedd y dref yn ddieithr – ond roedd felly i bawb oedd yn byw yno, a chofleidio'r dieithrwch hwnnw oedd y cam cyntaf tuag at ymgartrefu.

⚙

'Dyw e ddim yn wir,' meddwn.

Cododd Ellis ei olygon o'i ddesg. 'Beth sy ddim yn wir?'

Roeddwn newydd gyrraedd swyddfa'r *Llais*, â'm gwynt yn fy nwrn.

'Hanes y plentyn weti ei gymryd i'r awyr. Es i siarad â'r pregethwr, a'r sipsiwn. Mae angen newid y stori.'

'Beth yw'r gwir, 'te?'

'Sai'n gwbod eto. Mae angen rhagor o amser i ymchwilio i'r peth. Ond wi'n gwybod nad yw'r llythyr yn wir.'

Edrychai Ellis arnaf yn syn. 'Allwn ni ddim tynnu'r stori. Sdim byd arall i lenwi'r golofn.'

'Dewch o hyd i rywbeth.'

'Doedd dim byd arall yn y sach.' Cyfeiriodd ato gyda'i law.

'Ond mae'r stori'n gelwydd!'

'Ond beth arall sy'n mynd i fynd yno?'

'Gwirionedd!'

'Pa wirionedd?' Cododd ei ddwylo i'r awyr. 'Os y'n ni'n gwrthod argraffu bob un darn o newyddion rhag ofn nad yw e'n gwbwl gywir, bydd y papur yn wag.'

Ysgydwais fy mhen yn ddiddeall. 'Wel, beth am i fi ysgrifennu rhywbeth yn dweud fy mod i weti bod i siarad â'r pregethwr a bod yr hanes yn anghywir? Yn rhybuddio rhag gyrru newyddion twyllodrus i'r wasg?'

Gwenodd Ellis. Cododd o'i gadair a phwyso yn erbyn y ddesg.

'Sara, mae angen i ti ddeall, nid dyna sut mae'r *Llais* yn gwitho,' meddai. 'Byddai pob Cloddwr yn y dref yn cael gorchymyn i beidio â darllen y papur petaen ni'n cyhuddo un o'u pregethwyr o ddweud celwydd. Ac ry'n ni'n hollol ddibynnol ar straeon pregethwyr am ein newyddion o Gymru. O'u digio nhw, fydd dim byd ar ôl yn y papur.'

'Dim byd? Mae digon i'w gael yn y dref yma ond i rywun fynd mês i'w gael e,' meddwn.

'Wel dyna'r peth, does neb i ga'l i'w gasglu fe.'

'Beth amdana i?'

Ysgydwodd ei ben.

'Beth sy'n bod ar hynny?' gofynnais.

'Mae'n darllenwyr ni'n bregethwyr. Neu dan ddylanwad y pregethwyr. Fydden ni'n colli nhw i gyd wrth gael erthyglau dan enw merch.'

Trawyd fi gan syniad. 'Alla i ysgrifennu dan enw dyn,' meddwn. 'Siôn Maddocks!'

'Byddai hynny'n anonest.'

Syllais arno mewn anobaith. 'Felly mae'n olréit i berson go iawn ysgrifennu newyddion ffug, ond ddim i berson ffug ysgrifennu newyddion go iawn?' Gallwn deimlo fy hun yn poethi. 'Ry'ch chi'n diawlio eich gohebwyr am ysgrifennu am wyau a chaws llyffant tra bod y dref yma'n berwi o anghyfiawnder a thlodi. Ga i ddigon o straeon torcalonnus i lenwi'r papur.'

'Nid straeon torcalonnus am anghyfiawnder a thlodi mae Mr Glass ishe.' Pwysodd yn ôl dan ochneidio. 'Byddai'r Torïaid wrth eu boddau!' Gwnaeth lais dwfn i ddynwared tirfeddianwyr pendefigaidd. 'Dy'ch chi ddim yn Gymru lân, yn Gymru lonydd weti'r cwbwl! Barbariaid yw'r Cymry!'

'Ai papur newydd yw hwn,' gofynnais, gan blethu fy mreichiau, 'neu nofel yn llawn ffugchwedlau Jenkin?'

Prin yr oedd y geiriau wedi gadael fy ngenau pan glywyd sgrech annaearol o'r tu allan. Neidiodd Ellis o'i sedd a mynd am y drws.

'Dim yr hen ddynes yna eto!' meddai.

'O!' Roeddwn i'n gobeithio mai'r hen ddynes oedd yno. Roeddwn eisiau siarad â hi.

Ond wrth i ni fynd i'r iard clywais weiddi mawr yn dod o gyfeiriad y wasg. Daeth un o'r cysodwyr allan i gwrdd â ni. 'Mae Bob Tomos weti dal ei fraich yn y wasg,' gwaeddodd.

'Fe af i nôl Mr Glass,' meddai Ellis, a'i throi hi am y stryd.

Rhedais i gyfeiriad y wasg a daeth Watkin Tomos allan yn cario'r claf yn ei freichiau.

'Mas o'r ffordd!' meddai.

Rhoddais fy llaw dros fy ngheg wrth gamu o'r neilltu. Ei fab oedd. Y bachgen a welais yn gwneud jobsys bach o amgylch y wasg bob dydd. Roedd yn udo mewn poen. Roedd ei lawes wedi rhwygo ac nid oedd ei fraich yn edrych fel rhywbeth oedd yn perthyn i gorff dynol; roedd wedi chwyddo'n anferth, bysedd ei law yn anelu i bob cyfeiriad ac asgwrn y fraich yn ymwthio drwy'r croen. Diferai gwaed ohoni a chasglu'n afon rhwng y coblau ar yr iard. Doeddwn i erioed wedi gweld unrhyw greadur byw yn edrych mor welw.

'Na, na, na,' meddai'r tad wrth ei fab. 'Dal arno, dal arno,' gwaeddodd dros ei ysgwydd. 'Oes llawfeddyg ar y ffordd?'

'Mae Ellis wedi mynd i nôl Mr Glass,' meddwn.

'I be ddiawl mae angen Mr Glass? Ewch i nôl llawfeddyg! Brysiwch!'

Cariodd y tad ei fab i'r swyddfa. Troais ar fy sawdl a rhedeg allan, gan deimlo'r panig yn rhedeg drwy fy ngwythiennau. Daeth Ellis tuag ataf, gyda Mr Glass wrth ei gwt.

'Sut olwg sydd arno?' gofynnodd Ellis.

Daeth y geiriau allan yn gymysgedd llwyr. 'Roedd gwaed ymhobman... a'i fysedd... ma... ma angen llawfeddyg.'

Roedd wyneb Mr Glass yn brudd. 'Os yw wedi ei ddal yn y rhowliwr bydd rhaid torri'r fraich, mae'n siŵr, os oes gobaith iddo fyw.'

Gyrrodd un o weithwyr arall y wasg allan ar gefn ceffyl i nôl llawfeddyg o'r gwaith haearn. Bu disgwyl hir wedyn, sŵn arferol dyrnu'r peiriannau wedi ei ddisodli gan riddfan iasol y claf uwch ein pennau. Caeais fy llygaid ond y cyfan a welwn wedyn oedd y fraich waedlyd, felly agorais nhw eto. Croesodd Ellis ei freichiau ar ei fol. Edrychai fel pe bai ar fin bod yn sâl. O'r diwedd cyrhaeddodd y llawfeddyg, yn ddyn ifanc mewn côt hir a het uchel, â chês lledr yn ei law

'Mr Orme,' meddai Mr Glass, gan gyffwrdd â'i het yntau. 'Mae'r claf lan stâr fan yna.'

'Alla i glywed hynny,' meddai'r llawfeddyg gan frysio heibio.

Bûm yn sefyll yn swyddfa'r newyddiadurwyr, gyda Mr Glass ac Ellis, yn disgwyl unrhyw newydd. Roedd y claf wedi ei gario i fyny i'r ystorfa ar y llawr cyntaf – fy swyddfa i.

'Mab Watkin.' Tynnodd Mr Glass ei getyn o'i boced a'i gynnau.

Nodiodd Ellis ei ben. 'Roedd yn weithiwr bach da.'

Ochneidiodd Mr Glass. 'Mi wna i drefnu taliad ychwanegol iddo, i gadw'r blaidd rhag y drws nes ei fod yn dod o hyd i swydd sy'n gofyn am un fraich yn unig.'

Clywyd sŵn traed ar y grisiau. Daeth Mr Orme i mewn. Ysgydwodd ei ben. 'Weti colli gormod o waed yn barod,' meddai. 'Weti marw!'

Teimlwn fel petawn i wedi cael fy ngollwng i ddŵr rhewllyd. Aeth y gwynt ohonaf.

Caeodd Mr Glass ei lygaid yn dynn a phlygu ei ben. 'Diolch am ddod mas,' meddai a'i lais yn gryg. Ysgydwodd ei getyn i'w ddiffodd drachefn. 'Gyrrwch yr anfoneb drwy'r post.'

'Fe alla i gynnig pris am y corff, syr. Tu hwnt i'r gost, hynny yw.'

'Mi wna i siarad â'r teulu.'

'Mae cyrff iach heb ormod o anafiadau yn brin. Fe fyddai'n bris da.'

'Mi wna i siarad â'r teulu.'

Nodiodd y llawfeddyg ei ben yn anfoddog, a gadael.

Wedi deng munud arall daeth Watkin Tomos y Wasg i lawr yn araf bach. Roedd ei wyneb bron mor wyn ag un ei fab ar ôl y ddamwain, ei ddillad gwaith yn sbloetsh o waed.

'Mae'n ddrwg gen i, Watkin,' meddai Mr Glass, a thynnu ei het.

Llyncodd Watkin Tomos. 'Bai Ellis,' meddai. 'Y fe oedd wedi gorffen y tudalennau'n hwyr neithiwr... eu gwitho nhw tan bump, wech y bore.' Roedd yn crynu. 'Pan mae pobol yn blino, ma damweiniau yn dicwdd.' Trodd a chicio un o'r cadeiriau pren yn erbyn y wal. 'A does neb yn malio taten.'

Agorodd Ellis ei geg i amddiffyn ei hun, ond achubodd Mr Glass y blaen arno.

'Roeddet ti'n gwbod y perygl yn well na neb,' meddai. 'Mae digon o waith i'w gael yn y dref, yn y pyllau glo, neu yn shyntio wageni ar y ffyrdd haearn. Mae Gwasg Glass yn saffach na'r rhelyw, ac yn talu'n well.'

Gwthiodd Watkin ei ddwylo gwaedlyd drwy ei wallt. Sgyrnygodd ei ddannedd. Troediodd y swyddfa fel llew mewn cawell, a rhuo'n fud. Credais am eiliad ei fod am droi i floeddio neu ymosod ar Mr Glass.

'Rwy'n gwbod dy fod dan deimlad, Watkin,' rhybuddiodd Mr Glass. 'Gwell i ti fynd i roi gwybod i dy deulu'n awr. Fe wna i drefnu i'r ymgymerwr ddod â'r corff adref. Dala i am yr angladd. Mi fydd yn un gwerth chweil... ond i ti adael nawr.'

Meddyliodd Watkin, yna aeth yn syth am y drws a'i gau yn glep ar ei ôl, gan ysgwyd y ffrâm.

Crafodd Mr Glass ei gernflew. 'Ellis, gwna'n siŵr nad yw'r papur yn rhy hwyr i'w wely o hyn mla'n.' Gwthiodd ei getyn i'w boced. 'Fe allwn ni fforddio colli un neu ddau fan hyn a fan draw – ond nid Watkin Tomos. Mae'n nabod y gweisg yma'n well na neb.'

'Wrth gwrs, syr.'

'Ac ewch chi adref eich dau,' meddai Mr Glass. 'Fydd dim byd yn ca'l ei osod heddiw. Mi wna i roi trefn ar bethau fan hyn.'

'Diolch, syr.'

Dilynais Ellis allan i'r stryd.

Safodd yn ei unfan, ochneidio a chau ei lygaid. 'Nid dy fai oedd e, Ellis,' meddwn a'm llais yn crynu. 'Fe ddywedodd Mr Glass...'

'Nid dyna ddywedodd Watkin.'

Roeddwn eisiau ei gofleidio, ond ni fuasai am i mi wneud hynny yng nghanol y stryd.

'Mae'n ddrwg gen i dy fod ti weti gorfod gweld peth mor ofnadwy,' meddai, cyn troi ar ei sawdl, ei gefn yn grwm a'i ben i lawr.

Cerddais adref yn crynu drostaf. Roedd fy hwyliau ar waelod pwll du yr un mor ddwfn â'r un lle y gorweddai fy nhad. Sut allwn gydsynio â'i gred bod cosb yn dilyn pechu wrth weld mab Watkin Tomos yn cael ei gipio oddi arnom mor ddiangen?

Teimlwn fod yr holl gredoau oedd yn sail i'm bodolaeth yn gwegian a dim byd wedi ei osod yn eu lle. Roeddwn mewn gwagle, rhwng gweld y byd drwy lygaid fy nhad a gweld y byd fel yr oedd – rhwng un Sara a'r llall: Sara Melin Frewys a Sara newydd y dref, oedd eto i gael ei chreu, ac ni allwn wneud synnwyr o'r gwahaniaeth rhyngddynt.

Wrth groesi'r bont gwelais dyrfa yn pwyso yn erbyn y reilins, ac yn syllu i'r awyr. Edrychais i fyny a gweld awyrlong yn hwylio dros y dref, ei hanner uchaf o'r golwg yn y mygdarth parhaol uwch ein pennau. Chwythai fwg a thân ar doeau'r tai oddi tani. Yna, safodd yn yr awyr wrth do yr Awrlais Mawr a gwelais rai yn dringo ohoni ac i mewn i frig y tŵr.

'Fflyin mashîn Mr Fairclough,' meddai rhywun. 'Ei fab wedi dod 'nôl o India'r Gorllewin ar gyfer yr etholiad.'

Ystyriais groesi'r dref er mwyn busnesa, rhag ofn bod rhywbeth yno i'r papur. Ond roeddwn wedi ymlâdd yn barod.

Wrth gyrraedd tŷ Bopa gwelais gynnwrf mawr y tu allan i'r fan honno hefyd. Roedd rhes droellog hir o blant brwnt yn ymestyn hanner ffordd ar draws y stryd.

'Beth nawr?' gofynnais dan fy ngwynt, gan feddwl na allwn ymdopi â rhagor o gyffro y diwrnod hwnnw.

Wrth i mi wylio cafodd un o'r creaduriaid wyneb-ddu fyned i'r tŷ, ac ymddangosodd un arall o ddrws y ffrynt yn edrych yn gwbwl wahanol, ei wyneb a'i ddwylo'n lân a'i wallt yn gymharol rydd o glymau.

'Mae golwg wedi gweld engrith arnoch chi, Miss,' meddai llais bach wrth fy mhenelin.

Edrychais i lawr a gweld un oedd yn gyfarwydd ac yn anghyfarwydd ar yr un pryd. Cymerodd ychydig eiliadau i mi sylweddoli mai Begw oedd hi, ond heb y baw yn grystyn ar ei hwyneb.

'Beth sy'n dicwdd?' gofynnais.

'Mae Bopa'n rhoi bàth i blant y stryd bob pythefnos.'

Roedd degau o blant yn y rhes.

'Oedd rhain i gyd yn blant y stryd?'

Roeddwn wedi bod yn pendroni pam bod gan Bopa fàth tun yn yr iard gefn, un na fyddai hi fyth yn ffitio ynddo. Roedd bathiau tun yn bethau prin, er bod rhai o weithwyr y pwll glo yn berchen arnyn nhw.

Gwthiais heibio i'r dyrfa o gyrff bychain i mewn i'r tŷ. Roedd yr ystafell ffrynt yn llawn bwcedi dŵr, plant brwnt yn tynnu amdanynt, ac eraill yn ailwisgo. Ac o flaen y tân gallwn weld tri phlentyn arall yn y bàth tun a dim ond eu pennau uwchben y dŵr melynfrown.

'Oes angen help arnoch chi, Bopa?'

'Dim ond i wisgo'r plant.'

Ymunais yn yr orchwyl. Roedd trefn filwrol gan Bopa a'r cyfan yn rhedeg fel wats.

Dechreuais wisgo'r plant, oedd yn ddigon o dasg i mi. Gwisgo'r festiau, crysau, llodrau isaf, *pantalettes*, peisiau, trowsus bach a ffrogiau a chau botymau – gallai gymryd pum munud dda i bob plentyn. Roedd y plant yn gadael yn yr un carpiau ag y cyrhaeddon nhw, ond gan nad oedd dillad glân ar eu cyfer doedd dim llawer o ots, rywsut.

Yn y cyfamser, roedd Bopa'n gwrthod unrhyw blentyn oedd yn gwisgo clos pen-glin neu sgert hir am eu bod yn rhy hen, ac yn dweud y dylen nhw fynd i ymolchi yn un o'r nentydd ar gyrion y dref.

Roedd hi wedi dechrau nosi erbyn i'r rhesaid o blant y tu allan ddechrau byrhau. Roedd dŵr yn mynd yn brin – roedd angen pedwar neu bump llond bwced i lenwi un bàth.

'Begw!' meddwn. 'Dere i helpu fi i gario'r bwcedi 'ma i'r nant.'

Roedd Begw yn llawer gwell cadfridog na fi ac erbyn i mi gario'r ddau fwcedaid cyntaf i dŷ Bopa roedd hi wedi trefnu'r plant oedd yn rhy hen i gael bàth yn gadwyn i basio'r bwcedi o law i law at ddrws y ffrynt. Roedd hanner y dŵr wedi ei golli erbyn cyrraedd ond roedd yn llawer cynt na chario'r cwbwl fy hun.

Erbyn y diwedd roedd y llawr mor wlyb fel bod ffrwd yn diferu i'r stryd o dŷ Bopa. Euthum i nôl fy nghopi o *Lais y Bobl* o'm hystafell a gosod y tudalennau ar lawr er mwyn amsugno rhywfaint ar y dŵr ac amddiffyn y plant rhag yr oerfel.

O'r diwedd fe aeth y plentyn olaf drwy'r drws, yn diolch, ac fe lithrodd Bopa i'w chadair freichiau, ei hegni wedi ei ddisbyddu.

Edrychais arni yn llawn edmygedd.

'Diolch i chi, Bopa,' meddwn.

'Am beth?' Roedd ei llygaid hanner ar gau. 'Am greu gwaith i bawb?'

Codais un hosan goll oddi ar y llawr. 'Am ddangos bod modd gwneud lles yn yr hen fyd yma. Ac anghofio am bethau eraill.'

'Mae cymaint o'r mamau yn gwitho. Neu sdim Mam gyda nhw o gwbwl. Ond wi'n gallu gwneud...'

'Sdim rhaid i chi wneud dim.'

'Fi ddaeth â'u hanner nhw i mewn i'r byd, Sara fach. Ac o ddod â phlentyn i fyd fel hwn, mae cyfrifoldeb i edrych ar eu holau nhw.'

Pwysodd ei phen yn ôl yn erbyn y gadair. Eiliadau'n ddiweddarach roedd ei cheg led y pen ar agor ac roedd wedi dechrau chwyrnu.

⚙

Fe aeth cyfraniad Edgar Williams, pregethwr Bryn Eithin, i rifyn nesaf y *Llais*, gan gadarnhau fy mod wedi colli'r frwydr honno. Ond nid oeddwn am lyncu mul. Ailgydiais yn fy ngwaith ar y *Frenhines* gyda mwy o angerdd dros yr wythnosau nesaf. Roeddwn wedi gweld perfeddion y *Llais* a sylwi eu bod yn bwdwr. Ond roedd gen i fwy o ddylanwad ar gyfeiriad y *Frenhines*, meddyliais, a chyfle efallai i gynyddu'r cylchrediad, i wneud gwahaniaeth i fywydau merched ar draws Cymru.

Cefais fwy o hwyl arni na'r disgwyl, a hynny oherwydd i mi sylweddoli'n fuan nad oedd Êb yn bwrw golwg dros yr hyn yr oeddwn yn ei ysgrifennu. Roedd yn llawer rhy brysur fel arall. Deuai i mewn i'r swyddfa gyda'r prynhawn, yn dylyfu gên yn aml, a hynny pan nad oedd yn peswch dros bawb.

'Mae golwg weti blino arnoch chi o hyd, Êb,' mentrais.

'Weti bod yn llosgi'r gannwyll y ddau ben eto,' meddai Ellis â thinc o gerydd yn ei lais. 'Does bron yr un cyfnodolyn yn dod o'r wasg yng Nghymru heb fod erthygl neu lythyr gan Abraham ynddo yn rhywle.'

Pesychodd Êb yn groch. 'Rwy'n sefyll ar lan y bedd,' atebodd, ar ôl cael ei wynt ato. 'Ond nid wyf am fynd iddo heb gael cyfle i orffen gweud yr hyn yr wyf am ei weud.'

'Petaech chi'n arafu eich cam efallai na fyddech yn cyrraedd y bedd mor gloi,' meddai Ellis, ond ddim yn angharedig.

'Mae Duw... yn gwobrwyo llafur,' atebodd Êb, gan suddo'n lluddedig i'w sedd.

'Ac mae Mr Glass yn gwobrwyo'r rheini sy'n gwneud y gwaith y mae'n talu iddyn nhw ei wneud,' medd Ellis.

'Nid Duw yw Mr Glass.'

'Fel y mae pawb yn fy atgoffa o hyd.'

Gosodais fy llaw ar un Êb. 'Rhaid i chi edrych ar eich ôl eich hunan yn gyntaf, Êb, ac achub y byd wedyn. Beth ydych chi wedi bod yn ei wneud?'

'Penllanw blynyddoedd o waith!' meddai, gan godi a'i lygaid blinedig yn pefrio unwaith eto. 'W i'n trefnu awyrlong i gludo teuluoedd i Batagonia. Plannu Cymru newydd ar dir ffrwythlon ym mhen arall y byd! Lle all yr iaith ledaenu heb gael ei thagu gan y chwyn Seisnig.'

'Mae Êb yn cael rhyw syniadau,' meddai Ellis.

'Mae bron y cyfan wedi ei drefnu!' atebodd. 'Mae gennym ni awyrlong, mae gennym ni griw, a mae hanner y tocynnau wedi gwerthu.'

Ond er bod sylw Êb ar bethau eraill daeth rhwystr newydd i'r golwg wrth i'r *Frenhines* hwylio'i ffordd i'r wasg – roedd Mr Glass yn darllen popeth. Byddai pob erthygl a gyflwynwyd i'w gosod yn cael ei dychwelyd i mi gyda'i ysgrifen yn llenwi ymylon y proflenni: 'Anfoesol.' 'Dadfenyweiddio.' 'Haerllug.' Cefais fy hyfforddi'n ddigon buan i wybod beth i'w gynnwys, a beth i'w hepgor. Dyma'r math o lith oedd yn denu ebychnodau o foddhad o ysgrifbin Mr Glass:

> Priod diriogaeth y fenyw yw'r cartref, a'i chyfrifoldeb hi yw cwrdd â holl anghenion y gŵr fel nad yw'n ildio i demtasiynau'r dafarn. Nid yw hyn wrth gwrs yn golygu na all y ddynes feddu ar gryn awdurdod ac annibyniaeth ar ei haelwyd ei hun! Dilyner esiampl y Frenhines Fictoria, sy'n gochel rhag datganiadau cyhoeddus, ond sy'n ddylanwad cadarnhaol ar ei gweinidogion y tu ôl i ddrysau caeedig.

Penderfynais fod waeth i mi ysgrifennu erthyglau golygyddol Êb ar ei ran, yn hyderus na fyddai Mr Glass yn sylwi ar y gwahaniaeth:

> Gorchwyl pennaf ein Cymraesau yw gwarchod rhuddin moesol y genedl drwy sicrhau bod yr iaith Gymraeg yn cael ei throsglwyddo i'w plant. Mae gormod ohonynt yn Sais addoli eu chwiorydd honedig 'soffistigedig' a 'ffasiynol', neu yn mynd ati i siarad Saesneg gyda'u plant gan feddwl y bydd yn gaffaeliad iddynt ddod ymlaen yn y byd! Ond ni allent roi i'w plant darian gryfach yn erbyn Satan a'i gynllwynion nag Iaith y Nefoedd.

Derbyniol hefyd oedd cyngor ar goginio a chadw plant wedi ei gopïo o gylchgronau megis *The Englishwoman* a *The Lady*, a hyd yn oed ambell bwt ar ffasiwn, dan guddwisg cyngor ar wniadwaith. Llyncais gynnwys cyfrol Dr Frances Browne, *The Modern Female and Her Duties* yn awchus hefyd, ond nid oeddwn wedi deall popeth yn y llyfr serch hynny.

Un diwrnod galwyd fi drwy'r corn siarad i fyny i swyddfa Mr Glass. Brysiais yno gan geisio dychmygu beth oeddwn wedi ei wneud o'i le, ond er syndod darganfyddais mai Mrs Glass oedd yno i'm gweld.

'Rydw i wedi bod yn darllen proflenni *Brenhines yr Aelwyd*,' meddai.

'O! Rydych chi'n darllen y *Frenhines*?'

'Rydw i'n darllen popeth sy'n dod o'r wasg.'

Dyna pryd y sylweddolais mai nodiadau Mrs Glass – nid Mr Glass – a orchuddiai broflenni *Brenhines yr Aelwyd*.

Edrychodd ar rai o'r papurau o'i blaen ar y ddesg. 'Mae yna erthygl ar gadw'r corff yn lân.' Edrychodd arnaf yn ddifrifol ond roedd rhyw ddifyrrwch yn tynnu ar gorneli ei gwefusau. 'Mae'r bennod yn crybwyll "tywelion iechydol"?'

Nodiais fy mhen, ac esbonio fy mod wedi trosi'r erthygl o un o ysgrifau Dr Browne.

'Da iawn ti. Does gen i ddim parch at unrhyw un sy'n datgan ei hun yn arbenigwr ar bwnc heb fod wedi darllen llyfr amdano'n gyntaf. Ond wyddost ti beth ydyn nhw?'

Ysgydwais fy mhen yn ddiddeall.

'Beth wyt ti'n ei ddefnyddio… pan…?'

'Pan…?'

'Pan wyt ti'n…' Dechreuodd sibrwd. 'Yn gwaedu?'

Edrychais arni'n syfrdan. Roeddwn wedi meddwl erioed, tan yr eiliad honno, mai afiechyd oedd yn fy nghystuddio i yn unig oedd y gwaed. Roedd fy nhad wedi dweud wrthyf i un tro mai cosb gan Dduw am fy mhechod ydoedd. Roeddwn wedi mynd i'r arfer o wasgu cadach rhwng fy nghoesau, a gwisgo pais drwchus, aros ar fy eistedd drwy'r dydd, a gobeithio'r gorau.

Aeth Mrs Glass yn ei blaen: 'Rwy'n credu y byddai'n addas cadw draw oddi wrth drafod materion corfforol yn ymwneud â... chenhedlu... yn y *Frenhines*.'

Ystyriwn hynny'n drueni, gan y dyfalwn fod nifer fawr o fenywod llawn mor anwybodus â mi ym mhob cwr o Gymru.

'Rwy'n cydymdeimlo â thi, Sara,' meddai Mrs Glass. Rhaid bod y siom wedi dangos ar fy wyneb. 'Does gen innau ddim parch at reolau, cyfyngiadau a thraddodiadau, heb fod gwerth iddyn nhw. Mae cymdeithas fel corsed dynn, sy'n cosi'n ofnadwy weithiau. Ond does fiw i ni geisio ei rhwygo oddi arnom mewn ffit o dymer. Rhaid pwyllo a gweithio'n araf bach i ddatod bob lasyn yn ei dro, ac mae'r *Frenhines* yn gam pwysig yn y cyfeiriad hwnnw.'

Nodiais fy mhen yn araf. Ymddangosai Mrs Glass yn fenyw ddigon caredig i mi ond teimlwn braidd yn anghyfforddus yn ei chwmni. Roedd ei llygaid deallus fel pe baent yn tynnu tâp mesur drosof o hyd er mwyn barnu fy ngwerth.

Pwysodd yn ôl yn ei sedd. 'Mae geiriau'n bethau grymus, wyddost ti,' meddai. 'Os nad oes gennym ni'r geiriau i gyfleu syniad, allwn ni ddim meddwl amdano. Iaith, felly, sy'n rhoi y cyfle i ni ddewis rhwng un peth a'r llall. Iaith *yw* ewyllys rydd.'

Y tro hwn, doedd gen i ddim syniad am beth oedd hi'n sôn, felly arhosais yn fud.

'Mae hynny'n golygu bod dy eiriau di yn y *Frenhines* yn hynod o bwysig. Maen nhw'n golygu bod merched ledled Cymru yn *gallu* meddwl am bethau. Ond hefyd mae beth dwyt ti ddim yn ei gynnwys yn golygu *nad ydyn nhw'n* gallu meddwl am rai pethau.' Syllodd arnaf â'i llygaid yn llawn difrifoldeb. 'Ac mae hwnnw'n rym aruthrol.'

Nodiais fy mhen, a mynd yn ôl i ailysgrifennu'r erthygl, a hynny gan oedi dros bob brawddeg. Roedd meddwl am Mrs Glass yn edrych dros fy ngwaith yn codi mwy o ofn arnaf na phetai Mr Glass wrthi.

Ac yna un diwrnod, wedi chwysu mawr a gwirio pob tudalen droeon, fe aeth y cylchgrawn i'r wasg. Cefais fy hun yn troedio'r iard y tu allan i'r warws fel darpar riant yn disgwyl newyddion am enedigaeth.

'Ydi e weti ei argraffu?' gofynnais wrth i Watkin Tomos ddod allan a mynd i gyfeiriad swyddfa'r newyddiadurwr.

'Mae wedi ei osod ac rydw i weti ca'l golwg arno,' meddai wrth fynd heibio. Yna ychwanegodd â gwên bryfoclyd: 'Dwi weti gweld ambell gamgymeriad yn barod.'

Suddodd fy nghalon.

'O, Sara! Dim ond tynnu coes odw i,' meddai. 'Bydd yn edrych yn iawn. Ma'r wraig wedi gofyn am gopi yn barod.'

'Odi hi?'

Nodiodd ei ben a diflannu drwy'r drws. Rhaid ei fod wedi dweud wrth y dynion fy mod yn poeni oherwydd daeth Ellis allan i wneud hwyl am fy mhen.

'Rwy'n erfyn campwaith weti'r holl ddisgwyl,' meddai, gan dynnu ar ei getyn.

'Beth fydd yn dicwdd os nad yw'n gwerthu tro hyn?' Tynnais ar fy ngwallt.

'Fe fydd Mr Glass yn dod ag ef i ben.'

Troais mewn braw. 'Fyddai e ddim yn cau cylchgrawn cenedlaethol!'

'*Yr Ysgrif, Chwedlau'r Plant, Golwg ar y Byd*,' meddai Ellis. Bu saib wrth iddo feddwl am ragor. '*Tyst y Cyfarwyddiaid, Yr Ymwrthodwr, Y Dirwestwr, Y Gymru Fydd, Y Gymru Fu, Y Gymru Sy'*... Y cwbwl wedi dod i ben. Rhaid i ti ddeall ei fod yn ddyn busnes hyd flaenau ei fysedd, Sara. Sdim modd gwneud arian o gylchgronau Cymraeg heb fod yn gwbwl ddidostur.'

Teimlai fy mrest yn boenus, fel petai cawell haearn yn cau amdanaf. Beth fyddwn i'n ei wneud petai Mr Glass ddim yn rhoi mymryn o gyflog i mi am y *Frenhines*? Roeddwn eisoes mewn dyled i Bopa am fis o lety a bwyd.

Roedd geiriau Mr Williams yn gur parhaol yn y cof: 'Rwyt ti'n ferch ifanc. Digon pert. Sdim angen i ti lwgu.'

A gweld yn llygad fy meddwl y merched mewn sgertiau llachar yn sefyll ar y croesffyrdd ger y tafarndai...

Torrwyd ar fy myfyrdod gan ddadlau o'r swyddfa drws nesaf. Edrychais ar Ellis ac fe rowliodd hwnnw ei lygaid.

'Ma'r ddau yna fel ci a chath,' meddai.

Gwthiais fy mhen drwy ddrws y newyddiadurwyr, yn awyddus i beidio â chael fy nal yng nghanol ffrae. Roedd Watkin Tomos yn sefyll dros ddesg Jenkin, ei freichiau cyhyrog ymhleth, ac roedd Jenkin yn ysgrifennu ar wib, ei wyneb yn goch. Cyrhaeddodd ddiwedd y dudalen a chipiodd Watkin hi yn syth.

'Chwarter y bennod ar ôl,' meddai Watkin.

'Rhowch gyfle i mi ddyn!'

'Rwyt ti weti bod wrthi drwy'r dydd.'

Taflodd Jenkin ei ddwylo i'r awyr. 'Gwaith creadigol yw hwn, nid tynnu lifer ar beiriant!' meddai Jenkin. 'Mae angen amser i feddwl.'

'Mae gen i'r cylchgrawn dwl i ferched yna i'w argraffu prynhawn 'ma ac allwn ni ddim ei osod nes i ni orffen y *Llais*.'

'Pam?'

'Am mai hyn a hyn o deip sy 'da ni! Rwyt ti'n gwitho mewn gwasg a dwyt ti'n gwbod dim am argraffu, Jenkin!'

'A wyddost ti ddim am ysgrifennu, Watkin!'

'Bydd hi'n oriau mân y bore arnon ni'n gorffen eto,' atebodd Watkin Tomos yn daer. 'Bydd y dynion weti blino a bydd damwain *arall* yn dicwdd,' meddai a'i lais yn torri.

'Iawn!' meddai Jenkin, a'i ddwylo ar ei ben. 'Mae'n ddrwg enaid gen i. Ond mae angen i ti roi'r gorau i 'mhlagio i fel 'mod i'n gallu meddwl!'

'Sgrifenna unrhyw beth!'

'Alla i ddim ysgrifennu unrhyw beth! Nofel yw hi! Mae'r cyfan weti ei gynllunio. Mae'n rhaid i bethau ddicwdd mewn rhyw fath o drefn.'

'Os yw'r cyfan weti cynllunio pam ei fod yn cymryd gymaint o amser i ti ei ysgrifennu?'

Cododd Jenkin ar ei draed. 'Iawn, cymer e,' bloeddiodd. Taflodd y papur hanner gorffenedig i'r awyr. 'Geith e orffen yng nghanol brawddeg, sdim ots gen i.'

Ysgubodd y papurach a'r potyn inc oddi ar ei ddesg a'i hanelu hi am y drws. Bu'n rhaid i mi symud o'r neilltu yn bur gyflym i adael iddo fynd heibio, neu fe fyddai wedi bwrw'n glatsh yn fy erbyn.

Edrychais ar Watkin. Doedd hwnnw ddim i weld yn malio taten. Yn wir edrychai'n ddigon bodlon wrth godi'r papurach oddi ar y llawr, fel petai wedi ennill buddugoliaeth fechan. Dilynais Jenkin i'r buarth.

'Ti'n olréit, Jenks?' gofynnodd Ellis wrth ei weld yn ei heglu hi am y stryd.

Nid atebodd Jenkin, dim ond sgubo heibio.

'Wyt ti am fynd ar ei ôl e?' gofynnais.

'Mae'n ca'l rhyw byliau o bwdu.'

Gwgais ar Ellis a chychwyn ar ôl Jenkin i'r stryd. Daliais ef cyn iddo groesi'r bont dros yr afon. Roedd ei wyneb yn goch a dagrau yn ei lygaid.

'Jenkin!' meddwn, wrth gydgerdded ag ef.

'Wi'n olréit! Dim ond angen amser i... i ddod ataf fy hun.' Crensiodd ei ddannedd. 'Sai'n un da am ddadla. Y bobol ore am eirie croes yw'r rheini sy'n gallu bloeddio'r peth cyntaf sy'n dod i'w pennau nhw, p'un ai yw e'n gwneud iot o synnwyr ai peidio.'

'Doedd Watkin ddim yn gwbwl deg.'

Daeth rhyw don o gasineb dros ei wedd. 'Mae'r boi yn fastad!' grwgnachodd.

Sefais yn stond mewn braw. 'Mae newydd golli ei fab!'

Aeth Jenkin ddau gam ar y blaen ac yna safodd yntau hefyd.

'Mae'n ddrwg gen i, Sara,' meddai. 'Nid dy fai di yw e. Ddylen i ddim fod weti rhegi o dy flaen.' Rhwbiodd ei dalcen. 'Ond mae popeth am Wasg Glass yn mynd dan 'y nghroen i'n ddiweddar. Mae fel ffatri yno, mae Mr Glass yn edrych i lawr ei drwyn o'r uchelderau, a dyw Ellis yn gwneud dim i'w herio.'

'Mae pawb yn yr un cwch.'

'Hen jobyn diddiolch yw ysgrifennu am Gymru,' meddai. 'Does 'na ddim byd hyfryd i ysgrifennu amdano, yng nghanol y llaid a'r baw a'r coed weti blingo... Ac i beth? Dim tâl, mae'r wasg weti ei chadwyno i'r pulpud. Rhaid ysgrifennu ffuglen i ga'l rhwydd hynt i ddweud y gwir.' Teimlodd ei bocedi am ei getyn ond nid oedd yno. 'A dim ond un bywyd sy 'da fi.'

Gosodais law ar ei fraich. 'Mae pobol yn dy werthfawrogi di, Jenkin. Ro'n i'n troi at dy dudalen di'n syth, bob tro fyddai'r *Llais* yn cyrraedd. Ro'n i mewn carchar drwy'r wythnos, a phan o'n i'n darllen dy bennod di, dyna'r unig adeg oeddwn i'n gallu dianc i fyd arall. Yn rhydd.'

Edrychodd arnaf mewn syndod. 'O ddifrif?'

'O ddifri f'enaid,' meddwn. 'A ti'n gwbod be? Wi'n siŵr fod 'na ddynion a menywod dros Gymru sy'n teimlo'r un fath.'

Ailystyriodd Jenkin. Gwenodd a sgwario ychydig. 'Falle bo ti'n iawn. Falle nad yw Gwasg Glass yn fy ngwerthfawrogi i. Ond mae 'da fi ddarllenwyr sy'n dibynnu arna i.'

'O's.'

'Mi af i nôl a gweud wrth Watkin Tomos.' Ysgydwodd ei fys i gyfeiriad ochr arall y bont. 'Fy mod i am gymryd faint bynnag o amser sydd ei angen arnaf i orffen y bennod 'ma.'

Doedd fawr o awydd arna i i ddychwelyd i Wasg Glass i glywed Jenkin a Watkin Tomos yn ffraeo, felly penderfynais fynd i'r Capel Mawr i wneud rhywfaint o waith glanhau. Cael cwyro a sgleinio'r pren derw nes bod fy mhengliniau'n dolurio a chledrau fy nwylo'n goch. Roedd angen i mi wneud penyd. Doeddwn i ddim yn teimlo bod Duw wedi maddau i mi o hyd. Yn wir, ni theimlwn ei bresenoldeb o gwbwl wrth weddïo, hyd yn oed wrth sefyll yn y Capel Mawr ar ddydd Sul yng nghanol pobol eraill oedd yn teimlo ei ras, fel pe bai pelydrau'r haul yn cyffwrdd â phawb arall ond yn fy ngadael i yn y cysgod.

Ar fy ngliniau oeddwn i, yn poenydio fy hun, pan glywais besychiad ysgafn y tu ôl i mi. Codais fy mhen i sbecian dros y corau i weld pwy oedd yno. Cerddodd Ellis heibio, gan gymryd arno nad oedd wedi fy ngweld, mynd i fyny i'r pwlpud a phrysuro i edrych drwy lyfr emynau yn y sêt fawr. Ond gallwn weld nad oedd yn edrych go iawn, dim ond yn symud y tudalennau tenau yn ôl ac ymlaen yn ddiamcan.

'Ellis,' meddwn, gan godi ar fy nhraed.

'O, welais i ddim mohonot ti fan yna, ym, Sara.' Gwenodd, ac roedd nerfusrwydd yn ei wên na welais o'r blaen. 'Y fi sy'n pregethu dydd Sul, ac rydw i weti dod i ddewis yr emynau.'

Cilwenais arno. 'Oedd 'da chi rywbeth mewn golwg?'

Edrychodd arnaf yn syn, cyn deall. Caeodd y llyfr yn ofalus. Llyfodd ei wefus â'i dafod.

'Rwy'n gwybod dy fod ti'n poeni am y *Frenhines*,' meddai.

Nodiais fy mhen, a theimlo ton o bryder yn brigo i'r wyneb.

'Ond dim ond eisiau dweud oeddwn i,' aeth yn ei flaen, 'nad oes angen i ti boeni llawer os nad yw'n gwerthu.'

Edrychais arno'n syn. 'Pam?'

'Hynny yw...' Roedd ganddo rywbeth i'w ddweud ond nid oedd yn gallu dewis sut i'w ddatgelu. 'Rwy'n siŵr y gallen ni ddod i ryw drefniant arall. I dy gefnogi yn ariannol.'

'So i'n deall.'

'Odi dy dêd yn fyw ac yn iach, Sara?'

Aeth fy llaw i'm brest. *Mae wedi fy nal i*, meddyliais. 'Pam chi'n gofyn rhywbeth fel yna? Odych chi weti clywed rywbeth?'

'Na-na, dim o gwbwl,' ffwndrodd. 'Dim ond... ishe anfon llythyr ato oeddwn i. I holi amdanat ti.'

Edrychais arno'n ddryslyd. Aeth eiliadau hir heibio, ac yna sylweddolais beth oedd ganddo mewn golwg. 'O-o-o. O!'

'Ie. O.' Edrychodd arnaf yn bur ansicr. 'Odi hynny'n... olréit? Gen ti?'

Agorais fy ngheg a'i chau drachefn sawl gwaith cyn ateb. 'Ry'ch chi'n ymwybodol mai teulu gwledig, tlawd ydyn ni.' Edrychais heibio iddo, ar yr organ anferth a lifai fel rhaeadr o nenfwd y capel. 'Does gan fy nhad ddim byd i'w gynnig i chi...'

'Sa i'n dod o gefndir dim crandiach,' meddai.

'Ond rydych chi'n olygydd papur newydd cenedlaethol. Yn olygydd y *Llais*.'

'A tithau'n olygydd cylchgrawn cenedlaethol. *Y Frenhines*.'

Ni wyddwn beth i'w ddweud. Roedd fy meddwl fel gorsaf agerfeirch â degau o syniadau fel cerbydau yn ceisio croesi ei gilydd yr un pryd.

'Mae'n... dipyn i'w ddeall ar unwaith,' meddwn.

'Wrth gwrs.' Pwysodd ymlaen dros y pulpud. 'A dim ond y dechrau fydd gohebu gyda dy dêd, wrth gwrs.'

Gwthiais flewyn rhydd y tu ôl i'm clust. 'Ry'ch chi'n hen lanc, Ellis.'

Safodd yn syth. 'Hen?'

'Yr hyn w i'n ceisio ei ddweud yw... pam eich bod chi ishe fy mhriodi i?'

'Gweud y gwir, wnaeth y ddamwain y diwrnod o'r bla'n i mi feddwl mor fregus yw bywyd.'

Ni ddywedodd hynny â llawer o argyhoeddiad.

'Ac... wel, w i'n credu ei fod yn bwysig bod yn onest o'r cychwyn mewn perthynas, yntefe?'

'Odi!'

'Does gen i ddim llawer o fywyd y tu hwnt i'r *Llais*. Rwy'n pregethu yma a thraw. Hynny yw, does gen i ddim llawer o gyfle i ddod i nabod pobol. Gweud y gwir, ti yw'r unig ferch ydw i weti ca'l cyfle i ddod i nabod yn iawn, am dy fod ti wedi dod i mewn i'r swyddfa!'

'Mae'n ddrwg gen i.'

'Hynny yw, paid â meddwl fy mod i weti mynd am y ferch gyntaf oedd dan fy nhrwyn. Ti'n fwy na...'

Bu saib. 'Yn fwy na beth?'

'Ti'n ferch ddymunol iawn.'

'O.'

I feddwl ei fod yn bregethwr, ac yn newyddiadurwr, doedd ganddo fawr o ddawn gyda geiriau. Ond roedd gwahaniaeth mawr rhwng eistedd a meddwl beth i'w sgrifennu a gorfod dweud rhywbeth yn y fan a'r lle.

'Felly,' gofynnodd, 'wyt ti'n fodlon dechrau ar bethau?'

Nac oeddwn. Roeddwn eisiau dweud y gwir. Fod yna gythraul yn byw oddi mewn i mi, ail galon ddu oedd yn curo ochr yn ochr â'm un i. Afu llygredig oedd yn chwydu bustl drwy fy ngwythiennau. Fy mod i wedi lladd fy nhad, ac nad oeddwn i'n edifar, ac efallai y byddwn i'n ei ladd yntau hefyd.

'Wrth gwrs,' meddwn o'r diwedd, gyda gwên. Ac o fewn eiliad roeddwn wedi meddwl am gynllun. 'Wel, ysgrifennwch chi'r llythyr ac mi wna i sicrhau bod fy nhad yn ei dderbyn yn y post!'

'Paid â thrafferthu, rho'r cyfeiriad i mi ac fe allaf yrru'r llythyr yn uniongyrchol.'

'Rwy'n nabod y postfeistr yn iawn. Ry'ch chi'n gwbod yn well na neb fel y mae post yn mynd i golli ar y llwybrau geirwon i ganol cefn gwlad.'

'Iawn.'

Roeddwn fel un wedi fy syfrdanu am weddill y diwrnod wedyn. Yn ôl yng Ngwasg Glass gwelais fod y copi cyntaf o'r *Frenhines* wedi ei argraffu. Edrychais arno heb ei weld yn iawn. Wyddwn i ddim beth i'w deimlo. Roedd Ellis wedi cynnig dihangfa i mi. Fyddai dim rhaid i mi boeni am lwgu, neu orfod mynd yn butain. Yn wir, roedd yn golygu dyrchafiad cymdeithasol, gwell nag oedd merch fach o'r wlad fel fi yn ei haeddu, beth bynnag. A doedd e ddim yn ddyn annymunol o gwbwl. Ychydig yn hunanfodlon o bosib. Ei ben yn y cymylau. Roeddwn wedi cael yr argraff nad oedd llawer o synnwyr cyffredin yn perthyn iddo. Ond ni allwn ei ddychmygu'n colli ei dymer a fy mwrw. Byddai'n llawer gwell na byw gyda 'nhad. Na, ni allwn ddychmygu fy hun yn ei lofruddio.

Ac eto… na, ni allwn ei briodi. Cyn gynted ag y byddai'n dechrau tyrchu i fy ngorffennol byddai'r gwirionedd am yr hyn a wnes i'n siŵr o ddod i'r wyneb, fel corff celain fy nhad yn cael ei godi o'r ffynnon.

Roedd rhaid i mi gael ei wared, rywsut neu'i gilydd. Y peth gorau fyddai ymwroli a dweud wrtho'n syth. Honni fy mod i eisoes wedi cael cynnig o briodas gan rywun ym Melin Frewys ac yn bwriadu mynd yn ôl yno wedi ennill rhywfaint o arian ar y *Frenhines*. Sychais ddagrau o'm llygaid â llawes fy ffrog a mynd am y grisiau.

Ond pan agorais y drws cefais fy hun yn syllu nid ar Ellis ond ar gefn crwm y pregethwr Evan Evans. Roedd ganddo bentwr o lawysgrifau o dan ei gesail.

'Cofiant,' meddai. 'I'r Trochwr enwog, unllygeidiog, Easter Bevan, Rhwdyrhoelion. Tair blynedd o lafur caled o'm rhan i.'

'Ry'ch chi am ddod atom ni?' Llais Ellis. Ni allwn ei weld y tu hwnt i ysgwyddau crwm, ond llydan, y pregethwr o'm blaen.

'Pwy arall ond prif wasg y dref?'

Camodd pregethwr y Trochwyr ymlaen a gollwng y llawysgrifau ar y ddesg. Gallwn glywed Ellis yn eu byseddu, gan oedi i graffu ar ambell dudalen.

'Gallwn gydsynio i argraffu dau gant o gopïau,' meddai o'r diwedd, 'os yw'r gwaith o safon digon uchel. Os yw Mr Glass yn cytuno, wrth gwrs.'

Bu saib. 'A'r tâl am fy llafur?' ochneidiodd Evan Evans.

'Ugain o gopïau, i werthu am eich pris eich hunan.'

'A, a – breindaliadau?' gofynnodd yn syn.

'Nid ydym yn talu breindaliadau. Ac ni sydd piau'r hawlfraint, os bydd angen argraffu rhagor o gopïau yn y dyfodol.'

'Nid yw'r rheini'n delerau teg!' taranodd Evan Evans. Pwysodd ymlaen dros ddesg Ellis nes ei fod fodfeddi o'i wyneb. 'Tair blynedd o lafur caled! A werth dim, yn eich golwg chi.'

'Dyna'r unig delerau sy'n gynaliadwy i ni fel argraffwyr, Mr Evans,' meddai Ellis yn ddigyffro. 'Mae angen bod yn feistres lem ar y wasg Gymraeg os yw hi am dalu'r ffordd.'

'Bydd rhaid i mi siarad â Mr Glass yn uniongyrchol.'

'Fe glywch chi'r un peth ganddo ef, sef nad yw weti gwneud ceiniog o elw ar gofiannau pregethwyr drwy ei oes.'

'Nid gwneud elw yw diben gwasg grefyddol, ond lledaenu'r efengyl!' meddai Evan Evans gan ymbil â'i law rydd. 'Neu efallai mai gwasg wleidyddol ydych chi bellach!'

'Dydw i ddim yn gweld bod unrhyw wahaniaeth rhwng y ddau beth, Mr Evans.' Cododd Ellis ei aeliau a syllu i fyw llygaid yr hen ddyn.

Estynnodd y pregethwr ei law a bachu'r cofiant yn ôl.

'Mi af fi at fy enwad,' meddai. 'Mae'n amlwg nad oes parch i mi ymysg Mecanyddwyr.' Poerodd y gair olaf a cherdded tuag at y drws. Ond wrth fynd fe welodd fi, a throi i rythu. 'Felly dyma'r ferch sy'n gwitho yn swyddfa Gwasg Glass!' meddai. 'Roeddwn i weti clywed am y peth ond ddim am ei gredu.'

Edrychais ar Ellis, ac roedd pryder mawr yn llenwi ei lygaid. Gwenodd Evan Evans, wrth sylwi iddo roi ei fys ar y briw.

'Mi gaf fi air gyda Mr Glass am hynny hefyd,' meddai.

Aeth allan drwy'r drws.

'W – wel, dyna gofiant arall fydd yn pydru mewn drôr yn rhywle,' meddai Ellis yn ffug hwyliog.

'Beth fydd e'n ei ddweud wrth Mr Glass?'

Cododd Ellis ei ysgwyddau. 'Un braidd yn geidwadol ei ffordd ydi Evan Evans – mae'n dal i ddod i delerau â'r Testament Newydd,' meddai. 'Ond yn ddyn mawr ei ddylanwad yn y dref, gwaetha'r modd.' Eisteddodd yn ôl yn ei sedd.

'Ydych chi'n meddwl y bydd yn…?'

'Efallai,' meddai'n syber. 'Ond – ond sdim rhaid i ti boeni am dy waith fan hyn rhagor, nac oes? Fel y wetais i gynne.'

Gwenodd arnaf yn gysurlon, ond torrais i wylo a throi ar fy sawdl i fynd yn ôl i fyny'r grisiau. Mae'n rhaid bod hyn wedi gadael Ellis mewn penbleth llwyr oherwydd ni ddaeth i fyny ar fy ôl.

Dim ond bryd hynny, gyda'r fwyell yn hongian drosof, y sylweddolais gymaint roedd gweithio ar y *Llais* a'r *Frenhines* yn ei olygu i mi. Roedd yn golygu teimlo y gallwn greu rhywbeth o werth, a drwy hynny nad oeddwn i'n ddiwerth. Roedd yn golygu ychydig o ryddid i wneud yr hyn oeddwn i'n ei ddeisyfu.

Roedd hynny i gyd yn y fantol yn awr.

Ni allwn ganolbwyntio am weddill y prynhawn. Tynnais atalnod o erthygl yn y *Frenhines*, oedi am chwarter awr, ac yna'i roi yn ôl i mewn. O'r diwedd daeth cnoc ar y drws. Meddyliais fod Ellis wedi ymwroli o'r diwedd ond pen Jenkin a welais wrth i'r drws agor.

'Yma wyt ti,' meddai.

'Beth wyt ti ishe, Jenkin?'

'Mae Mr Glass weti bod yn galw amdanat ti dros y corn siarad.'

Edrychais draw at y tiwb copr yng nghornel y warws a chofio fy mod i wedi cau'r caead arno fel na fyddwn yn cael fy styrbio gan lais Mr Glass yn gweiddi ar Ellis a Jenkin.

'Dywed wrtho am ddod lan i'm gweld,' meddwn i'n swta.

Arhosodd Jenkin wrth y drws. 'Beth am i ti wneud hynny?'

Ochneidiais a'i ddilyn lawr llawr. Cerddais ar hyd swyddfa'r newyddiadurwyr. Ni edrychais ar Ellis, er teimlo ei lygaid arnaf. Camais i fyny'r grisiau i swyddfa Mr Glass.

Roedd golwg brudd arno. Roedd ei groen yn llac am ei wyneb. Roedd wedi gosod ei het ar ei ddesg, ac amsugnai'r silc du yr holl oleuni o'r ystafell. Roedd pentwr o bapurach o'i flaen.

'Eisteddwch, Miss Maddocks,' meddai.

Gwyddwn bryd hynny ei bod ar ben arnaf.

'Bydd angen i chi gadw draw o'r swyddfa am y tro,' meddai, wedi i mi eistedd. 'Yn enwedig ar ddyddiau Mawrth.'

'Rydw i weti gweud o'r blaen – sdim lle i mi weithio gartref.'

'Mae llyfrgell gyhoeddus newydd wedi agor ar Cog Street. Maent yn caniatáu menywod. Fe allwch chi weithio o'r fan honno.'

'Oherwydd Evan Evans?'

'Fe allai wneud pethe'n anodd iawn i ni pe dymunai. Mae'r Parchedig Evans yn ddyn mawr ymysg y Trochwyr. Dyna gi ag asgwrn os gwelsoch chi un ariôd.'

'Roeddwn i dan yr argraff eich bod chithau hefyd yn ddyn mawr, Mr Glass. Y'ch chi am adael iddo gael y trechaf arnoch? '

Am eiliad meddyliais y byddai'n ffrwydro. Ond pwysodd ymlaen a rhoi ei ddwylo at ei gilydd. Edrychai wedi blino.

'Rwy'n gallu gweld pethe nad y'ch chi, Sara. Mynyddoedd iâ yn ymaflyd â'i gilydd ar fôr tymhestlog, ac ry'ch chi ar gwch bêch pren yn ceisio hwylio rhyngddynt. Mae gen i gyfrifoldeb i amddiffyn fy staff.'

Edrychodd ar ei waith, ac roedd yn amlwg bod y sgwrs ar ben. Nodiais fy mhen a gadael y swyddfa.

Euthum allan dan deimlad, gyda'r bwriad o ffoi yn syth i dŷ Bopa, ond cyn i mi adael cododd Ellis o'i ddesg a gwasgu rhywbeth i'm llaw.

'Y llythyr,' meddai'n obeithiol.

'Diolch,' meddwn, a gadael cyn iddo weld fy nagrau.

Cerddais yn ôl adref, drwy'r llaid a'r baw, fy mhen yn fy mhlu. Ar y ffordd symudais i'r ochr i wylio angladd yn mynd heibio. Arch fechan, un plentyn neu faban efallai, yn cael ei thynnu ar gefn cert, a'r ymgymerwr yn cerdded o'i blaen. Gwyddwn y byddai nifer o deuluoedd tlawd yn gadael i'w plant newynu er mwyn arbed yr arian a fyddai ei angen i'w claddu, pe bai raid. Ystyriwn weithiau faint fyddai'n dod i'm hangladd i – a fyddai unrhyw un yn sylwi petawn i'n rhoi'r gorau i fodoli?

Trois i ffwrdd a gweld nifer o buteiniaid yn sefyll y tu allan i dŷ tafarn, yn cynhesu eu dwylo ar dân mewn casgen haearn. Roedd bachgen ifanc yno hefyd, wedi ei wisgo fel merch, celwyddwallt ar ei ben a'i fochau wedi eu lliwio â rhuddliw. Cofiais am y copi o'r *Frenhines* yn fy sach. Doedd dim pwynt dal fy ngafael arno. Os oedd angen arweiniad moesol ar unrhyw Gymraesau, dyma nhw.

Cerddais atynt. 'Dyma chi,' meddwn, gan gynnig fy nghopi iddynt.

'Thank 'ew,' atebodd un a'i gymryd yn ofalus. Taflodd ef i'r tân o'i blaen. Llosgodd hwnnw'n ffyrnicach ac estynnodd y puteiniaid eu dwylo'n agosach i fanteisio ar y gwres.

Euthum i'm hystafell fach yng nghefn tŷ Bopa a gorwedd ar y gwely yn wylo. Nid dyma sut oedd y dref i fod. Roeddwn wedi darllen am fyd o gynnydd. Byd lle y byddai fy mywyd yn rhedegfa esmwyth, fel agerfarch yn saethu ar hyd ffordd haearn. Nid un oedd yn dod oddi ar y cledrau yn ddisymwth.

Yna cofiais am lythyr Ellis. Agorais ef, a'i ddal hyd braich, gan ofalu nad oedd fy nagrau'n syrthio ar y dudalen.

Annwyl Mr Maddocks,

Rwy'n ysgrifennu atoch yn y gobaith o gael eich caniatâd i ddechrau carwriaeth gyda'ch merch, Sara. Rwyf wedi fy ordeinio gyda'r Mecanyddwyr ond nid wyf eto wedi derbyn galwad i gapel penodol. Rwyf hefyd yn olygydd papur newydd *Llais y Bobl.* Cefais fy nghyflwyno i'ch merch rai wythnosau yn ôl ac rydw i'n teimlo y byddai hi'n gwneud gwraig dda. Fel ydych chwi'n gwybod, mae'n ferch benderfynol ond mae hynny'n rhinwedd nid yn faich yn fy ngolwg i.

Rwy'n cydnabod bod cyfrifoldeb arnoch chi i amddiffyn eich merch rhag dynion anghymwys. A fyddai modd i mi argymell eich bod yn cysylltu gyda'r canlynol: y Parchedig Ddoctor D Williams, Caeronnen, a'r Parchedig G Jones, Waunafon, a fydd yn barod i gynnig geirda ar fy rhan, er mwyn sicrhau fy mod yn dderbyniol i'ch teulu ac yn gariadfab addas ar gyfer Sara. Mae croeso i chi hefyd ohebu â mi yn uniongyrchol os ydych eisiau unrhyw wybodaeth benodol amdanaf.

Fe fyddai'n braf gen i hefyd deithio draw i gwrdd â chi ym Melin Frewys a dod i adnabod eich teulu yn well. Byddaf yn aml yn teithio yn y cyffuniau wrth bregethu.

Rwy'n edrych ymlaen at dderbyn ymateb. Bydded bendith Duw arnoch chi a'ch teulu.

Yn gywir,
Mr Ellis Morgan

Darllenais y llythyr eto ddwywaith, cyn ei osod ar y ddesg fach wrth y gwely. Gorweddais a meddwl yn ddwys. Yr ateb amlwg oedd anfon llythyr yn ôl yn enw fy nhad yn gwrthod y cynnig. Ond wedi hir bendroni, ni allwn wneud hynny. Roedd yn annoeth, ond roedd angen gobaith arnaf yn yr hen fyd yma, hyd yn oed gobaith ffŵl.

Cydiais mewn darn o bapur ac inc a dechrau ysgrifennu, gan ofalu i addasu rhywfaint ar fy llawysgrifen:

Annwyl Mr Morgan,

Derbyniais gyda llawenydd eich llythyr gwylaidd yn dymuno dechrau carwriaeth gyda Sara. Rwy'n gwerthfawrogi eich dewrder a'ch gonestrwydd yn ysgrifennu yn uniongyrchol ataf.

Yn anffodus rwyf mewn gwaeledd mawr ar hyn o bryd, ac nid wyf yn ddigon cryf i dderbyn ymwelwyr. Bu farw mam Sara rai blynyddoedd yn ôl, a bydd yr ychydig iawn o gyflog y mae Sara yn ei dderbyn o'i gwaith yng ngwasg Mr Glass yn talu am fy ngofal (carwn nodi nad yw wedi cael yr un ddimai goch yn dâl hyd yma).

Mae fy nghrefydd yn bwysig iawn i mi, fel i chithau, Mr Morgan. Rwy'n awyddus felly i sicrhau bod unrhyw gymar posib yn cydweddu â thraddodiad crefyddol y teulu. A fyddai modd i chi ymateb â phwt o ysgrif ar allu'r ddynolryw i dderbyn neu wrthod y ras ddwyfol?

Fe ddylai hynny ei gadw'n brysur tra fy mod yn penderfynu beth i'w wneud yn iawn.

Yn y cyfamser rydw i wrth gwrs yn rhoi caniatâd i chi ddechrau carwriaeth gyda Sara. Ond rwy'n eich rhybuddio ei bod yn ddynes annibynnol ei barn; ac os yw hi'n gweld unrhyw reswm dros wrthod eich cynnig o briodas ni fydd modd i mi na'r un dyn arall ei hargyhoeddi fel arall.

Yn gywir,

Y Parch. Sadrach Maddocks

Plygais y papur a'i roi mewn amlen gydag enw a chyfeiriad Ellis Morgan yn swyddfa *Llais y Bobl* arni. Syllais arni'n hir. Byddai'n rhaid i mi ddisgwyl ychydig ddyddiau cyn ei bostio, nes bod y llythyr gwreiddiol wedi cwblhau ei daith ddychmygol i Felin Frewys yng nghert Mr Williams y Post.

Yn sydyn cefais syniad. Daeth ataf mor sydyn â phe bai'r Arglwydd wedi gosod ei fys ar fy nhalcen, a thywalltiad nefol wedi llifo yn syth i 'mhen. Os oedd modd i mi gyfathrebu ag Ellis yn enw fy nhad, beth oedd yn fy atal rhag ysgrifennu at y wasg dan enw dyn heb i Ellis a'r lleill sylweddoli? Prin eu bod yn holi unrhyw beth am eu gohebwyr, mor hapus oeddynt o'u cael. Cnoais ben fy ysgrifbin a gwenu. Roedd pelydr o heulwen wedi torri drwy'r cymylau du o'r diwedd.

Ond o ble byddwn i'n dod o hyd i straeon? Meddyliais am y plentyn sipsi bach oedd wedi diflannu. Doedd dim digon yno i'w roi yn y papur eto. Dim ond tystiolaeth llygad-dyst plentyn arall. Ond cofiwn hefyd eiriau'r ddynes wallgo oedd wedi ymddangos yn y swyddfa ychydig wythnosau ynghynt. Yr un oedd yn hefru bod ei phlentyn hithau wedi mynd ar goll.

'Gobeithio eu bod nhw weti ei lladd hi. Gobeithio nad ydyn nhw weti gwneud iddi hi beth maen nhw wedi ei wneud i'r lleill.'

Dyna oedd ei geiriau hi. Pwy oedd y lleill? Pwy oedd y 'nhw'?

Efallai fod erthygl yno wedi'r cwbwl.

'Wi'n mynd am dro,' meddwn wrth Bopa.

'Ar dy ben dy hun?'

'Mi wneith cerad les i mi.' Roeddwn wedi darllen hynny yn llyfr Dr Browne.

Edrychai Bopa arnaf â drwgdybiaeth dynes oedd yn dod o gefndir caled, ac oedd yn credu mewn cynilo egni, nid ei wastraffu.

'Wyt ti weti bod yn llefen 'to?'

'Llwch glo yn fy llyged i.'

'Paid â bod yn hwyr 'nôl,' meddai. 'Wi'n poeni amdanat ti bob nos Fawrth, pan ti'n hwyr.'

Dilynais y brif stryd i fyny'r dyffryn, i gyfeiriad y tir diffrwyth, tolciog. Dyna, yn ôl Jenkin, lle'r oedd y ddynes yn byw. Nid oedd wedi bwrw ers dyddiau ac roedd y baw ar y llwybr wedi codi'n llwch dan garnau'r ceffylau ac olwynion y certiau.

Daeth y cytiau o bren, cerrig a thun ar yr hen bentyrrau slag haearn i'r golwg. Ac roedd golwg wedi eu taflu at ei gilydd o ddarnau amrwd ar y bobol hefyd. Ymhobman, roedd yna ddynion dall, oedd wedi colli braich neu goes i roliau y ffatri haearn, neu wedi eu llosgi'n ddrwg. Ond roedd y bobol yma yn fwy truenus byth. Dyma wehilion y dref, yn byw ar y cyrion, yn ymrafael am fywyd, wedi suddo i'r gwaelod heb unrhyw obaith o godi oddi yno.

Sefais yno yn gwylio'r mwg du yn codi'n drwchus o gannoedd o simneiau crwca, a meddwl lle i ddechrau chwilio am y fenyw. Dyna pryd y clywais weiddi mawr a rhu injan yn tanio. Brysiais i gyfeiriad y sŵn a gweld peiriant anferth yn ymlwybro trwy ganol y tai isel bob ochor, yn tagu ac ysgwyd a chwythu ager. Edrychai fel agerfarch ar grwydr. Safai tyrfa yno'n gwylio: yn blant mewn carpiau â'u llygaid fel soseri, yn wragedd a edrychai'n nerfus ar eu gwŷr i weld beth fyddent yn ei wneud, ac yn ddynion a safai yn y blaen yn gwylio'n ddiobaith.

'Beth sy'n mynd mla'n?' gofynnais wrth ddyn ifanc oedd yn bwyta hanner taten amrwd.

'Maen nhw'n mynd i walu'r tai,' meddai.

'I adeiladu rhai gwell i'r bobol?'

Cododd y dyn ifanc ei war. 'Ffyrdd haearn, camlas, cefnffordd. Mae rhywun weti tynnu llinell ar fap yn rhywle, a so'r tai hyn ar y map.'

Uwchben yr injan eisteddai dyn, os y gellid ei alw'n ddyn. Gwisgai bâr o gogls ac roedd mwgwd haearn dros ei geg yn ddrych i'r swch anferth ar flaen yr injan. Edrychai fel rhan o'r injan, estyniad ohoni. Mae'n rhaid ei fod wedi tynnu lifer neu wasgu sbardun oherwydd fe ysgydwodd yr injan fel trychfil anferth yn huno a dechrau ymwthio ymlaen, yn fwrlwm o bistonau ac olwynion llathrog.

Aeth yr injan drwy'r domen o wastraff haearn fel aradr yn mynd drwy eira ac yna, er mawr syndod i mi, chwalodd drwy un o'r tai isel fel pe na bai yno o gwbwl. Llithrodd y pentwr o gerrig, haearn a phren oddi ar y swch a thwmblo i gyfeiriad yr afon. Bloeddiodd un o'r menywod yn boenus.

'Hei! Hei!' Sbardunwyd un o'r dynion. Aeth i sefyll o flaen y swch anferthol – rhwng y peiriant a'i gartref – a chwifio ei ddwylo i atal yr injan. Gwisgai grys cotwm gwledig a fu unwaith yn wyn, ond oedd nawr yn llwyd ac yn dyllau i gyd.

Rhywle o fewn y peiriant uffernol roedd yna ddyn wedi'r cwbwl oherwydd fe ddiffoddodd y peiriant. Daeth nadu hir ohono wrth i'r holl liferi a phistonau arafu, a sefodd yn stond.

Tynnodd y gyrrwr ei fwgwd haearn.

'*Clear the way*!' galwodd.

'Fy nghartref i yw hwn, y diawl.' Amneidiodd y dyn at y caban tila y tu ôl iddo. 'Fe adeiladais hwn â'm dwylo fy hun, pob astell a charreg.'

'Sdim caniatâd gyda chi i adeiladu tai fan hyn,' meddai'r dyn yn y peiriant. 'Tir y cwmni yw dyffryn Siddim i gyd.'

Crafodd y dyn ei ben. 'Pwy ddylen i siarad â nhw, 'te?'

'Y gorfforaeth.'

'A phwy yw'r gorfforaeth?'

Meddyliodd y gyrrwr am funud cyn ateb. 'Neb.'

'Neb? Sut alla i siarad â neb?'

'Mae yna bobol yn y gorfforaeth ond nid person yw'r gorfforaeth.' Cydiodd yn dynnach yn olwyn yr injan, yn awyddus i ailgychwyn. 'Nawr, *clear the way.*'

'Wel, os na alla i siarad â'r gorfforaeth mi wna i sgrifennu llythyr.'

'Chi'n gallu darllen a sgrifennu?' gofynnodd y gyrrwr.

'Yn Gymraeg.'

Ysgydwodd y gyrrwr ei ben. 'Dim ond Saesneg ma'r gorfforaeth yn ei deall.'

'Alla i siarad efo Duw yn Gymraeg, pam ddim y gorfforaeth?'

'Dyw'r Gymraeg ddim yn iaith *commerce*, chi'n gweld. Y'ch chi'n gallu siarad am bechod a gras, ond ddim am *capital* a *conglomeration*.' Trawodd rhywbeth newydd y gyrrwr. 'A weti meddwl, sai'n credu bod llythyr yn mynd i newid barn neb. Dilyn y farchnad mae'r cwmni.'

'Wel. Sut wi'n ca'l gafael ar y farchnad, 'te?'

'Sdim posib ca'l gafael ar y farchnad mwy na sydd ca'l gafael ar wynt. Rhywbeth sy'n wythu i ryw gyfeiriad neu'r llall yw e.'

'A nawr mae'r farchnad moyn wythu fy nhŷ i lawr?'

'A maen nhw weti fy hwythu i i ddod yma i wneud 'ny.' Tynnodd y mwgwd yn ôl dros ei wyneb yn ddiamynedd ac aildaniodd yr injan. Gallwn deimlo'r llawr yn crynu drwy fy esgidiau. Rhowliodd y peiriant anferth yn ei flaen. Safodd y dyn ei dir tan yr eiliad olaf, nes clywed sgrech ei wraig, nes iddi ddod yn gwbwl amlwg mai'r farchnad ac nid dyn cig a gwaed oedd wrth lyw y peiriant, cyn neidio o'r neilltu a rhowlio drwy'r llwch o'r ffordd.

O fewn eiliadau maluriwyd y tŷ gan flaen y swch anferth, a

chymysgwyd ei rwbel â'r tai eraill a gweddill llwch bywydau pobol y stryd.

Trois ar fy sawdl a cheisio dianc rhag y cwmwl o lwch a gododd ar yr awel. Es at y dyn ifanc, oedd bron â gorffen ei daten galed.

'Wyt ti'n nabod menyw ffordd hyn sy'n gweiddi o hyd bod ei phlentyn ar goll?'

'Y ddynes wallgo 'na?' Nodiodd ei ben. 'Mae pawb yn ei nabod hi.'

'Lle mae'n byw, 'te?'

'Roedd 'da hi gaban acha y domen draw fan 'cw, ond walwyd hwnnw.'

Suddodd fy nghalon.

'Ond fin nos, mae hi'n mynd lan i gyfeiriad hen gapel y Mecanyddwyr, ar ben y bryn ger Eglwys Sant Teiriol. Fan 'na mae beddi ei phlant, meddai hi.'

Roedd yr haul bellach yn machlud gan liwio'r mwrllwch yn felyn-frown, fel petai'r dref i gyd yn rhydu. Yr oedd yn rhaid i mi benderfynu fydden i'n troi am adref cyn iddi nosi fel y dymunai Bopa neu ddal ati i geisio dod o hyd i'r fenyw. Y cyntaf fyddai ddoethaf, ond roedd y syniad o gasglu newyddion wedi tanio rhyw frwdfrydedd ynof, fel glo mewn ffwrnais, ac roedd angen amser i chwythu'r stêm hwnnw i ffwrdd. Diolchais i'r dyn ifanc a cherdded i lawr y pentyrrau sorod at yr afon, a dilyn ei thrywydd nes dod at y bont haearn. Croesais yno i'r Hen Dref a dechrau dringo i ben y bryn, i gyfeiriad Eglwys Sant Teiriol. Cyffyrddai goleuni'r machlud â'r coed ym mhen ucha'r dyffryn tua'r dwyrain gan amlygu dail y coed ffawydd oedd wedi hen droi'n goch ac oren fel pe baent ar dân. Ond roedd y dref ei hun eisoes dan gysgod nos a gallwn weld dynion yn cynnau y lampau nwy ar y strydoedd â ffyn hir.

Sylweddolais yn fuan fy mod wedi camgymryd y ffordd at yr Eglwys a heb Êb i fy nhywys fe es ar goll bron yn syth ar ôl croesi'r bont. Bob hyn a hyn deuai tŵr yr Eglwys i'r golwg uwch toeau llechi'r tai, ond yn wahanol i lan ddwyreiniol yr afon doedd y strydoedd hyn ddim yn rhedeg yn unionsyth. Strydoedd cul, troellog a chysgodol a ogleuai o garthffosiaeth a gwaed oedd yma, hen strydoedd oedd wedi glynu at y patrwm a osodwyd ganrifoedd ynghynt wrth i dda byw ymlwybro i lawr at yr afon i yfed. Euthum wysg fy ochor ar hyd ale gul, ble'r oedd yr adeiladau ar y ddwy ochor mor agos nes bod eu toeau bron yn cyffwrdd â'i gilydd.

Dychrynais yn sydyn wrth glywed tylluan yn hwtian. Eisteddai ar ben llusern nwy yn agor a chau ei llygaid.

'Dwyt ti ddim yn gwybod y ffordd adref, nac wyt ti?' gofynnais.

Edrychodd arnaf fel petai'n gofyn yr un peth, cyn codi ei hadenydd a hedfan ymaith dros doeau llechi'r tai fel pluen eira ar y gwynt. Ac wrth i mi droi fy mhen i'w dilyn gwelais dalcen capel, â symbol y groes Geltaidd gyda dau drawst ychwanegol yn croesi ei gilydd arno. Dyma hen gapel y Mecanyddwyr, meddyliais, ond gwelais fod y fynedfa i'r tir o'i amgylch wedi ei rwystro gan wal, yn orchuddiedig â chen a mwsog, ond nid llawer uwch na'm pen. Rhaid bod yr adeilad wedi cau ar ôl iddyn nhw roi'r gorau i'w ddefnyddio, meddyliais. Dechreuais ystyried oeddwn i eisiau cwrdd â menyw wallgo mewn hen gapel ar ôl iddi nosi. Ond roeddwn wedi dod yn rhy bell, ac roedd digon o afael ar y wal i droed a llaw ac felly, ar ôl sicrhau bod neb yn edrych arnaf, dringais drosti.

Wrth ddringo i lawr yr ochr arall cyffyrddodd gwadn fy esgid â rhywbeth caled. Pwysais arno ond roedd yn slic, gan fwsog seimllyd, a llithrais a syrthio yn bendramwnwgl ar fy ngwyneb. Roeddwn yn disgwyl ergyd galed ond glaniais ar bentwr o ddail wedi lluwchio yn erbyn y wal, a'r unig ddolur a gefais oedd sgrafellu fy mysedd wrth estyn bob ochor yn chwilio am rywbeth i gydio ynddo. Codais o'r pentwr a gwaredu'r dail gwlyb oedd wedi glynu ataf, cyn edrych o'm cwmpas. Roeddwn mewn mynwent, heb fod yn arbennig o fawr. Roedd tua hanner cant o feddi yno, wedi eu gwasgu yn agos at ei gilydd, ac yn plygu bob ffordd fel dannedd cam nes eu bod bron yn cyffwrdd â'i gilydd. Roeddynt bron iawn o'r golwg dan chwyn a gwair. Safai hen ywen yn eu canol, ei changhennau moel wedi ymestyn yn uwch ac yn uwch wrth chwilio'n ofer am lygedyn o haul rhwng y capel ar y naill ochor a'r wal ar y llall. Nid edrychai fel petai unrhyw un wedi gofalu am gyflwr y lle ers talwm.

Roedd ffenestri'r hen gapel wedi torri ac roedd iorwg yn tyfu drosto. Gallwn weld dyddiad uwchben y drws: '1832'. Nid oedd mor hen â hynny, felly. Peth rhyfedd eu bod wedi ei adael i fynd â'i ben iddo.

Pwysais i lawr wrth un o'r beddi a thynnu'r cen o rychau'r ysgrifen gyda'm bysedd. Er gwaethaf ei gyflwr, dim ond ers 20 mlynedd y bu yno. Roedd yr ysgrifen yn fach, fach er mwyn gwneud lle i'r holl enwau cerfiedig. Teulu cyfan, a'r mwyafrif yn blant dan ddeg oed. Yr ifancaf yn ddwy. Heb fod yn fyw yn ddigon hir i wybod beth oedd marw. Tynnais rywfaint o'r mwsogl oddi ar wyneb ambell garreg arall. Yr un oedd yr hanes. Teuluoedd cyfan. A'r un oedd y flwyddyn, hefyd. Roedd trychineb wedi taro preswylwyr y rhes hon o feddi, meddyliais. Y fynwent gyfan efallai.

Crwydrais i gyfeiriad y capel. Er mor ddewr yw rhywun, a chyn lleied o goel sydd ganddynt mewn bywyd ar ôl marw, y tu hwnt i'r hyn sy'n cael ei addo gan Dduw, efallai ei bod yn anochel bod y dychymyg yn chwarae castiau yn y fath amgylchfyd. Daeth y lleuad allan o du ôl i gwmwl a goleuo'r fynwent, ac yn ei goleuni pŵl roedd y beddi bob ochor yn ymddangos fwyfwy fel pobol ar eu cwrcwd, wedi eu dyrchafu o'r ddaear. Ac fe ddychmygais fy mod yn gallu clywed lleisiau'r meirw.

'Pan welais i lygaid y ferch fach fel gwydrau gwyddwn fod rhywbeth yn bod ond doeddwn i ddim am ei gadael hi.'

'Wedes i "na" ond fe wnath e fe ta beth, a wedyn twlu 'nghorff yn y cnel.'

'Diwedd y shifft oedd hi a'r peth nesaf glywais i oedd y nenfwd yn hollti ac fe gaeodd y düwch o'm cwmpas.'

'Dywedodd Mam wrtha i y byddai popeth yn olréit. Y gallwn i gysgu nawr, y byddai hi'n fy ngweld i 'to.'

'Do'n i ddim yn barod i fynd.'

'Pedair ar ddeg odw i… hynny yw, pedair ar ddeg, pedair ar ddeg o'n i… ddes i'r dref i wilo am waith 'da Dad… gadawodd e fi ar y mynydd a mynd…'

Yn siapiau rhyfedd yr isdyfiant ar y beddi, gallwn weld perchnogion y lleisiau, yn codi o'r tir. Yn eu carpiau. Carpiau fu'n garpiau cyn i'r mwydod eu braenu ymhellach. Wynebau llwyd a gwyn a du, a llygaid gweigion. Wedi eu torri a'u gwasgu.

Roeddwn eisiau dianc o'r fynwent. Trois yn ôl i gyfeiriad y wal. Ond yna fe ddaliodd symudiad fy llygad. Gwelais rywun yn sefyll yn erbyn wal y capel. Sythais mewn braw. Y ddynes? Na, edrychai'n rhy fach. Gweithiai fy meddwl yn galed er mwyn ei droi'n rhywbeth arall, gan hanner meddwl i fy nychymyg ei gonsurio o'r cysgodion.

Ond na, roedd rhywun yno go iawn. Gallwn glywed pitran ei draed ar y llechi llwydlas oedd yn llwybr drwy'r fynwent, ac yna siaradodd.

'Pwy yw'r Gair?' gofynnodd, ac yna atebodd ei gwestiwn ei hun: 'Yn y dechreuad yr oedd y Gair, a Duw oedd y Gair, a gwnaethpwyd y Gair yn gnawd yn ffurf Iesu Grist.'

Ymlaciais ryw fymryn, gan adnabod y catecism yn syth. Plentyn ar ei ffordd adref oedd hwn, yn torri llwybr byrrach drwy'r fynwent, yn paratoi ar gyfer cael ei roi ar brawf yn yr Ysgol Sul y penwythnos canlynol. Efallai ei fod yn perthyn i ddosbarth Mrs Glass yn Ysgol Sul y Capel Mawr. Camais tuag ato gan fwriadu gofyn y ffordd allan.

'Pa bethau yr ydych yn eu dysgu oddi wrth ragluniaeth?' gofynnodd, cyn ei ateb ei hun: 'Y dylem ymostwng i drefniant doeth Duw, heb rwgnach, oblegid y mae Ef yn bodoli y tu allan i amser.'

Ond roedd yna rywbeth am y llafarganu gwastadol hwn a yrrai ias i lawr fy nghefn, ac fe giliais i'r cysgodion i aros. Wrth i mi wneud hynny, daeth y plentyn i olwg y lleuad, a syllu'n syth ataf. Bu'n rhaid i mi wasgu fy llaw yn dynn dros fy ngheg rhag i mi sgrechian wrth weld yr olwg arno. Bachgen bach oedd ef. Ond roedd rhywbeth yn gorchuddio hanner ei wyneb – mwgwd pres sgleiniog – ac roedd ei groen mor welw ag eira, fel pe bai wedi hir farw, ac roedd creithiau yn amgylchynu ei ben fel llinellau'r meridian ar glôb.

Daliais fy anadl ac aros mor llonydd â phosib.

Ni thorrodd y plentyn ei gam, dim ond prysuro heibio, ei goesau a'i freichiau yn symud yn herciog fel pyped heb linynnau, fel rhywbeth oedd heb arfer cerdded ac oedd wedi gorfod ailddysgu, a gan holi eto yn yr un llais tawel:

'Beth yw rhinweddau mwyaf dyn? Calon berffaith, ffyddlondeb, ac ofn yr Arglwydd.'

Diflannodd i ganol yr isdyfiant isel, a chyn hir dim ond murmur ei lais yn y pellter a glywn. Safais yno wedi fferru am ryw ychydig, cyn codi a brysio yn ôl at y wal, stryffaglio drosti a fy nhaflu fy hun i lawr ar yr ochor arall. Cyrhaeddais ben draw'r stryd cyn troi a syllu yn ôl ar y wal, a thalcen yr hen gapel y tu hwnt. Aeth ias arall drwof. Troais a ffoi.

Ni allwn ysgwyd y teimlad fy mod wedi gweld rhywbeth annaturiol.

Nid corff byw. Nid ysbryd chwaith. Ond rhywbeth arall. Rhyw fath o gythraul, wedi ei ddal rhwng dau fyd, rhwng byw a marw.

Afraid dweud na chysgais ryw lawer y noson honno. Bûm yn troi a throsi wrth geisio dod o hyd i esboniad rhesymol o'r hyn a welais. Y peth cyntaf a ddaeth i'm meddwl oedd mai plentyn wedi ei niweidio yn erchyll mewn damwain ddiwydiannol oedd, a'i fod rhywsut wedi ei gadw yn fyw. Ond na, roedd rhywbeth rhy annynol amdano, yn y cerddediad, ac yn y llais gwastad, iasol. A'r croen – ni allai unrhyw beth â gwaed yn ei wythiennau feddu ar groen mor welw, fel haen denau o iâ ar ffenestr.

Bu'n rhaid i mi agor fy llygaid bob ychydig funudau er mwyn sicrhau nad oedd y plentyn yn sefyll wrth droed y gwely. Ni lwyddais i ymlacio nes i mi glywed Bopa'n codi ac yn dechrau sgrafellu'r llwch o'r lle tân.

'Roeddet ti'n hwyr yn ôl neithiwr,' meddai wrth i mi godi at fy mrecwast, â thinc o gerydd yn ei llais.

'Mae'n ddrwg gen i,' meddwn yn dylyfu gên. Roedd yn wirioneddol flin gen i ei siomi. 'Mi es i damaid bach ar goll.'

'Ar goll!' Rhythodd arnaf.

'Fe fydda i'n fwy gofalus tro nesaf.'

'Tro nesaf?' meddai. Anelodd ei rhaw ataf. 'Neno'r têd, Sara, wi'n dy worno di nawr. Nid ti fyddai y lletywraig gyntaf gen i i gael ei thynnu o'r cnel.'

Sobrodd hynny fi ryw fymryn.

'Mae'n beth digon peryg dy fod ti'n cerdded i swyddfa Mr Glass ar dy ben dy hun yng ngolau dydd,' meddai. 'Mae crwydro'r strydoedd liw nos yn...' Ni orffennodd y frawddeg.

Trois yr uwd yn fy nysgl gyda'm llwy, gan deimlo fel plentyn oedd wedi cael stŵr. Ond eto roedd yn deimlad braf bod rhywun yn poeni digon amdanaf i roi stŵr i mi am fy rhoi fy hun mewn perygl.

'Wyddoch chi, tu draw i'r afon, mae yna hen gapel sydd wedi ei gau i ffwrdd y tu ôl i wal.'

'Paid â gweud...'

Cefais fraw wrth weld yr olwg ar ei gwedd yn awr. Roedd mwy na dicter yno. Roedd anghrediniaeth, a ffieidd-dod.

'Pam bod yn rhaid i ti wthio dy drwyn mewn i bethau?' gofynnodd a'i llygaid yn culhau.

'Mae'n ddrwg gen i...' Ciliais yn ôl ar fy nghadair. 'O'n i'n whilo am rywun.'

'Does neb yn byw yna! Neb.' Cydiodd mewn caead a'i daro ar ben y pot ar y lle tân a rhwbio'i llygaid yn ffyrnig. 'Mae'r rhan yne o'r Hen Dref i gyd weti ei chau i ffwrdd ers degawdau.'

Edrychais arni'n ddisgwylgar.

'Wi'n disgwyl gorfod rhybuddio'r plant i beidio â mynd ar gyfyl y lle,' meddai wedyn. 'Nid merched dy oed di.'

'Pam? Beth y'ch chi'n ei ddweud wrth y plant?'

Ysgydwodd Bopa ei phen fel petai'n ceisio dileu atgof annymunol. 'Roedd rhyw afiechyd weti cytio yn y lle. Rhywbeth yn yr âr, medden nhw. Fe losgon nhw bob blanced a phob corff ond doedd dim byd yn tycio.'

'Beth oedd yn bod arnyn nhw?'

'Rhyw droad yn y bola, ac wedyn llosgi drwy'r corff i gyd. Eu cro'n yn felyn a'u llygaid fel gwydr. Fe gydiodd ym mhawb fel ei gilydd – y plant a'r heno'd i ddechre, a'r rhieni wedyn. Byddai rhywun mor iach â ti un bore, ac yn eu bedd cyn iddi nosi.'

'Mae'n ddrwg 'da fi, Bopa.'

'Cosb Duw, dyna medden nhw.' Tynnodd wyneb. 'Pa bechod oedd 'da'r babanod yna, y rhai a'u cyrff yn gorwedd yn y stryd? Neb i'w claddu oherwydd bod eu teulu ishws weti eu llosgi'n bentwr?'

Edrychodd arnaf, a gwelais gythrudd yn ei llygaid.

'Ond peidiodd yr afiechyd?' gofynnais. 'Unwaith iddyn nhw gau'r Hen Dref y tu ôl i wal?'

'Na. Nid cau'r afiechyd i mewn wnaethon nhw. Cau'r bobol oedd yn byw yno i mewn. Seliwyd y strydoedd, ac roedd rhywun i warchod pob allanfa. O fewn ychydig ddyddiau, roedd y lle fel y bedd.'

Meddyliais eto am y fynwent, ac wyneb y plentyn, ac aeth ias trwof eto. Doedd bosib bod yna rai'n byw yno o hyd, yn dal i grwydro'r strydoedd? Beth ar y ddaear oeddwn i wedi ei weld?

Yn fwyaf sydyn roeddwn eisiau dianc o dŷ tywyll Bopa. Roedd

rhyw gaddug iasol wedi syrthio ar y lle. Dianc i oleuni'r bore. Penderfynais fynd ar fy union i swyddfa Gwasg Glass. I weld wynebau cyfeillgar ac ymgolli mewn sgwrs i fy helpu i anghofio wyneb y plentyn. Dim ond wedi gofyn i fi weithio gartref oedd Mr Glass – doeddwn i ddim wedi fy ngwahardd o'r lle yn gyfan gwbwl, hyd y gwyddwn i.

Camais i'r stryd a chael ei bod yn bwrw glaw, glaw oedd bron â bod yn eirlaw. Casglai'r dŵr yn llynnoedd bychan yn olion fy nhraed yn y mwd. Wrth lusgo fy esgidiau drwy'r llaca barus, teimlwn yn llesg. Roedd yr angen am fwyd, yr oerfel a'r pryder am fy nyfodol yng Ngwasg Glass wedi cymysgu'n un cur poenus y tu mewn i mi. Doeddwn i ddim eisiau dweud wrth Bopa mai ei brecwast uwd oedd yn fy nghadw i fynd drwy'r dydd, gan nad oedd yr un geiniog sbâr gen i i brynu cinio. Ni flasais yr un wy, darn o facwn, macrell na sosej, na'r un llysieuyn y tu hwnt i ambell daten ers gadael Melin Frewys.

Roedd y swyddfa hefyd yn oer pan gyrhaeddais i, yn oer a gwag. Penderfynais fynd i'r ystorfa i nôl deunydd ysgrifennu newydd. Roeddwn yn brysur yn eu tynnu o'r cwpwrdd pan agorodd Ellis y drws.

Edrychodd arnaf fel petai ef hefyd wedi gweld bwgan.

'O, Sara! Doeddwn i ddim yn gwbod dy fod ti yma.'

'Weti dod i weld Êb ydw i. I drafod rhywbeth am y *Frenhines*.'

'O.'

Doedd honno ddim yn esgus dda iawn, o gofio nad oedd Êb byth i mewn yn y boreau. Mae'n rhaid mai eisiau gweld Ellis oeddwn i wedi'r cwbwl.

Edrychais arno'n ofalus. Dyna'r cyfle cyntaf i mi gael syllu arno'n iawn ers dod i wybod am ei ddymuniad i'm priodi. Roedd yn amhosib peidio â'i ystyried fel darpar ŵr nawr. Roedd yn welw, a'i gefn yn grwm ar ôl plygu gormod dros ei ddesg wrth ysgrifennu. Ond roedd yn dal, gyda gwddf hir, gosgeiddig, llygaid disglair, deallus, a gwên gynnes. Er na fyddwn yn oedi wrth gerdded heibio iddo petai'n ddieithryn, doedd dim byd annymunol am ei olwg. Ond yr hyn oedd fwyaf atyniadol amdano oedd ei fod yn edrych arnaf fel petai'n gweld y gorau. Wrth gwrs ei fod – ni wyddai yn wahanol. Gallwn ei gael yn ŵr petawn i'n dymuno hynny, a gallwn deimlo fy mod yn lwcus o'i gael. Petawn i'n gallu argyhoeddi fy hun fy mod i'n ei haeddu.

'Gest di gyfle i bostio'r llythyr at dy dad?' gofynnodd.

'Do,' meddwn.

'Ac i bendroni ychydig am y mater dy hun? Roeddet ti'n edrych yn bur ansicr ddoe.'

'Roedd yn syndod i mi. Roedd arna i angen amser i feddwl.'

Oedodd, a sefyll yn syth, fel petai ar fin adrodd barddoniaeth. 'Y gwirionedd ydi, Sara… fod gen i ryw deimlad tuag atat…'

'Teimlad?'

'Yn ddwfn yn fy mynwes…'

'Wyt ti weti bwyta rhywbeth amheus?'

Gwenodd yn ysmala. Roedd wedi deall fy mod yn tynnu ei goes. 'Sa i'n dda iawn am siarad, nacw i?'

'Sdim ots am hynny.'

'Sa i ariôd weti ceisio swyno merch o'r bla'n.'

'A sa i ariôd weti ca'l fy swyno.' Gwenais yn swil. 'Ond sdim rhaid i chi – i ti fy swyno i.'

'Rwyt ti weti penderfynu?'

Codais fy ysgwyddau

'Does gen ti ddim teimladau tuag ataf?' gofynnodd.

'Mae'n rhy gynnar i hynny. Dy'n ni prin weti siarad heblaw am hyd erthyglau a theip. Mae angen i ni ddod i nabod ein gilydd y tu fas i'r gwaith. A rwy'n poeni…'

'Am beth?'

Cododd rhyw deimlad y tu mewn i mi eto, fel petai Ellis wedi tynnu corcyn potel. 'Wi'n poeni y bydd rhaid i fi roi'r gorau i bethau os wi'n priodi.'

'Rhoi'r gorau i beth?'

'I ysgrifennu. I newyddiadura,' meddwn a'm llais yn crynu. 'I'r *Frenhines*. I'r *Llais*.' Amneidiais tua'r swyddfa ag un llaw. 'Does gen i ddim llawer o awydd bod yn wraig tŷ, ac…' Ysgydwais fy mhen. 'Mae gen i bethau rydw i ishe eu gwneud a'u gweud. Rydw i newydd ddianc rhag fy nhad…' Caeais fy ngheg rhag i mi ddweud gormod.

'Wel,' meddai Ellis. 'Dydw i ddim yn ennill digon i gyflogi morwyn. Ond rydw i weti goroesi yn ddigon hir heb wraig.

Hynny yw, dydw i ddim yn disgwyl y bydd angen llawer o ofal arnaf, o gael un.'

'A beth am blant? Maen nhw'n ddigon o waith caled.'

'Plant?' Crychodd ei drwyn. 'Doeddwn i ddim wedi meddwl am y rheini. Pethau drewllyd.'

Chwarddais. 'Mae plant yn gallu dicwdd os wyt ti eu heisiau neu beidio, yn ôl fy nealltwriaeth i.'

'Sara.' Gwenodd arnaf eto. 'Dydw i ariôd weti dy weld di 'da brwsh. Fe ddes i dy nabod di 'da cwilsyn yn dy law. Dyna'r Sara wi'n ei hedmygu a dyna sut w' i am i ti barhau.'

Nodiais fy mhen ac edrych ar i lawr. Gallwn deimlo dagrau yn codi i'r wyneb eto. Roedd hyn yn ormod.

'Wyt ti dal yn meddwl y gallet ti fy mhriodi i?' gofynnodd.

'Fe allen i, wrth gwrs,' meddwn.

Gwenodd mewn rhyddhad.

'Y cwestiwn yw a ydw i ishe,' meddwn, ond nid yn angharedig.

'Erbyn diwedd y flwyddyn, efallai?'

'Pwy a ŵyr?'

'Pa ddyddiad fyddai orau gen ti?'

Gwnes i ymdrech i wenu. 'Y diwrnod y mae Mr Glass yn rhoi codiad cyflog i ti, fel dy fod ti'n gallu fforddio morwyn!'

Chwarddodd. 'Disgwyl fyddi di, dwi'n credu!' meddai. 'Maen haws cael gwaed o garreg na cheiniog o law Mr Glass.' Trodd i adael, cyn oedi. 'O, gyda llaw. Wi'n clywed y bydd ffigyrau gwerthiant y *Frenhines* yn ca'l eu cyfrif heddiw.'

Waeth iddo fod wedi fy nhrywanu yn fy stumog ddim. Aeth yr aer i gyd ohonof.

'Rwy'n siŵr y bydd yn olréit,' meddai'n addfwyn a mynd.

Eisteddais rhag bod yn sâl. Fe allwn fod yn ddi-waith y prynhawn hwnnw, a heb gyflog i dalu rhent ddiwedd y mis i Bopa. Byddai'n rhaid i mi gydio yn Ellis fel bad achub wedyn, doed a ddelo.

Arhosais yno am ddeng munud da yn synfyfyrio. Yna casglais bentwr o bapurau, llyfrau a photiau inc o'r warws a'u stwffio i'm bag, fel fod gen i rywbeth i'w werthu petai amseroedd yn galed. Efallai mai dwyn oedd peth felly, ond roedd rhaid byw.

Bu bron i mi neidio o 'nghroen pan wasgodd Êb ei ben rownd y drws. Caeais y bag yn gyflym.

'Sara,' meddai. 'Wedodd Ellis dy fod ti am siarad â fi?'

'O!' Cofiais i mi wneud yr esgus honno. 'Dim ond ishe rhoi'r rhain i ti,' meddwn wrth agor cil y bag yn ochelgar. 'Erthyglau ar gyfer rhifyn nesaf y *Frenhines*, os…'

'Os?'

Tagais. 'Os bydd rhifyn arall, yntê.'

'O! Sara fach, paid ti â phoeni am hynny. Dere i eistedd fan hyn gyda fi i ni gael sgwrs.'

Estynnodd ddwy gadair, ac eisteddom o boptu'r ford.

'Dealla di nawr, os na fydd yna *Frenhines*, fe fydd yna rywbeth arall,' meddai. 'Rwyt ti'n fenyw arbennig, Sara, a phe bai Mr Glass am dy wared fe fyddai weti gwneud erbyn hyn.'

Syllais arno. 'Wyt ti'n meddwl hynny o ddifrif?'

'Rhaid i ti gael rhagor o ffydd yn dy hunan, ac yng nghynllun Duw ar dy gyfer,' meddai. 'Rwyt ti yma nawr, yn Ngwasg Glass, oherwydd bod Duw dy ishe di yma,' gwenodd yn gyfeillgar gan amlygu'r rhychau dwfn bob ochor i'w lygaid. 'Dy unig swyddogaeth di yw cyflawni'r pwrpas hwnnw.'

Ni allwn gytuno ag Êb. Meddyliais am y pethau yn fy mag. Roeddwn i'n elyn i Dduw. Yn llofrudd, yn lleidr. A phetai Êb yn gwybod fy ngwir natur fe fyddai'r cyntaf i'm taflu ar y clwt.

'Dydw i ddim yn hollol siŵr bod Duw eisiau merch yn newyddiadurwr,' meddwn. 'Dyw Evan Evans ddim yn credu hynny, beth bynnag.'

'Twt lol. Mae'r Beibl yn dweud wrthym ni taw'r menywod ddaeth o hyd i fedd Iesu'n wag. Ac yna aethon nhw i ddweud wrth y dynion.'

'Ife?' Doeddwn i ddim yn siŵr o arwyddocâd hyn.

'Ie. Felly menywod oedd newyddiadurwyr yr Efengyl – y newyddion pwysicaf a fu erio'd. Gei di ddweud hynny wrth Evan Evans y tro nesaf fyddi di'n ei weld.'

Daeth Guto Salesbury i'r swyddfa y prynhawn hwnnw. Roedd yr hystings i ddewis yr ymgeisydd Rhyddfrydol ar gyfer yr etholiad o fewn ychydig ddyddiau, ac roedd Ellis yn awyddus i fynd dros union eiriad araith Guto. Yr hystings fyddai'r ornest wirioneddol am yr etholaeth, meddai Ellis, gan mai dim ond un Tori a chanddo bleidlais oedd yn y dref – 'sef yr ymgeisydd Toriaidd ei hun'.

'Dyma'r bedwaredd ganrif ar bymtheg!' meddai Guto Salesbury, gan sefyll yng nghanol ystafell y newyddiadurwyr, ei goesau ar led a'i ddwrn wedi ei godi o'i flaen. 'Oes cynnydd!' Edrychodd o amgylch yr ystafell i weld ymateb ei gynulleidfa ddychmygol. 'Ond rydym ni'n byw mewn tref heb garthffosiaeth, heb gwteri! Mae menywod yn disgwyl am oriau wrth nentydd ar y cyrion a hynny er mwyn cael dŵr glân.'

Prysurodd Ellis i ysgrifennu'r cyfan ar bapur.

'Does fawr ddim toiledau, ac mae'r rheini sydd i gael yn orlawn,' ymunodd Jenkin. 'A'r cynnwys yn cael ei daflu yn syth ar y stryd, neu'r afon!'

'A mynwentydd mor llawn o gyrff fel bod rhaid agor beddi'r rheini sydd newydd eu claddu er mwyn gwneud lle i ragor,' ychwanegodd Êb, wrth fynd i hwyl.

Tynnodd Guto ar flewiach ei farf wrth feddwl beth i'w ddweud nesaf. 'Mae baw dynol ac anifeilaidd yn pentyrru yn ein strydoedd, yn fryniau anferth o ddom a llwch!' meddai. 'Mae'r dref yn llong bydredig, yn hwylio ar fôr o gachu!'

Ochneidiodd Ellis a thynnu ei sbectol. 'Alla i eich atgoffa chi fod yna fenyw yn yr ystafell,' meddai.

Trodd Guto ei ben ataf fel petai yn fy ngweld am y tro cyntaf.

'Ymddiheuriadau, Miss Maddocks,' meddai.

Nodiais i fy mhen, heb allu cuddio'r wên ar fy ngwyneb.

'Nawr 'te, y ffeithiau moel yw hyn,' plethodd Ellis ei freichiau. 'Does dim pwynt cynnwys dim yn yr araith y bydd Mr Glass ac arweinwyr yr enwadau eraill yn anghydweld ag e.'

'Wi wedi gweud, sai'n mynd i fod yn gi bach i Glass,' meddai Guto.

'Fe allech chi ddweud yr un peth ond mewn ffordd ychydig yn wahanol,' awgrymais.

'Sut?' gofynnodd Guto.

'Falle nad yw Mr Glass yn becso am ddŵr glân ond mae'n becso am y mudiad dirwest,' meddwn, gan deimlo braidd yn hunanymwybodol nawr fod pawb yn yr ystafell yn edrych arnaf.

'Felly beth am ddweud bod angen dŵr glân fel bod pobol yn yfed llai o gwrw?'

Chwarddodd Jenkin, ond mwythodd Guto ei farf yn feddylgar. 'Peidio newid beth ydyn ni'n ei ddweud, ond newid y ffordd ry'n ni'n ei ddweud e.'

Roedd hon yn sgil oedd yn dod yn naturiol i mi, wedi blynyddoedd o ymdrin â'm tad.

'Y peth pwysig yw ein bod ni'n herio grym Fairclough,' meddai Guto. 'Galw am Gyngor i'r Dref.'

'Bydd arweinwyr yr enwadau yn gweld unrhyw lywodraeth fel her i rym y capel.' Syllodd Ellis i fyny ar y nenfwd.

'Nid yw holl ryddfrydwyr y dref mor hunanol â Mr Glass,' meddai Guto.

'Mae'n dy gefnogi di, Guto,' meddai Ellis.

'Am ei fod yn meddwl y byddaf yn gorn siarad iddo yn y Senedd,' atebodd Guto. 'Y cyfan mae Mr Glass ei eisiau yw dymchwel grym yr Eglwys. Dyna ei unig nod. Ac fe gaiff pawb arall fynd i'r diawl ond ei fod yn cael hynny.'

Clywyd gwich wrth i'r drws yng nghefn y swyddfa agor. Neidiodd Guto o'i groen. Daeth Mr Glass i mewn o'r oerfel, a sefyll i edrych o gwmpas y swyddfa. Roedd ei wyneb yn gwbwl ddifynegiant, fel arfer. Caeodd y drws ar ei ôl.

'Mr Salesbury,' meddai.

'Mr Glass.' Roedd y darpar wleidydd fel petai wedi crebachu yn ddim.

Nodiodd Mr Glass ei ben.

'Ry'ch chi 'nôl o Lundain yn gynnar, Mr Glass,' cynigiodd Ellis.

'Roeddwn i'n siŵr i mi glywed fy enw,' meddai. 'Ydi'r araith yn dod yn ei blaen?'

'O'i golygu ryw ychydig,' meddai Ellis.

'Purion.'

Trodd ar ei sawdl a chlywyd sŵn ei draed yn dringo i'w swyddfa. Bu distawrwydd nes i ni glywed clep y drws ar ben y grisiau'n cau.

'Wyt ti'n meddwl ei fod wedi clywed?' sibrydodd Guto, y braw yn amlwg ar ei wyneb.

'Wn i ddim,' meddai Ellis, gan blethu ei ddwylo y tu ôl i'w ben. 'Mae'n gallu bod yn anodd clywed o'r tu allan oherwydd sŵn yr argraffweisg.'

Ymlaciodd Guto ryw fymryn. Ond yna clustfeiniodd.

'Ond dyw'r argraffweisg ddim yn rhedeg!' meddai.

Cododd Ellis ei war ac edrych dros ei waith, heb allu cuddio'r wên ar gyrion ei wefusau.

Tynnodd Guto ei siaced a'i sgarff oddi ar gefn ei sedd. 'Cawn ni drafod – eto, ryw dro,' meddai, gan adael.

Deng munud yn ddiweddarach clywais gamau trymion ar y grisiau drachefn ac agorodd y drws. Daeth Mr Glass i'r golwg eto, a sythodd cefnau'r newyddiadurwyr ryw fymryn.

'Mae gwerthiant y *Frenhines* gen i,' meddai.

Neidiais ar fy nhraed fel pe bai rhywun wedi rhoi pin yn fy mhen ôl. Roedd golwg ddigon prudd ar ei wyneb, er fy mod wedi dysgu erbyn hyn nad oedd hynny'n arwydd o ddim.

'Saith cant wyth deg a thri rhifyn wedi gwerthu o'r mil a argraffwyd,' meddai. 'Gwelliant sylweddol. Ond mae'r *Frenhines* yn colli arian o hyd.'

Lledodd ton o siom drostaf. Teimlais y gilotin a fu'n crogi uwch fy mhen ers cyrraedd y dref yn dechrau syrthio.

'Ond mae gwerthiant y *Llais* wedi codi wrth i'r etholiad agosáu,' parhaodd. 'Felly mi gaiff y *Frenhines* gadw ei gorsedd am y tro. Ond rwy'n disgwyl gweld elw fis nesaf.' Rhwbiodd ei fys a'i fawd at ei gilydd, a throi'n ôl am y grisiau.

'Fydda i'n cael fy nhalu?' galwais ar ei ôl ag angerdd annisgwyl.

'O. Iawn, am y tro.' Chwifiodd ei law yn ddifater a dringo'n ôl i'w swyddfa, o'r golwg.

'Hir oes i'r *Frenhines*!' bloeddiodd Jenkin.

Simsanodd fy nghoesau, a bu'n rhaid i mi bwyso yn erbyn y ford.

Cododd Ellis. 'Wyt ti'n olréit, Sara?'

'Odw!'

'Mae gwên ar ei hwyneb!' meddai Êb.

'Wi'n olréit,' meddwn innau'n grynedig, gan eistedd. 'Dim ond yn teimlo rhyw... bwysau yn codi.'

'Croeso i'r artaith fisol o olygu cyfnodolyn ar gyfer Mr Glass,' meddai Jenkin.

Nodiodd Ellis ei ben. 'Peth digon ansicr yw bywyd newyddiadurwr,' meddai, gan dynnu ei getyn o'i ddesg a'i lenwi.

'Does neb yn gwbod pryd y bydd yn ca'l ei daflu oddi ar ei geffyl. Y cyfan elli di wneud yw sicrhau bod yna ychydig o laswellt i lanio arno.' Winciodd arnaf.

'Neu, fel Abraham, dy fod yn marchogaeth hanner dwsin o geffylau gwahanol yr un pryd!' meddai Jenkin.

Pendronodd Êb. 'Mae'n well gen i feddwl am fy hun fel agerfarch, yn tynnu hanner dwsin o gerbydau ar fy ôl.'

'Rwyt ti'n swnio fel agerfarch, gyda'r peswch yna.'

Gadewais nhw i'w hwyl a chychwyn yn ôl am adref. Roeddwn i'n teimlo'n rhyfeddol o wag ar ôl y newyddion y bûm yn gobeithio amdano cyhyd. Roeddwn wedi disgwyl teimlo gorfoledd ond roedd fy nghalon yn drwm.

Roedd yr eirlaw mor fân â llwch yn dawnsio ar y gwynt, ond doedd e ddim yn aros, dim ond yn cymysgu â'r llaid. Roedd y strydoedd yn weddol wag heblaw am ambell ffermwr ar gefn ei gert, wedi eu dal gan y tywydd wrth fynd a dod â nwyddau o'r dref. Gwelais fod rhai yn gwisgo mwy nag un wasgod a siaced ar eu pennau er mwyn cadw'r oerfel draw. Wrth agosáu at dŷ Bopa gwelais blentyn yn fy ngwylio o ben draw y stryd. Aeth ias drwof eto wrth gofio'r plentyn gwelw yn y fynwent. Ond Begw oedd yno, ei gwallt yn hongian yn un rhaeadr front o flaen ei llygaid unwaith eto. Doedd diwrnod bàth Bopa ddim wedi ei chadw'n lân yn hir. Codais law arni. Daeth draw, ac er gofid i mi gwelais ei bod hi'n llawer llesgach na'r arfer.

'Mae golwg weti hanner llwgu arnot ti,' meddwn. 'Wyt ti weti ca'l tamaid i'w fwyta?'

Ysgydwodd ei phen.

'Lle mae dy dad?'

Cododd fys a chyfeirio at y tŷ tafarn ar ddiwedd y rhes.

Allwn i ddim mynd â hi i dŷ Bopa. Petaen ni'n dechrau bwydo un plentyn fe fyddai'n rhaid eu bwydo nhw i gyd, ac fe fyddai hynny'n amhosib.

'Beth am i ni fynd i'r siop i nôl tamaid o fara i ni'n dwy?' gofynnais. 'Rydw i weti ca'l newyddion da heddiw.'

Edrychai'n betrus. 'Dim ond os alla i gael rhywbeth i Tomos,' meddai.

'Pwy yw Tomos?'

'Fy mrawd i.'

'Fe gawn ni rywbeth i Tomos hefyd. Ond paid â gweud wrth neb arall.'

Fe gerddon ni tua'r Stryd Fawr. Roedd poptai i'w cael fan hyn a fan draw o amgylch Tudor Street ond roeddwn eisiau bara da, nid rhywbeth wedi ei dewychu â blawd llif. Euthum heibio i siop bwtsiwr gyda chig moch a chyw iâr yn hongian y tu allan.

'Dyma un,' meddwn wrth weld siop 'Jones Baker & Corn Dealer'. Er syndod i mi fe gydiodd Begw yn fy llaw wrth i mi ei harwain dros y trothwy. Roedd cacennau, torthau a byns o bob math wedi eu pentyrru yno. Edrychai ei llygaid yn fawr ar ei hwyneb bychan, brwnt, yn llygadu'r wledd o'i blaen, a thorrodd fy nghalon drosti.

Edrychai perchennog y siop arnom yn anfodlon, ei fwstásh hir a'i aeliau yn ffurfio croes flin ar ei wyneb. Gwyliai ddwylo bychain Begw fel hebog.

'Beth hoffet ti?' gofynnais iddi.

Roedd llaw Begw wedi mynd i'w cheg ac edrychai ar goll yn llwyr. Bu'n rhaid i mi ei harwain o amgylch y siop fel petai mewn perlewyg, cyn iddi o'r diwedd estyn ei llaw ac amneidio i gyfeiriad un o'r byns, heb ddweud gair o'i phen.

'Honna?' gofynnais. 'Hoffai Tomos yr un peth wyt ti'n meddwl?'

Nodiodd ei phen.

Troais at berchennog y siop. 'Tair bynsen os gwelwch yn dda.'

'What?' gofynnodd yn swta.

'Three buns please.'

'Three pence.'

Tynnais yr arian o 'mhwrs a'i osod ar y cownter.

'Oes basged gyda chi?' gofynnais.

'Nacoes.'

Aeth i'r cefn a dychwelyd gyda thair bynsen. Cymerais nhw gan sylwi eu bod yn galed, yn hŷn, mae'n rhaid, na'r rheini oedd yn cael eu harddangos yn y siop. Ond roeddwn wedi clywed bod bara wedi llwydo fymryn yn well i'r stumog.

'Diolch,' meddwn cyn gadael.

'Ddylech chi ddim eu bwydo nhw,' galwodd y siopwr ar fy ôl.

'Mae'n ddrwg gen i.'

Amneidiodd ei ben at Begw. 'Os y'ch chi'n eu bwydo nhw fe fydd yna fwy ohonyn nhw.'

Ni wyddwn beth i'w ddweud, felly gadewais y siop, gyda Begw yn cydio yn un llaw ac yn dal y byns yn erbyn fy nghôt gyda'r llaw arall. Teimlwn euogrwydd rhyfedd, fel pe bawn i'n torri un o reolau'r dref drwy dosturio â phlentyn.

Wrth i ni fynd allan i'r stryd syrthiodd un o'r byns i'r baw.

'Daria!' meddwn.

Ond doedd dim ots gan Begw o gwbwl. Syrthiodd arni a'i thraflyncu gydag awch oedd bron yn anifeilaidd.

Dechreuais bigo ar fy mara innau wrth fynd adref, cyn edrych ar Begw. Roedd ei llygaid wedi eu hoelio ar y bwyd yn fy llaw, a gyda phob cnoad gallwn weld ei gên esgyrniog hithau yn troi fel petai'n byw'r profiad drwydda i.

'Cei di hon hefyd,' meddwn, ac estyn fy mynsen iddi.

Edrychodd arni gyda chymysgedd o awch ac euogrwydd.

'Beth sy'n bod?'

Ni adawodd ei llygaid y fynsen. Clywais sŵn fel byrlymu afon yn dod o'i stumog. Edrychodd ar y bwyd mewn anobaith.

'Beth am i ti gael hanner ac i Tomos gael yr hanner arall?' Rhwygais hi yn ei hanner a rhoi un hanner iddi. 'Byta hon a cheith dy frawd y gweddill.'

Roedd hynny'n ddigon iddi. Cymerodd y fynsen a stwffio bron y cyfan ohoni i'w cheg ar unwaith, a'i chnoi yn awchus.

'Paid â'i bwyta'n wyllt neu fe fyddi di'n sâl.'

Llyncodd, a gwenu. 'Ti'n swnian fel Mam.'

Aeth fy nghalon i'm gwddf. 'Wyt ti'n gweld ei heisiau hi?'

Nodiodd ei phen.

'Wi'n gweld eisiau fy mam i hefyd. Beth... beth ddicwddodd iddi?' Ni wyddwn a ddylwn i ofyn.

'Roedden ni'n gweithio mewn ffatri gotwm yn Lloegr,' meddai. 'Hi ar y peiriant a finne o dano, yn symud y fflwff.'

'Ca'l damwain ar y peiriant wnaeth hi?'

'Llyncu gormod o gotwm, meddai Dad. Ro'dd y cotwm fel eira, yn llenwi'r awyr.' Edrychodd o'i hamgylch fel pe bai'n gallu ei weld. 'Roedd hi'n peswch o hyd, yn peswch gwa'd. Daeth Dad â ni 'nôl i fan hyn wedyn.'

'Mae'n ddrwg 'da fi.'

Daethon ni i Canal Street a gweld bod torf wedi tyrru at ymyl y gamlas. Roeddwn wedi deall erbyn hyn bod dilyn tyrfa yn ffordd dda o ddod i wybod beth oedd yn digwydd yn y dref, felly fe wthiais i a Begw tua'r blaen.

Nid oeddwn yn siŵr beth oeddwn i'n ei weld i ddechrau. Roedd heddwas a dau weithiwr yn un o'r cychod, yn ceisio tynnu rhywbeth drwy'r dŵr gyda rhwyf. Edrychai fel pentwr o garpiau, gyda rhyw fath o wymon hir yn llusgo ar ei ôl.

'Beth sy wedi digwydd?' gofynnais i'r ddynes drws nesaf.

'Corff yn y cnel,' meddai.

Ac yna cydiodd y rhwyf yn y carpiau a'u llusgo. Daeth y dillad ond ddim y corff. Yna daeth pâr o fronnau crebachlyd i'r golwg a chorff hir, sgerbydol. Roedd wynebau'r gwylwyr yn gymysgedd o ofn a ffieidd-dod. Gosodais fy nwylo dros lygaid Begw a'i harwain oddi yno, fy stumog yn troi. Hon oedd y fenyw y bûm yn chwilio amdani, yr un ddaeth i swyddfa Gwasg Glass wythnosau ynghynt, yn rhefru bod ei merch fach ar goll.

Llusgais Begw yn ôl drwy'r dyrfa, gan deimlo trueni mawr dros y ddynes, ac yn teimlo hefyd bod unrhyw obaith o ddarganfod pwy oedd y tu cefn i ddiflaniad y plant wedi mynd.

'Paid poeni, dim ond dynes y stryd oedd hi,' meddwn, gan lyncu fy mhoer, er mwyn cysuro Begw.

'Mam Jane,' meddai Begw'n gwta.

'Roeddet ti'n nabod hi?'

Nodiodd ei phen.

Edrychais yn ôl i gyfeiriad y cnel. 'Roedd hi'n gweud bod ei merch weti ca'l ei chipio.'

Nodiodd Begw ei phen eto. 'Lot.'

'Lot?'

'Lot o blant.'

Cyrcydais o'i blaen a syllu arni'n hir. 'A does neb yn eu gweld nhw eto?'

Trodd Begw ei phen, a chaeodd ei cheg yn llinell fain.

'Beth sy'n bod?' gofynnais. 'Wyt ti'n teimlo'n sâl?'

'W i weti,' sibrydodd.

'Weti beth?'

'Weti eu gweld nhw eto.'

Gwthiodd Begw ei chorff tenau drwy dwll yn y ffens lle'r oedd y gwifrau wedi rhydu a thorri.

'Mae'n gynt mynd ar hyd y ffyrdd haearn,' meddai.

Edrychais ar y twll. 'Sai'n ddigon slimyn i ffito drw fan 'na.'

Ochneidiodd Begw, siŵr o fod yn difaru gorfod cludo'r fath greadur afrosgo yn gwmni. 'Bydd rhaid i chi ddringo drosti, 'te.'

Edrychais o'm cwmpas ac yna codi fy sgert fel nad oedd yn dal ar y gwifrau haearn, cyn codi un goes dros y ffens ac yna'r llall.

'Fydd ddim agerfarch yn dod?' gofynnais, wrth edrych bob ffordd ar hyd y ffordd haearn.

'Ddim am ychydig funudau.'

'A lle y'n ni'n mynd?'

'Ogof yr Octopws,' meddai.

'Octopws?' Dim ond wedi darllen am yr octopws mewn llyfrau oeddwn i, ond roeddwn wedi dysgu digon i wybod eu bod nhw'n greaduriaid digon peryglus. 'Sa i ishe mynd ar gyfyl octopws.'

'Dyna beth mae'r heddlu'n ei galw hi.'

'Hi sydd wedi bod yn dwyn y plant?'

'Nage, siŵr. Mae'n edrych ar ein holau ni. Ond efallai y bydd hi'n gwybod rhywbeth.' Edrychodd arna i'n ddifrifol a chodi bys rhybuddiol. 'Ond peidiwch â dweud dim wrth neb heb i fi ddweud.'

'Fi yw'r oedolyn!'

Culhaodd ei llygaid. 'Ers faint y'ch chi weti bod yn y dref?'

'Mis.'

'Wel, wi weti bod yma ers wyth mlynedd. Felly fi yw'r oedolyn.'

Cerddasom ar hyd ochr y ffordd haearn, heibio i gefnau degau o dai teras. Byddai Begw'n plygu o dro i dro ac yn codi darnau bychain o lo oedd wedi syrthio ymysg y cerrig mân o dan y trac a'u stwffio i'w phocedi. Yna, cyn cyrraedd pont y ffordd haearn dros yr afon, safodd gan blygu a dringo i lawr i dwll yn y graig o dan y cledrau.

'Lle wyt ti'n mynd? O's agerfarch yn dod?'

'Dere lawr.'

Dringais ar ei hôl a gweld bod y twll yn treiddio yn bell i lawr. Wrth fynd pylodd y golau a chyn bo hir roeddwn i'n gorfod teimlo fy ffordd â fy nwylo. Gallwn glywed sŵn dŵr yn diferu. Wedi ychydig gamau ymhellach daeth golau lamp nwy i'r golwg o'm blaen, ac yna rhes ohonynt wedi eu gosod ar gerrig ac mewn cilfachau yn y waliau.

'Mae rhywun yma'n barod,' sibrydais, rhag i'm llais atseinio o'm blaen.

'Wrth gwrs 'ny. Mae rhywun yma o hyd.'

Wedi ymbalfalu yn fy mlaen drwy'r twll cyfyng roedd yn dipyn o syndod pan agorodd y waliau carreg bob ochor gan ddatgelu ceudwll anferth. Daliais fy ngwynt. Roedd yr ogof wedi ei goleuo gan gyfres o lampau nwy ac un pelydr o heulwen a ddeuai drwy dwll yn y nenfwd. Ac wrth i'm llygaid arfer ychydig â'r caddug, gwelais beth rhyfeddol.

'Nefoedd yr adar!'

Yn hongian ben i waered o'r graig uwchben roedd adfail eglwys o faint sylweddol. Roedd meindwr yr eglwys wedi dod yn rhydd ac yn gorwedd ar waelod yr ogof fel llongddrylliad. Hwnt ac yma crogai cerrig beddau o'r waliau, fel dannedd ar wasgar mewn ceg.

'Sut ar y ddaear y dicwddodd peth fel hyn?' gofynnais.

'Gwthion nhw'r eglwys i'r twll i wneud lle i'r ffordd haearn,' meddai Begw.

Gwelais fod y meindwr drylliedig wedi ei amgylchynu gan ddegau o focsys uchel, sachau blawd, a thrugareddau haearn o bob math. Ac, yn eistedd arnynt, ynddynt a gerllaw, roedd tua deg ar hugain o blant carpiog rhwng pump ac un ar ddeg oed. Dechreuasant glebran yn gyffrous ymysg ei gilydd wrth i mi agosáu.

Dringodd Begw i ben y cewyll pren nes ei bod ar yr un lefel ag un o glychau haearn y meindwr gorweddiog. Cododd wialen haearn a'i bwrw yn erbyn y gloch. Atseiniodd y sŵn oddi ar waliau'r ogof. Ymgasglodd y plant eraill o'n hamgylch ac edrych arnaf â diddordeb mawr a rhywfaint o bryder.

'Pam ti weti dod ag oedolyn yma?' gofynnodd bachgen ychydig yn hŷn na Begw.

'Mae Sara'n mynd i helpu,' atebodd Begw.

'Sut?' gofynnodd un o'r plant eraill.

'Gwbod be ddicwddodd i Jane a'r lleill.'

Edrychodd y plant ar ei gilydd, ac roedd llawer o dynnu tafodau a stwffio dwylo i bocedi.

'Roedd Begw yn gweud ei bod hi weti eu gweld nhw,' meddwn. 'Fi'n credu 'mod i weti gweld un hefyd...'

Aeth murmur ofnus drwy'r dyrfa o blant.

'Isht, iddi gael dweud beth ddicwddodd,' meddai Begw.

Clywais nerfau fy stumog yn procio fymryn wrth deimlo cymaint o lygaid arnaf, er mai plant oedden nhw. 'Roeddwn i yn yr Hen Dref ochor draw yr afon,' meddwn. 'Ddes i ar draws hen fynwent. Ac mi welais i rywbeth yno. Rhyw fath o fachgen gyda... hanner wyneb.'

'Rydw i weti ei weld e.' Neidiodd un o'r bechgyn o un droed i'r llall yn frwdfrydig. 'Ar gornel Chapel Street. Glywais i lais yn dod o'r gwter. Dryches i lawr a gweld bachgen yn pipo lan arna i. Dim ond hanner wyneb oedd 'da fe hefyd.'

Aeth murmur pellach drwy'r dyrfa.

'Wi 'di clywed ei fod e'n llusgo plant bêch i lawr i'r gwter 'da fe, a wedyn chi'n troi yr un fath ag e,' awgrymodd rhywun arall.

'Fi weti ei weld e hefyd,' meddai un o'r lleill. 'Fe dda'th e i 'ngweld i gyda'r nos. Fe ddywedodd ei fod e'n ddeg oed, ond na fyddai e byth yn ca'l pen blwydd arall. Roedd e ishe gwybod... ishe gwybod...'

'Gwybod beth?' gofynnodd Begw'n ddiamynedd.

Crychodd y bachgen ei drwyn wrth geisio cofio. 'Rhyw air.'

'Pa air?' gofynnais.

'Sai'n gwybod. Y gair. Fe ddywedes i gwpwl o eiria ond doedd e ddim ishe'r rheini.'

'Fi 'di clywed bod ganddo fe lygaid melyn i weld yn y tywyllwch,' torrodd plentyn arall ar draws.

'Glywais i eu bod nhw'n 'etfan ambiti'r lle mewn fflyin-mashîn yn y niwl ac yn dwgyd plant bêch lan o'r llawr!'

'Paid â bod yn ddwl!' meddai Begw.

'Fe weles i Jane,' meddai un o'r merched tua'r cefn, a throdd pawb i syllu arni. 'Roedd hi yn yr un dosbarth â fi yn yr Ysgol Sul. Ond roedd hi'n edrych yn wahanol.' Gwnaeth wyneb cam. 'Yn welw. A wnaeth hi ddim fy nabod i, dim ond cerad heibio yn mwmial i'w hunan. Fatha bod hi'n cerad yn ei chwsg.'

Roeddwn i'n teimlo'n anghyfforddus iawn mwyaf sydyn, wrth weld yr ofn yn llygaid y plant a'i glywed yn eu lleisiau. Nid dychmygu oeddwn i felly yn yr Hen Dref. Roedd rhywbeth allan yno, rhywbeth yn perthyn i'r Diafol, a dechreuais feddwl y byddai'n well peidio ag ymyrryd ag ef.

'Mi welais i un o'r plant hefyd – yn ca'l ei chymryd,' meddai Begw, ei breichiau ymhleth. 'Judith Morris. Roedd hi'n gwerthu dail te ar Station Street a – a welais i nhw'n mynd â hi.'

'Alli di ddisgrifio nhw?' gofynnais yn daer.

'Roedd un o'r dynion yn dal a thenau ac un yn fach ac yn dew. Roedden nhw'n gwisgo hetiau uchel a chotiau du.' Meddyliodd am funud. 'Ac roedd slimen o fenyw yn gwisgo ffrog frown a chanddi wallt gwyn. Welais i mo'u hwynebau nhw.'

'Allai hynna fod yn unrhyw un,' meddai un o'r bechgyn yn ddilornus.

'Ca' dy ben,' meddai Begw dan deimlad. 'Fe gydiodd hi yn llaw y fenyw a'r peth ola weles i oedd…' Gwnaeth wyneb. 'Hi'n edrych yn ôl arna i, a golwg weti drysu arni. Wedyn fe ddiflannodd hi.'

'Ai dyna lle'r mae'r plant weti bod yn diflannu?' gofynnais.

'Dim pob un,' meddai Begw, 'ond mae rhai yn mynd mês i werthu, a dy'n nhw ddim yn dod 'nôl. Mae'r Octopws yn gweud wrthon ni i aros gyda'n gilydd, ond…'

'Ond wedyn mae un yn mynd i biso ac yn dod 'nôl a sdim golwg o'r llall,' meddai un o'r bechgyn.

'Fyddan nhw'n ein ca'l ni i gyd yn diwedd,' meddai un o'r merched. 'Sneb yn poeni os y'n ni'n diflannu.'

'Mae'r Octopws yn poeni,' meddai Begw.

'Pwy yw'r Octopws?' gofynnais.

'Paid â gweud gormod wrthi,' meddai un o'r bechgyn.

'Ond mae hi ar ein hochor ni,' meddai Begw. Trodd ataf. 'Dyw hi ddim yma nawr.'

Cyfeiriodd at gadair dderw maint oedolyn ar frig pentwr o focsys, cewyll a bagiau.

'Beth y'ch chi'n ei werthu ar Station Street?' gofynnais.

'Llêth,' meddai Begw.

'Dŵr â sialc ynddo,' meddai un o'r bechgyn.

'Coco.'

'Dwst brics.'

'Gwin.'

'Dŵr â phlwm ynddo.'

'Cwrw.'

'Dŵr â bysedd y cŵn weti ei gymysgu ynddo. A rhywbeth bêch i ychwanegu'r lliw...'

'Dail te.'

'Dail weti paentio â phlwm.'

'Pastai.'

Ni ddywedodd y bachgen arall ddim.

'Beth sy yn y pasteiod?' gofynnais. 'A gweud y gwir, sa i ishe gwbod. A'r Octopws sy'n gwneud y... bwyd yma i gyd?'

'Ni sy'n gwneud nhw gyda hi,' meddai Begw. 'I wneud arian i brynu bwyd go iawn.'

Yn sydyn teimlais gaddug oer yn cau amdanaf. 'Ond... chi'n camarwain pobol!'

'Dim ond gwerthu i bobol gyfoethog y Stryd Fawr,' meddai Begw. 'Mae digon o arian 'da nhw.'

'Twyllo pobol,' meddwn. 'So chi weti dysgu dim byd yn yr Ysgol Sul?'

Rwyt ti'n un dda i siarad, meddai fy nghydwybod. Mae dy fag di'n llawn pethau rwyt ti wedi eu dwyn o Wasg Glass.

Ond doedd dim gobaith i mi. Roeddwn i'n mynd i uffern ta beth. Ac roedd meddwl bod rhywun yn defnyddio plant fel byddin o droseddwyr bychain yn troi arnaf. Allwn i ddim gwneud dim drosto fy hun, ond fe allen i drio achub eneidiau'r rhai bach 'ma.

Does dim rhyfedd eu bod nhw'n byw mewn tlodi ac yn llwgu, meddai'r llais yn fy mhen drachefn. Llais fy nhad. Talu'r pris am eu pechodau troseddol y maent! Os allet ti eu rhyddhau o'u pechod fe allet eu rhyddhau o'u dioddefaint diangen hefyd.

'Pwy yw'r Octopws sy'n gweud wrthoch chi wneud y pethe yma i gyd?' gofynnais.

Ond roedd cwmwl oer wedi mynd dros wynebau'r plant. Lle ynghynt yr oeddynt yn closio ataf, roedd eu breichiau yn awr ymhleth. Roedd rhywfaint o'r hen styfnigrwydd yn ôl ar wyneb Begw hyd yn oed. Doedd hi ddim yn siŵr bellach oeddwn i ar ei hochor ai peidio.

'Hi yw'r bòs, fel wetais i,' meddai'n bendant.

'Ti'n siŵr nad gyda'r moch ma hon?' gofynnodd un bachgen. Poerodd y gair. 'Nad ydi hi'n un o nhw?'

Camais am yn ôl wrth weld y fath ddrwgdybiaeth ar wynebau'r plant, cyn teimlo'n ddwl yn fwyaf sydyn am fod eu hofn nhw. Roeddwn i'n gawr mewn gwlad o bobol fychain. Ond deallais na fyddai beirniadu'r plant yn cyflawni dim. Roedd rhaid i mi eu hargyhoeddi fy mod i ar eu hochor os oeddwn i'n mynd i gael at y gwir.

'Mae gen i syniad,' meddwn. 'Beth am i fi gadw golwg gyda chi heno? Fe gaiff un ohonoch chi werthu... pasteiod, a mi wna i gadw golwg am y lladron plant.'

Nid oedd Begw'n sicr. 'So chi am ddweud dim wrth yr heddlu?'

'Wrth gwrs wna i ddim,' meddwn. 'Dw i ddim am eich gweld chi i gyd yn y carchar!' Dim ond yr Octopws, meddyliwn. Mi daga i hi os ga i afael arni.

'Iawn,' meddai Begw. A gwenu. 'Mi ddo i 'da chi i werthu ar y stryd.'

'Fydd dy dad ddim ishe ti'n ôl?'

Edrychodd yn ddirmygus. 'Fydd hwnnw ddim yn sylwi. Rhy brysur yn llyfu gwaelod y botel.'

⚙

Y noson honno, safai Begw ar gornel y Stryd Fawr, gyda hambwrdd o basteiod o ogof yr Octopws, a finnau'n llechu o'r golwg yng nghysgod ale. Doeddwn i erioed wedi bod yno gyda'r nos, ac roedd y lle wedi ei drawsnewid yn llwyr. Roedd ffenestri'r siopau'n dywyll ond y tafarndai a'r bwytai'n llawn a chynteddau'r theatrau cerdd a'r neuaddau dawnsio dan eu sang. Roedd hi'n bwrw glaw mân, a'r certiau a ymlwybrai drwy'r llaca ar y stryd yn gadael ffosydd rhedegog ar eu holau. Ond tyrrai degau o ddynion ifanc dan y lampau nwy yn eu hetiau uchel a'u clogynnau du. Roedd menywod yno hefyd, mewn ffrogiau lliwgar a sgertiau llaes, a byddai sawl un arall yn agor y ffenestri uwchben y tafarndai er mwyn codi llaw ar y dynion oddi tanynt.

'Mae'r merched yn ca'l amser da,' meddwn wrth Begw.

Edrychodd arnaf trwy gil ei llygaid.

'Wi bron â llwgu,' meddwn wedyn.

'Gei di bastai am geiniog.'

Ochneidiais, a mynd i'm pwrs. Cymerodd Begw'r geiniog a rhoi'r bastai i mi. Cnoais hi'n ochelgar.

'Mae'n eithaf da,' meddwn. Ar ôl byw o un Sul i'r llall ar ddim ond bara, caws, llaeth ac uwd roedd blasu cig wedi tynnu dŵr o'm dannedd. 'Beth yw e?'

'Cath,' meddai Begw.

Rhoddais y gorau i gnoi a llygadu'r cig yn y bastai. Ond mi'r oeddwn i'n llwgu. Bwytais hi'n awchus.

Ond ar wahân i mi doedd dim llawer o alw am y pasteiod, felly ar ôl chwarter awr fe aeth Begw i'r ale y tu ôl i ni a dechrau chwilota o dan bentwr o sachau. Tynnodd ddarn o bren ohono. Arno roedd rhywun wedi paentio'r geiriau 'I am an orffan' mewn gwyn. Gosododd Begw ef ar y stryd o'i blaen, yna tynnodd ffon o rywle a'i dal o'i blaen, rholio ei llygaid fel pe bai'n ddall ac ymestyn un goes o'r golwg yn ei ffrog garpiog.

'Paid â chamarwain pobol –' dechreuais.

'Shhh,' meddai'n ddiamynedd.

Daeth bachgen bach atom, mewn cap fflat a dillad carpiog, a dim esgidiau am ei draed. Roedd yn cario brwsh dros ei ysgwydd.

'Hei, Begw,' meddai.

'Hei,' atebodd. 'Dyma Sara. Sara, John Brwsh.'

'Hei.'

'Sgubo'r stryd wyt ti?' gofynnais.

'Mae pobol grand yn talu ceiniog i fi fel nad ydyn nhw'n ca'l baw ar eu trêd,' meddai'n falch. 'Wi'n gallu gwneud saith swllt yr wythnos pan mae'n bwrw glaw a mae'r stryd yn fwd.'

'Dyna waith gwerth weil,' meddwn. 'Rwyt ti'n cadw'r stryd yn lân.'

'Rhaid i fi roi'r baw yn ôl fel o'dd e wedyn, neu fyddai neb yn fy nhalu i'r eilwaith. Mae 'nhad i bia merlen felly wi'n llenwi berfa ac yn dod i lawr yn y bore...'

'Shhh,' meddai Begw. 'Mae'r heddlu'n dod, well i ti guddio.'

Diflannodd John Brwsh i'r ale. Hwyliodd car stêm ar hyd y stryd, gan ymwthio drwy'r dorf o hetiau simnai. Gallwn weld dau ddyn mewn cotiau glas a math o arfwisg ledr ar gefn y car.

'Cuddia, Sara,' meddai Begw.

'Pam? Dw i ddim yn gwneud dim byd o'i le,' meddwn, a sefyll yn y fan a'r lle i wylio'r car stêm yn mynd heibio.

Ond yna sylwais ar beth rhyfedd. Roedd bron y cyfan o'r menywod eraill ar y stryd wedi diflannu yn fwyaf sydyn i'r aleau tywyll ac o olwg lampau nwy llachar y stryd, a chaewyd y ffenestri uwch y tafarndai a'r theatrau, gan fy ngadael i'n sefyll yno ar fy mhen fy hun ar stryd o ddynion mewn hetiau uchel. Safodd car stêm yr heddlu gyferbyn â mi. Edrychodd dau heddwas arnaf o dan eu helmedau uchel. Daliai un ohonynt, oedd yn sefyll ar gefn y car, ddryll hir o bren a phres. Gwisgai fwgwd lledr a thynnodd ef i ffwrdd i siarad.

'Co un. Be ti'n feddwl?'

'Mae'n un bert,' meddai'r llall, y gyrrwr, gan gilwenu. 'Gwastraff braidd ei rhoi hi dan glo a gweud y gwir.'

Pwysodd yr heddwas tuag ataf. 'Faint am y ddau ohonom ni?'

'Y ddau ohonoch chi?'

'So chi ishe hon, mae'r clap 'da hi,' meddai Begw.

Edrychodd yr heddweision ar ei gilydd. 'Ti'n siŵr?' gofynnodd un.

'Hi sy 'di heintio hanner y dref,' meddai Begw.

Gwgodd yr heddwas a ddaliai'r dryll.

'Gwell mynd â hi i mewn, felly,' meddai'r llall.

'I le?' gofynnais. Ond roedd yr heddweision eisoes wedi dringo o'r car stêm a chydio mewn braich yr un. 'Beth? Pam?'

'Chi'n gwbod y rheola,' meddai'r heddwas. 'Ddylech chi ddim fod mês yma yn ceisio rhwydo dynion os nad y'ch chi'n lân.'

'W i'n ddynes foesol! Yn athrawes Ysgol Sul! Ewch i holi! Ewch i holi Mr Glass!'

'Dewch nawr, cariad.'

Troais i edrych ar Begw ond roedd hi eisoes wedi diflannu i rywle – i chwilio am gymorth, gobeithiwn.

Agorwyd caets ar gefn y car stêm a chefais fy rhoi ynddo. Doedd dim lle i eistedd ac felly roedd rhaid sefyll, a phawb yn edrych arnaf. Ac roedd cryn ddiddordeb ymysg y dynion oedd wedi ymgasglu yno.

'Slwt!' gwaeddodd rhywun, a bu chwerthin mawr wedyn.

Taniodd un o'r heddweision injan y cerbyd drachefn a saethodd fel bwled ar hyd y Stryd Fawr i gyfeiriad y de, gan godi ton o ager du o'r simnai ar ganol y cerbyd a chwythodd yn syth i'm hwyneb. 'Lle y'ch chi mynd â fi?' gwaeddais, ond ni allai'r heddweision fy nghlywed oherwydd i hyrddio'r gwynt gipio fy llais. Siglodd y cerbyd yn wyllt wrth wibio ar hyd y coblau.

Yna roedden ni wedi mynd heibio'r orsaf ac yma roedd rhes o siediau diwydiannol digon llwm yr olwg, a warysau mawr o frics coch. Wedi gwibio drwy sawl stryd gefn daethpwyd o'r diwedd at borthdy a chanddo borthcwlis a waliau uchel o wenithfaen tywyll bob ochor iddo.

'Agorwch y ddôr!' gwaeddodd un o'r heddweision, ac wedi ychydig eiliadau fe godwyd y porthcwlis haearn â sŵn cadwyn yn rhedeg a gwich rydlyd. Y tu hwnt roedd adeilad tebyg i gastell, wedi ei amgylchynu gan wal uchel. Roedd canol y castell yn dŵr crwn llydan, yr adeiladau eraill yn ymwthio ohono fel adenydd.

Parciodd yr heddweision y car stêm a diffodd yr injan. Crynodd cyn tewi, fel ci yn ysgwyd dŵr oddi ar ei flew cyn gorffwys. Daeth un o'r heddweision i agor y caets a fy nhynnu allan, a mynd â mi trwy un o ddrysau ochor y gaer ac i mewn i'r prif adeilad.

Roedd coridor hir o'n blaenau. Ac wrth gael fy llusgo ar ei hyd gwelais beth erchyll yn y pen pellaf. Math o wyneb ydoedd, tebyg i gargoil, ond wedi ei wneud o bres. Yr oedd yn hongian o'r to ac yn edrych hwnt ac yma, i ben pella'r coridor, cyn troi a syllu i'r pen arall. Roedd yn fy atgoffa o wyneb difywyd y plentyn yn y fynwent.

Ceisiais arafu fy nghamau ond chwarddodd yr heddweision a'm llusgo yn fy mlaen.

'Perisgop cadw llygad yw hwn,' meddai'r heddwas. 'Gall y gardiau acha'r tŵr edrych i weld beth sy'n dicwdd ar bob coridor yn y carchar. Felly paid ti â meddwl bo ni ddim yn cadw golwg arnat ti, lle bynnag wyt ti.'

Aethpwyd â fi o dan yr wyneb pres a drwy ddrws ym mhen draw'r coridor ac i siambr enfawr hollol gron, gyda phum llawr o gelloedd ar hyd yr ochr yn ymestyn at y nenfwd, a chromen haearn yn goron arni. Yng nghanol y siambr safai tŵr unig gyda ffenestri bychan ar ei frig, a phontydd metal yn dyfod ohono er mwyn gallu cerdded draw at y celloedd. Wedi eiliad neu ddwy o syllu sylwais fod y celloedd yn troelli'n araf bach ar eu lefelau gwahanol, fel pe bai pob llawr yn olwyn anferthol mewn peiriant.

Arweiniwyd fi i mewn i'r tŵr ac i fyny'r grisiau i'r ail lawr, ac yna ar draws un o'r pontydd at un o'r celloedd. Wrth agosáu gwelais pam fod y celloedd yn symud. Ym mhob un roedd dau garcharor, a'r rheini'n gwthio yn erbyn polion a ddeuai o'r wal bellaf, gan droelli'r gylchfan gyfan. Roedd golwg wedi ymlâdd arnynt ac roedd griddfan ac ochneidio parhaus yn atseinio o amgylch y siambr.

Meddyliais am eiliad mai dyma weledigaeth o Dis fel y'i disgrifir yn uffern Dante, gyda sawl lefel iddo, a phob un yn llawn pechaduriaid yn gwneud penyd am eu drygioni.

Daeth sŵn chwiban o'r tŵr ac ataliodd y gwthio am funud. Gwelais ambell un yn syrthio ar ei liniau i gael ei wynt ato. Ond deallais wedyn nad cael hoe oeddynt. Y nod oedd cael amser i ddatgloi un o'r celloedd a'm gwthio i mewn, ochor yn ochor â menyw arall. Caewyd a chlowyd y giât y tu ôl i mi a chanwyd y chwiban eto. Yn syth, dechreuodd y celloedd gylchdroi o amgylch y siambr drachefn, â'r lloriau'n llithro oddi tanynt.

'Tyrd nawr, rhaid i ti wthio,' meddai'r fenyw arall yn hanner-gwyllt. 'Gwthia, neu mi wnawn nhw ein cosbi ni'n dwy.'

Cydiais yn y polyn ac ymuno yn yr ymdrech. Nid oedd angen cymaint â hynny o rym i'w droi, gyda phawb ar yr un llawr yn gwthio gyda'i gilydd – rhaid bod yn agos i gant ohonom. Ond digon buan y dechreuodd fy mreichiau gyffio gyda'r straen barhaol. O fewn deng munud roedd poenau'n saethu ar eu hyd ac i fyny at fy ysgwyddau.

'Pam – pam ein bod ni'n gwthio?' gofynnais, wrth weddïo am gael clywed y chwiban eto a chyfle i gael hoe.

Edrychodd y ddynes arnaf fel pe bawn i'n hurt. 'Gwthio er mwyn gwthio!' meddai. 'Rownd, a rownd, a rownd.'

'Ond i le y'n ni'n mynd?'

'I nunlle.' Griddfanodd. 'Ond maen nhw'n gwylio.' Edrychodd draw i gyfeiriad y tŵr. 'Yn gwylio drwy'r amser.'

Edrychais i'r un cyfeiriad. Doedd dim i'w weld y tu hwnt i'r ffenestri tywyll. Efallai nad oedd neb yno o gwbwl. Do'n i ddim yn siŵr.

Wedi tua ugain munud – roedd yn anodd mesur yr amser – ni allai fy ysgwyddau ddioddef rhagor o wewyr. Troais ar fy nghefn a dechrau gwthio am yn ôl. Am ba hyd fyddwn i yma, meddyliais, a minnau heb wneud dim o'i le. Gobeithiwn fod Begw wedi dianc yn saff ac y câi afael ar rywun – Mr Glass, neu hyd yn oed Bopa efallai, a allai ddod i esbonio mai camgymeriad oedd y cwbwl.

Ond roeddwn i'n euog, wrth gwrs. Yn euog o ladd fy nhad. Ni wyddai'r heddlu hynny ond roedd Duw yn gwybod, ac wedi fy rhoi yn fy lle yn hwyr neu'n hwyrach. Efallai y byddwn i yno am byth, yng nghrombil Dis, yn gwthio, a gwthio, rownd a rownd fel y fenyw hanner call wrth fy ochr.

Wedi ugain munud arall roeddwn wedi syrthio i fath o berlewyg, neu hunllef. Bu bron i mi beidio â sylwi pan chwythodd y chwiban drachefn. Daeth symud parhaol y wal o'm blaen i stop. Roedd yn rhyfedd peidio â gwthio, a symud. Syrthiais ar fy ngliniau a cheisio rhwbio fy mreichiau i adfer rhywfaint o deimlad.

'Mae'n wâth i ddechra,' meddai'r ferch wrth fy ochr. 'Fe ddoi di'n wytnach.'

Edrychais arni. Doedd hi'n ddim ond croen ac esgyrn. Os oedd cryfder yno, cryfder meddyliol oedd.

Agorodd drws yn y tŵr a daeth dau o'r gwarcheidwaid allan, a cherdded ar draws y bont i'n cyfeiriad ni. Datglowyd y gell.

'Wi'n ca'l mynd?' gofynnais yn hanner gobeithiol.

'Archwiliad corfforol,' meddai un, a chydiwyd ynof gerfydd fy ysgwyddau, a'm llusgo i 'nhraed. Gwaeddais mewn poen.

Hebryngwyd fi ar draws y bont, i lawr y tŵr ac yn ôl ar hyd un o'r coridorau. Roedd perisgop masg pres yma hefyd – yr un un efallai. Ni wyddwn bellach i ba gyfeiriad oeddwn i'n mynd. Teimlwn yn chwibwrn wedi'r troelli diddiwedd.

Aethpwyd â fi i lawr rhes o risiau i ddalgell y carchar. Roedd yn dywyll yma a deuai'r unig oleuni o ffenestri uchel o dan lefel y llawr ac ambell lamp nwy. Gallwn glywed griddfan parhaus cadwyni'r carcharorion yn llusgo ar lawr. Wrth i ni fynd heibio brysiai rhai at ddrysau eu celloedd, yn cyfarth fel cŵn yn gobeithio cael eu mabwysiadu.

Wrth i'r gwarcheidwad aros o flaen drws a'i ddatgloi gallwn glywed un o'r carcharorion yn clebran iddo'i hun: 'Y Gair... y Gair... os mai Duw yw'r Gair, pa air yw hwnnw? Mae ar flaen fy nhafod!'

Bwriodd un o'r gardiau fariau'r gell â phastwn. 'Quiet down there!'

Arweiniwyd fi i ystafell o deils gwyn. Yno safai bwrdd o farmor, gyda chadwyni haearn arno, a gerllaw ar droli roedd offer dur wedi eu gosod mewn rhes. Ym mhen draw'r ystafell roedd sinc, a silff yn dal poteli o hylifau amrywiol, a thermomedrau. Roedd yn oer, ac yn llaith. Gallwn weld fy anadl yn codi o'm blaen.

Daeth dyn i mewn drwy ddrws arall. Dyn bach tew wedi ei wisgo mewn côt wen, â barclod lledr a phâr o gogls ar ei ben. Ni edrychodd arnaf, dim ond gorchymyn i'r gardiau fy ngosod ar y bwrdd. Gwnaethon nhw hynny ac yna camu o'r neilltu.

'Speak Welsh?' gofynnodd.

Nodiais fy mhen.

'Just as I suspected,' meddai, gan dynnu ei law oer ar draws fy nghorff. 'Nawr 'te, mae gan miss fach ddewis. Bodloni ar archwiliad corfforol, heb rwgnach, neu gael ei chlymu.'

'Sa i weti gwneud dim!'

'Contagious Diseases Act 1864,' meddai'r doctor. 'Sy'n nodi bod rhaid carcharu unrhyw un y drwgdybir iddi fod yn butain, sy'n cario afiechydon erchyll, ac sy'n ceisio hudo dynion er mwyn eu heintio yn yr un modd. Bydd rhaid i miss fach olchi ei phethau afiach bob dydd, a mynychu archwiliad bob pythefnos nes ei bod yn rhydd rhag afiechyd.'

'Sa i'n butain! W i'n newyddiadurwr!'

Oedodd y doctor. Ysgrifennodd ar ddarn o bapur.

'Mae miss fach hefyd yn hysterig,' meddai. 'Rydwyf yn awgrymu cwrs o therapi electrogynhyrfol law yn llaw â'r driniaeth.' Trodd at y gardiau. 'Well i chi ei chlymu i lawr wedi'r cwbwl.'

Ceisiais godi ond roedd dwylo'r gardiau eisoes ar fy ysgwyddau. Tynnwyd fy isglos gan y doctor, a chodwyd fy mhais a fy ffrog dros fy nghorff. Yn y cyfamser, clymodd y gard arall efynnau lledr am fy nghoesau noeth, yn dynn nes bod y pwythau ar eu hymylon yn brathu'r croen. Roeddwn yn crynu, ac nid yn unig oherwydd bod y bwrdd mor oer. Ceisiais symud, a chau fy nghoesau er cywilydd, ond roeddwn yn hollol ddiymadferth.

Gwelais y doctor yn codi teclyn oddi ar y bwrdd. Edrychai fel offeryn i brocio'r tân, roedd iddo dair fforch yn fy wynebu. Roedd arno ddolen. Aeth i sefyll rhwng fy nghoesau a deallais beth oedd ar fin ei wneud.

'Na!' gwaeddais, ond roeddwn wedi fy nal ac ni allwn symud gewyn.

'Bydd rhaid i miss fach ddal ei gwynt nawr. Mae hwn yn gallu pinsho.'

Teimlais ias o boen wrth i'r doctor wthio'r ddyfais i mewn. Brathais fy ngwefus nes bod gwaed cynnes yn llifo i lawr fy ngên. Yna gwyliais y doctor yn tynhau'r ddolen a chynyddodd y gwasgu tu mewn nes bod y boen yn annioddefol.

'Awwww!' gwaeddais.

Aeth y doctor ar ei gwrcwd. 'Hmm. Welaf fi ddim arwydd o afiechyd,' meddai. 'Ac mae'r fynedfa yn reit fychan.' Dechreuodd archwilio â'i fys. 'Efallai fod miss fach yn gweud y gwir ac nad yw hi'n butain weti'r cwbwl.'

Llaciodd y ddyfais. Diolch i Dduw, meddyliais. Roedd yr artaith ar ben.

'Fi ishe mynd,' llefais.

Gwenodd y doctor. 'Dim ond yr hysteria i'w drin gan Dr Schnitt yn awr.'

Cododd y cyfog yn fy ngwddw. 'Ond wi'n gweud y gwir!' Ceisiais lusgo fy hun oddi ar y bwrdd â'm dwylo rhydd.

Trodd y doctor at y gardiau. 'Well i chi glymu ei breichiau i lawr ar gyfer hyn, hefyd. A rhoi rhywbeth iddi frathu arno.'

Aeth y gardiau heibio fel cysgodion. Teimlais ddwylo garw yn estyn fy mreichiau yn ôl a chlymwyd gefynnau lledr amdanynt. Estynnwyd strap ledr ar draws fy ngwyneb a rhwng fy nannedd.

Ceisiais weiddi a symud ond doedd dim yn tycio.

Symudodd y doctor at y wal a chydio mewn dolen. Edrychais i fyny a gweld bod rhyw fath o hors ddillad yno, ond ei fod wedi ei orchuddio ag offer a gwifrau. Roedd math o helmed yno â thiwbiau a gwifrau yn codi ohoni, ac ym mhen arall y gwifrau roedd amryw o ddolenni pren â phennau haearn arnynt.

'Dw i wedi dysgu Cymraeg, wyddoch chi,' meddai'r doctor. Tynnodd y ddolen a disgynnodd yr hors ddillad yn araf tuag atom. 'Er i sawl un fy rhybuddio yn erbyn hynny.'

Daeth yr hors i stop o fewn cyrraedd y doctor.

'Mae'n achosi gwallgofrwydd, yr iaith Gymraeg, medden nhw. Ewch i wallgofdy'r dref ac maen nhw i gyd yn siarad Cymraeg.'

Tynnodd yr helmed o'r hors, ei gosod ar fy mhen a'i thynhau â strap ledr arall o dan fy ngên.

'Ond roedd rhaid dysgu'r iaith i ddarganfod ei heffeithiau seicotig ar feddyliau'r boblogaeth,' meddai. 'Rhaid i ddoctor sy'n mynd i ganol pobol sâl, er mwyn eu hastudio, fod yn ddewr.'

Yna dechreuodd osod y dolenni pren a haearn o amgylch fy nghorff.

Gwenodd y doctor. 'Ydi miss fach wedi clywed am drydan o'r blaen?' gofynnodd. Cododd fys at y nenfwd a'i droelli. 'Mae'r carcharorion yn troi a throi drwy'r dydd ac yn creu digon o drydan ar gyfer ein triniaeth.'

Gafaelodd yn un o'r teclynnau ar yr hors ddillad. 'Camwch yn ôl,' meddai wrth y gardiau.

Does gen i fawr o gof o beth ddigwyddodd wedyn. Rydw i'n cofio rhyw deimlad gogleisiol dros fy nghorff i gyd, a'r teimlad fy mod yn cael fy nghodi i fyny ar gwmwl. Ac yna poen – poen fel y mae rhywun yn ei gael yn ei goesau gyda'r nos weithiau, ar ôl anghofio eu symud am rai oriau – ond ar draws y corff i gyd, fel pe bai pob rhan ohonof yn tynnu a gwasgu, pob cyhyr yn plycio'n wyllt nes na wyddwn a allen nhw wasgu rhagor heb fyrstio.

Yna lleisiau – lleisiau blin. Dadlau. Cysgod unigolyn yn agosáu. Cael fy nghodi, fy nghario. A'r cysgod hwnnw yn tyfu a thyfu nes fy llyncu'n llwyr. Wyneb – wyneb pryderus – nid wyneb caredig – ond wyneb cyfarwydd. Ond fel gwlith ar fore o haf, diflannodd y weledigaeth a doeddwn i ddim yn gallu rhoi bys wedyn ar bwy na beth yn union a welais.

Dydw i ddim yn gwybod a gysgais i, ond roedd yna wacter, ac fe fûm yn hir yn deffro o'r cyflwr hwnnw. Roedd fy mhen yn llawn gwe pry cop, ac roedd angen cyfle i'w glirio, i garthu fy meddwl fel yr oeddwn i a Bopa wedi carthu'r storfa yng Ngwasg Glass. Erbyn i mi ddeall lle'r oeddwn i, roeddwn wedi cael fy symud i un o'r celloedd tanddaearol. Gorweddwn mewn gwely, un o wneuthuriad metal, y tu ôl i res o fariau haearn. Roedd oglau yno fel tŷ bach Bopa. Gallwn glywed siffrwd llygod. A lleisiau carcharorion eraill yn parablu â nhw'u hunain.

'Y Gair... y Gair...' llafarganodd un yn undonog. 'Unwaith bydda i'n gwybod y Gair, fe fyddan nhw'n fy ngadael yn rhydd! Y Gair sy'n datgloi popeth, dyna meddai hi...'

Rhwbiais fy mreichiau, fy nghoesau a fy ysgwyddau oedd

fel petaent wedi fferru lle'r oedd y strapiau wedi cydio ynddynt. Roedd fy nillad yn ôl arnaf, o leiaf.

Clywais lais metalaidd: 'Mae'n effro.'

Sefais ar goesau simsan ac agosáu at y bariau er mwyn gweld o le ddaeth y llais. Deuai goleuni o'r nenfwd a hwnnw'n taflu golau cyson, annaearol – nid oedd yn crynu a symud fel un nwy neu dân. Wrth ei ymyl roedd un o'r masgiau pres. Roedd yn syllu arnaf, a bob hyn a hyn byddai'n troi yma a thraw yn cadw golwg ar y rhes o gelloedd. Meddyliais am eiliad i mi weld pâr o lygaid ben i waered yn sbecian arnaf o geg y masg.

Daeth llais metalaidd o enau'r ddyfais: 'Eisteddwch.'

Brysiais yn ôl yn ufudd at y gwely. Wedi munud clywais ruglo allwedd mewn drws ac atsain traed. Daeth dyn o gorffolaeth sylweddol i'r golwg. Roedd y defnydd glas ar ei frest lydan yn frith o fedalau yn pefrio yn y golau egwan. Dyfalwn ei fod yn bennaeth ar yr heddlu eraill. Rhythodd arnaf â llygaid bychan uwchben trwyn fflat a mwstásh sinsir a ymestynnai bob ochor i'w ben. Arhosodd o flaen y bariau, gan guddio'r goleuni fel diffyg ar yr haul.

'Miss Maddocks,' meddai.

Roeddwn eisiau ymateb ond roedd fy meddwl mewn niwl o hyd, fel pe bai'r geiriau'n arnofio o'm gafael.

'Sa i'n... butain,' meddwn o'r diwedd. 'Dw i'n g-g-gapelwraig.'

'Mae'r pregethwyr yma'n maddau popeth, on'd y'n nhw?' Gwenodd. 'Wyddoch chi faint o buteiniaid sydd yn y dref yma?'

Ysgydwais fy mhen. 'G-gormod?' gofynnais, gan frwydro i ryddhau'r geiriau. Beth oedden nhw wedi ei wneud i'm meddwl i?

'Dros bum cant,' meddai, gan wthio ei fodiau i mewn i'w wregys. 'Mês o bum deg mil o drigolion, cofiwch. A dyna'r rhai y'n ni'n gwbod amdanynt, sy'n gwerthu'u hunen mês ar yr hewl.'

Cododd allwedd a'i gwthio i'r clo. Agorodd y drws a gobeithiais am funud y byddai rhwydd hynt i mi fynd, ond yn hytrach fe gamodd ef i mewn. Nid oedd llawer o le yn y gell i'r ddau ohonom ac roedd ei fol sylweddol bron â'm cyffwrdd. Ciliais i ben draw y gwely.

'Mae sawl menyw barchus yn y dref hon wedi bod yn butain

pan oedd amserau'n galed a'r corff yn ifanc,' meddai. 'Pan mae'n ddewis rhwng gwerthu'r corff a llwgu, wel, does dim llawer o ddewis mewn gwirionedd, nag o's e? Felly petaech chi'n butain, byddai hynny'n iawn gen i.'

Llyfodd ei wefus ac edrych arnaf, fel pe bai'n disgwyl ymateb.

'Sa i'n butain,' pwysleisiais eto. 'W i'n newyddiadurwr.'

Tynnodd wyneb, fel petai hynny'n waeth rywsut. 'Ie, dyna'r broblem sy gen i.' Anadlodd yn swnllyd drwy ei drwyn. 'Wi wedi arfer 'da puteiniaid. Ond sai'n gwybod beth i'w wneud â newyddiadur… newyddiadur-wragedd.' Syllodd arnaf yn hir. 'Fe fyddwch chi'n gwerthfawrogi, Miss Maddocks, mai fy nghyfrifoldeb i yw cadw trefn ar bethau yn y dref.' Gosododd law ar ei frest. Tinciodd y medalau. 'Ac mae newyddiadur-wragedd yn mynd yn groes i'r drefn honno. Fel agerfarch yn mynd y ffordd anghywir ar y ffyrdd haearn, fe fydd yn achosi damwain mês o law.'

'Oes ots… oes ots ai dyn neu ddynes s-sydd weti ysgrifennu beth ydych chi'n ei ddarllen yn y p-papur?'

'Na. Ond pan maen nhw'n mynd i sefyllian ar y Stryd Fawr gyda'r nos, yn cadw llyged ar bethe, w i am wybod pam.'

'Wi'n whilo am… am blentyn. Sydd wedi d-diflannu.'

'Ac ers pryd mae Mr Glass yn becso am y fath beth?'

'Mae plant yn ca'l eu… eu c-cipio oddi ar y stryd.'

'Ydyn, yn ddi-ffael. Ac ry'n ni weti bod yn wilo am y dihiryn, ond heb lawer o lwc eto. Yr Octopws yw'r enw maen nhw'n ei roi arno. Mae ganddo fyddin fechan o blant yn gwitho iddo, yn rhedeg ambiti dan ddaear fel llygod.' Gwnaeth ystum coesau'n symud gyda'i fysedd. 'Yn llechu ym mhob twll a chornel, yn gwrando, yn cynllwynio…'

Edrychodd bob ffordd, fel petai'n disgwyl gweld clustiau'n tyfu ar y wal.

Ysgydwais fy mhen. 'O'dd y plant yn gweud b-bod yr Octopws yn eu h-helpu nhw!'

'O!' Eisteddodd ar y gwely wrth fy ymyl. 'Felly mae'r plant yma'n siarad gyda chi, y'n nhw? Mae hynny'n ddiddorol. Maen nhw'n ffoi wrth ein gweld ni.' Pwysodd ymlaen nes bod ei fwstásh sinsir bron â goglais fy nhrwyn. 'Ac ydych chi'n gwybod pwy yw'r Octopws?'

Ysgydwais fy mhen. Roedd dod o hyd i eiriau fel tyrchu mewn llaca am ddiemwntau a doedd gen i ddim yr egni i wneud rhagor.

'Trueni,' meddai'r heddwas. Trodd ei olygon at yr wyneb pres ar y nenfwd. 'Dewch ag ef i mewn,' meddai.

Clywyd gwich drachefn wrth i'r drws ym mhen pella'r rhes o gelloedd agor. Daeth siâp dyn bychan, tew i'r golwg. Ciliais i gornel y gell gan feddwl bod Dr Schnitt yn ei ôl. Ond teimlais fy nghalon yn torri'n deilchion pan welais pwy oedd yno.

Mr Williams y Post. Edrychai o'i amgylch yn ochelgar.

Roeddwn i mewn hunllef. O am gael deffro nawr.

'Ai dyma'r ddynes oedd gennych chi mewn golwg?' gofynnodd yr heddwas boliog.

Edrychodd Mr Williams arnaf. 'Ie, dyna hi. Y llofrudd,' poerodd. 'Hi laddodd ei thad, a hwnnw'n bregethwr.'

'Na!' wylais.

'Es i'n syth 'nôl i'r tŷ i siarad ag e. Roedd hi wedi 'i shoto fe lawr y ffynnon.'

Roedd fy nghorff cyfan bellach yn crynu drosto. Gwasgais fy nwylo dros fy llygaid, eisiau cuddio rhag y byd.

'Diolch yn fawr, Mr Williams,' meddai'r heddwas. 'We'll take it from here.'

Clywais Mr Williams yn sibrwd 'Bitsh' a sŵn ei draed yn pellhau.

Agorais fy llygaid a gweld yr heddwas yn syllu arnaf, â golwg feddylgar yn ei lygaid oedd yr un mor las â'i siwt. 'Fe fyddwch chi'n crogi,' meddai. Nodiodd ei ben yn araf. 'Eich enw yn y papurau i gyd. Ond am wn i byddai hynny'n rhoi pleser i newyddiadurwr... i newyddiadur-wraig?'

Teimlwn erbyn hynny fy mod i'n gwylio'r cyfan o'r tu allan i'm corff. Roedd wedi mynd yn ormod, ac roeddwn wedi gollwng gafael, fel barcud yn gadael y ddaear ac yn hwylio fyny fry.

'Ond rwy'n gredwr cryf bod pawb yn haeddu ail gyfle,' meddai'r heddwas.

'Be-beth y'ch chi'n feddwl?'

'Wi'n fodlon anghofio'r cyhuddiadau yn eich erbyn am y tro, os allwch chi fod o ddefnydd i mi.' Gosododd ei law ar fy nghoes. Ciliais ymhellach yn erbyn y wal. 'Ma 'da chi bythefnos i ddarganfod pwy yw'r Octopws. Odyn ni'n deall ein gilydd?'

Nodiais fy mhen.

'Da iawn.' Gollyngodd ei afael arnaf a chodi oddi ar y gwely. 'Os y'ch chi ddiwrnod yn hirach na 'ny, wel...' Gwnaeth ystum crogi, cyn wincio arna i fel petai newydd rannu jôc.

Wrth i'w gamau atseinio ar hyd y coridor crebachais yn belen ar y gwely, fy mol yn corddi.

Safai Bopa'n disgwyl amdanaf wrth fynedfa'r carchar, yn ei het wellt ac mewn glaw trwm oedd yn corddi'r mwd dan draed. Ofnwn gael pryd o dafod ganddi, ond golwg bryderus oedd ar ei hwyneb.

Torrais i wylo, ro'n i mor falch i'w gweld, a chydiais yn dynn amdani.

'Paid ti â phoeni... dere di gyda fi nawr.'

'Sut-sut oeddech chi'n gwbod?'

'Begw.'

Rhaid fy mod i braidd yn aneglur fy meddwl o hyd oherwydd fe ofynnodd i mi dawelu sawl gwaith ar y ffordd, a doeddwn i ddim yn cofio dweud dim. Roedd hi'n oriau mân y bore erbyn i ni gyrraedd gartref. Roeddwn wedi llwyr ymlâdd ac yn dyheu am gysgu. Ond bob tro y byddwn yn cau fy llygaid ac yn dechrau pendwmpian byddai sŵn yn fy neffro – sŵn yr agerfarch neu'r ffwrneisi chwyth yn tanio yn y pellter – a byddwn yn mynd i banig gan feddwl fy mod yn ôl ar y bwrdd erchyll hwnnw, neu yn y gell. Hyd yn oed yn fy nghwsg roeddwn wedi fy nal rhwng dau fyd.

Breuddwydiais am yr Octopws. Roedd yn greadur â chroen du, yn clwydo ar frig y tŵr uchel yng nghanol y dref, ei freichiau yn sleifio ac yn ymestyn i bob twll a chornel, yn chwythu huddygl du i bob stryd, a'i lygaid coch yn sgleinio fel ffwrneisi'r gwaith haearn.

Deffroais wedyn – rhaid ei bod tua chwech o'r gloch – i sŵn Bopa'n codi ac yn bwrw ymlaen â'i defod foreol. Gallwn ei chlywed yn cribinio'r lludw oer o'r lle tân, yn brwsio'r aelwyd goginio i wared y bwyd llosg a'r llwch, yn gwaredu'r huddygl o'r ffliw, yn llenwi'r tegell, yn cynnau tân newydd, yn ysgwyd y llwch o'r rỳg clwt, yn bwrw cadach dros y bwrdd ac yn sgwrio'r llawr. Ymlaciais rywfaint wrth glywed y synau cyfarwydd hyn.

Yn fuan wedyn daeth cnoc ysgafn ar fy nrws, a daeth Bopa i'r golwg yn cario dishgled o de.

'Ti 'di cwnnu?' gofynnodd. 'Olréit?'

Meddyliais am fygythiad yr heddwas. 'Fe fydda i'n olréit.'

Eisteddodd Bopa wrth fy ymyl ac edrych arnaf yn ddifrifol. 'Na,' ysgydwodd ei phen. 'Fyddi di ddim yn olréit. Paid byth â bod ofn teimlo. Dyna maen nhw ishe i ti ei wneud,' meddai. 'Ein troi ni mewn i ryw fath o... beiriannau dideimlad. Rhaid i ti ymladd y peth. Teimla di, dros dy hunan, a dros bobol eraill hefyd.'

Pwysodd ymlaen a thynnu fy mhen at ei brest. Teimlais fy nghorff yn crynu dan deimlad a llithrodd deigryn i lawr fy moch.

'Dyna wi'n hoffi ei weld,' meddai Bopa. 'Deigryn. Gwell mês na mewn.'

Mor bell yn ôl ag y gallwn i gofio roeddwn i'n credu nad oeddwn i'n haeddu cariad, ond roeddwn i'n fodlon derbyn rhywfaint o gysur gan Bopa yr ennyd honno.

'Chi'n meddwl eich bod chi'n haeddu dioddef?' gofynnais.

'Does neb yn haeddu dioddef, Sara fach!' meddai Bopa. 'Celwydd yw hynny sy'n ca'l ei ddweud gan y bobol ddifeddwl, farus hyn sy'n achosi dioddefaint, er mwyn eu hesgusodi eu hunain.'

'Ond mae Duw yn cosbi.'

'Sa i fawr o ddiwinydd, ond wi'n eithaf siŵr y buodd Iesu farw ar y Groes dros ryw bethau felly, ac y byddai'n gweld chwith o dy weld ti'n mynnu llusgo dy bechodau i bobman fel cadwyni trwm. Nawr, dere i gael dy frecwast. Daw bola'n gefen i bawb.'

Roedd Bopa wedi cynnau tân mawr yn y grât ac eisteddon ni o'i flaen yn bwyta dysgleidiau o uwd. Doedd dim sŵn ond y glo yn syrthio ac ambell waedd o'r stryd tu allan. Edrychais drwy'r ffenest a gweld plant yn syllu'n eiddigeddus ar y tân mawr, fel petai hynny'n mynd i'w cynhesu nhw.

Yn sydyn ffodd y rhai bach oddi yno, a daeth sŵn curo mawr ar y drws, fel pe bai rhywun yn taro carreg yn erbyn y pren. Gollyngais fy llwy i'r ddysgl ac fe aeth ceg Bopa yn 'o'. Codais yn frysiog.

'Cer di i'r cefn nawr, a dros y ffens os taw'r heddlu sy 'na,' meddai Bopa.

Fel pe bawn i mewn breuddwyd, ciliais drwy'r drws i gefn y tŷ.

Roeddwn i'n crynu drosof, ac nid oherwydd aer oer mis Tachwedd drwy fy mhais chwaith. Clywais leisiau. Llais dyn. Ond yna brysiodd Bopa i'm hôl.

'Mr Glass!' sibrydodd yn daer.

Edrychais arni'n gegrwth am eiliad. Roeddwn ar fin rhedeg am y drws i'w weld, cyn cofio fy mod i'n gwisgo dim ond pais laes. Llithrais i'r ystafell wely a gwisgo fy ffrog amdanaf yn gyflym. Cydiais yn fy nghwdyn lledr llawn offer ysgrifennu a brysio at ddrws y ffrynt, gan geisio dychmygu beth oeddwn wedi ei wneud yn iawn neu wedi ei wneud o'i le. *A oedd yn gwybod fy mod wedi dwyn pethau o'r warws?* Agorais y drws a bu'n rhaid i mi edrych i fyny i haul y bore er mwyn gweld Mr Glass, ar ben cert, ei wyneb fel carreg a'i het uchel yn uwch na simneiau'r tai y tu ôl iddo.

'Ry'ch chi'n gwbod sut i gadw dyn i ddisgwyl, Miss Maddocks.' Estynnodd law. Cydiais ynddi a gadael iddo fy nghodi i'r sedd drws nesaf iddo.

Cododd fy nghalon fymryn wrth weld wyneb cyfeillgar Êb yng nghefn y gert. Cyfarchodd fi â phwl o beswch, cyn cyffwrdd â chornel ei het.

Ailgydiodd Mr Glass yn yr awenau.

'Wyddwn i ddim eich bod chi'n byw gyda'r... ddynes yna,' meddai, gan lygadu'r drws, ei wefusau'n dynn.

'Bopa?'

Nid atebodd, ond wrth i'r gert gyflymu dywedodd: 'Rydyn ni'n mynd i gyfarfod. Mae arweinwyr crefyddol y dref yn cwrdd i drafod beth sydd orau i'w wneud am y Saesneg.'

'Ychydig iawn o Saesneg sydd gen i.'

'Bydd y cyfarfod yn Gymraeg,' meddai. 'Er y bydd rhai, mae'n siŵr, yn gweud y dylai fod fel arall.'

'Ac ry'ch chi am i mi fod yn bresennol.'

'Ydw.'

Tawelodd ond teimlwn fod ganddo fwy i'w ddweud, a'i fod yn chwilio am y ffordd orau o'i fynegi.

'Roeddwn i'n meddwl eich bod chi am fy nghadw o'r golwg,' meddwn.

'Rydw i am dy gadw di yn y golwg, am y tro,' meddai. 'Neu o fewn fy ngolwg i, o leiaf, er mwyn sicrhau nad wyt ti'n mynd i fwy o drybini.' Ni wenodd, ond fe laciodd y tyndra ar ei wyneb am funud. Newidiodd cywair ei lais gyda'r pwnc. 'Roeddwn i yn Llundain ddechrau'r wythnos, yn Nhŷ'r Cyffretin,' meddai.

'Ie.'

'Yno fe welais Tabitha Leighton, gohebydd benywaidd i bapur y *Morning Chronicle*.'

'Mae'r brifddinas ar y blaen i ni, felly.'

'Ar y blaen!' Roedd bron â gwenu. 'Fel yna y'ch chi'n meddwl amdanaf, yn rhwystr i gynnydd y genedl.'

'Dim o gwbwl.'

'Wi'n ystyried fy hun yn ddyn blaengar, Miss Maddocks. Er, mae'n siŵr bod yr hyn sy'n ymddangos yn flaengar i hen ddyn yn ymddangos ymhell ar ei hôl hi i'r ifanc a'r diamynedd.'

Cymerodd y cyfrwy mewn un llaw a chyffwrdd ymyl ei het er mwyn cyfarch rhywun a âi heibio.

'Rhaid i chi gofio fy mod i weti fy ngeni mewn oes cyn yr agerfarch, y pellebyr a'r post ceiniog,' meddai wedyn. 'Heb i mi sylwi, bron, mae'r byd weti newid ar ras wyllt. Ond nid peiriannau yw meddyliau dynion. Maent yn bethau hyblyg, yn derbyn a gwrthod datblygiadau'n ôl y galw.'

'Camau bychain, meddai Mrs Glass.'

Nodiodd ei ben.

'Cam sicrach fyddai gweud wrth fenyw lle'r y'ch chi'n mynd â hi cyn gwneud 'ny.'

'Rydw i weti sylwi digon i wybod eich bod chi am gymryd pob cyfle i gyfrannu i'r *Llais*.'

Fe aeth â'r gert i lawr prif stryd y dref, heibio'r siopau crand ac aros wrth yr Awrlais Mawr. Tasgai'r rhaeadr oedd yn dod ohono y diwrnod hwnnw wrth daro'r pwll islaw, ac roedd angen ymbarél ar unrhyw un a safai gerllaw. Chwaraeai plant ymysg pob enfys a gonsuriwyd gan y llwch dŵr. Wrth i mi eu gwylio trawodd y gloch y tu mewn i'r awrlais ar yr awr ac yn ddigon egnïol i godi ofn arnynt. Rhedasant oddi yno gan sgrechian.

'Mae'r awrlais wedi dechrau gwitho,' meddai Êb yn siriol.

'Ydi,' atebodd Mr Glass. 'A naill ai mae e ychydig yn gynnar, neu y'n ni'n hwyr.'

'Pan oeddwn i'n llanc roedd awrleisiau y dref yn cadw amser yr

Eglwys,' meddai Êb, gan ddringo i lawr o gefn y gert. 'Un deg wech munud a hanner y tu ôl i Lundain. Felly, ry'n ni'n gynnar.'

Tynnodd Mr Glass wyneb. 'Well gen i beidio cadw amser yr Eglwys,' meddai. Estynnodd ei law i'm helpu i lawr. 'Ond rydym oll yn awr, yn Gymry, Saeson, Ysgotiaid a Gwyddelod, wedi ein bolltio at ein gilydd fel olwynion agerfarch, yn ymsymud fel un pobol yn yr un gerbydres, dan ormes yr Awrlais Mawr.'

I fyny'r grisiau â ni at Neuadd y Dref, heibio i'r pileri anferth a'r llewod cerrig bob ochor i'r adeilad. Safai cerflun mawr o Britannia gyda'i thryfer a'i tharian uwchben y fynedfa. Teimlwn yn eithaf cyffrous wrth feddwl am weld beth oedd y tu hwnt i'r drysau mawr derw.

Ni chefais fy siomi. Roedd y tu fewn i'r neuadd yr un mor grand â'r tu allan, gyda llawr a phileri o farmor, a nenfwd fwa uchel oedd wedi ei phaentio'n wyn ac arni drimins aur, nes bod y cyfan yn sgleinio â llewyrch euraidd. Roedd prysurdeb mawr yno, yn glercod yn cario papurau, ac yn ddynion busnes pwysig. Roedd arwyddion pres ar bob drws yn rhestru cwmnïau agerfeirch, glo, llongau a haearn diri.

Euthum ar hyd y coridor ac i mewn i brif siambr yr adeilad. Yno, roedd y nenfwd a'r gofod rhwng y paneli pren ar y waliau wedi eu paentio ag addurniadau o'r Beibl a diwydiant y dref, gan gyfosod Sodom a Gomorra, Tŵr Babel ac Arch Noa â thân a brwmstan y gwaith haearn, nerth yr agerfeirch a chychod llwythog y camlesi.

Yng nghanol y siambr, eisteddai tua ugain o bregethwyr Ymneilltuol yn gylch ar gadeiriau derw a chlustogau melfed arnynt. Gwelais Evan Evans yn eu mysg, ac fe lygadrythodd wrth fy ngweld innau.

Trodd Mr Glass i'm cyfeiriad. 'Mae gen ti dy bethau ysgrifennu,' meddai o dan ei wynt, fel nad oedd ei lais yn atseinio drwy'r siambr wag.

'Oes.'

'Rydw i am i ti gofnodi popeth sy'n ca'l ei ddweud ar gyfer *y Llais*.' Trodd, cyn oedi. 'Yn enwedig fy nghyfraniad innau.'

Aeth i eistedd ar sedd wag yn rhes flaen y cylch, wrth i mi dwrio yn fy mag lledr am botyn inc, papur ac ysgrifbin.

'Rwy'n deall nawr pam ddaeth Mr Glass â mi yma,' meddwn wrth Êb. 'Dim byd i'w wneud â hawliau'r ferch.'

Pesychodd ef yn groch, cyn sychu ei geg â chadach poced. 'Evan Evans?' gofynnodd gan ddilyn annel fy llygaid at yr hen bregethwr. 'Efallai ei fod am ddangos na all hwnnw gael y trechaf arno?'

Wedi i mi estyn fy mhethau, ac eistedd, dechreuais astudio pwy oedd yno, a holi Êb beth oedd eu henwau. Roedd holl enwadau Anghydffurfiol y dref yno. Y Mecanyddwyr, wrth gwrs. A hefyd y Trochwyr. Y Cloddwyr. Hyd yn oed y Pysgotwyr, er mai prin oedd eu niferoedd yn y dref. Gwisgent siwmperi trwchus o wlân dan eu siacedi tywyll, ac roedd ganddynt farfiau hir gwyn a ymestynnai dros eu boliau.

Hoeliwyd fy sylw gan un o'r dynion yn arbennig. Roedd ganddo farf wen laes a phen moel, a llygaid cysglyd yr olwg. Ond gwisgai'r dillad mwyaf rhwysgfawr a welais erioed: siaced werdd, gwasgod lliw mwstard a throwsus coch a gyferbynnai'n amlwg â siwtiau du syber y gweinidogion eraill. Ar ei ben roedd het silc uchel lliw piws. Hongiai oriadur aur ar gadwyn o boced ar ei frest.

Ymgrymais fy mhen at Êb. 'Pwy yw hwnna?'

'D Kingsley Jones,' meddai. 'Arch-Saisgarwr holl weinidogion Cymru, Pen-Dic-Sion-Dafydd y byd. Sais-gynffonnwr o'r radd flaenaf. Nid Kingsley yw ei enw hyd yn oed – doedd "Berwyn" ddim yn ddigon da iddo.' Anesmwythodd yn ei sedd. 'Sa i'n gwbod pam ei fod weti dod. Mae'n weinidog yn Northampton yn rhywle, er ei fod yn mynnu peledu ein cyfnodolion â'i erthyglau bob mis.'

Cododd Mr Glass ei law i ddod â'r mân siarad i ben.

'Mae'r byd yn prysur newid o dan ein trwynau,' meddai. 'Pan oeddwn i'n grwt, roedd teithio i'r dref nesaf, ar gefn cert, yn wyliau. Pe bawn yn brysio yn awr, fel allwn fod yn Llundain erbyn amser te prynhawn.'

Daeth murmur o gydsyniad gan y pregethwyr eraill.

'Ond yr hyn sydd gennym mewn golwg heddiw yw'r hyn sy'n dod yn y cyfeiriad arall,' meddai Mr Glass. 'Mae'r Saesneg, ar dafod anheddwyr, masnachwyr a hamddenwyr, ar dudalennau llyfrau a chylchgronau Saesneg, ac yn awr ar yr adenydd mellt, yn dylifo dros ein tir. Bob dydd mae'r ffyrdd haearn yn ymwthio ymhellach ar draws Cymru, a hynny ar yr un llwybrau hanesyddol â byddin

Iorwerth y Cyntaf, ac yn gwbod llawn cymaint o Gymraeg ag ef.'

Oedodd wrth i ambell un o'r pregethwyr chwerthin ar ei ddigrifwch. Roeddwn i'n falch o'r hoe gan fy mod wrthi nerth deng ewin yn ceisio ysgrifennu'r cwbwl a ddywedodd Mr Glass.

'Y cwestiwn, felly, ger ein bron ni yma heddiw, yw sut ydym ni fel Anghydffurfwyr yn mynd i'r afael â'r her? Rhaid i ni weithio gyda'n gilydd, gan gladdu unrhyw eiddigedd enwadol, sydd wedi gwneud cymaint i lesteirio ein hymdrechion yn y gorffennol.' Edrychodd o gwmpas y cylch fel petai'n chwilio am wrthwynebiad. 'Rhaid i ni yrru'r i'r un cyfeiriad ar y pwnc hwn – nid yw un olwyn ddanheddog yn troi'n annibynnol ar weddill y peiriant yn cyflawni dim, ond o'u cyfuno fe allwn symud â grym rhy nerthol i'r Estrones a'i holl ddichellion allu ymgiprys ag ef.'

'Clywch, clywch!' galwodd rhywun.

'Felly, mae dau ddewis gerbron, fel y gwelwn,' meddai Mr Glass. Siaradai yn araf a phwyllog ac roeddwn i'n drwgdybio ei fod yn gwneud hynny er mwyn sicrhau fy mod yn cael pob gair ar bapur. 'Parhau i lynu at y Gymraeg yn ein gwasanaethau a'n hysgolion Sul, y nodwedd hwnnw o'n cymeriad sydd wedi ein cadw ar wahân i'r Estrones gyhyd. Neu a ydym, yn wyneb y llifeiriant o Saesneg, yn ildio i'r newid ieithyddol hwn yn ein cymdeithas ac yn codi capeli Saesneg?'

Prin yr oedd wedi gosod y cwestiwn pan safodd D Kingsley Jones ar ei draed, gyda chymorth ei ffon. Yna dechreuodd rodio yng nghanol y cylch, fel paun, yn nodio ei ben, yn hel ei feddyliau cyn siarad. 'Mae Cymru gyfan yn troi at y Saesneg,' bloeddiodd o'r diwedd. 'O Fôn i Fynwy, maent yn galw amdani.' Trawodd y llawr â'i ffon. 'Mae rhieni Cymru yn galw amdani i'w plant. Y cyfan sydd yn eisiau yw ysgolion i'w dysgu.' Cododd ei ffon a'i hanelu at y pregethwyr eraill. 'Nid mater o ddewis ydyw, gyfeillion. Mae'r dilyw wedi dod, a rhaid i'n capeli ddysgu nofio arno, fel arch nefol, rhag i ni gael ein boddi!'

Cododd ei ffon drachefn a'i hanelu i gyfeiriad ffenestri uchel y neuadd, draw tuag at y gweithfeydd a'r ffyrdd haearn yn y pellter.

'Saesneg yw iaith cynnydd,' meddai. 'Nid barn yw hwnnw, ond dyfarniad empirig. Saesneg yw iaith y llys, y tŷ masnach, y gyfnewidfa, y senedd, y bendefigaeth, a'r Frenhiniaeth. Os ydym am i'n pobol ifanc esgyn i begynau uchaf cyfoeth ac anrhydedd yr Ymerodraeth Brydeinig, rhaid iddynt osod eu Cymraeg o'r neilltu a chofleidio'r iaith Saesneg.'

Tuchanodd Evan Evans yn ddiamynedd. 'Nid mintan dros ba iaith y dylid ei defnyddio y tu fas i'r capel ydym ni, Kingsley,' meddai. 'Ond y tu mewn iddo. Ers cyn cof mae'r Gymraeg wedi bod yn wahanfur rhwng y byd ysbrydol a'r materol – yn wir, yn wrthglawdd yn erbyn dylanwadau anfoesol a drygionus y Saesneg.'

Daeth murmur o gydsyniad gan rai o'r pregethwyr eraill.

'Gwahanfur!' wfftiodd Kingsley. 'Dyw gwahanfur yn ddim i'r agerfarch – gall fynd drosto gyda phont, oddi tano â thwnnel, neu drwyddo â dynameit! Yr unig reswm y penderfynodd ein cyndadau bregethu yn y Gymraeg oedd mai dyna oedd iaith y bobol. Roedd *rhaid* gwneud hynny, i achub eu heneidiau!'

Llygadodd y pregethwyr oedd yn gylch o'i gwmpas.

'Ond!' meddai. 'Am ba hyd y pariff hynny? O fewn ychydig flynyddoedd fe fyddwn ni'r un mor wirion â'r Eglwys Gatholig, yn pregethu i'r bobol mewn Lladin! Ac yn y cyfamser bydd ein cynulleidfaoedd wedi cefnu ar y Gymraeg, a byddant oll weti troi at yr Estrones.'

Ebychodd y pregethwyr yn anesmwyth. Gwenodd Kingsley. Anelodd ei ffon tuag at y darluniau Beiblaidd uwch ei ben.

'Y cyfan ddywedaf i yw, cofiwch eich Beibl,' meddai. 'Cosb Babel oedd ein gwasgaru yn gymysgedd o ieithoedd diddeall. Rydym yn awr yn esgyn fel pobol i gyflwr uwch a pherffeithiach, ym mynwes Duw, lle na fydd ieithoedd gwahanol yn rhwystr rhyngom, ac y bydd y byd oll weti ei glymu'n unedig gan yr agerfarch a'r awyrlong.' Cododd ei law rydd a'i chau yn belen. 'Cyn bo hir fe fydd y byd oll yn un genedl, a chanddi un iaith, y Saesneg, yn goron arni.'

Roeddwn wedi teimlo Êb yn aflonyddu wrth fy mhenelin ers peth amser, fel pe bai llyngyr arno, ac yn awr bloeddiodd: 'Nid cosb oedd Babel! Bendith ydoedd! Creodd Duw bob iaith a chenedl at bwrpas! Mae bodolaeth y Cymry o ddwyfol ordinhad!' Cododd ddwylo crynedig. 'Gwae'r Cymry sy'n cymryd arnynt eu hunain i daflu allan popeth Cymreig a derbyn y dilyw Seisnig, gan fynd yn groes i ewyllys Duw!'

'Mae rhagluniaeth Duw i'w gweld o'n hamgylch yn nhwf yr Ymerodraeth!' poerodd D Kingsley Jones yn ôl.

'Babel newydd!' meddai Êb. 'Y fath ymffrost yng ngallu dynion nas clywyd ers y dyddiau hynny! Beth mae ein holl beiriannau uffernol weti ei wneud yn enw cynnydd? Troi paradwys, troi Eden, yn anialwch o'n cwmpas!'

Cododd Mr Glass ar ei draed. 'Cadwch reolaeth arnoch eich hun, Abraham,' meddai.

Ond nid oedd Êb yn gwrando. 'Ffwlbri yw sôn am ragluniaeth colli'r iaith pan fydd yn esgor ar bechod a chamymddwyn! Cynllun gan y Diafol yw ei lladd!' gwaeddodd. Anelodd fys cyhuddgar at D Kingsley Jones, yr oedd ei wyneb wedi troi bron yr un lliw â'i siwt. 'Dymunai'r Pab dranc buan i'r iaith yn y gobaith y byddai ei chrefydd yn syrthio gyda hi. O ladd yr iaith, daw Cymru yn Iwerddon arall!'

'Pwy y'ch chi i drafod gwareiddiad a chithau'n gwylltio a gweiddi fel dyn o'i go?' gofynnodd D Kingsley Jones.

Gwelais fod llygaid Mr Glass ar fin tanio i gyfeiriad Êb.

Petrusodd yntau ryw ychydig, ond heb ildio. 'Onid ydym, fel Rhyddfrydwyr, yn credu yn rhyddid yr unigolyn?' meddai, gan ymbil ar y dorf o'i flaen. 'Onid oes gan genedl hawl i sefyll yn ffordd yr honedig anochel, a pharhau i ardde–' Cafodd bwl o beswch a dechreuodd ei goesau wegian o dano. Gwelais fy nghyfle i gydio yn ei fraich a'i dywys o'r neuadd. 'Neno'r annwl!' meddai.

'Dewch yn awr, Êb.'

Fe'i tywysais allan drwy'r drysau i'r awyr agored. Eisteddodd ar y grisiau y tu allan i'r adeilad, yn crynu o'i gorun i'w sawdl. Tynnodd ar ei farf gyda'i law.

'Y fath hunan-ymffrost,' meddai. Ac yna daeth pwl gwael arall o beswch, cymaint fel y bu bron iddo gyfogi. 'Melltith arnyn nhw oll,' ebychodd a sychu ei geg.

'Anadlwch, da chi, Êb,' meddwn i'n dyner. Roedd gwir bryder gen i y byddai'n syrthio'n farw yn y fan a'r lle. Roedd ei groen yn las.

'Diolch.' Chwifiodd law. 'Fe fydda i'n olréit.'

'Arhoswch fan hyn i orffwyso.'

Codais a brysio yn ôl i'r cyfarfod, gan ofni fy mod wedi colli'r rhan bwysicaf. Roedd Mr Glass yn cloi'r drafodaeth.

'Ni allaf yn fy nghalon gredu bod tranc ein hiaith yn bosibilrwydd gwirioneddol,' meddai. 'Gadawer i'r Saesneg deyrnasu ym myd masnach. Iawn. Ond ni all y Gymraeg fyth farw, yn fy nhyb i, tra bod ein crefydd Ymneilltuol yn parhau. Iaith crefydd ydyw. Iaith y nefoedd, ac mi fydd yn teyrnasu yn y cylch hwnnw tan Ddydd y Farn. Y Gymraeg fydd ein harch nefolaidd uwchben dilyw llwyd y Saesneg.'

Roedd murmur o gydsyniad.

'Gadewch i ni bleidleisio. Codwch eich llaw os y'ch chi o blaid codi eglwysi Saesneg.'

Aeth dros hanner y dwylo i fyny. Cododd Kingsley ei ffon gerdded, fel bod ei bleidlais yn uwch na phob un arall. Cadwodd ambell un arall, gan gynnwys Evan Evans, eu breichiau ymhleth.

'Penderfynwyd felly,' datganodd Mr Glass. 'Gadewch i ni oll yn awr ddychwelyd i'n henwadau a gweithredu, gyda'n gilydd, i'r perwyl hwn.'

Roedd Êb yn parhau i ffromi ynglŷn â'r penderfyniad wrth i ni adael am Wasg Glass ar gefn y gert, ond ni chafodd stŵr gan Mr Glass. Roedd hwnnw'n gwbwl dawel, fel petai ei feddwl ar rywbeth arall. Doeddwn i ddim eisiau eistedd yn ymyl Mr Glass yn y fath hwyliau, felly dringais i gefn y gert gan ddweud bod angen cadw golwg ar Êb rhag iddo gael pwl arall o beswch cas.

'Maen nhw'n sôn am ddilyw, ond y nhw sy'n agor y drysau ac yn gadael y dŵr mawr i mewn o'u gwirfodd, fel Seithennyn yr ail,' meddai Êb. 'Pa obaith sydd gan y dyn cyffretin i feithrin agwedd gariadus at ei iaith pan fod arweinwyr cymdeithas yn datgan ei bod yn ddibwrpas, ac y dylid ei hysgubo o'r neilltu?'

Gwgodd a gwylio'r bobol yn y stryd. Roedd yr heol gul yr oeddem yn teithio drwyddi wedi ei chulhau ymhellach gan fyrddau a chertiau yn llwythog gan fara, cig, a phentyrrau o gewyll gwiail llawn bresych, afalau a moron.

'W i'n credu mai mynd i Batagonia yw'r unig obaith i'r Cymry bellach,' meddai Êb wedyn. 'Dechrau eto rywle arall. Fel y mae pethau'n mynd fydd na ddim deg dyn sydd yn gefnogol i'r iaith ar ôl yn y dref hon.'

'Mae Mr Glass yn gefnogol,' meddwn.

'Dyn busnes yw Joseph,' sibrydodd Êb. 'Mae'n gwbod os bydd yr iaith Gymraeg yn marw y bydd ei wasg ef yn marw hefyd, ac y daw'r cyfan o anghenion darllen Cymru drwy'r rheilffyrdd o Loegr.'

Cododd lond llaw o borfa sych o waelod y gert, cyn ei ollwng fesul gwelltyn.

'Mae grym uwchlaw llaw anweledig y farchnad,' meddai, 'sef llaw anweledig Duw. Rhagluniaeth yw'r hyn y mae Duw yn ei ewyllysio, nid beth mae'r farchnad yn ei ewyllysio.' Ond cefais y teimlad mai ceisio ei argyhoeddi ei hun ydoedd yn hytrach na cheisio fy argyhoeddi i.

Safodd y ceffyl a'r drol yn stond, a bu bron i mi syrthio o'm sedd. Meddyliais am eiliad fod Mr Glass wedi clywed ein sgwrs ac ar fin troi i roi pryd o dafod i ni. Ond yna clywais ei lais yn galw ar rywun gerllaw, yn llawn awdurdod.

'Hw! Beth sy'n dicwdd fan hyn?'

Dringais i fyny a sefyll i gael gwell golwg ar bethau, a chael braw wrth sylwi ein bod y tu allan i garchar y dref. Teimlais fy mhledren yn gwanhau wrth i wynebau Dr Schnitt, yr heddwas boliog a Mr Williams fflachio fel hunllefau o'm blaen, fel pe bawn i'n ôl yn y gell. Anadlais yn ddwfn, llyncu'r cyfog a godai yn fy nghorn gwddwg a chanolbwyntio ar beth allwn ei weld a'i glywed o'm cwmpas.

Sylwais fod nifer o nwyddau wedi eu pentyrru o flaen y carchar, yn gelfi a dillad. Roedd tyrfa fechan wedi ymgasglu i gael gweld beth oedd yn mynd ymlaen. Roedd dyn yn eu canol, yn ymbil ar un o wardeiniaid y carchar.

'Beilïaid yn gwerthu celfi dyn nad yw weti talu'r Degwm,' meddai rhywun.

'Y dreth Eglwys?' Safodd Mr Glass ar flaen y gert. Trodd y dyrfa wrth glywed ei lais. 'Faint yw'r ddyled?' gofynnodd.

'Pum punt,' meddai'r dyn a fu'n ceisio dal pen rheswm â'r warden.

'A gwerth y nwyddau?'

'Tri deg punt, o leiaf,' atebodd. 'Maen nhw weti mynd â bron y cyfan o fy eiddo. Popeth ond yr awrlais weti ei hoelio i'r silff ben tên.'

'Dydyn nhw ddim yn werth tri deg!' dwrdiodd y warden.

Symudodd o'r naill droed i'r llall, yn anesmwytho o weld Mr Glass yn ymyrryd.

Ciliodd y dyrfa i'r naill ochr fel bod modd i Mr Glass weld y warden yn iawn.

'Maen nhw'n gelfi da,' meddai Mr Glass. 'A dillad menywod a phlant yn eu plith. Am ba reswm y methaist dalu'r dreth?' gofynnodd wrth y dyn tlawd.

'Ro'n i'n gwitho i'r Great Western, ond cefais fynd am nad oedd fy Saesneg ddigon da. Roedd dewis rhwng talu'r dreth a bwyd i'r plant.'

'Wele annhegwch y dreth Eglwys,' meddai Mr Glass yn uchel, yn ei lais pregethwrol. 'Pa hawl sydd ganddynt i eiddo'r dyn hwn? Tra ei fod ef yn gwitho ei orau i ddal dau pen llinyn ynghyd, a bwydo ei deulu, mae'r offeiriaid segur yn elwa ar ei lafur, a hynny heb wneud dim i haeddu'r ysbail.'

'Annheg!' bloeddiodd Êb o gefn y gert.

'Gwarth!' meddai ambell un yn y dorf.

'Ar ba awdurdod yr aethoch chi i gartref y dyn hwn a chymeryd ei gelfi a'i ddillad?' mynnodd Mr Glass.

'Roedd gen i warant gan yr Ynad, John Fulford,' atebodd y warden.

'Ynad o Lundain – Eglwyswr arall! Heb air o Gymraeg yn ei enau.' Ysgwydodd Mr Glass ei ben. 'Nid yn unig y mae'r Eglwys weti ei rheoli gan yr estron, ond mae ei gwerthoedd hefyd yn estron i ni Gymry rhyddfrydol.'

Hwtiodd y dorf.

Edrychai'r warden fel pe bai am i'r ddaear ei lyncu. Ond ymwrolodd ac ymsythu i'w lawn faint. 'Dyna ddigon ar hynny,' meddai. 'Dy'ch chi ddim yn rhy barchus i osgoi cael eich arestio am gymell reiat, Joseph Glass.' Ond ni swniai'n rhy hyderus.

'Dydw i ddim am ddechrau reiat,' atebodd Mr Glass. 'Ond fe brynaf y cwbwl o eiddo'r dyn yn ôl iddo.'

Edrychai'r warden, a'r dyn a fu'n ymbil, yn gegrwth.

'Y cwbwl?'

'Y cwbwl. Beth yw eich cyfeiriad, ddyn?'

'Rhif Wech, Love Lane,' atebodd y dyn tlawd, gwên o ryddhad ac anghrediniaeth yn lledu ar draws ei wyneb.

Tynnodd Mr Glass lyfr siec o boced ei siaced a'i lenwi. Daliodd y siec i fyny i'r warden gael gweld. 'Gwnewch yn siŵr fod holl nwyddau'r dyn weti eu dychwelyd i'w gartref cyn iddi nosi,' meddai.

Rhedodd y dyn draw i gasglu'r siec, ac ysgwyd llaw Mr Glass ag arddeliad.

Eisteddodd Mr Glass a chlicio ei dafod er mwyn annog y ceffyl yn ei flaen. Gyrrodd heibio i'r dorf, oedd bellach yn clebran yn gyffrous ymysg ei gilydd. Ni ddaeth gair arall o ben Mr Glass yr holl ffordd yn ôl i'r wasg, ond roedd ei osgo yn fwy bodlon nag ar ddechrau'r daith. Ar ôl cyrraedd, tynnodd ei het a'i glogyn ac aeth i fyny i'w swyddfa heb yngan gair wrth neb, gan adael i mi ac Eben rannu'r hanes gydag Ellis a Jenkin.

Edrychai Ellis braidd yn ddrwgdybus. 'Mae weti ca'l whilen yn ei ben,' meddai, gan gnoi y tu mewn i'w foch. 'Unwaith mae syniad yn egino yn ei feddwl mae fel agerfarch yn stemio ymlaen, yn llusgo ni i gyd ar ei ôl.'

Roeddwn i'n awyddus i gael mynd, i ddechrau datrys dirgelwch yr Octopws. Ond arhosais yn y swyddfa er mwyn ailysgrifennu'r adroddiad am gyfarfod arweinwyr yr enwadau'n llawn. Gofalais i roi'r sylw mwyaf i eiriau Mr Glass a phwysleisio'r gymeradwyaeth a gafodd. Nid oeddwn yn gweld pwrpas mewn cynnwys geiriau Êb – byddai Mr Glass yn siŵr o'u dileu.

Roedd fy llygaid yn dechrau cau erbyn i mi orffen ysgrifennu cofnodion y cyfarfod. Ar ôl noson ddi-gwsg, roedd fy nghorff yn dal yn glymau i gyd. Gosodais yr ysgrifbin naill ochor, a chwythu ar y dudalen i'w sychu, ei chario lawr llawr at ddesg Ellis, ffarwelio a'i throi hi am adref.

Roeddwn yn barod i syrthio'n syth i'r gwely, ond pan gyrhaeddais darganfûm Bopa yn cysgu'n drwm yn ei chadair freichiau. Am unwaith doedd dim tân yn y grât, ac wrth agosáu gwelais ei bod hi'n chwys drabŵd.

'Bopa?' gofynnais. Es i lawr ar fy nghwrcwd a chyffwrdd â'i llaw. Roedd ei chroen yn llosgi.

Agorodd ei llygaid clwyfus.

‘Chi’n sâl?’ gofynnais.

‘Rhyw aer afiach weti cydio yndda i,’ meddai. ‘Bues i’n trio gwagio’r tŷ bêch, a…’

Ysgydwais fy mhen. ‘Dylech chi weti gofyn i mi dalu am rywun i ddod i’w wagio,’ dwrdiais. ‘Mae gen i damaid o gyflog nawr.’ Codais ar fy nhraed ac edrych arni. ‘Gadewch i mi alw’r doctor.’

‘Sdim angen. Rydw i weti goroesi gwaeth. Y frech wen, unwaith. Ond fydda i’n dda i ddim heddiw…’

‘Peidiwch chi â phoeni nawr, mi wna i bopeth.’

Ond fe aeth diwrnodau heibio heb fod unrhyw olwg gwella ar Bopa. Dyma’r peth olaf oedd ei angen arnaf a minnau angen darganfod pwy oedd yr Octopws o fewn pythefnos. Ond doedd dim gobaith i mi fynd i Wasg Glass hyd yn oed – sylweddolais dros y dyddiau hynny gymaint oedd hi wedi bod yn ei wneud drosof. Roeddwn wedi bod yn dibynnu arni fel y byddai gŵr yn dibynnu ar wraig tŷ, i goginio, cymoni a glanhau.

Un o fy nghas orchwylion ym Melin Frewys oedd golchi dillad a golygai salwch Bopa bod rhaid ailgydio yn y gwaith. Cymerodd ddeuddydd i mi wneud y cwbwl; diwrnod i gario’r holl ddŵr o’r nant i’r tŷ, a mynd drwy’r dillad yn gwneud yn siŵr nad oedd tyllau bach angen gwnïo – fe fyddai tyllau bach yn tyfu’n rhai mawr wrth sgwrio. A’r diwrnod wedyn, cynhesu’r dŵr ar y lle tân ar ôl amser brecwast ac yna, wrth i’r tŷ lenwi â stêm, sgwrio’r dillad gyda dŵr a sebon, rhoi’r cwbwl mewn twb arall oedd yn ffrwtian ar y tân a’i droi gan ddefnyddio’r olchbren.

Roedd tân yn y grât ar gyfer Bopa, a rhwng y tân, stêm y dŵr a’r llafur o godi a sgwrio’r dillad gwlyb roedd y tŷ wedi mynd yn annioddefol o boeth a ninnau’n dwy’n diferu o chwys.

‘Mae’r dref yma’n wirioneddol aflan,’ cwynais, wedi syrffedu ar fod o fewn yr un pedair wal. ‘Mae hyd yn oed yr aer yn aflan. Sut mae cadw unrhyw beth yn lân, pwy a ŵyr? Pam bod unrhyw un yn trafferthu?’

‘Bydd rhaid i fi dalu rhent i ti nawr,’ meddai llais gwan Bopa, wrth fy ngwylio.

Roeddwn i’n flin fel tincer erbyn diwedd yr ail ddiwrnod a dyma fi hyd yn oed yn torri geiriau croes â Bopa. Ei hunig ffaeledd oedd ei thuedd i gynnig cyngor o hyd, a dweud wrthyf am wneud pethau ei ffordd hi yn hytrach na fy ffordd fy hun.

'W i'n ferch o'r wlad, Bopa,' dwrdiais. 'W i'n gwbod sut i olchi dillad.'

Ond teimlwn yn flin wedyn oherwydd erbyn i mi orffen popeth roedd Bopa'n edrych yn waeth nag erioed, druan, ac yn chwysu fel mochyn. Roedd angen chwilio am foddion iddi. Y cyfan oedd yn y tŷ oedd potel o Infant's Preservative, ond roedd yn well na dim, ac es i nôl llwy a'i fwydo iddi. Roedd y label ar y botel yn awgrymu y dylai babi gael llwyaid. Penderfynais y byddai potel gyfan yn gwneud y tro i Bopa.

Llyncodd yr hylif yn ddiwrthwynebiad a syrthio i gwsg trwm, wedi ei lapio mewn carthen fel babi. Eisteddais yno wedi ymlâdd, a phoeni beth fyddai'n digwydd pe bawn i'n cael fy heintio hefyd.

Tua saith y nos daeth cnoc ar y drws. Agorais ef a gweld tyrfa fechan o blant. Roedd ambell un yn cario sach ar ei gefn. Safai Begw tua'r blaen.

'Lle mae Bopa?' gofynnodd.

'Mae'n sâl,' meddwn i'n llym.

Agorodd llygaid y plant fel soseri. Roedd sylweddoli mai creadur meidrol oedd Bopa'n amlwg yn ysgytwad.

'Pryd bydd hi'n well?' gofynnodd y plentyn â'r wyneb llosgiedig.

'Wn i ddim,' meddwn. 'Efallai y bydd rhaid i'ch rhieni ofalu amdanoch chi am unwaith.'

Caeais y drws, ac wedyn diawlio fy hun yn syth am fod mor gas. Roedd rhywbeth o 'nhad wedi dod i'r golwg. Rhywbeth creulon, ac yn cymryd pleser mewn bod yn greulon hefyd. Y cythraul annymunol hwnnw ynof, wedi saethu i'r wyneb cyn i mi sylwi a chael cyfle i'w wthio'n ôl i lawr. Euthum yn ôl i eistedd yn yr ystafell ffrynt, lle'r oedd Bopa'n parhau i bendwmpian. Roeddwn ar bigau'r drain eisiau datrys pos yr Octopws, ond yn sownd fan hyn yn edrych ar ôl Bopa, yn gaeth gyda fy meddyliau fy hun, a'r rheini'n bur gythryblus.

Cydiais yn y botel o Infant's Preservative a syllu arni. Doedd fy nhad erioed wedi gadael i mi gael llwnc o'i ffisig. Roeddwn eisiau deall beth oedd mor wych amdano, fel bod fy nhad wedi ei ddewis dros ei wraig a'i ferch. Llyncais. Ond dim ond diferyn oedd ar ôl, ac roedd hwnnw'n sur.

'Pan o'n i'n forwyn yn y tŷ mawr dim ond tair gwaith y flwyddyn oedden ni'n gwneud y golch,' meddai Bopa'n sydyn.

Cefais gymaint o fraw bu bron i mi ollwng y botel. Roedd ei hwyneb yn goch a'i llygaid yn troi yn ei phen.

'Ydych chi'n olréit, Bopa?'

'Ond, wel, pan oedd hi'n amser golchi roedd angen dod â golchwragedd o bob twll a chornel o'r sir i helpu. Pawb yn cysgu gyda'i gilydd yn y stablau.'

'Bopa?'

Codais y botel o Infant's Preservative ac edrych ar y label eto. Alcohol a morffin, meddai. Efallai na ddylwn i wedi rhoi cymaint iddi. Gobeithiwn na fyddai'n troi'n gas, fel fy nhad ar ôl ei ffisig.

'Ro'n nhw'n dwyn y dillad, wrth gwrs. Welais i sawl dyn yn gwisgo crys o well safon na'i gilydd ar ôl diwrnod golchi.'

Cofiais am rywbeth yn fwyaf sydyn. 'Roedd Mr Glass yn eich nabod,' meddwn.

Edrychodd arna i, fel pe bai'n cael trafferth canolbwyntio.

'Dim ond unwaith ges i 'ngalw atyn nhw. Pan o'n ni'n byw yn yr Hen Dref. Ganol nos. Y ferch fach yn sâl, ac ro'n i'n gwbod tipyn am feddyginiaeth plant.'

'Dydw i ariôd weti cwrdd â'r ferch.'

'Yn y fynwent nawr, gyda'r plant bêch eraill,' parablodd. 'Druan. Fe gollon nhw'r cwbwl i'r haint.'

Aeth saeth oer drwy fy nghalon. Am beth ofnadwy, meddyliais. Triais ddychmygu sut brofiad fyddai colli un plentyn, heb sôn am nifer, ond allen i ddim. Roeddwn wedi eistedd drwy sawl angladd plentyn yn yn capel adref, a meddwl pam fod Duw yn caniatáu y fath artaith, hyd yn oed wrth i 'nhad geisio esbonio'r peth o'r pulpud. Dyna'r unig bryd fyddwn i'n amau ei eiriau, ac wedyn teimlo'n euog am feddwl am y peth.

Ond roedd yna rywbeth am Mr Glass yn fy nenu. Roedd hynny'n rhyfedd, a minnau ei ofn ef. Efallai mai dyna oedd e, ei fod yn debyg i fy nhad, yn anodd ei drin, a hynny'n gyfarwydd i mi. Doeddwn i ddim yn deall sut i siarad â dynion caredig. Dynion fel Ellis.

Roedd Bopa ychydig yn well y diwrnod canlynol, a phenderfynais gael gafael ar Begw er mwyn holi rhagor am yr Octopws. Ond bu'n rhaid i mi fynd i'r swyddfa ben bore er mwyn dechrau cysodi rhifyn diweddaraf y *Frenhines*. Wrth i mi ddarllen drwy rywfaint o'r cynnwys gydag Êb clywais Mr Glass yn anadlu i lawr y corn siarad. 'Miss Maddocks, allech chi ddod lan os gwelwch yn dda?' gofynnodd.

Dechreuais boeni. Nid oedd wedi fy ngalw'n unswydd i'w swyddfa ers fy niarddel o'r adeilad.

Pan euthum i fyny'r grisiau cefais Mr Glass yn sefyll a'i gefn tuag ataf, yn wynebu'r ffenestr a edrychai dros y stryd. Roedd y llenni wedi eu tynnu led y pen am y tro cyntaf a sylwais fod ganddo olygfa go dda o'r dref draw dros ben y Capel Mawr gyferbyn a thuag at y bryniau llwydfrown yn y pellter.

Safai Mr Glass a'i fraich wedi ei chodi o'i flaen a'i law wedi ei chau'n ddwrn, fel pe bai'n gobeithio tynnu rhyw adeilad neu'i gilydd allan o nenlinell y dref, neu ei guddio o'i olwg. Ac yna fe'i gwelais; yr eglwys ar y bryn, i'r gogledd-orllewin, ei meindwr yn amlwg uwchlaw yr adeiladau bychain o'i hamgylch.

'Mae'n olygfa braf.'

'Rwy'n 'we deg pump o'd eleni,' meddai. 'Yn dechrau tynnu mla'n. Pan gyrhaeddais y dref, yn brentis, pentref bychan oedd 'ma. Dim ond yr eglwys yna, a'r Hen Dref, a'r ychydig gytiau gwledig o fewn tir y llan. Ambell un ffôl yn dechrau sôn am haearn a mwynau eraill yn y bryniau, eu pennau'n llawn stêm.'

'Dim un capel?'

Ysgydwodd ei ben. 'O na! Gwae unrhyw un oedd yn datgan ei Anghydffurfiaeth yn gyhoeddus. Cafodd dau eu boddi yn Llyn Llam Dda – lle mae sgwâr y dref erbyn hyn – am bregethu'r efengyl unwaith, a minnau yno'n gwylio – nid ymhell dros fy mhedair ar ddeg.'

'Am ofnadwy.'

'Roeddym yn bodoli dan warchae, yn ofn mynegi ein hunain, yn dychryn rhag y newidiadau gwleidyddol lleiaf. A'r Estrones yn llywyddu ar bopeth! Fel y mae'r rhod weti troi.' Tynnodd ei ddwrn at ei frest. 'Nawr, ni sydd yn gryf.'

'Yn gryf?' Meddyliais am drueiniaid a thlodion y dref.

'Mae digon ar ôl i'w gyflawni, wrth gwrs. Ac mae rhywun yn poeni weithiau na fydd yn byw i weld y chwyldro. Ai marw ar drothwy gwlad yr addewid fydd fy ffawd, cyn datgysylltu'r Eglwys, a diddymu Tŷ'r Arglwyddi?'

'Pam oeddech chi am fy ngweld?'

'Mae gen i gynllun i ddeffro'r bobol.' Aeth y tu ôl i'w ddesg a phwyso drosti, ei ddyrnau ar y pren. 'Welais ti eu hymateb tu fas i'r carchar?'

'Ma'n nhw'n dioddef.'

'Ydyn, yn rhy hir, dan law yr Estrones. Mae hi'n rhy gryf yn Lloegr, ond yma yng Nghymru, yma ry'n ni'r Anghydffurfwyr yn y mwyafrif. Yma mae hi'n fregus, ac yn barod i ddymchwel. Felly pam ddylen ni ildio'r fath rym iddi?'

'Pam y'ch chi'n gweud hyn i gyd wrthyf i, Mr Glass?'

'Am dy fod ti'n un o'r werin, Sara. Am dy fod ti'n gwbod sut mae'r bobol yn meddwl.' Prociodd ei ben â'i fys.

Nodiais fy mhen yn benderfynol. 'Wel dyna un peth oeddwn i am ei drafod â chi.'

'Yr hyn wi'n bwriadu ei wneud yw rhoi gorau i dalu'r dreth Eglwys.' Aeth i eistedd wrth ei ddesg. 'Gwneud fy hun yn ferthyr dros yr achos. Deffro'r bobol i anghyfiawnder y peth. Wyt ti'n cytuno ei fod yn syniad da?'

'Ond beth am y digartrefedd? Y tlodi?'

'Hmm?'

'Y tlodi yn y dref? Onid dyna'r flaenoriaeth?'

Edrychodd anaf fel pe bai wedi deffro o freuddwyd. 'Tlodi? Wel, does dim llawer ellir ei wneud am hynny.' Wfftiodd â'i law. 'Tref haearn yw hon. Pan fydd pris haearn yn codi mae bwyd ar blatiau'r bobol, pan fydd yn syrthio does dim. Mae'r cyfan yn nwylo'r farchnad.'

'Ond mae yna bethau allech ymgyrchu yn eu cylch. Y dŵr budr. Y trosedd. Y puteindra –'

'Puteindra?' Culhaodd ei lygaid. 'Pam crybwyll y fath beth yn fy swyddfa i?'

'Gweud ydw i fod yna broblemau yn wynebu'r bobol nad y'ch chi'n gwneud dim byd amdanyn nhw.'

'Fel y dreth Eglwys.'

'Fel cyflogau isel, a thlodi, a throsedd,' meddwn. 'Mae angen mynd i'r afael â'r pethau hyn yn y *Llais*.'

'A rhoi ffrwydron i'r rheini sy'n honni bod Cymru'n wlad anfoesol a barbaraidd eu taflu atom?' Gwnaeth ystum ysgubo â'i law. 'Na, fe fyddai'r *Times* yn llawn o'r peth. Cymru lân a Chymru lonydd yw cenedl *Llais y Bobl*. Dyna ddigon o sôn am–'

'Fe wnaethoch chi ofyn am fy marn ac rwy'n ei chynnig. Sdim ots gan y werin am y dreth Eglwys. Does dim eiddo ganddyn nhw.'

'Taw am bethau felly.' Roedd y rhwystredigaeth yn amlwg yn ei lais.

'Maen nhw ishe tai, cwteri, dŵr glân –'

'Dyna ddigon!' Cododd botyn inc oddi ar ei ddesg a'i hyrddio ar draws yr ystafell tuag ataf. Chwalodd yn erbyn y drws uwch fy mhen a thasgu inc dros bob man. 'Wna i ddim llusgo enw ein cenedl drwy'r baw! Nid un o recsynnau Llundain yw'r *Llais*.'

Agorais y drws a ffoi i lawr y grisiau cyn gynted ag y gallwn.

Roedd Ellis ar ei ffordd i fyny'r grisiau i gwrdd â mi.

'Beth ddicwddodd?' gofynnodd.

'Fe daflodd inc ata i,' meddwn, gan syllu i lawr ar fy ffrog.

Oedodd. 'Mae'n well osgoi Mr Glass yn ei dymer.'

Dangosais fy nannedd. 'Wel, dyna ŵr cyfiawn y byddet ti.' Gwthiais heibio iddo, ac i lawr y grisiau. 'Mae dyn yn shoto pethe at dy ddarpar wraig a dwyt ti ddim yn codi bys i'w hamddiffyn!' Camais allan i'r iard a chau'r drws yn glep y tu ôl i mi, heb oedi i weld yr olwg ar wynebau'r lleill.

Cerddais i gyfeiriad canol y dref a 'mhen i lawr. Sylwais fy mod yn crynu drosof. Doeddwn i ddim gwell na'r ferch fach oedd yn wynebu llid fy nhad. Swyddfa Gwasg Glass oedd yr un lle, y tu hwnt i dŷ Bopa, lle'r oeddwn i wedi dechrau teimlo'n gartrefol. Nawr yr oeddwn i eisiau ffoi unwaith eto. Gadael y dref. Mynd i rywle.

Tybed a allwn grynhoi'r ychydig gyflog roeddwn i wedi ei ennill am y *Frenhines*, talu rhent Bopa a phrynu tocyn ar gyfer yr agerfarch, ystyriais. Ffoi rhag yr heddlu. Ffoi rhag Gwasg Glass. Hwylio draw i Lundain a gobeithio dilyn yn ôl traed Tabitha Leighton. Yn Llundain doedd merched ddim yn bethau i'w hanwybyddu na thaflu potiau inc atyn nhw. Neu yn well fyth, prynu tocyn ar yr awyrlong gan Êb a hwylio i Batagonia.

Jenkin oedd yn iawn, sylweddolais. Llais Mr Glass oedd y *Llais*. Doedd dim lle i'm llais i na neb arall chwaith, ac allwn i ddim gwneud unrhyw beth i newid hynny.

Neidiodd Sara wrth glywed clec ar wydr ffenestr yr ystafell. Roedd wedi ymgolli'n llwyr yn ei hysgrifennu unwaith eto. Oriau wedi mynd a hithau wedi anghofio am y byd o'i chwmpas er mwyn byw bywyd y cymeriadau yn ei stori. Brysiodd at y ffenestr, gan feddwl bod rhywun yn ceisio tynnu ei sylw, ond doedd neb yno. Synnodd fod yr awyr tu allan yn drwch o blu eira. Gwisgai'r mynyddoedd eu dillad gwynion glanaf ers sawl wythnos, ond nawr roedd y dyffryn cyfan yn cael ei araf orchuddio, gan ddileu'r gwahaniaeth rhwng cae a ffordd.

Aeth at ddrws y ffrynt a'i agor i gael gwell golwg. Gallai weld goleuadau pentref Melin Frewys yn y pellter, wedi eu pylu gan darth gwyn. Roedd hyd yn oed cragen ddu Capel Siloh, yr hyn oedd yn weddill wedi'r tân rai misoedd ynghynt, yn ymddangos yn ddigon rhamantus yr olwg wrth i'r gwynder godi'n bentyrrau ar yr adfeilion cerrig.

Camodd allan, taflu clogyn amdani a chau'r drws y tu ôl iddi er mwyn mwynhau'r plu eira yn chwyrlïo o'i hamgylch. Cerddodd tuag at ffenest yr ystafell ysgrifennu a gweld fflach o gochni, mewn twll yn yr eira. Symudodd yr eira o'r neilltu gyda blaen ei throed a gweld robin goch wedi marw. Mae'n rhaid mai dyna fwriodd y ffenestr, meddyliodd.

Mewn ychydig oriau fe fyddai'n noswyl Nadolig. Doedd meddwl am hynny ddim yn beth braf i Sara. Blwyddyn arall wedi ei cholli. Tirnod arall ar y llwybr i unman.

Doedd dim llawer o arwyddion o'r Nadolig yn y tŷ.

'Gwylddydd arbennig y bola!' taranai ei thad. 'Diwrnod i gydlawenhau oherwydd rhodd anhraethol Duw i'r byd wedi troi'n esgus i loddesta a meddwi!'

Doedd fiw i Sara ystyried addurno'r tŷ ag uchelwydd. Doedd dim pwdin plwm heb sôn am ŵydd dew a chwrw'r gwyliau. Dim plant i'w rhybuddio i beidio â rhoi eu bysedd yn y sosban cyn i'r cyflaith oeri.

Gallai fod wedi gwneud cyflaith, meddyliodd. Roedd ganddi siwgwr, menyn, cnau almon ac *Essence of Lemon*. Ond roedd yn well ganddi ddefnyddio'r ychydig oriau pan fyddai ei thad wedi llewygu yn ei sêt yn yr ystafell fyw, yn feddw ar y Dr J Borne Opium Tincture, er mwyn ymgolli mewn ysgrifennu. Cael anghofio ei chaethiwed a dianc i fyd breuddwyd, y byd y darllenai amdano mewn llyfrau ac yn y papurau newydd.

Nid fel yma roedd noswyl Nadolig pan oedd yn iau. Bryd hynny byddai teuluoedd yn dod at ei gilydd yn un o ffermydd y pentref am damaid i'w fwyta a'i yfed. Wedyn yn chwarae mwgwd yr ieir, ystôl gadno, tynnu cwtws, pyncio, brathu afalau crog. Yna wedi iddi nosi, byddai'r dynion hynaf, yr hen ffermwyr a'u gwallt wedi britho, yn dechrau adrodd yr hen chwedlau nes oedd gwallt y plant yn sefyll yn syth ar gorunau eu pennau. Straeon am wrach y rhibyn, cŵn Annwn a'r gyhyraeth. Yna cerdded adref gydag un llaw yr un yng ngafael Mam a Dad a chael llawer rhy ychydig o gwsg cyn codi mewn tywyllwch ar gyfer gwasanaeth Plygain y bore trannoeth a chanu carolau yng ngoleuni'r canhwyllau.

Aeth Sara yn ôl i'r tŷ, gan fwriadu ailgydio yn ei meddyliau, ac efallai cynnwys rhai o'r atgofion hyn rywle yn y stori. Efallai y byddai ysgrifennu am y Nadolig yn codi ei hwyliau. Roedd y stori wedi mynd braidd yn drist, yn ddrych i'w diflastod hithau.

Caeodd y drws, ond yna clywodd ei thad yn galw arni. 'Sara, Sara.'

'Ie, 'nhad?'

Gwelodd ei fod nid yn unig yn effro ond ar ei draed, ac yn tynnu ei gôt a'i het amdano. Rhaid ei bod hi wedi ymgolli cymaint yn yr ysgrifennu fel bod oriau maith wedi llithro heibio. 'Beth am i ni fynd i lawr i'r pentref i gael golwg ar bethau?'

'Mae'n bwrw eira, 'nhad.'

Herciodd drwodd i'r parlwr.

'Lle mae dy fam?' gofynnodd.

'Weti mynd mês ar neges rwy'n siŵr,' meddai.

Byddai ei thad yn cael pyliau fel hyn ar ôl deffro o'i ffisig. Pyliau hwyliog oeddynt, ond rhai a awgrymai ei fod wedi anghofio'r blynyddoedd diwethaf. Fe fyddai ei hen dad yn dychwelyd am gyfnod, fel petai'n cael dod i'r wyneb bob hyn a hyn ar ôl cael ei gaethiwo y tu mewn i'r dyn milain, creulon.

Ond gwyddai fod rhaid bod yn ofalus hefyd. Roedd ei hwyliau mor dwyllodrus â haul Ebrill a gallai newid mewn eiliad.

'Wel, efallai y gwelwn ni hi ar y ffordd i lawr,' meddai. Cydiodd yn ei ffon ac agor y drws. Chwythodd corwynt bychan o blu eira i mewn i'r cyntedd a glynu wrth y teils dan draed, cyn toddi.

'Wel, wel,' meddai ei thad. 'Eira! Fel hen aroglau, mae'n dod â'r atgofion yn ôl.' Cydiodd mewn sgarff oddi ar y bachyn cyfagos a cherdded allan heb gau'r drws ar ei ôl, gwaelodion ei drowsus yn gwlychu wrth lusgo drwy'r slwtsh.

Meddyliodd Sara am adael iddo fynd a gobeithio na ddeuai yn ôl. Y byddai lluwch eira yn ei lyncu. Y byddent yn dod o hyd iddo yn y gwanwyn ar waelod Llyn Cwt Hers. Neu fe fyddai'n dal annwyd a fyddai'n ddiwedd arno.

Ond ni allai, er gwaethaf popeth. Llofruddiaeth fyddai peth felly, hyd yn oed os nad hi fyddai'n trin yr arf. A doedd hi ddim yn llofrudd.

Taflodd ei chôt a'i sgarff amdani a'i ddilyn, ei llaw o flaen ei hwyneb i'w hamddiffyn rhag pinsio'r fflochiau iâ. Roedd y byd o'u hamgylch yn hollol dawel wrth i'r cwrlid gwyn ddisgyn arno. Doedd dim sŵn ond ôl ei thraed yn crensian ar lawr. Roedd ei thad wedi diflannu i ganol y gwynder.

Roedd hi'n dechrau tywyllu erbyn iddi gyrraedd y pentref. Neu efallai mai trwch yr eira yn yr awyr oedd yn gwneud iddi ymddangos felly. Roedd y lampau nwy wedi eu cynnau ond roedd trwch yr haenen eira ychydig yn deneuach fan hyn ac ambell lafn o wair yn codi drwy'r barrug disglair.

Roedd y pentref i gyd fe petai wedi dod allan i fwynhau'r tywydd annisgwyl. Gwelodd blant medrus yn sglefrio i lawr y bryn ar estyll pren. Aeth Mr Williams y Post heibio ar gefn ei gert, ac roedd yn llawer mwy llwythog nag arfer.

'Y'ch chi weti gweld 'nhad?' galwodd arno.

'Weti mynd i Siop John Pugh.'

Brysiodd Sara ymlaen gan ofalu peidio â llithro. Roedd yn gynnes yn y siop, y llawr pren eisoes yn wlyb gan eira ac yn ddryswch o olion traed. Gwelodd gefn crwm ei thad yn pwyso dros y cownter.

''Nhad, ydi popeth yn iawn?'

'Mae'n prynu hanner y siop!' ebychodd John Pugh.

Anelodd ei thad fys main at botyn ar frig y cwpwrdd y tu ôl i'r cownter. 'Ac un gnegwerth o'r da-da melyn yna os gwelwch yn dda.'

'Un?' gofynnodd John Pugh, braidd yn ddiamynedd. Ond fe ddringodd ar y stôl. 'Oes dannedd gennych chi i'w cnoi?'

'Mae ceg gen i i'w sugno.'

Edrychodd Sara ar y bagiau oedd eisoes wedi eu llwytho ar y cownter.

'Peidiwch â gwario gormod, 'nhad,' meddai.

'Mae'n Nadolig!' meddai. 'Os na allwn ni fwynhau'r gwylia pryd allwn ni fwynhau? R'yn ni'n crafu er mwyn arbed arian drwy'r flwyddyn...'

Ceisiodd Sara wenu, ond roedd ei thad yn ymddwyn mor groes i'r arfer.

'Beth yw honna?' gofynnodd hi wrth weld coeden fach addurnedig yng nghornel yr ystafell.

'Pren Nadolig,' galwodd John Pugh o frig ei ystol. 'Mae gan y Frenhines Fictoria un fawr. Ry'ch chi'n hongian anrhegion bach ar y canghennau fel hyn – orenau a theganau – ac yn cynnau canhwyllau i'w haddurno.'

'Mae'n dlws,' cynigiodd Sara.

'Ar noswyl Nadolig daw'r plant i agor yr anrhegion, a maen nhw'n rhoi anrhegion i'w rhieni.'

'Dydd Calan oedden ni'n arfer rhoi anrhegion,' meddai ei thad.

Daeth John Pugh i lawr o'r ystol gyda'r da-da melyn. 'Hoffech chi roi ceiniog at elusen ar ben y pris?' gofynnodd.

'Y cyfan wnaiff elusen yw annog segurdod,' meddai ei thad yn ddi-hid. Roedd yn dechrau aflonyddu.

'Mae'r cyfan yn mynd at lo ar gyfer trigolion y plwyf.'

Anwybyddodd ei thad ef, ac amneidio tuag at y pren Nadolig. 'Mae gormod o sawyr y Saturnalia ar y Nadolig wedi mynd.'

'Wela i ddim drwg mewn addurno'r tŷ â choeden fythwyrdd os yw hynny'n ychwanegu at fwyniant y diwrnod,' meddai John Pugh, wedi ei synnu gan y newid yn hwyliau'r cwsmer.

'Y cyfan weti ei ail-baganeiddio, a'r Cymry ar frys gwyllt i efelychu'r Saeson ym mhob peth.'

Sylwodd John Pugh ei fod ar fin colli cwsmer, felly newidiodd ei dôn. 'Rwy'n cytuno'n llwyr, Sadrach,' meddai. 'Hen nonsens Pabyddol yw'r cyfan. Sdim sôn am Nadolig yn y Beibl, felly pam sôn am grefydd o gwbwl, yntê?'

Ni ddywedodd ei thad ddim.

'Dyna'r cyfan?' gofynnodd y siopwr, yn awyddus i gael ei wared.

Trosglwyddodd ei thad hanner y bagiau oddi ar y cownter i ddwylo ei ferch. 'Rhowch y cyfan ar y llyfr.'

Gwgodd y siopwr, ond ni allai'n hawdd wrthod pregethwr.

'Happy Christmas!' meddai wrth iddyn nhw adael y siop.

Dilynodd Sara ôl traed ei thad mewn distawrwydd, tuag at y tŷ. Poenai fod ei hwyliau tymhorol yn prysur edwino, a lle bu dedwyddwch byddai'r storm yn taro'n ffyrnicach. Syrthiai'r eira yn drymach yn awr wrth iddynt esgyn i fyny'r bryn, a gwthiodd y gwynt ei fysedd oer i bob twll yn ei ffrog. Roedd Sara yn dechrau blino, ac oeri. Dylai fod wedi gwisgo côt ychwanegol cyn gadael y tŷ.

'Dyna ni, Sara. Cawn Nadolig eleni fel yr oeddym ni'n arfer ei gael,' meddai ei thad o'r diwedd. 'Fel pan oedd dy fam yn fyw.'

'Dim ond i ni gael dathlu'r Nadolig at ddiben teilwng, crefyddol, fy nhad.'

'Pam, dwyt ti ddim yn gwerthfawrogi'r holl bethau yma?'

Gwelodd y peryg. 'Ydw, dim ond… fel yr oeddech chi'n ei ddweud, rhaid cofio lle'r Arglwydd yng nghanol y cyfan.'

Trodd i syllu arni. 'Y slwt ddrygionus,' meddai rhwng ei ddannedd. 'Y lodes ddrwg pen heol –'

Meddyliodd am funud ei fod am ei bwrw, ond yn hytrach taflodd ei fagiau i'r eira. Agorodd ambell un a syrthiodd y danteithion ohonynt.

'Beth wnes i i haeddu merch mor anniolchgar? A finnau weti gwario cyflog mis ar wledd!' Trodd ei gefn ati. 'Fe fyddi di'n bwyta llygod mawr weti eu rhostio nes y-'

Gwyliodd Sara ef yn prysuro tuag at y tŷ. Syllodd arno'n syfrdan. Yna pwysodd i lawr i godi'r bagiau a'r hyn allai o'r bwyd oedd ar lawr.

Cerddodd yn araf i fyny'r bryn, ei breichiau'n dolurio dan y pwysau a'i bysedd yn merwino yn yr oerfel. O'r diwedd cyrhaeddodd y tŷ. Rhoddodd y bagiau i lawr wrth ddrws y ffrynt a sbecian drwy'r ffenestr. Doedd dim golwg o'i thad. Aeth i ffenestr y gegin a syllu i mewn. Gallai weld ei gefn. Roedd wedi cynnau tân.

Roedd yr eira bellach mor ddwfn nes bod ei hesgidiau a godre ei ffrog yn wlyb diferol ac roedd bron â cholli esgid bob tro y cymerai gam.

Aeth yn ôl at ddrws y ffrynt a throi'r ddolen, yn ddigon tawel fel na fyddai'n cadw sŵn. Ond ni throdd y ddolen o gwbwl. Curodd ei chalon yn gyflymach. Roedd y drws ar glo. Roedd ei thad wedi ei chloi allan.

Sylweddolodd Sara mai ei fwriad oedd ei gadael i fferru i farwolaeth. Ac fe fyddai yn gwneud hynny'n fuan iawn pe bai'r tywydd yn parhau.

Curodd ar y drws ond roedd pob ergyd yn brifo ei dyrnau oer. 'Nhad! Gadewch fi i mewn!' gwaeddodd.

Yng nghefn y tŷ, ceisiodd roi tro ar y drws. Roedd ei thad wedi cloi hwnnw hefyd. Curodd ar y ffenestr. Ni throdd ei thad ei ben, dim ond procio'r tân fel pe na bai'n gallu ei chlywed o gwbwl.

Aeth draw at yr hen ysgubor y tu ôl i'r tŷ. Ceisiodd symud y drysau ond roedd lluwch eira eisoes wedi casglu o'u blaen. Roedd ei dwylo'n crynu y tu hwnt i'w rheolaeth erbyn hynny, yn dda i ddim iddi. Edrychodd yn ôl i gyfeiriad y tŷ a gwylio goleuni cynnes y tân yn crynu ar y ffenestr, a cheisio dychmygu'r gwres ar ei chroen.

Gyda chryn ymdrech ac ymbalfalu aeth yn ôl at ddrws y ffrynt a swatio i lawr yno, gan dynnu ei siôl yn dynnach amdani. Roedd yr eira'n cwympo'n drwch ar ei phen a'i chefn. Teimlai holl gasineb oer ei thad yn syrthio i lawr arni, ac roedd hi'n siŵr iddi haeddu'r casineb hwnnw. Pam na allai ei fodloni ef?

Gwelodd oleuadau'r pentref yn wincio arni. Dim ond dau ddewis oedd ganddi. Aros a gobeithio goroesi'r noson – amhosib – neu fynd yn ôl a chwilio am loches. Efallai y câi groeso gan rywun, meddyliai yn anobeithiol, pe bai'n cynnig y bwyd oedd yn y bagiau.

Cododd y llwyth yn ei breichiau dideimlad a chychwyn yn ôl am y pentref. Doedd dim pall ar yr eira nawr. Roedd y bagiau'n drwm a phob cam yn ymdrech. Ni allai deimlo ei thraed mwyach, ond rywsut roedd hi'n dal i fynd.

Daeth tafarn y pentref i'r golwg. Y Farmers. Doedd dim i nodi'r gwahaniaeth rhyngddi ac unrhyw dŷ arall ond yr arwydd uwchben y drws.

Gallai glywed synau chwerthin a gweiddi o'r tu fewn. Rhegi a chaniadau masweddus. Doedd hi erioed wedi meddwl mynd i mewn o'r blaen. Ni allai ddychmygu pa fath o ddynion a ddymunai dreulio noswyl Nadolig mewn tafarn isel. Byddai'n colli unrhyw urddas oedd ganddi yn y pentref yn syth wrth gamu dros y trothwy. Ond beth oedd colli urddas o'i gymharu â rhewi i farwolaeth? O drwch blewyn, roedd y perygl i'w chorff yn fwy na'r perygl i'w henaid.

Agorodd y drws a bwriwyd hi gan don o wres oedd bron yn annioddefol o boeth, a dilynwyd ef gan don o sŵn dychrynllyd wedi tawelwch yr eira.

'Caewch y drws!'

'Mae'n ddiawledig o oer!'

Gwthiodd y drws ar gau y tu ôl iddi â'i throed, a gollwng y bagiau ar lawr. Roedd ei bysedd wedi rhewi'n grafangau. Roedd yn annioddefol o boeth yma. Doluriai ei chorff wrth ddadmer.

Sylweddolodd fod y dafarn wedi tawelu, fel pe bai pawb yn dal eu gwynt. Ac yna fe olchodd ton o wawdio anifeilaidd drosti.

'Dy ferch di ydi hon, Isaac?'

'Mae'n ddigon o sioe.'

'Get her on the table!'

Tynnodd Sara'r sgarff oddi ar ei hwyneb, oedd mor wyn ag angau.

'Merch y Mans yw 'onna!'

Fe aeth ail don o syndod drwy'r ystafell. Edrychodd ar yr wynebau o'i hamgylch. Cilwenodd ambell un yn awgrymog, eu hanadl yn boeth ac yn feddw. Roedd eraill wedi troi eu hwynebau i'w cuddio. Ambell aelod o Gapel Siloh yn eu plith, sylwodd.

Doedd yr ystafell ddim yn fawr – ystafell fyw ydoedd mewn gwirionedd – ond roedd yna dân mawr yn y grât. Rhedai mainc reit rownd waliau'r ystafell ac roedd bwrdd hir yn y canol. Eisteddai tua deuddeg o bobol yno. Roedd y llawr yn garreg a'r waliau wedi eu paentio'n frown er mwyn cuddio'r baw. Yn y wal roedd agoriad gweini ac yno safai'r tafarnwr, Wyddfa Jones, yn barod i weini cwrw neu jin yn ôl yr angen.

'Y'ch chi'n olréit, Miss?' galwodd.

Roedd yn ddyn mawr – roedd rhaid iddo fod i gadw trefn ar dafarn – ac roedd hefyd yn rhannol barchus am ei fod yn berchennog eiddo. Roedd ganddo wallt coch a dyfai o'i ben fel blew brwsh.

Teimlodd Sara weddill ei chryfder yn treio ohoni, a simsanodd. Cododd un o'r dynion i'w dal cyn iddi fynd yn glewt ar lawr.

'Weti ei dal yn y tywydd mae'n siŵr,' meddai rhywun.

'Dewch â hi o flaen y tên, fechgyn.'

Cyrchwyd hi i sedd ac eisteddodd gyda diolch. Daeth Wyddfa a gosod diod gynnes yn ei dwylo, oedd mor boeth i'r cyffyrddiad fel y bu bron iddi ei gollwng ar lawr.

'Mi wnaiff hon les i chi,' meddai.

Cymerodd un llymaid ohoni a thagu. Roedd fel yfed olew.

'Yfwch y cwbwl. Mae angen cynhesu y tu mewn i chi, nid dim ond y tu fas.'

'Wwww!'

'Ca' hi, Cai.'

Wedi iddi ddod ati ei hun ryw fymryn ailddechreuodd y dathliadau meddw o'i chwmpas. Dechreuodd y dynion ganu. 'Tomen y Llechwedd Llwyd' a chaneuon Nadolig, ac ambell gân front Saesneg nad oedd Sara yn gyfarwydd â hi, ond y gallai ddyfalu ei hystyr.

Teimlodd ei hun yn ymlacio wrth i'r oerfel angheuol ei gadael. Erbyn iddi orffen ei diod roedd wedi suddo i ryw fodlonrwydd mor ddwfn â chwsg. Amgylchynid hi gan wynebau oedd yn gwenu ac yn mwynhau. Peth rhyfedd, meddyliodd, bod ei thŷ Cristnogol mor oer a digysur, tra gallai'r bobol hyn, baw isa'r domen, fod mor hapus.

Parhaodd y diodydd cynnes i ddod, y naill ar ôl y llall. 'Wi'n ddigon cynnes erbyn hyn,' meddai'n llawen, er ei bod yn braf cael rhywbeth i'w ddal yn ei dwylo.

Deffrodd y bore trannoeth mewn gwely dieithr. Teimlai ei phen yn dyrnu. Cododd o'r gwely. Roedd mewn ystafell fechan. Eisteddodd yno ac olrhain digwyddiadau y noson flaenorol fel rholyn memrwn yn ei meddwl.

Beth fyddai'n digwydd nawr? Ni wyddai.

Roedd y nenfwd ar oledd a arweiniai at ffenestr fechan a edrychai i lawr ar y stryd. Cododd i edrych. Roedd yr eira wedi peidio, ond roedd yn drwch, gyda nifer o olion traed yn groesymgroes i'w gilydd. Gwelodd arwydd y Farmers yn siglo yn yr awel fain. Rhaid ei bod yn boreuo oherwydd roedd yna wawr las ar yr eira.

Aeth yn ôl i'r gwely. Ymhen tipyn clywodd sŵn cnocio ar y drws.

Gwthiodd Beti, gwraig Wyddfa Jones, ei phen rownd y drws.

'Nadolig Llawen,' meddai â gwên. 'Mae'r storm weti distewi erbyn hyn. Gall Wyddfa fynd â chi'n ôl i fyny i'r Mans. Rhaid bod eich têd yn poeni'n ofnadwy.'

Efallai i wyneb Sara ei bradychu, oherwydd fe wenodd y wraig mewn cydymdeimlad.

'Rwy'n ca'l yr argraff nad y'ch chi ishe mynd adref, nag y'ch chi?'

'Dim heddiw, efallai.'

'Ond beth am yr holl fwyd oedd gennych chi? Mae yna wledd yno! Fe fydd eich tad yn llwgu.'

Meddyliodd Sara am eiliad. 'Hoffwn i i chi eu ca'l nhw. Yn dâl am edrych ar 'yn ôl i.'

'Sdim angen taliad... ond os y'ch chi'n siŵr. Wel, bydd rhaid i chi ymuno â ni, 'te. Allwn ni ddim bwyta eich bwyd chi heb eich bod chi yn ei rannu fe.'

Aethon nhw i lawr i le roedd y dafarn. Roedd yr holl wydrau gweigion wedi eu clirio. Daeth tair o ferched pengoch i'r golwg i agor yr anrhegion ar y bwrdd. Tynnodd Sara dda-da melyn o'r sach iddyn nhw a gwenu wrth eu gweld yn ceisio ei gnoi ac yn methu.

Gwyliodd wrth i Wyddfa Jones ddod i mewn a chymryd y plant yn ei gôl yn gariadus a siarad â nhw a chusanu eu bochau cochion. Roeddynt yn chwerthin a chwarae ac yn siarad ag ef yn llawn hyder. Nid oedd yn gweiddi na cholli ei dymer. Brathodd Sara ei gwefus a throi ei golygon i ffwrdd.

Daeth cinio wedyn. Roedd pwdin plwm, a gŵydd, a bu'n rhaid i Beti siarsio'r plant i beidio â rhoi bys yn y sosban gyflaith nes iddi oeri rywfaint. Dyna'r wledd Nadolig orau gafodd Sara erioed.

Ar ôl cinio, a chynnig helpu i glirio, ffarweliodd â'r teulu. Fe fyddai Wyddfa yn ailagor y dafarn ar ôl cinio wrth i'r gwŷr ddychwelyd am ddiod, a doedd hi ddim am fod dan draed.

'Chi'n siŵr y byddwch chi'n olréit?' gofynnodd Beti, gan gydio yn ei dwy law.

'Byddaf,' meddai Sara gyda gwên.

Wrth gerdded i fyny drwy'r eira, drwy'r aer oer, clir, a'r byd o'i chwmpas wedi ei newid yn llwyr gan donnau o rew claerwyn, teimlai fel dynes newydd. Roedd hi wedi cael blas ar rywbeth y noson gynt a'r bore hwnnw. Roedd mwy i fywyd wedi'r cwbwl na bod yn gaeth i'r tŷ dan oruchwyliaeth lem ei thad, a darllen llyfrau sychion. Roedd wedi gwneud camgymeriad. Drwy geisio ei chosbi roedd wedi agor cil y drws ar fywyd arall. Un yr oedd hi ei eisiau.

Penderfynodd bryd hynny y byddai'n gadael. Hyd yn oed pe bai'n rhaid gwneud hynny heb geiniog yn ei meddiant, fe fyddai'n mynd. Fe fyddai angen y dewrder arni i ddweud hynny wrtho, dweud nad oedd am iddo ddod ar ei hôl, ond fe fyddai'n gwneud. Hen ddyn methedig oedd e wedi'r cwbwl. Roedd hi'n ifanc. Fe allai ffoi yn gyflymach nag y gallai ei dilyn.

Cyrhaeddodd y tŷ a rhoi tro ar ddolen y drws. Agorodd. Roedd wedi ei ddatgloi. Aeth drwodd i'r gegin.

Eisteddai ei thad yn ei gadair freichiau yn darllen.

'Wel, wel, mae'r ferch afradlon weti dychwelyd o'r cafn mochyn.'

''Nhad.'

'A ble mae'r bwyd a diod?'

'Fe wnaethoch chi eu taflu, 'nhad.'

'Eu taflu? I beth fyddwn i'n gwneud y fath beth? Eu gollwng i ti eu codi wnes i. Allet ti ddim disgwyl i hen ddyn gario bagiau trwm yr holl ffordd lan y bryn.'

'Nhad.'

'A beth wnes ti wedyn?'

'Roeddech chi weti fy nghloi i mês, 'nhad.'

'Dy gloi di mês?' Gostyngodd ei lyfr ac edrych arni fel pe bai o'i cho'.

'Doeddwn i ddim yn gallu troi dolen y drws.'

'Mae dolen y drws yn anodd ei droi mewn tywydd oer. Rwyt ti'n gwbod hynny. Mi wnes i lwyddo i wneud, heb lawer o nerth yn yr hen freichiau yma. Nawr lle mae fy nghinio Nadolig i?'

'Mi gurais i ar y drws a'r ffenest.'

'Roeddwn i weti gorflino ar ôl y daith. Cysgais. Hen ddyn ydw i, Sara. Lle mae fy nghinio Nadolig i?'

''Nhad.'

'Mi ddyweda i wrthat ti lle mae fy nghinio Nadolig i.'

''Nhad?'

'Roedd Mr Williams y Post yma'n gynharach. Yn gweud ei fod weti dy weld yn mynd yn syth i'r dafarn.'

''Nhad.'

'Ac weti bod yn yfed a hwrio a byta fy mwyd i gyda dynion diarth drwy'r nos! Ai nawr wyt ti'n deffro? 'Da pwy oeddet ti'n puteinio neithiwr? Dwed wrtha i.'

'Neb. Fe gysgais yng ngwely Wyddfa Jones. Hynny yw –'

'Aha! Slwt. Merch pedwar a wech. Ac un sy'n colli ei phwyll.'

''Nhad.'

'Bydd straeon amdanat ti'n dew hyd y pentref. Dyna ddywedodd Mr Williams y Post wrtha i. Pawb yn ffieiddio atat. Alli di ddychmygu'r cywilydd o dy achos di?'

'Ddrwg gen i, 'nhad.'

'Dwyt ti ddim i adael y tŷ yma byth eto, heb fy nghaniatâd i. Wyt ti'n deall?'

'Ydw, 'nhad.'

Edrychodd arni'n hir. Anesmwythodd wrth deimlo ei lygaid arni.

'Rwyt ti'n fy nghasáu i, Sara. Fe alla i weld hynny.' Gosododd ei lyfr i'r naill ochor. 'Ond pam? Dyw dy fywyd ddim caletach na bywyd y rhelyw o fenywod. Mae gen ti do dros dy ben a dwyt ti ddim yn llwgu.'

'Fe werthoch chi Mam.'

'Do, a pham ddim? Pam na ddylai dyn sydd heb yr angen am wraig ei gwerthu yn y ffair, fel hen geffyl, i ddyn sydd ishe un? Doedd hi ddim yn hoff o'i pherchennog, oedd yn ei thrin hi'n wael. Mi ges i addewid gan y dyn y byddai'n ei thrin yn dda. Fe dalodd bum swllt amdani. Llaw anweledig Duw sy'n rheoli'r farchnad, felly onid ei ewyllys Ef sydd hefyd yn teyrnasu os yw gwragedd yn ca'l eu cynnwys ymysg nwyddau'r ffair?'

Teimlodd Sara'r dagrau'n powlio i lawr. 'Fe werthoch chi Mam!'

Roedd y casineb yn ei chalon tuag ato wedi mynd, wedi ei ddisodli gan anobaith du, diwaelod.

'Roedd y diafol yn dy fam, fel sydd ynot ti,' meddai ei thad. 'Roedd hithau hefyd yn ca'l pyliau o siarad â chysgodion, yn mwydro i'w hunan. Ei meddyliau'n troelli'n wastadol o amgylch pethau pechadurus. Does yr un ohonoch chi ymysg yr etholedig rai. I'r uffern y byddwch chi'ch dwy'n mynd, os na ddaw Cŵn Annwn i'ch cymryd gyda'r nos cyn hynny.'

Gostyngodd Sara ei phen. Doedd ganddi ddim y cryfder i ddadlau mwyach. Na ffoi. Oherwydd ei thad oedd yn iawn. Amdani hi. Gallai ffoi rhag ei thad ond yr un Sara bechadurus fyddai hi, ble bynnag byddai yn byw.

Yr un Sara oedd yn mynd i uffern. Yr un Sara oedd yn haeddu dioddef.

⚙

'Sara! Paid â mynd.'

Troais a gweld Ellis yn hanner rhedeg i lawr y stryd tuag ata i. Roedd wedi gadael ei het a'i siaced yn y swyddfa. Rhoddais fy mhen i lawr a pharhau i gerdded. Doedd gen i ddim awydd ei weld.

'Sara!'

Ysgydwais fy mhen.

'I le wyt ti'n mynd?'

'Fyddi di ddim yn fy ngweld i eto.' Teimlais fy ngwefus yn crynu. Doeddwn i ddim am grio.

'Plis, Sara.' Cydiodd yn fy llaw.

Rhwygais hi o'i afael.

'Paid â 'nghyffwrdd i!' Dwyt ti ddim yn ddigon o ddyn i f'amddiffyn yn erbyn Mr Glass, felly pam ddylwn i…?'

Daeth ar fy ôl i eto. 'O, Sara, wi'n gwbod na all yr un dyn gael y gorau ohonat ti.'

'Paid â bod yn nawddoglyd.'

'Iawn,' cododd ei ddwylo yn ymbilgar o'i flaen. 'Mae'n ddrwg gen i. Dw i weti bod yn byw mewn rhyw fyd arath ac yn ofn taswn i'n siarad â ti byddai'r byd yna'n walu.'

'Beth wyt ti'n sôn?'

Bu saib. Efallai nad oedd yn gwybod beth oedd yn ei olygu chwaith. Fe aeth car stêm heibio ar hyd cledrau wedi eu gosod yng nghanol y stryd wrth iddo feddwl. 'Ti yw'r unig ferch ydw i ariôd weti gallu siarad â hi,' meddai o'r diwedd.

'Ond smo ti yn siarad 'da fi. Rwyt ti'n 'ala llythyrau at fy nhad. Taswn i ddim weti darllen y llythyr...'

'Mi wnest ti ddarllen y llythyr?' gofynnodd yn syn.

Ddywedais i ddim byd.

'A... beth oeddet ti'n feddwl?'

Rhwbiais fy nhalcen. Doeddwn i wir ddim eisiau priodi, yn fy nghalon. Roedd edrych ar ôl Bopa dros y dyddiau diwethaf wedi fy atgoffa cymaint oeddwn i'n casáu cael fy nghaethiwo yn y tŷ.

'Rydw i weti penderfynu fy mod i ishe llonydd i ysgrifennu, nid aros adref drwy'r dydd yn golchi dy ddillad di,' meddwn. 'Felly rydw i'n mynd.' Troais a cherdded i ffwrdd.

Dilynodd fi. 'Fe allen ni gael morwyn, os oes rhaid. Cymraes fêch o'r wlad, fel ti.'

'Ar dy gyflog di?' meddwn, braidd yn wawdlyd. Yna gwelais fy mod i wedi ei frifo, ac ataliais fy ngham. 'Does neb ariôd weti gwneud arian yn ysgrifennu yn Gymraeg, dyna ddwedodd Jenkin.'

'Mae gen i gynilion.'

Caeais fy llygaid. Roedd fy meddwl fel sbwng ers y noson yn y carchar. Roedd pinnau bach drwyddo, fel y byddai mewn llaw neu goes oedd wedi mynd i gysgu. Doeddwn i ddim yn gallu canolbwyntio ar ddim, heb sôn am wneud penderfyniad mor fawr.

Meddyliais am fygythiad yr heddlu. Na, roedd rhaid i mi ffoi, i rywle.

'Beth am i ti ddod gyda fi dydd Gwener?' gofynnodd Ellis o'r diwedd.

'I le?'

'I Gastell Fairclough, ar gyfer hystings ymgeiswyr y Rhyddfrydwyr yn yr etholiad eleni.'

Symudais i'r naill ochor er mwyn i ddyn cael gwthio berfa llawn letys sych heibio. 'Rhamantus iawn.'

'Fe fydd Mrs Glass yn dod hefyd. Yn *chaperone*, hynny yw!'

'A Mr Glass?'

'Sdim rhaid i ni dreulio amser gyda nhw.'

Teimlais anobaith yn cau amdanaf fel mynyddoedd iâ. Doedd yr un dewis da gen i, dim ond dewisiadau llai ofnadwy na'i gilydd. 'Alla i ddim, Ellis. Rydw i wedi penderfynu mynd. Ta beth, drych arna i. Dyma'r ffrog orau sydd 'da fi a mae inc drosti i gyd.'

Safodd yn syth. 'Wel, mi wna i brynu ffrog newydd i ti, 'te.'

'Nid drwy brynu pethe wyt ti'n mynd i fy ennill i.'

'Rwy'n gwbod hynny. Dim ond ffrog, er mwyn i ni gael mynd i'r hystings. I gael treulio ychydig o amser gyda'n gilydd, tu fas i'r gwaith. Os gwelwch yn dda.'

Edrychais bob ffordd i fyny ac i lawr y stryd. Y gwir oedd nad oeddwn yn fy nghalon yn siŵr beth oeddwn ei eisiau. Roeddwn i'n dal yn abergofiant, heb wybod yn iawn pwy oeddwn i na lle oeddwn i'n mynd.

'Iawn,' meddwn o'r diwedd. 'Mi ddo i'r hystings. Ond rydw i am i ti wybod un peth cyn dechrau, Ellis. Rhag i ti ga'l dy siomi. Ysgrifennwr ydw i, nid gweinyddes, glanhawr llestri na darniwr sanau.' Codais fys rhybuddiol. 'Os wyt ti'n disgwyl y pethau hynny, waeth i ti beidio â gwastraffu dy amser.'

'W i'n hen lanc, Sara. W i'n gallu darnio fy sanau fy hun.'

'Dere i ni gael prynu'r ffrog yna, 'te.'

'Yr eiliad yma?'

'Mi gymerith tan ddydd Gwener i'w pharatoi hi, siŵr!'

'Ond allen ni ddim mynd i un o'r siopau crand gyda'n gilydd… heb *chaperone*.'

Rhythais arno am eiliad. 'Mi ddo i o hyd i rywun,' meddwn o'r diwedd. 'Fe awn ni yfory.'

Troais a cherdded gweddill y ffordd i'r tŷ yn Tudor Street, gan feddwl mor ffôl oedd poeni am garwriaeth tra bod bygythiad sarjant yr heddlu yn hongian drostaf fel gilotîn. Roedd angen darganfod pwy oedd yr Octopws, neu fe fyddwn yn ôl yn nwylo Dr Schnitt. A golygai hynny rywsut argyhoeddi Begw, neu un o'r plant eraill, i ddatgelu pwy oedd ef neu hi.

Gwelais fy nghyfle pan gyrhaeddais adref a darganfod Bopa ar ei thraed am y tro cyntaf ers dyddiau, ac yn symud yn araf o amgylch yr ystafell fyw gan lusgo bwcedi a phedyll at y lle tân.

'Eisteddwch, Bopa, chi ddim hanner da.'

'Mae'r plant yn dweud ei bod hi'n ddiwrnod bàth heddiw,' meddai.

Bu bron i mi chwerthin. 'Allwch chi ddim!'

'Fe ddof i ben.'

'Dyna sy'n fy mhoeni i.' Cymerais ei braich a'i harwain yn ôl at y gadair. 'Peidiwch â bod yn wirion. Mi wna i sortio'r plant.'

'Mae'n ormod i ti ei wneud dy hun,' meddai wrth lithro yn anfodlon i'w sedd.

'Rydw i weti clywed bod yna fàth cyhoeddus ar Stryd y Trochwyr.'

'Mae hwnnw'n costio dimai yr un!'

'Ma 'da fi gyflog. Dyna'r peth lleiaf alla i ei wneud i ddiolch i chi.'

Edrychodd arnaf dan amrantau trwm. Roedd ei hwyneb fel petai wedi crebachu, wedi toddi yn y gwres. 'Iawn,' meddai o'r diwedd. 'Ond fe fydda i'n gweld ishe'r pethe bêch. Sa i wedi methu diwrnod bàth ers deng mlynedd, wyddost ti. '

'Fe fyddan nhw'n olréit.'

'Roedd Mam yn arfer gweud: unwaith chi'n stopio, dyna ni wedyn. Cadw i fynd ydi'r peth.'

Roedd merched y stryd yn chwarae croce y tu allan i ddrws y tŷ. Roedden nhw wedi meddiannu'r bêl gordyn ac yn ei bwrw i mewn i dun haearn ag astell bren. Cyn gynted ag y soniais wrth Begw fod cyfle i fynd i'r bàth cyhoeddus, ymgasglodd dau ddwsin o'r cnafon coesgrwm o fewn munud. Dilynodd y cwbwl fi drwy'r dref, fel rhes o hwyaid bach, ac roedd pennau yn troi ymhobman wrth weld criw mor frith yn cael eu harwain gan ferch ifanc.

Safai'r baddondy cyhoeddus ar lan orllewinol Afon Yfrid. O'i du allan edrychai fel math o dŷ gwydr anferthol, maint pedwar neu bump o dai wedi eu gosod yn rhes. Roedd wedi ei greu o fframwaith haearn, a degau o ffenestri gwydr ynddo. Codai ager o diwbiau copr bob ochor. Serch y ffenestri gwydr nid oedd modd gweld i mewn iddo o'r tu allan oherwydd y tarth trwchus oedd yn niwlo pob un.

Wrth y fynedfa ar lan yr afon, safai rhes hir o wragedd yn disgwyl eu tro i olchi pentyrrau mawr o ddillad budron, a bob hyn a hyn deuai un allan gyda'i dillad yn lân a'i hwyneb yn goch sgleiniog fel petai hithau wedi bod drwy'r golch.

Dim ond eisiau defnyddio'r baddondy oeddem ni felly doedd dim angen disgwyl. Talais ddimai am bob plentyn i'r dyn wrth y fynedfa a chamu drwy'r drysau gwydr ac i ganol y tarth myglyd. Roedd y gwres a'r lleithder yn llethol, a chyn bo hir roeddwn i'n wlyb sopen er nad oeddwn wedi cyffwrdd y dŵr.

'Gwyliwch nawr, mae'r llawr yn slic!' rhybuddiais y plant wrth iddyn nhw frysio ar hyd y llawr teiliau gwyrdd i gyfeiriad y 'baddon mawr'. Dinoethodd y cwbwl yn y fan a'r lle a neidio i'r dŵr, gan ddenu ambell gip beirniadol gan oedolion oedd yn y pwll neu'n ymlacio wrth ei ymyl. Rhoddais fys fy nhroed i mewn. Nid oedd y dŵr wedi ei gynhesu ryw lawer, ac roedd mor frown â'r afon oedd yn ei fwydo. Daeth y plant yn ôl i'r golwg, ac er bod rhywfaint o'r baw ar eu wynebau wedi mynd, doedden nhw fawr glanach mewn gwirionedd.

'Dewch chi i mewn, Miss Maddocks!' gwaeddodd Begw, ei gwallt yn glynu ar draws ei hwyneb direidus.

'Does gen i ddim byd i'w wisgo i nofio ynddo!'

Roedd ein lleisiau yn atseinio yn y gofod mawr.

'Dewch mewn yn eich ffrog!'

Ysgydwais fy mhen a chwerthin.

Eisteddais ar ymyl y pwll a gwylio'r plant yn cicio a sblasio. Roedden nhw'n hapus. Ac roedd eu gweld nhw'n mwynhau yn fy ngwneud i'n hapus hefyd. Ac mi sylweddolais i bryd hynny efallai fy mod i wedi bod yn chwilio am y teimlad hwnnw yn y lle anghywir. Wedi bod yn claddu fy hun mewn gwaith, am mai gwaith oedd yn rhoi bodlondeb, medden nhw. Ond nid hapusrwydd oedd bodlondeb. Gallai peiriant symud yn ei flaen yn ddigon bodlon ond nid oedd yn hapus chwaith. Efallai nad teimlad cyson oedd hapusrwydd, ond pelydr yn torri drwy'r cymylau o dro i dro ac yn llenwi'r galon â goleuni. Cwmni'r plant oedd hapusrwydd i mi.

Roedd yr awyr yn cochi â'r machlud a hwnnw saethu'n stribedi drwy bob paen yn y tŷ gwydr mawr erbyn i mi lwyddo i gael y plant i gyd allan, eu gwisgo drachefn, a throi am adref. Roedd yr hwyiaid mwdlyd a'm dilynodd yno'n undonog, a'u llygaid yn wag o deimlad, wedi eu trawsnewid yn blant yn llawn siarad a chwerthin.

'Nawr 'te, bihafiwch, neu fe fydd eich mamau a'ch tadau yn fy niawlio,' meddwn.

'Sdim llawer o ots 'da nhw,' meddai Begw.

'Wel, diolch byth bod yr hen Octopws yna i edrych ar eich holau chi felly,' meddwn i mor ddifater â phosib.

'Dy'ch chi ddim yn flin ein bod ni'n gwerthu pethe ac yn twyllo pobol, 'te?'

'Nac ydw wir.' Ac mi'r oedd hynny'n wir – doeddwn i ddim yn flin â nhw mwyach. Doedd dim dewis ganddyn nhw. 'Fe ddo i draw i'ch helpu chi os y'ch chi ishe.'

Edrychodd Begw arnaf braidd yn ddrwgdybus. Gwenais yn ôl, a gwelais y ddrwgdybiaeth yn ei llygaid yn pylio fymryn, cyn i'w bochau bach godi'n wên hefyd. Cofleidiodd fi, cyn cydio yn fy llaw a'm tynnu ar ei hôl.

Teimlwn bwl sydyn o euogrwydd i feddwl fy mod i'n ei chamarwain. Ond doedd dim dewis gen i os oeddwn i am fyw. A doedd ddim yn deg fel oedd yr Octopws yn eu trin nhw. Doedd yr Octopws fawr gwell na Fairclough, yn rheoli'r dref ac yn gorfodi eraill i fywyd llawn pechod er ei dibenion ei hun.

'Dewch draw i'r ogof nos Wener wythnos nesaf,' meddai Begw wedyn. 'Dyna pryd fydd hi'n dod â rhagor o bethau i ni werthu.'

'Ga i gwrdd â hi?'

'Siŵr o fod.' Edrychodd arnaf yn rhyfedd, cyn gwenu. 'Mae'n gwybod amdanoch chi'n barod.'

Wrth ddychwelyd adref cefais Bopa yn dal i bendwmpian yn ei chadair wrth y tân. Roedd hi'n chwys drabŵd o hyd. Efallai petai hi'n well yfory gallwn ofyn iddi fynd â fi ac Ellis i'r siop i brynu ffrog, i'w chael hi allan o'r tŷ. Roedd angen awyr iach arni ar ôl dyddiau di-ben-draw o flaen y tân – os oedd awyr iach i'w gael yn y dref.

Daeth cnoc ar y drws. Rhewais ac edrych arno'n hir, gan ystyried peidio ag ateb ac yn ewyllysio pwy bynnag oedd yno i fynd. Beth os oedd y Prif Gwnstabl wedi colli amynedd? Ond beth os mai

Mr Glass ydoedd? Roeddwn wedi meddwl efallai y byddai'n gyrru nodyn i ymddiheuro, neu efallai hyd yn oed un yn dweud bod fy nghyflogaeth yn Gwasg Glass wedi dirwyn i ben. Efallai ei fod wedi dod ato'i hun? Doedd dim awydd gen i faddau iddo, beth bynnag oedd ganddo i'w ddweud.

'Sara!'

Llais Jenkin oedd yno. Es i draw ac agor y drws.

'Mr Glass sy weti dy yrru di?' gofynnais.

'Na.' Edrychodd heibio i mi i mewn i'r ystafell fyw. 'Odi e'n saff i fi ddod mewn?'

'Odi.'

Camais i'r naill ochor a daeth i mewn i'r tŷ ond cafodd fraw wrth weld Bopa yn y gadair freichiau.

'Odi hi'n – ?'

'Mae'n cysgu,' meddwn.

Cripiodd Jenkin yn agosach ati i gael gwell golwg yn y tywyllwch. 'Mae golwg, wel…'

'Mae weti bod yn sâl.'

Cododd brest Bopa fymryn wrth iddi anadlu'n ddofn, ac ymlaciodd Jenkin.

'Odi popeth yn olréit?' gofynnais.

'Wyt ti'n addo peidio â gweud dim byd wrth Mr Glass na Ellis?'

'Gweud beth?'

'Am yr hyn ydw i am ei ddweud wrthat ti.'

'Mae'n dibynnu beth wyt ti'n mynd i'w ddweud wrtha i!'

'Rhaid i ti addo gyntaf!'

'Iawn.' Plethais fy mreichiau.

Aeth i chwilota yn ei boced a thynnu darn o bapur ohono. 'Meddwl efallai y byddai gen ti ddiddordeb yn hwn. Roeddwn ar fin mynd fy hunan.' Estynnodd y darn i mi. 'Ond ar ôl gweld sut wnaeth Mr Glass dy drin di heddiw efallai y byddi di ishe dod hefyd.'

Edrychais ar y papur:

MEETING: To discuss the establishment of a new worker's newspaper
UDGORN Y GWEITHWYR / THE WORKMAN'S GUARDIAN
In Welsh and English for the workers of the railways,
the coalfield and iron mills.
At the Railroad Inn.

'Rwyt ti am i mi droi cefn ar y *Llais?*' gofynnais.

'Troi cefn?' poerodd. 'Beth wnaeth y *Llais* ariôd i haeddu ein ffyddlondeb ni? Ein trin ni fel baw a talu nesaf peth i ddim? Fe fyddai'n wers i Mr Glass, i drin ei weithwyr yn iawn.'

Ni allwn anghytuno. Edrychais ar y papur eto. *Udgorn y Gweithwyr.* Doedd pwy bynnag oedd wedi meddwl am y teitl ddim yn byw ym myd di-drosedd, di-dlodi y *Llais*.

'Does dim drwg mewn gweld beth sy ganddyn nhw i ddweud,' meddai Jenkin.

'Pryd mae'r cyfarfod?' gofynnais i â'm gên yn dynn.

'Heno.'

Oriau yn ddiweddarach safwn y tu allan i'r Railroad Inn, tafarn o frics coch ymysg yr holl warysau a siediau y tu ôl i orsaf yr agerfeirch yn ne-ddwyrain y dref. Adeilad byrdew ydoedd a'i simnai bron â chyffwrdd gwaelod pont y ffyrdd haearn a wibiai dros ei ben ac ar draws y stryd. Rhuglai agerfarch heibio uwch ein pennau bob ychydig funudau.

'Wyt ti'n siŵr ei fod yn olréit i fi fynd i mewn?' gofynnais wrth glywed lleisiau cras dynion ar ben arall y drws.

Roedd cywilydd fy nhad yn glynu ata i rywsut, fel triog. Er ei fod wedi marw, er ei fod yn ddyn ofnadwy tra'r oedd yn fyw, roeddwn i'n dal i feddwl o hyd beth fyddai'n ei feddwl o bopeth oeddwn i'n ei wneud.

'Mae'n berffaith iawn,' meddai Jenkin. 'Dyw crachach y capel ddim yn mynd fan hyn. Does neb yn mynd i dy feirniadu di.'

Syllais yn hir ar y drws. Oedd ots beth fyddai fy nhad yn ei ddweud? Roeddwn i wedi dechrau sylweddoli bod ei fyd-olwg yn perthyn i'r un parth â Mr Glass – heb lawer o berthnasedd tu hwnt i'w feddwl ef ei hun. Roedd y byd mewn gwirionedd yn rhy gymhleth i'w rannu yn dda a drwg, yn ddefaid a geifr.

Dilynais Jenkin dros y trothwy. Roedd hi'n gynnes braf y tu mewn ar ôl oerni'r stryd. Roedd y lle'n llawn pobol ond ni wnaeth unrhyw un sylw ohonom.

'Wyt ti ishe diod?' gofynnodd Jenkin.

'Os gwelwch yn dda.'

Fe aeth Jenkin at y bar a ches gyfle i edrych o'm cwmpas.

Roedd y dafarn yma'n balas o'i gymharu â'r Farmers ym

Melin Frewys. Roedd y bar wedi ei wneud o bren tywyll a chopr caboledig, a'r waliau yn deils o wyrdd a choch cyfoethog a phapur wal lliw hufen. Roedd pedair ystafell y tu draw i'r bar lle eisteddai dynion mewn cadeiriau pren o flaen y tân yn llymeitian. Roedd ffenestri mawr o wydr lliw, a hongiai goleuadau nwy ar bob wal.

Daeth Jenkin yn ei ôl gyda dau wydryn. 'Dyna ti.'

Codais y gwydryn o hylif a'i astudio dan olau llachar y lampau nwy. Roedd yn lliw brown ac roedd darnau bach o rywbeth yn dawnsio ynddo. 'Cwrw!'

'Mae'n lanach na dŵr.'

'Beth fyddai Mr Glass yn ei feddwl ohonom ni?'

'Wi'n gallu gweld tudalen flaen papur y Trochwyr nawr,' meddai Jenkin, gan godi llaw. 'Dau o newyddiadurwyr y *Llais* wedi eu dal yn meddwi mewn tŷ tafarn.'

Chwarddais, a chymryd llymaid gochelgar o'r cwrw. Roedd yn blasu fel dŵr brwnt â rhywbeth melys wedi ei gymysgu ynddo. Dechreuais ofni mai Begw a'i chriw oedd wedi ei ddarparu.

'Blasus?'

'Odi, diolch.'

Rhoddais fy ngwydryn i lawr ar fwrdd cyfagos ond roedd rhaid i mi ei godi drachefn oherwydd fe aeth agerfarch dros y bont uwchben y dafarn ac ysgwyd y lle i'w seiliau. Simsanodd y gwydrau uwchben y bar yn ôl ac ymlaen gan glincian, a chrynodd y goleuadau nwy. Wedi ychydig eiliadau taranodd yr agerfarch i gyfeiriad y stesion a cododd y sgwrsio eto.

'Tyrd i ni gael bachu sedd,' meddai Jenkin. 'Well i ni beidio â gweud ein bod ni'n gwitho i'r *Llais*, cofia, rhag iddyn nhw ein twlu ni mês!'

Roedd un o'r ystafelloedd bob ochor i'r bar wedi ei gosod o'r neilltu ar gyfer yr achlysur. Roedd y tân wedi ei ddiffodd, a bwrdd a seddi gyda'u cefnau ato, wedi eu gosod ar gyfer y siaradwyr, a rhesi o gadeiriau eraill ar gyfer y gynulleidfa. Nid oeddwn yn adnabod neb yno ond un dyn.

'Solomon!' meddwn.

'Pwy?' gofynnodd Jenkin.

'Solomon y Pentyrrau Sorod. Mi welais i e y diwrnod y cyrhaeddais i'r dref.'

'Solomon Prichard ydi ei enw. Un o sylfaenwyr y papur.'

'Ro'n i'n meddwl ei fod weti ei wahardd o'r dref?'

'Siŵr o fod. Ond mae modd llithro i mewn dan drwyn Fairclough a'i labystiaid yn yr heddlu.'

Dechreuais anesmwytho. Doeddwn i ddim wedi sylweddoli y byddwn yn rhan o rywbeth allai fod yn anghyfreithlon. Beth petai'r heddlu yn fy nal i yma? Roeddwn i'n amau y byddwn yn cael ail gyfle. Dim ond rownd y gornel oedd y carchar.

Fe eisteddon ni yn y cefn, wrth y drws. Wedi ychydig funudau roedd yn llawn yno a Solomon y Pentyrrau Sorod wedi cymryd ei le wrth y bwrdd gyda dau ddyn arall.

Cyflwynodd un o'r dynion ei hun yn ddarpar olygydd y papur newydd, *Udgorn y Gweithwyr.*

'Y wasg yw ager-ysgogydd holl symudiadau cymdeithas y dyddiau hyn,' meddai. 'Ond does yr un papur newydd ar ein cyfer ni, y dosbarth gweithiol, mwyafrif llethol trigolion y dref!' Pwniodd y ford o'i flaen. 'Mae'r *Advertiser* yn nwylo'r Eglwys, a'r *Llais* yn nwylo dynion busnes Ymneilltuol y dref, sy'n gwarchod buddiannau ffermwyr a siopwyr cefnog yn unig!'

Suddais fymryn yn fy sedd.

'Mae miloedd lawer ohonom ni, a dim ond un Fairclough,' meddai. 'Os allwn ni siarad ag un llais, drwy gyfrwng y papur hwn, fydd ganddo ddim dewis ond gwrando arnom.'

Cymeradwyodd y dorf.

Yna cododd dyn o'r gynulleidfa ar ei draed a dechrau siarad yn Saesneg. 'Nonconformism is, as you say, the drug that attempts to sedate us so that we accept our sorry condition,' meddai. 'I would ask therefore why the publications need to be in Welsh at all? The Welsh language is the language of Nonconformism – it has no practical purpose anymore outside of the sphere of religion.'

Daeth cymysgedd o gymeradwyaeth a bŵian o'r dorf.

Ond fe aeth y dyn yn ei flaen er gwaetha'r gwatwar. 'Language creates divisions and any divisions between us must not stand. We have a large population from England and Ireland. We must use a language understood by all. Isn't it the Welsh that say "mewn undeb y mae nerth"?'

Daeth bloedd o gymeradwyaeth gan y rheini oedd wedi deall y llinell olaf yn unig.

Safodd glowr ar ei draed, ei ddwylo ym mhocedi ei oferôls llychlyd. 'Byddai'n well gen i gael un papur i'r glowyr ac un i weithwyr y ffatri haearn,' meddai. 'Mae 300 weti marw ym Mryn Eithin o ddamweiniau a ffrwydriadau, a suddo'r pwll glo yn ddyfnach ac yn ddyfnach mae Fairclough o hyd. Weden i ein bod ni'n haeddu ein llais ein hunen!'

'Pam fod pawb fan hyn mor benderfynol o ladd ar Fairclough?' gofynnodd rhywun arall. 'O leia mae'r meistr haearn yn darparu gwaith. Y siopwyr yw'r drwg yn y caws. Mae owns o fenyn yn pwyso llai bob wythnos, os y'ch chi'n deall be sy gen i.'

Fe aeth y cyfarfod yn ei flaen fel hyn, gydag un dyn ar ôl y llall yn codi er mwyn bwrw ei fol.

'Voting reform is the big issue,' meddai un dyn, gan dynnu ar ei fresys. 'Why is it that only men with property can vote? Does property toil and sweat in the heat of the blast furnaces? Does property haul the carriages and drive the trains? No! If the worker's vote counted the same as the employer's vote, we could not be treated as shabbily!'

Safodd Solomon y Pentyrrau Sorod ar ei draed a chodi ei ddwylo. 'Sdim pwynt mintan ar y pynciau hyn nawr!' meddai. Dechreuais synhwyro ei fod yn cael digon ar y torri ar draws parhaus. 'The whole point of having a newspaper is that it can be a forum for these kinds of discussions. That's what we're here to discuss.'

'It's the skilled men of the factory, the puddlers and rollers, that we need to get on board,' meddai'r dyn a fynnai siarad Saesneg. 'Fairclough could lose a thousand labourers, but he can't do without the skilled workers. But they are just as bad as the middle classes in looking after themselves.'

'Bydd lle yn y papur i gyfraniadau pawb,' meddai Solomon. Roedd chwys ar ei dalcen erbyn hyn. 'Bydd John David y golygydd fan hyn yn gwneud yn siŵr o hynny. Sefydlu'r papur sydd angen i ni benderfynu arno heddiw! Let us vote!'

Cafwyd pleidlais wedyn. Codais innau fy llaw a Jenkin. Roedd y mwyafrif yn yr ystafell o blaid y sefydlu, gyda dim ond tri neu bedwar o'r glowyr yn gwrthod.

Daeth y cyfarfod i ben, gyda'r hanner yn troi am y dafarn a'r hanner arall, gan fy nghynnwys i a Jenkin, yn mynd allan am y stryd. Edrychai Jenkin yn anfodlon.

'Dydw i ddim yn gwbod a oes yna ryw lawer o obaith ca'l y maen i'r wal os ydyn nhw'n ffraeo dros bopeth fel yna,' meddai. 'Roedd fel ysgol fabanod.'

Ond teimlwn yn fwy gobeithiol o lawer. 'Wi wedi clywed mwy am broblemau go iawn pobol mewn awr o gyfarfod nag mewn mis yn y *Llais*,' meddwn.

Codais fy ngolygon tuag at wawr danllyd ffatri haearn uffernol Fairclough yn y pellter, dros doeau yr adeiladau. Ie, roedden nhw'n iawn. Nid pobol y dref oedd ar fai am y cyflwr roedden nhw'n byw ynddo. Doedden nhw ddim yn talu'r pris am eu pechodau. Fairclough oedd y drwg. Ef oedd yn manteisio arnynt, yn eu gorfodi i weithio mewn amgylchiadau peryg ac yn talu rhy ychydig iddynt am eu llafur.

'Fyddet ti'n croesi draw atyn nhw?' gofynnodd Jenkin, a'i ddwylo yn ei bocedi.

Meddyliais am Êb. 'Fydden i ddim ishe rhoi'r gorau i'r *Frenhines*.'

'Fyddai dim gobaith i ti weithio ar y *Frenhines* petaet ti'n gadael Gwasg Glass am yr *Udgorn*!' meddai Jenkin. 'Byddai Mr Glass yn gwneud llawer mwy na thaflu potyn inc atat. Fyddet ti ddim gwell na Jiwdas yn ei olwg ef.'

Meddyliais am gynnig Ellis i fy mhriodi. Byddai'n golygu troi cefn arno ef hefyd, mae'n siŵr. Ond roedd geiriau'r gweithwyr wedi fy nghyffroi gymaint, efallai y gallwn i fyw â hynny.

'Wel, wir, mae'n braf bod mês o'r hen dŷ yne!' meddai Bopa wrth iddi grwydro i lawr y Stryd Fawr, ei siôl wedi ei chlymu yn dynn am ei phen a'i braich yn fy un i.

Roedd golwg fel petai'n difaru ar wyneb Ellis, serch hynny. Wyddwn i ddim a oedd hynny oherwydd ei fod yn ailfeddwl ei addewid i brynu ffrog i mi, neu a oedd yn anfodlon i mi ddod â Bopa yn *chaperone*.

'Beth am fan hyn?' gofynnais. Roeddwn wedi pasio'r siop ddillad sawl gwaith ac wedi llygadu'r ffrogiau crinolin sidan rhuddliw a phorffor oedd bron yn llenwi'r cyfan o'r ffenest, gymaint oedd eu maint.

'Iawn,' meddai Ellis. Aeth ei law i'w boced a gallwn weld ei fod yn ceisio cyfrifo pa mor gostus fyddai ffrog o'r fath.

Aethom i mewn a chanodd y gloch uwchben y drws. Daeth y teiliwr atom, dyn moel a chanddo fwstásh oedd yn cyrlio a phâr o sbectols ar ei ben. Syllodd braidd yn ddirmygus ar gyflwr dillad Bopa, cyn troi at Ellis. 'Beth fyddech chi'n ei hoffi i'ch gwraig?' gofynnodd.

Trodd Ellis yn ysgarlad. 'Rwy'n credu y gall hi ateb dros ei hunan,' meddai.

'Hmm. Gad i ni weld.' Symudodd Bopa o amgylch y siop yn tylino pob darn o sidan, brethyn gwlân streipiog, ffrog linsi, siaced galico a hosan o fewn cyrraedd.

'Mae gennym ni'r defnydd gorau yn y dref,' meddai'r teiliwr drwy ei ddannedd, wrth ei gweld yn tuchan a symud ymlaen at y dilledyn nesaf.

'Rydw i weti gwnïo mwy o ffrogiau nag y'ch chi weti eu gweld ariôd, syr. Mi wna i benderfynu beth sy'n ddefnydd da. Www...'

Byseddodd un o'r peisiau cwilt.

'Mae'r rheini yn fwy at dast gwragedd y pysgotwyr,' meddai'r perchennog. 'I slimen o fenyw ifanc fel hon efallai y byddai rhywbeth fel hyn yn well,' meddai gan gyfeirio at ffrog crêp werdd.

'Wi'n hoffi'r rhain,' meddwn, gan lygadu ffrog denau o sidan trwchus wedi ei liwio'n borffor cyfoethog, a het anferth â phlufyn crand ynddi.

'Wyt ti'n siŵr y bydd gwisg o'r fath yn addas?' gofynnodd Ellis. 'Nid yw'n arbennig o... syber.'

Gosodais yr het ar fy mhen. 'Odi machlud haul yn brydferth, Ellis?' gofynnais.

'Odi, wrth gwrs.'

'A beth am flodyn, odi hwnnw'n brydferth?'

'Odi.'

'Ac a w i'n brydferth?'

'Wrth gwrs!'

'Dyna ti felly, tri peth a grewyd gan Dduw sy'n brydferth. Ac os gymerodd Ef y trwbwl i wneud y byd yn brydferth, does gen i ddim ofn y gwnaiff ddigio ata i am wneud yr un ymdrech.'

Chwarddodd Ellis, ond gallwn weld ei fod yn anesmwyth. Efallai ei fod yn ailystyried, meddyliais. Efallai fy mod i, yn ferch o'r wlad, yn rhy wyllt iddo wedi'r cwbwl.

Ond dialodd arnaf yn ddiweddarach wrth i mi fynd y tu ôl i len i roi tro ar y ffrog. Roedd wedi codi copi o *Frenhines yr Aelwyd* o'm bag a chafodd gryn hwyl yn darllen tameidiau ohono wrth i mi newid.

'Arferiad mwyaf ffôl a gwrthun ein merched heddiw,' darllenodd mewn llais pregethwrol, 'yw y tueddiad i wisgo ffrogiau tynn, yr hyn sydd yn camffurfio'r corff ac yn difetha eu hiechyd.'

'Cawn weld a fyddi di'n teimlo'r un fath ar ôl fy ngweld!'

'Mae angen synnwyr cyffretin, dewrder, a Christnogrwydd ar ein merched i wrthwynebu cymhellion ffasiwn Seisnig.'

'Êb sy'n siarad fan yno – nid fi.'

'Mae cymaint o synnwyr yn het ambell un ag sydd yn y pen sydd dan yr het.'

Ar ôl edrych arno fy hun yn y drych, deuthum allan o'r diwedd er mwyn i'r teiliwr, Bopa ac Ellis gael golwg arnaf.

'Beth y'ch chi'n feddwl?' gofynnais.

'Bydd pawb yn gofyn pwy yw'r foneddiges ar fy mraich!' meddai Ellis.

'Mor brydferth â rhosyn!' meddai Bopa.

Edrychais arnaf fy hun yn y drych drachefn. Roedd fel gweld person gwahanol yn syllu arnaf. Ond yr un oeddwn i'r tu mewn.

'Wyt ti'n meddwl y bydda i'n gweud y pethe iawn? Yn yr hystings?'

'Sdim rhaid i ti ddweud dim byd, os na hoffet ti,' meddai Bopa. 'Pan oeddwn i'n forwyn fach doedd *Her Ladyship* yn gweud braidd dim mewn partïon.'

'Wel, bydd rhaid i ti ddweud rhywbeth, achos rydw i ishe rhywun alla i siarad â hi!' meddai Ellis.

'Rwyt ti'n newyddiadurwr. Rhaid i ti siarad â phobol bob dydd.'

'Mae'n hawdd pan mae gen ti rywbeth i holi. Mân siarad sy'n anodd.'

Daeth y teiliwr draw ac edmygu'r wisg. 'Bydd angen tynnu lled ohoni. Hoffech chi *bustle* ar y cefn?' gofynnodd. 'Maent yn dechrau dod yn ffasiynol iawn yn Llundain.'

'Bydd ganddi ddigon o waith cadw golwg ar yr hyn sydd o'i blaen, heb boeni am ei phen ôl,' meddai Bopa.

Cododd y teiliwr ei aeliau. 'Dewch yn ôl ddydd Iau, fe fyddaf wedi gorffen ei haddasu erbyn hynny,' meddai. 'Bydd angen i chi wisgo staes llai o faint hefyd. Mi wna i ychwanegu hwnnw at y pris.'

Aeth Ellis i dalu am y ffrog, yr het a'r staes.

'Pris da i'r Mecanyddwyr,' meddai'r teiliwr wrth bwyso dros y til.

Ond sylwais i Ellis welwi ar y daleb. Pipiais dros ei ysgwydd a gweld i'r cwbwl gostio £7. Deg swllt yr wythnos oedd fy nghyflog am *Frenhines yr Aelwyd*, ac ni ddychmygwn fod Ellis yn cael ei dalu mwy na phunt neu ddwy. Teimlwn braidd yn ddwl fwyaf sydyn yn gwario arian Ellis yn wamal, tra fy mod i'n byw mewn cwpwrdd ac yn llwgu rai dyddiau, a Bopa yn gweithio i gynnal plant tlawd y stryd.

Ond roedd Ellis mewn hwyliau da ar ôl dod o'r siop.

'Dyna ni bopeth weti ei sortio nawr,' meddai ac edrych yn foddhaus.

'Weti prynu ffrog wyt ti, cofia,' meddwn. 'Do'n i ddim yn gynwysedig yn y pris.'

Ond parhaodd mewn hwyliau da wrth i ni fusnesa mewn sawl siop arall ar y Stryd Fawr. Wrth edrych yn ôl rwy'n credu efallai i ryw bwysau godi oddi ar ei ysgwyddau a oedd wedi bod yno'n hir. Roedd perthynas wedi datblygu rhyngdda i ac Ellis a Bopa na allwn roi fy mys arni i ddechrau, am nad oeddwn wedi ei phrofi gyhyd. Roedden ni i gyd yn chwarae rôl – Bopa oedd y fam, Ellis oedd y gŵr a minnau oedd y wraig. Roedden ni'n deulu.

'Mae'n ŵr bonheddig,' sibrydodd Bopa wrthyf, wrth i Ellis chwilio am wasgod newydd mewn siop arall. Ac roedd ei barn arbenigol ar Ellis yn golygu cymaint i mi â'i barn ar wytnwch brethyn.

Roedd un peth yn gwmwl dros y cyfan. 'Odi Mr Glass weti sôn amdanaf o gwbwl?' gofynnais wrth Ellis wrth i ni ei throi hi o'r Stryd Fawr.

'Buodd e'n bur dawedog yr wythnos yma,' meddai Ellis. 'Yn fwy felly na'r arfer, hynny yw. Mae'n bwriadu cyhoeddi ei ymgyrch yn erbyn y Degwm ar y dudalen flaen yr wythnos nesaf. Ishe cynhyrfu'r bobol, ac ymrwymo'r ymgeiswyr Rhyddfrydol i gefnogi ei ymgyrch –'

Torrwyd ar ei draws gan sŵn gwydr yn dryllio, a lleisiau'n gweiddi yn y pellter. Troais i gael golwg. Gallwn weld ar ben draw'r stryd bod tyrfa o ddynion mewn capiau fflat wedi casglu o amgylch un o'r siopau ac yn gweiddi bygythion.

Brysiais i weld beth oedd yn digwydd ond cydiodd Ellis yn fy llaw.

'Dyw hi ddim yn saff!' meddai.

'Dere nawr, Ellis, rydyn ni'n ohebwyr.'

Llwyddais i'w dynnu yn fy sgil a daeth Bopa ychydig yn arafach ar ein hôl. Wrth ymwthio drwy'r dorf gwelais fod rhyw ddeg dyn digon garw yr olwg yno. Roedd dau ohonynt wedi cael gafael yn y siopwr ac yn ei lusgo drwy'r baw a'r gwrtaith ar y stryd, a'r lleill wedi mynd i'r siop a nôl cist, seld wedi ei rhannu yn ddau ddarn, cadair a thafol. Wrth wneud, roedden nhw'n corganu 'Bara a chaws! Bara a chaws!'

Safodd un o'r dynion ac wynebu'r dorf. 'Rydyn ni heddiw yn hawlio'n ôl eiddo Richard Lewis a gymerwyd oddi arno gan y Llys Holiadau er mwyn ad-dalu dyled dwyllodrus,' meddai. Cododd y dafol oddi ar y llawr. 'Rydyn ni weti ca'l llond bol o gael ein twyllo gan siopwyr!'

Sylweddolais fy mod yn nabod y dyn. Hwnnw fu'n cwyno am bris menyn yn y cyfarfod yn y Railroad Inn.

Taflodd y dafol i'r llawr a dechreuodd y dynion ei hergydio'n ddarnau gyda'u traed.

'Make way! Make way!'

Rhannodd y dorf a daeth heddweision drwodd ar eu car stêm. Trodd y dynion i redeg oddi yno. Ceisiodd un ffoi ond ni allai fynd drwy'r dorf a daliodd y car stêm i fyny ag ef a'i fwrw i'r llawr, gan redeg dros ei goes.

Troais fy mhen a chuddio fy llygaid ond ni allwn amddiffyn fy hun rhag clywed ei sgrech iasol na chwaith ymateb y dorf.

'Dyna ddigon,' meddai Ellis yn flin a'm tynnu oddi yno. Roeddwn innau'n barod i fynd. Roeddwn am gadw mor bell o olwg yr heddlu â phosib.

Dydd Gwener oedd diwrnod yr hystings. Mi es draw i dŷ Ellis yn y prynhawn i newid i'm ffrog newydd cyn i ni adael am blasdy Fairclough. Byddai sawl un wedi gweld chwith yn hynny ond doeddwn ddim am gadw peth mor gostus yn fy nhŷ innau. Doedd dim ots gan Ellis ar yr amod nad oedd neb arall yn fy ngweld.

Tŷ teras tri llawr oedd ganddo, gyda dwy ystafell ar bob llawr, yn ne-ddwyrain y dref, nid ymhell o'r Stryd Fawr.

'Mae'r tŷ yma'n balas!' meddwn. Ymddangosai felly o'i gymharu â'r tŷ ar Tudor Street, o leiaf.

'O, Guto Salesbury, y darpar ymgeisydd, sydd piau fe,' meddai Ellis gan chwarae â'r cyffiau ar ei grys wen. 'Dim ond talu rhent ydw i a dweud y gwir.'

'Beth mae Guto yn ei wneud? Heblaw am wleidydda, hynny yw?'

'Gwerthu gemwaith a rhyw bethau felly. Roedd ei dad yn Faer yn nhre'r porthladd am ryw gyfnod.'

Er gwaethaf maint y tŷ buan y sylwais nad oedd llawer o le i symud mewn gwirionedd. Roedd y parlwr yn hanner llawn o bentyrrau o lyfrau, a'r ystafell fyw yn llawn dop, fel nad oedd modd agor y drws i'w lawn led.

'Mae mwy o lyfrau fan hyn nag yn storfa Gwasg Glass,' meddwn, gan feddwl bod angen sgrwbad go lew hefyd.

'Dyma ail storfa Gwasg Glass,' meddai Ellis.

'A dyw Guto ddim yn meindio?'

'Dyw e braidd byth 'ma. Buddsoddiad oedd y tŷ, medda fe. Dim ond ar ôl dechrau rhentu y des i'w nabod e.'

'Dwyt ti ddim yn brin o rywbeth i'w ddarllen gyda'r nos.' Codais gopi o *Dyst y Plant* oddi ar bentwr o lyfrau a gyrhaeddai hyd at fy mrest.

'Y peth olaf ydw i ishe gwneud ar ôl dod adref yw darllen!' meddai Ellis. 'Ond os yw Cymru byth eisiau Llyfrgell Genedlaethol, fel y mae Mr Glass yn ei ddweud, fe allan nhw arbed amser a chodi arwydd y tu allan i'r tŷ.'

Es i fyny'r grisiau. Roedd y ddwy ystafell ar y llawr cyntaf hefyd yn orlawn o lyfrau, ac roedd yna leithder ar y nenfydau ac oglau llyfrau'n dadfeilio oedd yn cosi fy nhrwyn. Es i fyny eto. Yma roedd dwy ystafell arall, un ystafell wely tua'r cefn a myfyrgell yn nhalcen y tŷ. Euthum i mewn i'r fyfyrgell ac edrych allan drwy'r ffenestr. Roedd y tŷ yn weddol uchel ar ymyl ddwyreiniol y dyffryn ac er ei bod hi wedi hen nosi roedd gen i olygfa syndod o dda o'r ffatri haearn yn disgleirio fel castell rhuddgoch tua'r de-ddwyrain, a strydoedd llonydd y dref wedi eu goleuo yma a thraw gan lampau nwy. Tua'r gogledd gallwn weld Eglwys Sant Teiriol a'r Hen Dref. Aeth ias drwyddaf wrth sylweddoli y gallwn weld talcen yr Hen Gapel lle y gwelais y creadur dieflig yn y mwgwd pres ychydig dros wythnos ynghynt. Ofnwn petawn i'n parhau i syllu y gwelwn ryw awgrym ohono yn un o'r ffenestri maluriedig, er gwaetha'r pellter, felly troais i ffwrdd.

Es i mewn i'r ystafell wely. Roedd un gwely dwbl yno, yr unig wely yn y tŷ hyd y gwelwn i. Hongiai fy ffrog ar y cwpwrdd dillad. Daeth dagrau i'm llygaid wrth ei gweld. Daliais hi fel petai hi'r peth mwyaf brau yn y byd, ac y gallai syrthio'n ddarnau yn fy nwylo o'i thrin yn rhy arw, cyn mwytho'r sidan yn erbyn fy moch a sythu'r ffrils. Dyna'r peth prydferthaf fuodd yn eiddo i mi erioed.

Ymddangosodd wyneb Ellis o dan y canllaw grisiau.

'Ddest ti o hyd iddi?'

'Rydw i am ei gwisgo bob dydd. Wyt ti'n meddwl y byddai Mr Glass yn gweld chwith petawn i'n ei gwisgo i'r gwaith?'

'Dwi'n credu y byddai'n rhoi Abraham yn ei fedd.'

'O, paid chwerthin am rywbeth fel yna. Mae Êb mor annwyl.'

Aeth Ellis i lawr llawr a chaeais y drws a gwisgo'n ofalus. Rhoddais y staes newydd amdanaf a theimlo fy asennau yn gwasgu i'w lle. Roedd y staes oeddwn i'n ei gwisgo braidd yn fawr i mi. Roedd hon yn llawer tynnach. Byddai'n rhaid i mi ddysgu anadlu gyda'm hysgwyddau. Edmygais fy ngwasg, oedd bellach sawl modfedd yn deneuach na'r arfer, yn y drych.

'Hyfryd,' gwichiais fel tebot.

Yna, ar ben y staes, gwisgais fest a chamisol fel nad oedd siâp y staes i'w weld, ac i gadw'n gynnes. Roeddwn wedi prynu ffabrig cotwm hefyd er mwyn gwneud pâr o lodrau isaf i'm hun i'w gwisgo o dan y ffrog, rhag ofn bod chwa o wynt yn dod â'm coesau i'r golwg.

Yna gwisgais y ffrog, yn ofalus iawn, gan hanner ofni clywed y defnydd yn rhwygo. Edrychais arnaf fy hun yn y drych, gan droi fy nghorff yma a thraw nes bod fy ngwddf yn dolurio wrth geisio gweld pob modfedd ohonaf i. Edrychwn fel rhywun gwahanol. Fel boneddiges deg. Roedd yn beth gwirion i'w feddwl, ond teimlwn fel gwell person, fel petawn wedi fy nyrchafu, nid yn unig o ran statws cymdeithasol ond o ran statws moesol, fel pe bai'r lwc dda oedd wedi fy amlapio mewn dillad o'r fath safon yn brawf nad oedd Duw yn ysgyrnygu arnaf wedi'r cwbwl. Roedd yr hen Sara afradlon wedi ei diosg a Sara newydd uwchraddol yn ei lle.

'Mae'r ceffyl a'r gert yn disgwyl y tu fas, milêdi!' gwaeddodd Ellis o waelod y grisiau.

Roeddwn wedi gobeithio sleifio i lawr i'w synnu ond roedd pob gris ar y stâr yn cadw cymaint o sŵn ag un o allweddau organ y Capel Mawr, felly roedd wedi fy nghlywed yn dod o bell ac wedi dod allan o'r parlwr i'm gweld.

'Rwyt ti'n edrych fel breuddwyd,' meddai.

'Nid hunllef gobeithio,' meddwn yn ffug swta. Ond ni allwn beidio â gwenu. Daliais ei law. 'Paid â deffro felly.'

Symudais yn un siffrwd sidanaidd at ddrws y ffrynt, gan ofalu nad oedd ymylon y ffrog yn cyffwrdd â'r waliau llaith bob ochor. Teimlwn fel addurn. Edrychais drwy'r drws.

'Cert!' meddwn. Nid casgliad o estyll pren a bêls gwellt arnynt, fel cerbydau Mr Williams a Mr Glass oedd hwn, ond rhywbeth tebycach i'r goets fawr a fyddai'n cario'r post o Lundain i Iwerddon. Roedd nenfwd arni, a drws, a dau geffyl mawr yn ei thynnu. Roedd olwyn fawr arall tua'r cefn a boiler arni y gellid ei fwydo â glo fel bod y gert yn mynd ei hun, pe bai angen. Eisteddai gyrrwr mewn siaced goch a het uchel ddu ar ei blaen.

'Ellis, sut allet ti fforddio hyn?' meddwn wrth i ni gerdded draw tuag ati.

'Nid y fi sy'n talu – mae Mr Fairclough wedi anfon un i gasglu pawb i'r parti!'

'Ware teg iddo,' meddwn wrth i Ellis fy nghodi i eistedd ar y sedd ledr.

Cododd ei aeliau. 'Ware teg!' Dringodd i mewn a chau'r drws. 'Ceisio prynu teyrngarwch pobol fel eu bod nhw'n dewis ei fab yn ymgeisydd yn yr hystings. Mae'r ffaith bod yr hystings yn digwydd yn ei gartref ef o gwbwl yn warthus.'

Cychwynnodd y goets ar ei thaith. Roedd mor glyd ag un o wageni'r sipsiwn y tu mewn. Roedd digon o le ond cwtsiais at ochor Ellis. Gallwn glywed sŵn rhuglo olwynion ar y stryd y tu allan, gweiddi'r stondinwyr gwerthu nwyddau, a chrensian esgidiau drwy'r dail hydrefol. Ond y tu mewn i'r goets teimlwn fy mod wedi fy ynysu rhagddynt – eu bod yn digwydd i bobol mewn byd arall, byd yr hen Sara, nid byd yr oeddwn i'n perthyn iddo.

Pwyntiodd Ellis draw tuag at y dde.

'Dyma gartref Mr Glass draw fan yna.'

Pwysais ymlaen yn gyffrous dros ei gôl i gael gwell golwg. Roedd yn blasty trefol tri llawr o frics coch, gyda chonglfeini o dywodfaen, a ffenestri crymion o bren ar y llawr gwaelod a'r cyntaf. Tŷ mawreddog ond heb fod yn rhy rwysgfawr.

'So nhw weti gadael eto,' meddwn gan weld goleuni yn rhai o'r ffenestri uwch.

Yn sydyn daeth y cerbyd i stop. Rhythodd Ellis drwy'r gwydr.

'O,' llyncodd.

'Ellis! Fyddai ddim rhaid i ni dreulio gormod o amser gyda nhw, meddet ti.'

'Wyddwn i ddim y bydden ni'n rhannu coets!'

'Byddai'n well gen i gerdded.' Croesais fy mreichiau a suddo i fy sedd.

Agorodd y gyrrwr y drws ac estynnodd Mr Glass law i godi Mrs Glass i mewn i'r goets.

'Pwy sydd gyda ni?' gofynnodd hi. 'O! Ellis a Sara. Dyna ryddhad. Fydd ddim rhaid i fi smalio bod gen i ddiddordeb ym marn arglwydd hyn a'r llall dim ond am fod ganddo deitl crand.' Tynnodd wyntyll a dechrau ei fwrw yn erbyn ei wyneb.

Dringodd Mr Glass i mewn, ei wedd yr un mor anodd ei ddirnad ag erioed. Cyffyrddodd ei het mewn arwydd o gydnabyddiaeth fud.

Syrthiodd tawelwch prudd wrth i'r goets ailgychwyn ar ei thaith. Doedd dim sŵn ond clecian yr olwynion a churiad carnau'r ceffyl ar gerrig y stryd. Dymunwn y byddai Ellis yn dweud rhywbeth, unrhyw beth, ond roedd wedi mynd i syllu drwy'r ffenestr, oedd wedi ei gorchuddio gan ager anadl y teithwyr. Sylwais fod yna bellach wagle dieithr rhyngddo ef a mi ar y sedd.

O'r diwedd euthum heibio i ffagl nwy a daflai rywfaint o oleuni i'r cerbyd a bywiogodd Mrs Glass.

'O! Sara, rwyt ti'n edrych fel merch fonheddig!' meddai, gan godi llaw i'w brest. 'Lle ar y ddaear gest ti ffrog fel yna?'

'Siop Davies ar y Stryd Fawr.' Ceisiais gladdu gwên swil.

'Rwyt ti'n edrych fel angel.'

'Rydan ni'n talu gormod i'n staff yn amlwg,' meddai Mr Glass, a chyda hynny llwyddodd i ddifa'r sgwrs fel pe bai wedi saethu llwynog.

Aeth y gert â ni dros y bont ac i fyny glan orllewinol Afon Yfrid i gyfeiriad yr Eglwys. Ysgubon ni heibio i'r bobol ar y stryd fel pe baent yn gysgodion, ac allan o'r dref cyn dringo'r ffordd goedwigog ar ochor y dyffryn i gyfeiriad Castell Fairclough. Cynnodd y gyrrwr lamp nwy ar flaen y gert i arwain ei ffordd. Roedd yn braf clywed gweryru'r ceffylau, teimlo rhugl ffordd wledig dan olwynion y goets a gweld brigau'r coed yn cau amdanom. Am y tro cyntaf sylwais, nid ar yr oglau, ond ar ei absenoldeb – absenoldeb oglau'r llosgi glo a arferai lenwi fy nhrwyn. Teimlwn dawelwch meddwl wrth adael prysurdeb y dref y tu ôl i mi a chael ennyd o dawelwch i fwynhau'r siwrne.

Wedi chwarter awr o ddringo daeth y cerbyd i stop. Ymrithiodd waliau'r castell drostom, eu gwaelodion wedi eu goleuo gan ffaglau tanllyd, ac roedd amlinell ddu y bylchfuriau uchel yn glir yn erbyn glesni awyr lleuad llawn. Aeth Mr a Mrs Glass allan o'n blaenau, ac yna fe gymerais law Ellis a dringo i lawr i rodfa o gerrig mân.

'So fe'n edrych yn groesawgar iawn,' meddwn wrth edrych ar y castell.

'Paid â phoeni – castell smal yw e. Does neb yn mynd i dy saethu di â bwa saeth.'

O edrych arno'n graff, nid oedd yn taro deuddeg fel castell go iawn chwaith. Roedd y ffenestri'n rhy eang, y gwaith carreg yn rhy gaboledig a'r iorwg yn rhy denau.

Edrychais dros fy ysgwydd, ac atal fy ngham. Gallwn weld

strydoedd y dref yn disgleirio yn y dyffryn oddi tanom fel tân mellt. Ymddangosai hyd yn oed yr aelwydydd llosgi golosg yn drawiadol, fel cannoedd o danau gwersylloedd bugeiliaid ar hyd ochor y dyffryn. Crynent fel rhithlun yn yr awyr poeth. Gallwn ddychmygu sut y gallai Fairclough ymfalchïo yn ei arglwyddiaeth, o edrych arni o bellter, gyda'r nos.

'Gwylia rhag i ti droi'n biler o halen,' meddai Ellis.

Cydiais yn ei fraich a gadael iddo fy arwain drwy'r drysau blaen derw. Roedd y neuadd groeso mor fawr y byddai tŷ cyfan Bopa wedi gallu ffitio oddi mewn iddi heb gyffwrdd y waliau na'r nenfwd. Roedd y cyfan wedi ei adeiladu o garreg er mwyn dynwared mynedfa castell ond roedd carped coch trwchus dan draed a grisiau oedd â phennau anifeiliaid wedi eu cerfio i'r canllawiau derw tywyll. Safai bwtleriaid wrth law mewn siacedi cynffonnog du a ffedogau gwyn i'n cyfarwyddo i fyny'r grisiau ac i mewn i'r neuadd fawr.

Roedd honno hyd yn oed yn fwy na'r fynedfa – mor fawr, a dweud y gwir, nes fy mod i'n teimlo braidd yn benysgafn wrth edrych i fyny ar y nenfwd. Ymddangosai'r pileri marmor uchel a'r gromen las uwch eu pen, oedd wedi ei haddurno â channoedd o sêr aur, fel rhywbeth oedd wedi tyfu o natur ac nid o wneuthuriad dyn. Ond yr hyn a ddaliodd fy llygaid oedd cerflun o ddraig anferthol wedi ei greu o ddur ar ben draw yr ystafell. Roedd ei chynffon yn cyrlio ar draws y nenfwd, ei chorff a'i chrafangau yn cydio ar y wal, a'i cheg yn agor led y pen yn lle tân o faint a fyddai wedi gallu fy llyncu'n gyfan. Roedd yr aelwyd wedi cynnau a chodai edafedd o fwg tenau o ffroenau'r bwystfil. O'i amgylch roedd tyrfa helaeth wedi ymgasglu. Cydiais yn dynnach ym mraich Ellis wrth i ni ddynesu yn anfoddog tuag atynt, cyn atal ar y cyrion, heb fod yn fodlon cymryd y cam ychwanegol hwnnw i darfu ar sgwrs neb.

Roeddwn i'n hoffi gwylio pobol erioed. Ceisio dyfalu'r berthynas rhwng pobol – y bòs a'r gwas, y teulu, y rheini oedd yn caru ei gilydd a'r rheini oedd yn casáu ei gilydd. Roedd ymddygiad y gwesteion yn ffurfiol iawn, felly roedd yn anoddach dal yr arwyddion bychain, arwyddocaol. Pobol yn dynwared ystumiau ei gilydd, eraill yn edrych ar y llawr gyda golwg eisiau bod yn rhywle arall, rhai'n chwerthin gormod, yn awyddus i wneud argraff dda. Y dynion a safai â'u coesau ar led, yn llawn hyder. Y menywod hŷn oedd yn siarad â sawl un ar unwaith, ac yn llwyddo i ddifyrru'r cyfan, fel petaent yn arwain cerddorfa. Ond y dynion a'r menywod ifanc oedd fwyaf diddorol. Cyplau, darpar gyplau neu dim ond ffrindiau? Gwên fan hyn, dwylo yn cyffwrdd am eiliad fan yna. Sylwais ar ba mor agos yr oeddynt yn sefyll, sut oedd un corff yn ymateb i symudiadau'r llall, yn dynwared ei gilydd. Weithiau roedd y llygaid yn dweud y cwbwl.

'Edrych ar y ffrogiau,' meddwn wrth Ellis.

Roeddwn yn meddwl fy mod i wedi gwisgo'n grand ond roedd rhai o'r menywod eraill mewn sgertiau crinolin mor eang fel eu bod yn sefyll fel ynysoedd yng nghanol y bwrlwm, heb i neb allu eu cyrraedd.

'Ys gwn i sut maen nhw'n eistedd i lawr?' gofynnodd Ellis.

'Neu'n mynd i'r tŷ bach.'

Tynnodd yn chwareus ar fy mraich er mwyn fy nwrdio.

Ond y peth mwyaf hynod amdanynt yn fy ngolwg i oedd eu dwylo. Roedd y croen yn welw a llyfn, y bysedd yn denau heb yr un graith na nam a'r ewinedd yn hir ac wedi eu paentio. Edrychais ar fy nwylo innau, yn goch ac yn chwyddedig, y croen yn galed ac yn staenedig, yr ewinedd yn ddanheddog a budr. Ni allai'r un ffrog guddio fy ngorffennol. Yr un Sara oeddwn i o hyd.

'Wyt ti'n nabod unrhyw un?' gofynnais.

'Ydw,' meddai Ellis, gan addasu ei ddici-bo. 'Ond dydw i ddim yn gwybod a fydden nhw'n fy ystyried i'n rywun gwerth siarad ag e.'

Edrychais ar Ellis. Edrychai ar lawr, yn anhapus yn ei groen, fel petai ymddiddan yn boenedigaeth i'w hosgoi. Roedd hyn yn biti, meddyliwn i, achos gwyddwn y gallai fod yn ddigon swynol pan oedd yn ymlacio. Dod o hyd i'r person cywir oedd y gamp. Rhywun y gallai siarad ag e am rywbeth oedd o ddiddordeb i'r naill a'r llall.

'Tyrd i ni gael dod o hyd i rywun,' meddwn yn benderfynol, gan dynnu ar ei fraich a'i orfodi'n ddyfnach i'r dyrfa. Gallwn weld Mr Glass a Mrs Glass ar ben arall yr ystafell yn siarad â thirfeddiannwr boliog. Edrychai llygaid Mrs Glass yn bell. Fe glosion ni yn hytrach at y lle tân. Yno roedd dau ddyn yn rhoi'r byd yn ei le â'r fath awdurdod fel bod y sgyrsiau o'u cwmpas wedi tawelu a thyrfa fechan wedi casglu o'u hamgylch i glywed yr hyn oedd ganddynt i'w ddweud.

Eisteddai un ohonynt mewn cadair olwyn. Roedd yn foel heblaw am edafedd o wallt arian a godai fel enaid yn ceisio dianc o gorun ei ben. Roedd ei gorff llipa wedi crebachu i ddim, bron â bod, ond roedd yn siarad mewn llais uchel, clir. Daliai wydryn gwin mewn un llaw a sigâr drwchus yn y llall.

'Men who do not accept work, at any price, must not be given poor relief,' meddai. Chwifiodd y sigâr o amgylch ei ben wrth siarad. 'If there is no danger of hunger my men will not bother to work at all, and they will spend what they have on drink.'

'Dyna Fairclough yr hynaf,' sibrydodd Ellis. 'Perchennog y ffatri haearn.'

Synnais wrth weld bod y miliwnydd mawr oedd yn meddu ar gymaint o rym yn y dref mor gorfforol eiddil. Ers y cyfarfod yn y Railroad Inn, roeddwn yn meddwl amdano fel diafol cyhyrog, yn eistedd ar orsedd o dân yng nghanol ei ffatri.

'Dydw i ddim yn credu bod y Fairclough ifancaf yma eto,' meddai Ellis. 'Yn gwasgu am gefnogaeth tu ôl i ddrysau caeedig, wi'n siŵr.'

'A phwy yw'r dyn arall?'

'Deon Eglwys Sant Teiriol.'

Roedd y Deon yn ddyn ysgerbydol yr olwg ond nid oedd ei osgo yn dangos ei oed. Safai'n syth fel pren mesur ac roedd golwg ar ei wyneb fel petai wedi bod yn sugno ar lemwn. Y fe oedd yn traethu ar hyn o bryd.

'My concern with the Liberal platform is that you have given in to the Nonconformists obsession with robbing the children of a free education provided by the state,' meddai.

'Yes,' meddai Fairclough. 'Because they fear that the established church is attempting to brainwash them!'

'Wel, I'm sure you can see that it is madness to seek to civilize the Welsh by isolating them from English influences?'

Bwriodd Fairclough yr hynaf ei ewinedd yn erbyn ei wydryn gwin yn feddylgar. 'I have no practical concern about whether the education comes from the Government or by voluntary means,' meddai. 'In truth, too much education may not be advantageous to a mind that will have little else to entertain it other than factory work. A little bit of creativity can be a dangerous thing when your job is to roll iron rails for hours on end.' Roedd yn tueddu i wenu mewn ffordd braidd yn anesmwyth rhwng brawddegau.

'The important thing is that they learn the language,' meddai'r

Deon. 'A man who grows up speaking only Welsh will never be able to think in English, and it is the thinking that irrigates the roots of the mind and allows it to develop.'

'What's wrong with Welsh?' Fi oedd wedi gofyn y cwestiwn hwn, a dymunais yn syth y byddai draig y lle tân yn dod yn fyw a'm llyncu, oherwydd fe drodd pob pâr o lygaid arnaf. Gollyngodd Ellis fy llaw.

Ond gwenu wnaeth Fairclough yr hynaf. 'Why, there's nothing wrong with it, in its place. It is a legitimate medium for Druidical odes. But useless if you want to describe the use of a hydraulic ram.' Chwarddodd y dyrfa, gan dorri ar yr anesmwythder. 'The Welsh have a certain poetry, a certain magic to them – but that's little use if you want to excavate a mountain or build a factory. You need an English mind for that, a Teutonic mind, a thugishness, a readiness to break and move things without too much care.' Gosododd ei wydryn gwin ar ên y ddraig yr oedd ei phen yn ffurfio'r lle tân. 'And that's what we do. We take Welshmen of flesh and blood and magic and we strip out the emotion and fairy-like loveliness and make them like iron wheels in a machine, all the better to drag their country along towards civilization.'

Amneidiais a gwenu, gan gamu am yn ôl drwy'r dyrfa, ar gryn gyflymder, gydag Ellis wrth fy ochor. Bwriais i mewn i un o'r gwesteion eraill ac ymddiheuro. Edrychai'r gwesteion gwrywaidd yn ddigon tebyg yn eu siacedi du cynffonnog, ac felly cefais rywfaint o syndod pan drodd Guto Salesbury i'm hwynebu.

'Nos-noswaith dda.' Edrychodd yn syn arnaf.

Daliodd Ellis i fyny â mi. 'O! Guto,' meddai. 'Rwyt ti'n nabod Sara Maddocks.'

Estynnais fy llaw, ond edrychodd Guto ar Ellis fel pe bai wedi ei drywanu.

'Dyma dy syniad di o ddial, ife?' meddai, ac ymylon ei geg yn crynu.

'Dial? Lle mae'r ddyweddi o Lundain?' gofynnodd Ellis. 'Roeddwn i weti disgwyl ca'l cwrdd â hi o'r diwedd.'

'Dal yn Llundain,' atebodd Guto'n swta. 'Rydw i yma ar fusnes, nid pleser. Ac roeddwn i'n meddwl dy fod ti yma i fy nghefnogi i. Ond dyna ni, mwynha di dy noson gyda dy feistres.'

Trodd er ei sawdl a cherdded ymaith i ganol y gynulleidfa.

'Beth sy'n bod ar Guto?' gofynnais, heb syniad yn y byd beth oedd newydd ddigwydd.

Roedd golwg wedi cael ysgytiad ar wyneb Ellis. Tynnodd ei sbectol a'i rhwbio ar labed ei siaced. 'Mae'n – ychydig yn nerfus, dyna i gyd. Mae'n noson fawr iddo.'

Clywais alaw yn cael ei chwarae gerllaw a gwelais fod cerddorfa fechan wedi sefydlu yno er mwyn diddanu'r gwesteion. Roedd un ohonynt wedi dechrau chwarae'r soddgrwth, gan nadreddu rhwng y nodau uchaf a'r isaf.

'A,' meddai Ellis, gan ddod ato'i hun. 'Bach o Bach. Hoffet ti fynd draw i wrando?'

'Wel, wel!'

Neidiais wrth glywed llais yn fy nghlust. Troais yn yr unfan. Yno gwelais y pennaeth heddlu oedd wedi ymweld â mi yn fy nghell yn y carchar, ei fwstásh sinsir wedi ei gyrlio'n wên. Llamodd fy stumog. Gwisgai wisg las filwrol yn frith o fedalau, wedi ei chau'n dynn hyd ei dagell gan fotymau aur. Roedd ganddo daselau ar ei ysgwyddau a hongiai cleddyf o'i wregys ar ddigon o uchder i'm trywanu. Daliai wydryn o win ym mhob llaw ac roedd ei wyneb yn goch gan bleser.

'Miss Maddocks. Wedi llwyddo i fachu cwsmer cyn i'r heddlu eich dal y tro hwn.'

Fy ngreddf gyntaf oedd ffoi. Rhedeg i lawr y dyffryn pe bai raid, ac rwy'n hanner credu y byddwn wedi gwneud hynny pe na bai Ellis wrth fy ochor.

'Helô, Prif Gwnstabl!' meddai hwnnw'n siriol. 'Sara, gad i mi gyflwyno Christmas Owens. Prif awdurdod yr heddlu ar gyfer y dref a'r holl diroedd o'i hamgylch, a'r cyfaill mwyaf teyrngar a gaiff unrhyw ddyn byth.'

Chwyddodd brest y Prif Gwnstabl hyd yn oed yn fwy wrth glywed y ganmoliaeth.

'Rydan ni weti cwrdd,' meddai, yn llawn hwyl. Rhoddodd ddyrnod i ysgwydd Ellis. 'Rydw i ac Ellis yn nabod ein gilydd ers oedden ni'n grytiaid bach yn gwneud drygau ar strydoedd y dref. Ellis oedd y cyntaf i gyrraedd safle'r drosedd bob tro.'

Chwarddodd Ellis yn chwithig. 'Weti fy nghlymu wrth fy nesg erbyn hyn yn anffodus, Mr Owens.'

Ond roedd y Prif Gwnstabl wedi troi ei sylw yn ôl ataf. 'Dywedwch wrthaf i, Miss Maddocks.' Llyfodd ei weflau trwchus. 'Ydych chi wedi gwneud unrhyw gynnydd ar y mater a drafodon ni y dydd o'r blaen?'

Roeddwn yn ymwybodol fy mod yn chwysu yn fy mhais ordynn. 'Dim – dim eto.'

Mwythodd y Prif Gwnstabl ei fwstásh. 'Hmm, dyna drueni,' meddai. 'Ond mae gyda chi ychydig ddyddiau eto.'

'Beth yw hyn?' gofynnodd Ellis yn ddryslyd.

'O, dim byd,' meddwn â gwên gam, gan grynu er gwaetha'r gwres yn yr ystafell fawr. 'Rhywbeth i'r *Frenhines*. Ellis, beth am fynd am dro o amgylch y castell?'

'Iawn, wrth gwrs,' meddai. 'Bydd rhaid i ni ddod 'nôl ar gyfer yr areithiau. Braf sgwrsio â chi, Owens.'

'A ti,' meddai. Edrychodd arnaf a tharo ei arddwrn gyda'i fys. 'A chithau, Miss Maddocks.'

Fe aethon ni allan o'r neuadd i dop y landin. Teimlwn fel dod o hyd i gornel i fod yn sâl ynddo.

Gwelodd Ellis yr olwg ar fy ngwyneb. 'Ai Guto sy'n dy boeni di?' gofynnodd. 'Mae dan straen, dyna i gyd. Mae'n noson fawr iddo.'

'Rwi'n olréit. Dim ond yn ei theimlo hi ychydig yn glos yno.'

Roedd y drysau bob ochor i'r landin wedi eu taflu yn agored led y pen gan awgrymu bod Mr Fairclough yn ddigon parod i'w westeion grwydro o amgylch ei gartref hardd. Aethom ni drwyddo i'r ystafell fwyta, er na fyddai enw fel yna yn gwneud cyfiawnder â mawredd y lle. Roedd y waliau wedi eu haddurno â phaneli marmor â phatrymau aur o'u cwmpas, a goleuwyd yr ystafell gyfan gan ganhwyllyr a dywynnai fel miliynau o ddiemwntau. Hongiai paentiad anferth o un o'r Faircloughs uwchben y lle tân. Gallwn weld y tebygrwydd rhyngddo ef a'r dyn methedig yn yr ystafell fyw. Gwisgai het uchel diwydiannwr ac roedd yr un olwg benderfynol, ddidostur yn ei lygaid. Roedd traphont ddŵr yr oedd wedi ei hadeiladu i'w gweld drwy'r ffenestr y tu ôl iddo.

Safai dyn ifanc wrth y bwrdd yn syllu ar y llun gyda golwg fel petai pwysau'r byd ar ei ysgwyddau.

'What do you think?' gofynnodd wrth sylwi arnom.

'Very impressive, isn't it?' meddai Ellis.

'Yes. They rarely open these rooms, apart from when there's an event in the main hall. Have you seen this?'

Arweiniodd ni i'r ystafell drws nesaf. Roedd y waliau'n gerrig moel, fel y cyntedd, ond wedi eu gorchuddio â phob math o arfogaeth dan haul: bwyeill, picellau, cleddyfau o bob siâp, a hyd yn oed rhes o wybr-ddrylliau . Roedd baner Jac yr Undeb anferth, ond staenedig a rhwygedig, yn hongian ar y wal dros y cwbwl, fel pe bai newydd ei chludo o faes y frwydr.

'The whole thing's a farce of course – the Faircloughs have never been in a war in their lives. No, the family's style is to turn up afterwards, looking for profit.'

'Well, the Faircloughs may need these weapons, if the workers' unions ever see how much gold leaf is in that dining room!' meddai Ellis.

'I wouldn't try it if I were them. Father can be a cruel man when he wants to be.'

Cododd aeliau Ellis ac fe aeth ei geg yn 'o'.

'I'm sorry,' meddai'r dyn, ac estyn ei law i ysgwyd un Ellis. 'I'm William Fairclough, Robert Fairclough's son.'

Ni edrychai'n arbennig o debyg i'w dad. Ond o edrych arno'r eilwaith roedd ganddo'r un llygaid tywyll, hynaws, hyderus, yr un trwyn Rhufeinig a cheg nwydus oedd yn troi'n wên ansicr ar ddiwedd pob brawddeg.

Meddiannodd Ellis ei hun ac ysgwyd ei law ag angerdd. 'Ellis Morgan.'

'Ah! The editor of the *Lays of Bobo*.'

'Yes.'

'You must introduce me to my political opponent. I understand you know him?'

'Guto Salesbury?'

'He's your man. And this is?'

Cynigiais fy llaw: 'Sara Maddocks.'

Cusanodd hi. Rhychodd Ellis ei dalcen.

'The lady doesn't speak much English,' meddai Ellis.

'Yes. It always seems strange to me that I can speak English in Trinidad but then I come home and half the guests speak German.' Cilwenodd yn ddireidus. 'Oh! Would you like to see… a monster?'

Edrychodd Ellis a finnau ar ein gilydd.

'A monster, Mr Fairclough?' gofynnodd Ellis.

'Something I caught near my father's estate in the Caribbean. A most unusual creature.' Sawrodd yr olwg ansicr ar ein wynebau. 'The subject of all kinds of ghastly myth-making across the world.' Cododd fys awdurdodol. 'But quite within the realms of science.'

Doedd gen i ddim awydd o gwbwl gweld y fath beth ond ni allwn i nac Ellis wrthod. Arweiniodd ni o'r ystafell arfau, ar hyd y coridor, i lawr y grisiau ac i mewn i dŷ gwydr maint y neuadd fawr. Llenwyd ef gan blanhigion trofannol o bedwar ban y byd. Teimlwn fel pe bawn wedi camu o Gymry i mewn i ddarlun o lyfr am India neu'r Caribî.

'This is my addition to the castle – somewhere to store the interesting flaura and fauna I discovered on my travels,' meddai. 'My father doesn't like it.' Gwenodd yn anhapus. 'He doesn't seem to like anything not dead and made of iron.'

'You must have travelled very far,' meddai Ellis, gan sychu'r anwedd oddi ar ei sbectol. Roedd yr awyr yn rhyfeddol o glos yno.

'All over the world. I know that soon I'll be handed a life sentence looking after the family firm, stuck in this infernal pit day and night. So I wanted to enjoy myself before that day came.'

Aeth â ni drwy goedwig fythwyrdd, wedi ei goleuo yma a thraw gan lampau. Cydiais yn dynnach ym mraich Ellis a gallwn ei weld yn rhyfeddu ar y byd newydd hwn oedd mor wahanol i unrhyw beth yr oedden ni weld ei weld o'r blaen. Roedd yn ddarlun rhamantus iawn. Llanwyd yr awyr gan oglau egsotig, yn felysach ac yn fwy llethol nag oglau unrhyw rosyn, a rhywle y tu hwnt i'r coed gellid clywed dŵr yn corddi. Dychmygais i mi weld planhigyn yn ysgwyd yn sydyn wrth i rywbeth – aderyn, siŵr o fod – wibio drwy'r prysgwydd.

'You should come back during the day to hear the wonderful cockatoos,' meddai Fairclough. 'And see the lotus flowers opening up.'

O'r diwedd daethon ni at darddiad y chwyrnu – pwll dŵr wedi ei osod yng nghanol palas y tŷ gwydr, a rhaeadr yn twmblo iddo. Yr oedd ei wyneb tywyll yn tywynnu yng ngoleni'r lampau bob ochor wrth i donnau bychan redeg ar ei draws.

'We'll get the platform down to get a better look,' meddai William Fairclough.

Safai pagoda gerllaw a gwahoddodd ni i mewn. Yna tynnodd lifer oedd ar y wal.

Ebychais â syndod wrth i'r llawr ostwng o dan fy nhraed gyda chwiban ager. Syrthion ni yn araf bach ac i dywyllwch dudew. Ni allwn weld dim am eiliad, ond yna daeth pelydr o olau glas i'r golwg wrth i'm llygaid arfer â'r caddug. Roedden ni mewn ystafell danddaearol, yn deiliau marmor gwyrddlas o'r llawr hyd at y nenfwd. Atgoffai fi o'r baddondy cyhoeddus. Roedd bron â bod yn gwbwl wag, y tu hwnt i'r hyn a edrychai fel casgliad o arfwisg anarferol yng nghornel yr ystafell. Llenwyd fy ffroenau ag oglau llaith.

'Look!' meddai William Fairclough, gan gyfeirio at res o baneli gwydr yn addurno'r wal gyferbyn.

Meddyliais i ddechrau mai ffenestri i ystafell arall oeddynt – ond yna sylwais, wrth astudio'r gronynnau yn dawnsio y tu hwnt iddynt, a'r modd yr oedd y golau glas yn dirgrynu fel tonnau, bod y cyfan y tu hwnt i'r gwydr hyn o dan y dŵr. Roedden ni'n edrych i mewn i'r pwll yng nghanol y tŷ gwydr, ac yn gwneud hynny o'r gwaelod.

'What is it?' gofynnodd Ellis.

'An aquarium,' atebodd William Fairclough. 'They're all the rage in London animalariums, and across the Continent. I had one especially installed.'

'For fishing?' gofynnais.

'Ha ha! No. For keeping my pets.'

Cefais yr argraff bod rhywbeth yn fy ngwylio yn y golau egwan a dywynnai y tu hwnt i'r gwydr. Gwelais symudiad yma, drwy gornel fy llygaid, ac yna symudiad draw. Sisial cysgod yn siffrwd drwy'r dŵr. Aeth ias i lawr fy nghefn.

'What is there?' gofynnais, gan gydio'n dynnach ym mraich Ellis. Roeddwn i'n hanner disgwyl i Fairclough gadarnhau bodolaeth y ceffyl dŵr neu'r afanc.

'Some call it the devil fish,' meddai â gwên. 'In English, a giant squid. But I like the Welsh name: môr-gyllell.'

Gwthiais fy nhrwyn yn erbyn y gwydr er mwyn cael gwell golwg. Ond yna camais yn ôl gyda hanner sgrech wrth weld y creadur yn dod i'r golwg, ei deimlyddion nadreddog yn llusgo ar ei ôl. Roedd yn cylchdroi fel ysbryd du o amgylch y tanc dŵr.

Gwenodd Fairclough arnaf â chymysgedd o ddirmyg a nwyd. Gallwn weld bod fy ofn yn rhoi pleser iddo.

'It's not that big for a giant,' meddwn, er mwyn ymddangos yn ddewr.

'It's a dangerous animal,' cywirodd. 'They say it can throw its arms around any boat passing overhead, and drag them down to their doom. Your only hope would be to slice its arms off with an axe.'

'That's no talk for a lady's presence,' meddai Ellis. Gwerthfawrogwn ei ymdrech i'm hamddiffyn y tro hwn, er ei fod yn amlwg yr un mor anesmwyth â mi.

Anwybyddodd Fairclough ef. 'It can squeeze you into nothing, while the suckers on every tentacle strip the flesh off your bones.'

Troes fy ngwyneb oddi wrth y gwydr â ffieidd-dod. Ond yna gwelais y pentwr o arfwisg yng nghornel yr ystafell unwaith eto.

'What's that for?' gofynnais gan bwyntio ato.

'A diving suit,' meddai Fairclough. Aeth draw a chodi helmed oddi ar y llawr. Edrychai fel casgen bres, ond bod dros ugain o lygaid cylch gwydr ynddo. 'Now that we've conquered most of the land, the depths of the sea are the next frontier. Who knows what treasures or strange creatures might be down there?'

Roedd y gwneuthuriad yn gyfarwydd i mi.

'Who made it?'

'The Alphonse brothers in France.' Cyfeiriodd at y siwt haearn.

Estynnais am yr helmed bres a'i chymryd oddi arno. Roedd yn llawer trymach nag yr oedd yn edrych. Ni allwn ddychmygu ei gwisgo.

'And that was made by our own resident genius, Mr Orme. He's the surgeon at the iron works. Patches up our workers when they lose a leg or an arm, but he's also something of a mechanist as well.'

Edrychai'r helmed yn hynod debyg i rywbeth yr oeddwn wedi ei weld o'r blaen. Y mwgwd hwnnw ar wyneb y plentyn a welais ar noson dywyll ac oer yn y fynwent wythnosau ynghynt.

'He's been conducting very interesting experiments on the ability of the human body to survive in deep water,' meddai Mr Fairclough. 'He made that especially so that I could try it out.'

Nodiais fy mhen a gosod yr helmed yn ôl yn ei lle. Byddai'n rhaid i mi alw i weld Mr Orme.

Gwnaeth Ellis sioe o dynnu ei oriadur o'i boced. 'We'd better get back – the speeches should be starting soon,' meddai.

'Oh. And I need to make one, I suppose,' meddai Fairclough, yr hyder ffwrdd-â-hi yn amlwg yn ei osgo. Dyma ddyn oedd wedi arfer cael y cyfan o'r hyn yr oedd eisiau. Ac roedd yn disgwyl cael ei urddo yn Aelod Seneddol y dref hefyd.

Erbyn i ni gyrraedd y neuadd drachefn roedd byrddau wedi eu gosod ym mhen pella'r ystafell ar gyfer swper, y neuadd dan ei sang, ac roedd y feiolinydd yn chwarae rhywbeth cras a sbonciai o un nodyn i'r llall.

Daeth Mr Glass atom, â golwg ddiamynedd ar ei wyneb. 'I le aeth Guto?' gofynnodd. 'Bydd angen iddo wneud arai–' Gyda chryn ymdrech pysgotodd oriadur o'i boced a'i ddal o flaen ei wyneb. 'Mae hwn weti stopio eto.'

'Fe fydd yn ôl mewn munud wi'n siŵr,' meddai Ellis.

'Gobeithio 'ny wir,' ysgydwodd ei oriadur. 'Rydw i weti bod yn gweud wrth bawb ei fod yn ddyn pwyllog, yn wahanol i William Fairclough. Wnaiff hi mo'r tro o gwbwl os yw'n hwyr i'w araith ei hun.'

Daeth bwtler atom a'n tywys at un o'r byrddau.

'Mr and Mrs Glass, Mr Morgan and Miss Maddocks,' meddai.

Diawliais wrth sylweddoli y bydden yn rhannu bwrdd â Mr Glass, ond cefais fraw pellach wrth weld bod y bwtler yn ein tywys i fwrdd lle'r oedd Fairclough yr hynaf a'r Deon eisoes yn eistedd.

'Please sit here,' meddai'r bwtler, gan dynnu'r gadair wrth benelin dde Fairclough i mi. Aeth fy nghalon i'm gwddf.

Gobeithiwn y byddai Robert Fairclough yn fy anwybyddu drwy gydol y swper am ei fod yn llawer rhy bwysig i mi. Ond trodd ei sylw ataf yn syth. 'You didn't properly introduce yourself earlier,' sibrydodd, gan bwyso tuag ataf. 'So I thought we could sit together and talk for a while.'

'Sara Maddocks,' meddwn.

Gyda chryn ymdrech cymerodd fy llaw, ei chodi at ei geg a'i chusanu.

'I always choose the most beautiful and enigmatic girl to sit by my side at supper,' meddai.

Aeth ias i lawr fy nghefn. Edrychai fel petai eisoes yn farw. Roedd ei lygaid yn bŵl a'i groen yn sych fel papur tywod.

'And what do you do?' gofynnodd.

'I'm a journalist,' meddwn.

Cododd ei aeliau mewn ffug syndod.

'A journalist! Well then, I will have to watch what I say.'

Teimlais y gwres yn codi i'm pen.

'And I suppose you write about clothes and jewellery and that sort of thing?' gofynnodd.

'Poverty, prostitution, starvation, sickness and death,' meddwn, er mwyn gweld yr olwg ar ei wyneb.

Ni newidiodd ei wên. 'And do you find much of that sort of thing to report on in town?'

'I do in fact,' meddwn. 'But I wouldn't imagine that you had noticed up here.'

'Up here?'

'In your castle. While your workers live in hovels, their children dying of hunger and disease.'

Ni wyddwn o le oedd y pistyll hwn yn ffrydio ond daeth allan yn un llif eirias, a chefais fy nghario ymaith heb rwyf na hwyl. Rhaid bod geiriau'r undebwyr yn y Railroad Inn wedi fy nghorddi yn fwy na'r disgwyl.

Gwenodd yn ysmala. Daeth tafod sych o rywle a gwthio'n erbyn ei wefusau. Estynnodd a chodi gwydryn gwin oddi ar ei fwrdd a, gyda llaw grynedig, estynnodd ef at ei wefus.

Mae'n mynd i fy lladd i, meddyliais. Cofiais am fygythiad y Prif Gwnstabl. Fe fydda i'n y gamlas fel yr hen ddynes cyn iddi wawrio.

'Miss Maddocks, you are young and have much to learn about the world,' meddai Fairclough wedi cymryd llwnc. 'I offer the men a price and they come here of their own accord – they are willing to work for it. And if I didn't do it, someone else would.' Gosododd y gwydryn yn ôl o'i flaen ac estyn am y sigâr oedd ar fraich ei gadair.

'The good was there, the coal and iron, and the demand, the demand across all the Empire. I am just a pawn in the hand of... what's the Welsh word your preachers are fond of, again? Rhagluniaeth! That's it. The invisible hand of the market. The hand of God.'

'But you've amassed a great fortune for yourself. Surely you could share some of it with people who live in squalor.'

Trodd ei lygaid hanner dall i'm cyfeiriad, y llygaid fel gwyn wy llaith.

'I'm and old man, Miss Maddocks. A lonely man, a sick man. Soon I will die and I can't tell you that I'm not looking forward to it.' Cododd ei aeliau gan ffugio syndod ar fy rhan. 'How can that be, you ask? According to your way of thinking, wealth should have made all my waking hours ecstatically happy.' Cododd ei sigâr yn araf bach tuag at ei geg. 'I own the largest iron factory on earth, ten thousand workers, and most of the land around belongs to me as well. I have a number of estates in England, and a large house in Mayfair full of servants and little else.' Sugnodd ar ei sigâr. 'What happiness have these things brought me? None. I could share all of my wealth among the people of this town, this scar of God's creation, and what good would it do? There would be fleeting moment of gaiety, perhaps, before they would begin to take their new money and circumstances for granted, and want more again.' Cododd a gostyngodd ei frest yn boenus, a chwythodd fwg du y sigâr allan drwy ei drwyn, fel petai ef ei hun yn beiriant, yn rhan o'r gadair yr eisteddai ynddi. 'Because it is not wealth that gives a person contentment, but labour. The chance to create something, to play God – and by doing so forget all the pain in the world. To allow one's own industry and creativity to flow, all your efforts working in the same direction, cutting through the daily chore of life like a canal cuts through the landscape around it. That's what I offer the people of this town – the chance to work, to create, to make, to change the face of creation. And that is more precious than any salary.'

Gwyddwn ym mêr fy esgyrn nad oedd ei ddadl yn dal dŵr, ond ni allwn ddod o hyd i'r geirau i'w ateb yn fy ail iaith. Diolch i'r drefn fe'm hachubwyd i gan un o'r bwtleriaid, a ddaeth i sibrwd yng nghlust Fairclough. Gosododd ei wydryn ar y bwrdd a llenwyd fy ffroenau â mwg wrth iddo droi ei gadair olwyn a hwylio i gyfeiriad llwyfan bychan oedd wedi ei osod yn erbyn y wal yng nghanol y byrddau. Gwibiodd i fyny llethr bren i'r llwyfan cyn tynnu ar lifer er mwyn dod â'r gadair i stop ac wynebu'r gynulleidfa.

Tawodd y dorf a gwelais Mrs Glass yn torri ar draws dadl frwd rhwng ei gŵr a'r Deon. 'Dewch i ni gael gwrando,' meddai.

'Ladies and Gentlemen,' galwodd Fairclough yn ei lais cryglyd. 'As you know, the Fairclough family have always been at the forefront of new mechanical developments. It was in this very valley that the first commercial steam engine ran.' Lledodd balchder ar draws ei wyneb. 'And it is the coal from our pits that have powered the British Empire's armies to every corner of the globe, and the armaments made in our factories that have given them something to shoot the savages with when we got there.'

Chwarddodd y dorf, ac fe aeth ton o fân gymeradwyo drwy'r neuadd.

'But despite our great inventions we are still fully dependent on human labour for every stage of our production. From the foundry men to the blacksmiths to the puddlers.'

Meddyliais am funud ei fod am dalu teyrnged i'w weithwyr.

'But men are not made of iron!' Caeodd ei law yn ddwrn, a'i droi o'i flaen. 'They break. They are defective. They blame *me* for a fall in the price of iron, and threaten to join unions and strike.'

'No unions in our town!' galwodd un o'r dynion busnes, a'i ddwylo bob ochor i'w geg.

'Quite. So, I would like to introduce my most recent venture,' meddai Fairclough. 'My new mechanical servants, who will wait upon you during the hustings, and hopefully convince you that machines can do any job as well as any human.'

Cyfeiriodd sylw'r dorf at ben arall yr ystafell. Agorodd y drysau, ac yno yr oedd pedwar o'r hyn a ymddangosai fel dynion wedi eu creu o bres, ond eu bod hanner taldra dynion mewn gwirionedd. Dalient hambyrddau yn drwmlwythog â gwydrau llawn diodydd. Ac er syndod i mi, a'r dorf, fe ddechreuon nhw rodio yn anystwyth i gyfeiriad y gwesteion, ac yn eu mysg, gan aros bob hyn a hyn er mwyn rhoi cyfle i rywrai gymryd diod oddi ar yr hambyrddau.

'Anhygoel,' meddai Ellis wrth wylio un o'r dyfeisiau yn camu heibio. 'Ager ddynion.'

'Maen nhw'n bethau bach digon difrif,' meddai Mrs Glass, gan gamu ymlaen a chymryd gwydryn o ddŵr oddi wrth un ohonynt. Ond roedd golwg fel taran ar wyneb Mr Glass.

Pur ansicr oedd ymateb gweddill y dyrfa hefyd, er bod ambell un yn cymryd diodydd ac yn methu eu hatal eu hunain rhag dweud 'diolch' wrth wneud. Aeth ias i lawr fy nghefn. Roedd rhywbeth annaearol am symudiad y creaduriaid a'u hwynebau pres digynnwrf. Roeddynt yn wahanol i bobol ond eto'n rhy debyg iddynt. Ac roeddynt yn fy atgoffa'n fawr iawn o'r plentyn hwnnw yn y fynwent, yn enwedig yn y modd yr oeddynt yn cerdded, fel pypedau heb linynnau.

'Do not be afraid of them!' meddai Fairclough yr hynaf. 'In time, they will be seen in every street in the town. They are beautiful, unencumbered by consciousness or some contrived morality –' Daeth bwtler arall ar y llwyfan a sibrwd yn ei glust. 'Ah, now, the time has come, and we had better begin the hustings. Although there is only one candidate present at the moment. I'm sure Mr Salesbury will be with us shortly, once he has finished greasing palms.'

Chwarddodd y dorf eto, ond yn fwy ansicr y tro hwn.

Amneidiodd Robert Fairclough ar ei fab i annerch y dorf. Cododd hwnnw a cherdded ymlaen. Safodd William Fairclough yno am eiliad, ei goesau ar led a'i ddwylo ar ei gluniau, fel bugail yn gwylio ei braidd yn ddioglyd.

'I know you are all practical men with practical concerns,' meddai o'r diwedd. 'So I will spare you the usual pig iron you would get in a campaign speech.'

Clywais Mr Glass yn ebychian yn ddiystyrllyd drws nesaf i mi.

'Without the iron works, this town would not exist. So who would be our best representative in Parliament? A jeweller, who has come up from the harbour knowing nothing about the iron trade?' Llygadodd y dorf. 'Or someone who can speak with absolute expertise on commercial matters pertaining to our factory, and the iron trade as a whole, and influence the government accordingly. I am that person!'

Daeth bonllef o gymeradwyaeth o'r dorf.

'My compatriot, Mr Salesbury, has one advantage over my

candidacy: he is a Nonconformist, and as we know Nonconformism is a powerful force in this valley,' meddai. 'Therefore, I have a pledge.'

Oedodd, a daliodd y dorf eu gwynt.

'In solidarity with our factory workers, I will be leaving the established church and will accept the baptism of fire to become one of their denomination.'

Edrychais ar wyneb taran Deon Eglwys Sant Teiriol, ac yna ar Joseph Glass. Doedd ei ymateb ef fawr gwell. Ni edrychai Fairclough yr hynaf, ar y llwyfan, yn hapus iawn chwaith.

Chwiliais y dorf am wyneb Evan Evans. Roedd yn syfrdan, ond gyda golwg dyn oedd wedi darganfod i berthynas pell farw yn ddisymwth a gadael arian mawr iddo.

'So if you wish to return a liberal member of parliament in this seat,' meddai Fairclough, 'I am the rational, thinking man's choi–'

'Mae e wedi marw!'

Daeth y llais o gefn y neuadd. Trodd y gynulleidfa a gweld un o'r bwtleri yn ei ffedog wen yn brysio tua'r llwyfan a golwg wyllt ar ei wyneb.

'Mae e wedi marw!'

'Pwy sydd wedi marw?' galwodd rhywun.

'Salesbury!'

Safodd Ellis yn stond am eiliad yn syllu'n gegrwth ar y dyn, cyn rhedeg i gyfeiriad y drws a'i ddilyn yn ôl i gyfeiriad y fynedfa. Brysiodd degau o ddynion eraill ar ei ôl, gan gynnwys Mr Glass. Codais ymylon fy ffrog a mynd ar eu holau orau allwn i. Dilynais y dorf drwy'r castell, drwy'r ystafell fwyta a'r ystafell arfau, ac i mewn i'r tŷ gwydr anferth, ac yna ar hyd y llwybr drwy'r ddrysfa o blanhigion trofannol nes dod at ymyl glan y pwll.

Gwasgais drwy'r dorf oedd yn brysur ymgasglu ac at y dynion yn pysgota corff llurguniedig Guto Salesbury o'r dŵr. Roedd ei groen eisoes yn wyn fel lledr llyfr, ond roedd clwyfau cochion ar ei gorff o dan y dillad carpiog. Edrychais ar y dŵr, mor ddu ag inc, a dychmygu fy mod yn gweld crychdonnau yn lledu ar ei hyd, a sglein cefn creadur yn plymio fel cyllell i'r dyfnderoedd.

'Rhaid ei fod weti cwmpo i mewn,' meddai rhywun.

'Drycha ar y dyn! Mae rhywun weti ymosod arno.'

'Efallai mai'r creadur yna wnaeth. Yr un mae Fairclough yn ei gadw'n anifail anwes.'

Roedd griddfan yn dod o rywle. Gwelais Ellis yno, ar ei gwrcwd, yn pwyso dros ei gyfaill. Roedd dagrau yn powlio i lawr ei ruddiau. Ymestynnodd law ac ysgwyd Guto fel pe bai am ei ddeffro o drwmgwsg.

'Pwy wnaeth hyn?' gofynnodd, a golwg o ddicter afreolus ar ei wyneb.

'Des i o hyd iddo fel hyn,' meddai'r bwtler, ei wyneb yn goch. Cododd ei ddwylo i Mr Glass fwrw golwg arnynt. 'Roeddwn yn cerad heibio a mi welais i e ben i lawr yn y pwll.'

Edrychodd Mr Glass o un wyneb i'r llall. 'Mae hyn yn llawer rhy amheus…'

'Byddwch dawel am unwaith, Joseph,' meddai Deon Sant Teiriol. 'Roedd pob un ohonom yn y neuadd wledda. Os nad damwain oedd hwn, os oedd rhywun yn gyfrifol am y weithred hon, mae weti hen ffoi.'

Am y tro cyntaf gwelais rywbeth tebyg i wên ar wyneb Mr Glass, ond nid gwên o garedigrwydd ydoedd ond malais.

'Drychwch pwy sy'n siarad,' meddai. 'Yr unig Dori yn ein plith! Yr unig un â rhywbeth i'w ennill wrth weld cefn darpar ymgeisydd Rhyddfrydol.'

'Sdim cywilydd gennych chi?' meddai'r Deon, â golwg fel melltith yn ei lygaid. 'Dyw'r dyn ddim eto'n oer ac rydych chi eisoes yn troi ei waed yn ddŵr at eich melin wleidyddol eich hunan.'

Cochodd Mr Glass. Caeodd ei law yn ddwrn. Roedd yr un olwg beryglus ar ei wyneb â'r diwrnod hwnnw y taflodd botyn inc ataf yn ei swyddfa. Ofnais ei fod yn mynd i wthio'r Deon i'r dŵr.

Ond yna camodd Mrs Glass o ganol y deiliach a gosod llaw ar ysgwydd ei gŵr. Pwysodd ymlaen a sibrwd yn ei glust. 'Paid ateb yn fyrbwyll. Mae angen amser i feddwl.'

Agorodd dwrn Mr Glass drachefn, a phwyllodd.

'Allan o'r ffordd!' Agorodd y dorf gan ddatgelu corpws sylweddol Prif Gwnstabl yr Heddlu, yn chwysu gan yr ymdrech o ddilyn ar gwt y dyrfa. 'Dyna ddigon!' meddai. Edrychodd i lawr ar y corff tra câi ei wynt ato. 'Am lanast,' chwibanodd. Rhwbiodd ei fysedd drwy ei fwstásh. 'Reit, pawb mês. Dewch. This is a crime scene. Dywedwch wrth Mr Fairclough i alw am y cerbydau – a'r hers.'

'Ond beth am yr hystings?' gofynnodd rhywun.

'Does dim pwynt cael hystings gydag un ymgeisydd!' atebodd y Pris Gwnstabl gan sychu ei dalcen.

Pwysodd Mrs Glass i lawr wrth ochor Ellis. 'Tyrd nawr.'

'Ie, fe awn ni,' meddai Mr Glass.

'Yn syth am eich swyddfa argraffu?' chwyrnodd y Deon. 'Er mwyn ca'l argraffu eich celwydd chi i'r bobol cyn i'r gwirionedd eu cyrraedd? Os y'ch chi'n meiddio llusgo fy enw drwy'r baw...'

Edrychodd Mr Glass arno â chasineb perffaith.

'Fi fydd yn penderfynu pwy fydd yn cael y bai am hyn!' meddai'r Prif Gwnstabl. 'A neb arall!'

Wrth ddilyn Mr a Mrs Glass ac Ellis drwy'r goedwig drofannol, gwelais rywbeth ar ymyl y llwybr, wedi ei guddio bron gan y planhigion bob ochor. Pe na bai golau un o'r lampau nwy yn adlewyrchu oddi ar ei groen pres ni fyddwn wedi sylwi arno. Un o'r ager ddynion. Safai yno fel delw.

Brysiais heibio, ond wrth wneud hynny clywais sŵn bychan yn dod ohono.

'Mam –'

Efallai mai rhyw golfach llathredig yn symud ydoedd, ond dychmygais i mi glywed llais. Does bosib, meddyliais, ond wrth i mi ddisgwyl y goets y tu allan i'r castell parhaodd y wich i dyfu'n atsain a lenwai fy meddwl.

⚙

'Mae'n mynd i wrthod talu'r Degwm,' meddai Êb wrth i mi gyrraedd y swyddfa y prynhawn canlynol. Roedd ei lygaid yn sgleinio â chyffro. 'Mae'n mynd i fynd i ryfel â'r Eglwys.'

Cododd ddarn o bapur o'i ddesg, â llawysgrifen brysur Mr Glass drosto i gyd. Roedd yn amlwg i Mr Glass fod yn pendroni drosto drwy'r nos oherwydd roedd sawl gair, ac ambell frawddeg, wedi eu crafu allan a'u hailysgrifennu droeon.

'Chi ddynion a'ch rhyfel.' Pwysais yn erbyn ffrâm y drws. 'Dwyt ti ddim wedi... gweld Ellis y bore yma, nag wyt ti?'

Ysgydwodd Êb ei ben yn brudd. 'Roedd ef a Guto yn gyfeillion da iawn.'

Roeddwn wedi dod i'r swyddfa yn unswydd yn y gobaith o'i weld. Doedd dim modd ei gysuro y noson flaenorol, ond mynnodd Mrs Glass fod y goets yn mynd â fi'n ôl i Tudor Street yn hytrach na fy ngadael i edrych ar ei ôl.

'Rwy'n pryderu,' meddwn, gan eistedd yn ei sedd. Ond bu bron i mi neidio yn syth allan ohoni wrth i lais Mr Glass dorri ar ein sgwrs:

'Fe fydd ganddo le i bryderu os nad yw yma gyda'r troead.' Safai ar waelod y grisiau, ei wyneb fel clogwyn glan môr ar ddiwrnod stormus. 'Dywedwch wrtho i ddod yma ar unwaith. Fel y dywedodd Êb, mae gennym ni ryfel i'w chynllunio.'

'Mae wedi colli cyfaill,' meddwn, ychydig yn fwy diamynedd nag oeddwn wedi ei fwriadu.

Ymgasglodd ei aeliau trwchus fel cymylau duon. 'Y ffordd orau iddo alaru yw erlid y rheini sy'n gyfrifol.' Trodd ar ei sawdl a dechrau dringo'n ôl i'w swyddfa. Yna atseiniodd ei lais i lawr y corn siarad. 'A phaid â gadael i Evan Evans dy ddal yn eistedd yn sedd y golygydd.'

Aeth ysgytwad drwyddaf. Roedd fy nerfau ar binnau bach yn barhaol wedi'r noson honno yn y carchar, a doedd llofruddiaeth Guto Salesbury ddim wedi helpu. Dawnsiai wynebau Dr Schnitt, y Prif Gwnstabl ac wyneb pres y plentyn o flaen fy llygaid drwy'r nos.

'Wyt ti'n olréit?' gofynnodd Êb. 'Mae golwg bur welw arnat.'

'Ydw.' Codais o'm sedd a chodi fy sach lawn pethau ysgrifennu. Roedd gen i bethau i'w gwneud cyn iddi nosi.

'Mae Mr Glass yn dy werthfawrogi, ti'n gwbod,' meddai Êb wrth i fi fynd.

'Does gen i ddim coel ei fod yn gwerthfawrogi'r un ohonom, mwy na mae'n gwerthfawrogi'r gweisg neu'r papur.'

'Wrth eu ffrwythau yr adnabyddwch hwynt.'

'Hen ddraenen ydi Mr Glass.'

'Fe gafodd fagwraeth reit galed, wyddost ti.'

Oedais wrth y drws. 'A minnau, a chefais i erioed yr awydd i fod yn filain wrth neb.'

'Cafodd ei yrru i Gymru yn brentis yn wyth oed felly dydw i ddim yn credu iddo gael llawer o gariad ariôd,' aeth Êb yn ei flaen.

'Oni gafodd ei fagu yn y dref?' gofynnais.

'O na, Sais yw Mr Glass, er na fyddet ti'n meddwl hynny o wrando arno heddiw. Wedi ei eni mewn bwthyn bêch to gwellt yn Lloegr, nes i'w deulu golli'u tir i dirfeddiannwr o Dori. Ond mae ei gariad at Gymru yn ddyfnach o fod weti mabwysiadu'r wlad o ddewis nid o orfod.'

Allwn i ddim dychmygu'r dref heb Mr Glass. Roedd y syniad ei fod yn estronwr yn un rhyfedd.

'Roedd ei feistr yn y wasg hon o'i flaen, Thomas Foulkes, yn ddyn ofnadwy o sarrug.' Gwenodd Êb wrth bysgota atgofion y gorffennol. 'Ond roedd yn ddyn dewr iawn, yn bregethwr ymneilltuol pan oedden nhw'n dal i gael eu herlid yn y dref.'

Pwysais ar fframyn y drws. 'Beth ddigwyddodd iddo?'

Diflannodd gwên Êb a gallwn synhwyro nad oedd gweddill yr hanes yn un hapus.

'Roedd yn pregethu ar sgwâr y dref a gafaelodd tyrfa ynddo a'i foddi yn yr afon,' meddai. Ysgydwodd ei ben. 'Pedair ar ddeg oedd Joseph druan a bu'n rhaid iddo weithio'n galed i gadw'r wasg ar agor wedyn. Dydw i ddim yn credu ei fod ariôd weti maddau hynny. Daeth yn ymneilltuwr yn fuan wedyn.'

'Ofnadwy,' meddwn. 'Dw i'n credu weithiau y byddai y dref yma mewn llawer gwell lle heb yr holl ffraeo crefyddol yma,' meddwn. 'A beth yw'r gwahaniaeth? Er mwyn i un pregethwr gael dweud wrth y bobol beth i'w feddwl yn lle'r llall.'

'Mae'n llawer mwy na hynny.' Ysgydwodd Êb ei ben. 'Mae'r capeli'n cynnig rhywbeth i bobol y dref.' Cydiodd ei ddwylaw ynghyd ar draws ei fol. 'Y capeli yw'r un peth maen nhw yn eu rheoli. Y capeli yw'r unig beth mae Fairclough yn caniatáu iddyn nhw reoli! Ac mae rywfaint o annibyniaeth yn hanfodol, yn hanfodol i hunan-barch ac urddas dyn.' Cododd ei ên. 'Ac er holl ffaeleddau, holl gecru'r eglwysi, rwy'n fodlon maddau llawer iddyn nhw am hynny.'

'Hmm,' meddwn, heb fy argyhoeddi'n llwyr. 'Wela i ti yfory, efallai.'

Es allan i'r stryd. Roedd yr awyr tua'r gorllewin yn goch, ai oherwydd machlud yr haul yntau tân y ffwrnesi chwyth, ni wyddwn.

Tynnais fy siôl yn dynnach amdanaf wrth gerdded. Roedd y tywydd wedi troi – roedd hi mor rhewllyd y gellid sefyll â'ch wyneb at dân crasboeth a dal i deimlo eich cefn yn oer. Ar ddiwrnod iasoer fel hwn roedd cerdded i gyfeiriad y gweithfeydd haearn yn syniad deniadol iawn, er gwaethaf yr olwg uffernol arnynt. Ond fy nod oedd holi am Mr Orme. Roeddwn wedi fy argyhoeddi fy hun ers y sgwrs â William Fairclouch yn yr acwariwm mai un o fygydau pres y llawfeddyg a welais ar wyneb y plentyn yn y fynwent bythefnos ynghynt, ac efallai y gallai fy arwain at y rheini oedd yn gyfrifol am ddiflaniad y plant.

Roedd y ffatri ymhellach i ffwrdd nag yr edrychai. Wrth agosáu teimlwn fy hun yn mynd yn llai ac yn llai nes nad oeddwn namyn pryfyn yn ymsymud, un pryfyn ymysg nifer, gan fy mod bellach wedi ymuno â thyrfa ar y ffordd i'r gweithfeydd. Roedd llygaid y gweithwyr yn suddedig, crwyn eu hwynebau yn welw ac yn anystwyth fel cwyr, a'u breichiau a'u coesau yn denau ond yn gryf gan ddefnydd parhaol.

Hyd yn oed o bellter gallwn glywed rhu diasbad y ffwrnesi chwyth, yn rowlio tuag ata i fel sŵn taranau. Ac wrth i'r mwrllwch a ddylifai i lawr o'r simneiau glirio gwelais fod yma bump adeilad, pob un deng gwaith hirach ag oedden nhw o ran lled, wedi eu gosod mewn rhes yn erbyn ochor y dyffryn. O'u hamgylch roedd y tai wedi eu gwasgu mor agos i'w gilydd fel bod glo a sorod y tomennydd yn dylifo i mewn i'r strydoedd.

'Watch it!' galwodd rhywun a bu'n rhaid i mi neidio o'r ffordd wrth i gert lawn offer wibio heibio ar draciau oedd wedi eu gosod ar y llawr. Dilynais y gert at geg un o'r adeiladau mawr brics coch a sbecian i mewn. Llyfai gwres llethol fy ngwyneb fel tafod gynnes, a llenwyd fy ffroenau ag oglau llwch tân. Daliais fy nwylo o flaen fy llygaid i guddio goleuni gwynboeth o gegau'r ffwrnesi chwyth a gweld bod prysurdeb mawr yno; pobol yn arllwys haearn tawdd i letwadau, eraill yn cario haearn mor boeth ei fod yn wyn drwy'r dyrfa, fodfeddi o'u cyrff, ac eraill yn morthwylio brychau sorod ohono. Ym mhen draw'r adeilad gwelwn yr haearn poeth yn cael ei wthio i beiriant anferth wedi ei yrru gan ager i'w droi'n rodenni haearn.

'Helô!' galwais ar weithiwr wrth iddo fynd heibio, gan obeithio holi am Mr Orme, ond ni allwn glywed fy llais fy hun. Roedd ergydion morthwylio a chrafu diddiwedd, sgrafellu haearn a thrystio olwynion y peiriannau mawr yn ddigon llethol ar eu pennau eu hunain, ond bob hyn a hyn ysgwydai'r adeilad cyfan a châi fy nghlustiau eu dyrnu gan danio'r peiriannau yn gorfodi aer i mewn i'r ffwrnesi chwyth.

Ciliais oddi yno a mynd draw i gerdded wrth lan yr afon i chwilio am dawelwch ac awyr iach. Roedd bachgen tua deg oed yn eistedd ar wal ym mhen pella'r ffatri yn gwylio plant eraill yn llenwi wagen â darnau haearn poeth oedd newydd ddod drwy un o'r peiriannau rholio mawr.

'Wyddoch chi lle mae'r llawfeddyg?' gofynnais. 'Mr Orme?'

Edrychodd arnaf yn dosturiol, gan dybio, mae'n siŵr, mai wedi dod i ofyn am ŵr neu fab oeddwn i. Roedd ei ddwylo yn amlwg yn ddi-werth, y croen yn goch amrwd a'i fysedd wedi crebachu i'w gledrau.

'Mae ei gwt uwch y ffyrnau golosg.'

Cyfeiriodd fi o amgylch cefn y ffwrneisi chwyth gydag un o'i ddyrnau caeedig. Rhoddais geiniog iddo, ac i'm syndod bachodd ef gyda'i droed cyn ei gollwng i gap fflat wrth ei ymyl. Yna fe aeth yn ôl i syllu'n feddylgar.

Dringais i fyny'r bryn heibio'r odynau llosgi calch, nes fy mod yn uwch na'r ffatri. O'r fan hyn gallwn weld pobol yn gwthio wageni llawn golosg, mwyn haearn a chalchfaen a'u tywallt i lawr corn gwddf y ffwrnesi chwyth anferth i'w toddi i lawr yn haearn tawdd a sorod. Roedd llawer o ferched yn gwneud gwaith digon tebyg i'r hyn a wnaent yn y pwll glo, yn codi darnau o fwyn haearn o'r tramiau, ei wahanu o'r garreg glai a'i bentyrru yn barod i'w ollwng i'r ffwrneisi chwyth. Roedd croen eu dwylo yn galed fel lledr.

Oedais ar y brig ac edrych i lawr. O'r uchder hwn, fel ym Mryn Eithin, gellid gwerthfawrogi'r darlun cyfan, gweld y bobol nid fel unigolion wrth eu gwaith ond fel darnau mewn peiriant, ac ymbleseru yn y modd yr oedd y cyfan yn symud yn llyfn fel olwynion agerfarch. Fe âi mwynau crai i mewn un pen a deuai traciau a phistonau a lefrau a sgriwiau allan y pen arall, a fyddai'n gyrru peiriannau eraill, ar draws y byd, er mwyn disodli anhrefn a barbariaeth gyda threfn a gwarineb.

Roedd y syniad hwnnw'n ddeniadol ac am eiliad llenwyd fy nghalon â balchder yn yr hyn a welwn o 'mlaen.

Yna deuthum o hyd i'r llawfeddygfa, a phylodd y darlun mawr a gwelais yr unigolion unwaith eto. Ymestynnai rhes hir o bobol y tu allan i'r cwt pren bychan, yng nghanol diffeithwch lle nad oedd hyd yn oed chwyn yn tyfu. Rhai yn gorwedd ar stretsieri, eraill yn gwisgo rhwymau yn goch gan waed neu'n hercio ar ffyn bagl, a nifer â'u croen llosgiedig yn hongian yn llipa ar eu cyrff.

Camais heibio i'r rhes a churo ar ddrws pren hanner agored i weld a fyddai modd i mi weld Mr Orme fel newyddiadurwr yn hytrach na chlaf. Agorodd bron yn syth a syllodd y creadur rhyfeddaf i mi ei weld erioed arnaf. Roedd y mannau lle y byddai'r llygaid wedi eu gorchuddio â phar mawr o goglau copr a gwydr lliw. Gwisgai fwgwd dros weddill ei wyneb ac arno rhyw fath o drwyn hir fel pig aderyn. Rhedai tiwbiau copr o'r allwthiad hwn yn ôl dros ei ysgwyddau i duniau ar ei gefn.

Bu bron i mi ffoi oddi yno, ond yna fe sylweddolodd iddo roi braw i mi, a mwmiodd:

'So sorry!' Tynnodd y mwgwd oddi ar ei ben, gan ddatgelu wyneb dyn ifanc. 'It's my medical breathing mask.'

Clywais dinc lleol yn ei acen. 'Y'ch chi'n siarad Cymraeg?'

'Odw.' Gwahanodd y mwgwd oddi wrth y tiwbiau yn mynd i'r tuniau ar ei gefn a'i osod ar ddesg wrth y drws.

Sylweddolais fy mod i wedi ei weld o'r blaen. Ef oedd y llawfeddyg a ddaeth i swyddfa'r *Llais* pan ddaliodd mab Watkin Tomos ei fraich yn un o'r gweisg.

'Rwy'n galw o *Lais y Bobl*,' meddwn. 'Roeddwn i wedi clywed eich bod...'

'Mr Glass? Oes damwain arath weti bod?'

'Dim o gwbwl. Ishe ysgrifennu hanesyn yn y papur oeddwn i. Rydw i weti clywed eich bod chi'n creu pob math o ddyfeisiadau newydd.'

'O.' Edrychodd dros ei ysgwydd. Roedd y cwt wedi ei rannu'n ddau. Roedd yr ystafell gyntaf yn swyddfa i'r llawfeddyg ac yn cynnwys gwely. Gwelwn fod sbotiau o waed yn frith ar y cynfasau nad oeddynt yn edrych fel petaent wedi cael eu newid yn ddiweddar. Drwy'r drws, yn yr ystafell arall, gwelwn ddau ddwsin o welyau isel, wedi eu gwasgu'n agos at ei gilydd. Roedd claf ym mhob un a gallwn glywed sŵn tagu isel, gresynus yn dod ohonynt. 'Dydych chi ddim yn llewygu wrth weld gwa'd, y'ch chi?' gofynnodd. 'Hynny yw, mae gen i ddigon o gleifion yn barod heb gael un arath.'

'Sa i'n credu,' meddwn yn ansicr.

'Dewch i mewn felly.' Dilynais ef drwy'r drws. 'Bydd rhaid i fi siarad wrth witho, yn anffodus.'

'Beth yw diben y mwgwd?' gofynnais wrth iddo fynd.

'Mae afiechyd yn ca'l ei gario drwy'r awyr,' meddai. 'Mae'r mwgwd yn sicrhau fod gen i gylchrediad da o awyr iach bob amser, yn dod o'r tuniau hyn.' Gosododd y mwgwd yn ôl ar ei wyneb ac edrych arnaf i lawr trwyn hir y pig. 'Bydd yn gymorth mawr os... pan mae haint yn y dref,' meddai, a'i lais wedi pylu gan y metel. 'Y broblem pan mae haint wedi taro o'r blaen yw nad yw'r un meddyg yn gallu mynd at y cleifion heb ei ddal.'

'Fydden i wrth fy modd yn cael golwg ar weddill eich dyfeisiau.'

Roedd fy mrwdfrydedd yn amlwg wedi gwneud argraff dda, oherwydd pan dynnodd y mwgwd drachefn roedd yn gwenu fel giât. Amneidiodd arnaf i'w ddilyn rhwng y rhes o welyau. Aeth at un lle'r oedd dyn yn gorwedd â rhwymyn dros ei lygad a'i law. Roedd ei groen yn felyn a'i fochau'n bantiau. Cydiodd Mr Orme yn y gyfnas gan ddinoethi bonyn coes wedi ei dorri uwchben y pen-glin. Ato yr oedd wedi cysylltu coes ffug wedi ei gwneud o bren, lledr, haearn a chopr. Cydiodd ynddi a dangos fel yr oedd yr olwynion yn y pen-glin yn caniatáu i'r goes blygu'n araf pan roddai bwysau arni.

'Dyma pam ddes i weithio i Mr Fairclough,' meddai'n frwdfrydig. 'Mae yna fwy o angen coesau a breichiau ffug yn y dref yma nag unrhyw fan arall yn Ewrop. Dyma'r lle perffaith i mi berffeithio fy nghrefft.'

Cyfeiriodd at yr arteithglwyd o lifiau a feisiau oedd ar silffoedd waliau'r ystafell.

'Onid yw'n swydd ofnadwy gorfod trin y bobol yma?'

'Na. Sa'i ariôd weti gweld pobol mor... barod, yn eu gallu i oddef.' Tynnodd hances o'i boced a sychu ei dalcen. 'A bûm yn ddoctor yn y Fyddin Brydeinig am ugain mlynedd.'

'Dydyn nhw ddim yn brwydro?'

Ysgydwodd ei ben. 'Pe bawn i'n gweud wrth filwr fy mod i'n mynd i gymryd ei goes, byddai angen dau neu dri i'w ddal yn ei le. Ond mae'r bobol fan hyn yn gweud: "Wel, dyna ni, doctor, os oes rhaid, mae'n rhaid".'

Edrychodd drwy'r ffenestr, a chanolbwyntio ar rywbeth pell i ffwrdd.

'Ydych chi weti creu unrhyw beth fel hyn i blant?'

'Breichiau a choesau, do.'

'Beth am fygydau? I'w helpu nhw i anadlu hefyd? Rhai pres?'

Trodd ac edrych arna i'n syn. 'Dim mygydau i blant, na.' Cododd lif oddi ar y bwrdd, ac edrych arnaf yn fyfyriol fel pe bai'n fy mesur am goes neu fraich newydd. 'Beth oedd eich enw chi eto?'

'Sara Maddocks.'

'Wel, Miss Maddocks, dyna ni,' gwenodd. 'Gobeithio y bydd hynny'n gwneud y tro i'r papur. Mae gen i gleifion i'w trin.'

Aeth yn ôl i'w swyddfa a gosod y mwgwd yn ôl ar ei ben.

Ceafis fy synnu gan ei frys i ddod â'r sgwrs i ben, a cheisias feddwl am rywbeth arall i ofyn. 'Ai chi greodd y dynion pres yng nghastell Faircl–?'

Trodd i'm hwynebu, ei lygaid yn sgleinio y tu ôl i wydr lliw y goglau.

'Byddwch yn ofalus wrth adael y ffatri, Miss Maddocks,' meddai, fel pe na bai wedi fy nghlywed. 'Mae damweiniau yn dicwdd.' Cyfeiriodd at ei gleifion. 'Rwy'n gwbod hynny'n well na neb.'

Er na newidiodd cywair ei lais, teimlwn yn annifyr yn fwyaf sydyn, fel pe bawn i'n wynebu rhyw fath o anifail neu greadur dideimlad.

'Efallai y gwelaf chi eto pan chi'n llai prysur,' meddwn a'i throi hi am y drws, gan obeithio diosg yr ias oedd yn cripian i fyny fy asgwrn cefn.

Roedd hi bellach wedi dechrau tywyllu y tu allan, ond doedd dim taw ar seiniau dryslyd a thrywyddus y morthwylwyr, y melinau rholio a'r peiriannau eraill. Yng ngoleuni fflamau ffyrnig y ffwrneisi chwyth ar ymyl y dyffryn, gwelwn res o anheddau, siâp cychod gwenyn wedi eu gwneud o gerrig, a simnai uchel uwch pennau pob un. Dyma'r aelwydydd llosgi golosg. Rhwng y mwg a godai o gorun pob un a'r tân a dasgai o'u tu mewn gwelwn fenywod yn crwydro, eu hwynebau, eu dwylo a'u peisiau yn ddu drostynt, fel pe baent yn wrachod yn consurio yn y gwyll.

Ymlwybrais yn ôl i fyny'r dyffryn tuag at Wasg Glass, yr amheuon yn cynyddu â phob cam. Doedd gen i ddim byd yn awr. Llai na dim byd mewn gwirionedd. Dim ond casgliad o fygydau tebyg a'm dychmygion fy hun.

Oeddwn i mor benderfynol o brofi fy hun fel newyddiadurwraig fy mod yn gweld pethau nad oedd yno? Fel y dywedodd Christmas Owens, roedd plant yn diflannu o hyd yn y dref. Mewn pentref roedd yn haws gweld y cysylltiad rhwng pethau. Efallai, mewn tref, nad oedd cysylltiad o gwbwl. Llinellau yn croesi ei gilydd oeddynt, fel ffyrdd haearn yn croesi'r strydoedd.

Cerddais i mewn i swyddfa'r *Llais* a chael braw wrth weld Mr Glass yn eistedd yng nghadair y golygydd.

'Lle mae Ellis?' mynnodd wrth fy ngweld.

'Dydw i ddim yn wraig iddo,' meddwn.

'Mae angen gosod rhifyn arbennig o'r *Llais* yfory, a does dim golwg ohono.'

'Rydw i weti bod i chwilio amdano'n barod,' meddai Jenkin, gan dynnu wyneb. 'Doedd dim ateb adref.'

Roedd naws beryglus yn yr ystafell, fel pe bai Gwasg Glass ei hun yn ffwrnais yn barod i chwythu.

'Wi'n mynd i nôl pethe o'r warws,' meddwn, er mwyn dianc o olwg Mr Glass, yn fwy na dim. Doeddwn i ddim wedi bod i fyny yno am bum munud pam glywais sŵn gweiddi o lawr llawr. Roeddwn yn pryderu bod Mr Glass wedi dechrau taranu, ond lleisiau Jenkin a Watkin Tomos oedd i'w clywed, a gallwn ddyfalu beth oedd testun y ffrae.

'Dim ond hanner awr ydw i weti ca'l i ysgrifennu'r darn!' oedd cri Jenkin wrth i mi agor cil y drws ar ystafell y newyddiadurwyr.

'Mae angen i'r dudalen yna fynd i'r wasg nawr fel bod modd gosod y tudalennau eraill wedyn,' cyfarthodd Watkin Tomos yn ôl. 'Neu mi fyddwn ni yma tan oriau mân y bore eto.'

Roedd y ddau ddyn ar eu traed, eu trwynau fodfeddi o'i gilydd, a golwg benderfynol ar Jenkin nad oedd am gymryd cam yn ôl y tro hwn. Edrychai Mr Glass yntau fel pe bai ar fin ffrwydro, ond doedd neb yn gwneud sylw ohono.

'Rydw i weti bod drwy'r prynhawn yn wilo am Ellis,' meddai Jenkin, 'a heb gael cyfle i feddwl beth sy'n y golofn eto heb sôn am ei hysgrifennu.'

'Ac unwaith eto mae'n amser gosod dy dudalen ac mae dy golofn yn eisiau!' meddai Watkin. 'Unwaith eto, pan wyt ti yn dy wely clyd, fe fydd gweithwyr y wasg yn slafio drwy'r nos i osod dy erthygl di.'

'Rhowch rywbeth iddo Jenkin, er mwyn dyn!' chwyrnodd Mr Glass. 'Mae yna bethau llawer pwysicach i ni boeni amdanyn heddiw na ffuglen.'

Aeth fy llaw i'm ceg. Gwyddwn fod Mr Glass wedi dweud yr un peth fyddai'n corddi Jenkin fwyaf.

'Iawn, 'te,' meddai hwnnw, yn beryglus o bwyllog. 'Rwy'n rhoi'r gorau iddi.' Aeth i gasglu ei siaced o gefn ei gadair ac estyn am ei het.

Syllodd Mr Glass arno'n gegrwth.

'Alli di ddim mynd, ddyn!' meddai. 'Rwy'n talu dy gyflog di. Weti dy hyfforddi o ddim.'

'Chi sy'n pregethu am ryddid y farchnad,' meddai Jenkin, a thaflu ei siaced amdano fel pe bai'n datod ei hun o gadwyn drom.

'Fydd dim gwaith i ti yn y dref hon os wyt ti'n camu mês drwy'r drws yna!' rhybuddiodd Mr Glass.

Ond allan yr aeth.

Edrychodd Mr Glass ar Watkin Tomos. 'Dy fai di yw hyn!'

'Peidiwch â dechrau arna i hefyd neu mi fydda i'n syth mês ar ei ôl e.'

Aeth Watkin Tomos drwy'r drws, a chefais fy hun yn yr union fan nad oeddwn i eisiau bod – ar fy mhen fy hun mewn ystafell gyda Mr Glass yn y tymer gwaethaf a welais arno erioed.

'Sara, cer ar ôl y Jenkin Jones yna a chlatsio ychydig o synnwyr i mewn i'w ben e,' bytheiriodd.

Doedd dim angen dweud wrtha i ddwywaith. Mi fyddwn wedi mynd heb orchymyn Mr Glass.

Daliais i fyny â Jenkin wrth iddo groesi'r bont.

'Gad lonydd i bethe,' meddai, a stwffio ei ddwylo yn ei bocedi.

'Dydw i ddim yn mynd i ofyn i ti ddod yn ôl,' meddwn. 'Mi geith Mr Glass wneud hynny ei hun.'

'Sdim ishe iddo fe drafferthu chwaith.'

'I le'r ei di?'

'Sdim ots 'da fi. Hyd yn oed os o's raid i fi fynd i Lerpwl neu Lunden.' Crensiodd ei ddannedd. 'Ac ysgrifennu rhywbeth o werth, nid rwtsh hen ffasiwn am bunt yr wythnos.' Trodd ataf. 'Allet ti ddod gyda fi, os hoffet ti.'

Meddyliais am Bopa a'r plant. Ac Ellis.

'Sa i'n credu alla i.'

Edrychodd arnaf i'n amheus, ac ailddechrau cerdded. 'Paid gwastraffu dy amser ar y *Llais*. Yn llawn pregethwyr ymneilltuol yn twyllo ei gilydd bod y byd fel yr hoffen nhw iddo fod.'

Aeth y ddau ohonom ymlaen, yn cydgerdded drwy'r strydoedd llychlyd, ar goll yn ein meddyliau ein hunain. Roeddwn yn arfer meddwl mai ffyrdd o gyfleu gwybodaeth oedd papurau newydd – drych wedi ei ddal i fyny i'r byd. Ond mewn gwirionedd roedden nhw'n debycach i laudanum fy nhad. Yn rhoi dos cyfarwydd o beth oedden nhw ei eisiau i bobol, dihangfa rhag y byd yn hytrach na gorfod wynebu sut oedd pethau go iawn.

'Maen nhw'n mynd i golli pobol, ti'n gwbod, os nad ydyn nhw'n ofalus,' meddai Jenkin mwyaf sydyn. 'Mae Mr Glass a'r gweddill yn poeni am eu crefydd yn colli tir, a maen nhw'n poeni am yr iaith yn colli tir. Ond yr hyn sy'n mynd i siomi pobol ydi eu ffordd nhw o feddwl. Rhyw ddydd fe fydd pobol yn sylweddoli bod rhagor i fywyd na slafio mewn ffatri haearn neu bwll glo i roi pres ym mhocedi eu meistri.'

'Ond maen nhw'n cynnig trefn. Dyna ddywedodd Mrs Glass wrthaf i,' meddwn.

Ebychodd Jenkin. 'Mae rhoi trefn ar bobol yn hawdd. Herio'r drefn sy'n anodd.'

Edrychais arno, heb wybod yn iawn ym mhwy i roi fy ffydd. Roedd Jenkin yn rhy ifanc ac yn llawn stêm, a Mr Glass a'i debyg yn rhy hen a phendant. Roedden nhw wedi bod ar y ddaear yn rhy hir ac wedi ei deall hi, tra bod Jenkin yn dal i ddod o hyd i'w ffordd.

'Wyt ti'n meddwl y dylwn i fynd i Batagonia, ar awyrlong Êb?' Daeth y cwestiwn yn ddisymwth. Rhaid iddo fod yn corddi yn fy meddwl ers tro.

Edrychodd arna i fel petawn i'n hurt. 'Pam?'

Codais fy ngwar. 'Dechre o'r dechre.'

'Ond fyddet ti ddim, na fyddet ti, mae yna bobol yno'n barod.' Rowliodd ei lygaid. 'Mae Êb yn colbio'r Ymerodraeth yn y *Llais* ond mae e am greu ei ymerodraeth fach ei hun tu hwnt i'r môr.'

Daethon ni at y cyffordd yn arwain at Tudor Street.

'Wel, wi'n gobeithio dy weld di eto, Jenkin,' meddwn.

Ataliodd ei gam, ac edrych arnaf, ac yna edrych i lawr. Roedd braidd yn chwithig yn fwyaf sydyn, yn chwilio am eiriau.

'Rwyt ti'n gallu ysgrifennu'n huawdl,' meddwn.

'Dim ond i mi gael hanner awr i feddwl,' meddai â gwên gam.

'Wel, beth am i ti ddweud dim byd nawr, ac ysgrifennu llythyr ata i, i ddweud hwyl fawr?'

Gwenodd Jenkin yn ddiolchgar, troi ei gefn ac ymlwybro i lawr y ffordd tuag at sgwâr y dref. Gwyddwn na ddeuai llythyr. Roedd dweud hwyl fawr yn rhy anodd.

⚙

Curais ar ddrws ffrynt Ellis ond doedd dim ateb. Doedd gen i ddim llawer o amynedd bod yn negesydd i Mr Glass ond roeddwn i'n poeni amdano. Ystyriais a ddylwn i fynd at rai o bontydd uchel y dref er mwyn sicrhau nad oedd yn bwriadu neidio i'r afon. Er y byddai'n fwy tebygol o dorri coes yn gwneud hynny na boddi, tybiais. Roeddwn ar fin e throi hi pan welais gysgod yn symud y tu ôl i'r ffenestr yn y fyfyrgell yn nhalcen y tŷ. Cydiais mewn llond llaw o gerrig mân oddi ar y stryd a'u taflu i fyny. Roedd yr ergyd yn fwy swnllyd na'r disgwyl a chiliais i ochr arall y stryd mewn braw.

Agorodd y ffenestr a daeth pen Ellis drwyddi. 'Be yw'r ffrwmwndws hyn?'

'Wilo amdanat ti.'

Edrychodd i lawr ei sbectol arnaf. 'Pam?'

'I weld dy fod ti'n olréit, yn amlwg.'

'Wel. Odw.'

Caeodd y ffenestr drachefn. Gallwn weld bod siarad yn boenus iddo.

Cydiais mewn rhagor o gerrig mân ac roeddwn ar fin eu taflu pan ymddangosodd ei ben eto.

'Mae ffenestri yn bethe costus, Sara.'

'Wel agor y drws, te, cyn i mi daflu carreg drwy hwnnw.'

Gwyddwn fy mod wedi ennill y tro hwn. Roedd parchusrwydd yn bwysig iawn i Ellis, ac fe fyddai cael merch y tu fewn i'r tŷ yn fwy derbyniol nag un yn taflu cerrig yng ngolwg pawb.

Ar ôl hanner munud o oedi fe agorodd cil y drws. Camodd Ellis o'r neilltu i fy ngadael i fewn a chau'r drws yn frysiog. Gwelais ei fod yn dal yn ei ddillad gwely.

'Mae'n ddrwg gen i, sa i weti bod yn yr hwyliau gorau heddiw,' meddai, ac edrych i lawr. 'Wi'n ei chael hi'n eithaf anodd cadw i fynd, a gweud y gwir. Wyt ti ishe dishgled?'

'Na, dim diolch.'

'Y peth cyntaf ddysgodd Mr Glass i mi oedd y dylwn i dderbyn dishgled gan bawb, a'i hyfed yn araf. Mae pobol Cymru yn rhy boléit i gael gwared ohonat ti nes dy fod ti weti ei gorffen hi.' Gwenodd yn wan.

'Dyna ddigon am Mr Glass. Ond olréit, 'te, mi gymera i ddishgled.'

Es i eistedd yn y parlwr, ymysg y pentyrrau llyfrau, a syllu drwy'r ffenestr. Roedd tarth yn araf suddo i lawr o doeau'r tai gan bylu goleuni'r lamp nwy y tu allan. Ymddangosodd Ellis a gosod llestri tsieina ar y bwrdd.

'Dwi'n gwbod nad wyt ti ishe siarad am Mr Salesbury,' meddwn. 'Guto,' cywirais fy hun.

'Nagydw,' meddai. Sylwais fod ei law yn ysgwyd wrth iddo osod y soser o 'mlaen.

Chwiliais am rywbeth i'w ddweud. 'Ond dyletswydd gwraig yw cynnig cynhaliaeth i'w gŵr ym mhob peth. Hyd yn oed os mai'r cyfan alla i ei wneud yw rhannu tawelwch.'

Edrychodd i lawr ar y llestri te. 'Ti sy'n siarad, 'ta *Brenhines yr Aelwyd*?' Rwy'n credu ei fod yn ceisio bod yn ffraeth, ond roedd ei lais mor wastad, swniai fel gwawd.

'Oes rhywbeth o'i le, Ellis? Hynny ydi, ar wahân i Guto?'

'Nacoes. Sdim byd ond Guto.' Rhwbiodd ei arddwrn â chledr ei law. 'Mae ei gorff lan grisiau ar y gwely. Fe arhosais i 'da fe neithiwr.'

'Roeddech chi'n ffrindiau agos.'

Gwenodd yn wan. 'Rydw i weti byw gydag ef gyhyd fel fy mod i'n teimlo fel gwraig weddw. Pe gallwn i daflu fy hun i'r bedd ar ei ôl, fe fyddwn i'n gwneud.' Ni symudodd o'r bwrdd. 'Guto bêch. Roedd yn gryf fel dyn, ond roedd ganddo galon ac enaid mor feddal ag unrhyw ferch ydw i weti ei nabod.'

Codais a gosod llaw gysurol ar ei fraich. 'Rwyt ti mor annwyl.'

Ond ciliodd Ellis yn ôl. 'Dydw i ddim am dy gamarwain di, Sara.'

'Pa fath o gamarwain?'

Agorodd ei geg i siarad sawl gwaith cyn ei chau drachefn.

'Dydan ni byth yn mynd i fod yn gwbwl onest gyda'n gilydd, chwaith, nag ydyn?' meddai o'r diwedd. 'Ydi hynny'n olréit?' Edrychodd i'm llygaid, â golwg ymbilgar ar ei wyneb.

'Am beth wyt ti'n boddrach?' gofynnais, gan ddechrau aflonyddu.

'Oes rhaid i ŵr a gwraig fod yn gwbwl onest â'i gilydd? Neu odi e'n haws cuddio rhai pethe, a bod yn hapus.'

'Ond dwyt ti ddim yn hapus!'

'Wyt ti?'

Tynnais y soser yn agosach ataf ar draws y bwrdd.

'Wyt ti ishe bod yn onest?' gofynnodd.

Teimlais fy stumog yn troi. 'Am beth?'

Ysgydwodd ei ben. 'Wel, yn union. Sdim angen, nac oes?'

'Na, dwi ishe gwbod, Ellis,' meddwn i a'm llais yn crynu. 'Mae… mae cadw dy gyfrinachau dy hun yn un peth, ond sgen ti'm hawl i fy rhai i.'

'Wyt ti'n cofio i mi fynd mês i bregethu ychydig wythnosau'n ôl?'

Nodiais fy mhen.

'Wel.' Oedodd. 'Aeth fy siwrne â mi yn bur agos at Melin Frewys…' Cododd ei olygon a syllu arnaf.

Teimlais yn sydyn fel pe bawn i'n sefyll ar lan y môr mewn storm a'r tonnau mawr yn sugno fy nhraed.

'Penderfynais y byddai'n gyfle i weld dy dad,' meddai wedyn.

Fy nhro i oedd e i agor a chau fy ngheg ond heb i eiriau ddod ohoni.

'Oedd rhywbeth o'i le?' gofynnais.

Edrychodd arnaf yn syn. 'Wel, mae'n ddrwg gen i ddweud bod dy dad weti marw.'

Wyddwn i ddim sut i ymateb.

'Ond dydw i ddim yn credu bod hynny'n llawer o sioc i ti,' parhaodd. Tynnodd rywbeth o boced ei wasgod. Gwelais mai fy llythyr i Ellis, yn enw fy nhad, ydoedd.

Roedd fy llaw yn crynu. Gosodais ef ar y bwrdd, a dechreuodd hwnnw grynu.

'Es i mewn i'r tŷ. Roedd popeth yn dal yn ei le, ond yn amlwg wedi ei adael fel yna ers peth amser. Roedd yna gwch gwenyn yng nghornel y gegin. Y lle yn llawn o bapurau dy dad. Sylwais nad oedd y llawysgrifen yr un peth.' Edrychodd i lawr ar y llythyr.

Roedd gen i ddau ddewis, tybiwn. Y cyntaf oedd gwadu. Creu rhyw ffugchwedl. Ac mae'n siŵr y byddai Ellis yn dewis fy nghredu, gydag amser, am ei fod *eisiau* fy nghredu. Oherwydd bod hynny'n haws. Fel yr oedd rhywun yn dewis credu beth oedd yn ei ddarllen yn y papur.

Ond credu arwynebol fyddai hynny. Ni fyddai'n dweud wrth yr heddlu, ni fyddwn yn mynd i'r carchar. Digon posib y byddai'n bwrw ymlaen â'r briodas, am ei fod yn rhy gyfleus peidio. Ond byddai'r celwydd yn dal yno, yn cnoi ar yr ymylon.

'Laddais i e,' meddwn.

Sylweddolais bryd hynny mai dyna oeddwn i wedi bod eisiau ei ddweud o'r dechrau. Roedd trymder y celwydd wedi gwasgu i lawr arnaf fel iau ers y diwrnod hwnnw ym Melin Frewys. Dyna pam fy mod i eisiau aros yn y dref. Roeddwn i *eisiau* i rywun ddod o hyd i'r gwir, *eisiau* cael fy nghosbi.

'Pam?'

'Oherwydd mai ef oedd y diafol,' meddwn. 'Bwrw cythraul wnes i. Ac...' Roeddwn i'n benderfynol o gael y cwbwl allan cyn dechrau crio. Fyddwn i ddim yn gallu siarad wedyn, ddim yn gallu esbonio'r peth. 'Fe werthodd e Mam... mewn ffair... Roedd e'n rhegi enw Duw o'r pulpud... Yn fy nghuro â dwrn a gair. Ac... roedd e weti... gwneud pethe...' Edrychais i lawr.

Gwingodd Ellis, fel petai rhywbeth yn ei gnoi.

'Amddiffyn eich hun oeddech chi –'

'Na.' Daeth y dagrau o'r diwedd. 'Roedd yn eistedd o flaen y tên. Bwrais e dros ei ben gyda'r polyn oedd yn dal celfi'r pentan. Ellis, roeddwn i ishe ei ladd e. Weti cynllunio'r peth ers sbel. Weti cynllunio i ddianc.'

Pwysodd Ellis am yn ôl a chwythu'r aer o'i fochau.

'Wyt ti weti gofyn am faddeuant Duw?'

'Do.'

'Ac… wyt ti'n teimlo dy fod ti weti ei gael?'

'Na.'

'Pam?'

'Achos wi'n falch fy mod i weti lladd y diawl! Ac fe fyddwn i'n gwneud yr un peth eto! Dyna'r gwir. Rwy'n ofni am fy enaid. Ond dyw Duw ddim yn maddau am nad w i'n difaru! A rwy'n ofni na fydda i byth yn difaru.'

Edrychais ar Ellis, gan ddisgwyl ei weld yn gwbwl ddigalon. Disgwyliwn iddo ddigio, fy nhaflu allan o'r tŷ fel esgymun. Ond yn hytrach, cydiodd ei ddwylaw yn fy rhai i, ei lygaid yn disgleirio.

'Rwyt ti a minnau yn debycach nag wyt ti'n feddwl, Sara,' meddai.

'Wyt ti weti lladd?'

'Na, ond weti caru.'

'All caru ddim fod yn bechod.'

'Gall! Roeddwn i'n caru Guto. Fel y mae gŵr yn caru gwraig. Ac roeddwn i'n gwbod yn fy nghalon ei fod yn bechod, ac yn wyrdroëdig yng ngolwg Duw, a nawr mae weti bwrw ei farn arnom.'

'Felly rwyt ti'n edifarhau – mae Duw yn maddau iti.'

'Pe bai mor hawdd â hynny. Rwy'n dal i garu Guto, gyda'm holl galon.' Oedodd. 'Sut all caru prydferthwch, caru cyfeillgarwch a charu cariad fod yn bethau drwg? Rwy'n ei chael hi'n anodd credu nad oedd bendith Duw ar y cariad hwnnw, mai dim byd ond meddwdod ar bleser oedd e.'

Pwysais ymlaen a'i gusanu ar ei wefus, yn hir ac yn nwydus.

Wyddwn i ddim yn iawn beth oedd fy niben bryd hynny, ond edrychodd i'm llygad a roedd yna gysylltiad, rhyw ddealltwriaeth. Oeddwn i'n cynnig fy hun fel aberth iddo? Yn gobeithio y byddai fy nghorff yn ei ryddhau o'i ddymuniadau rhyfedd?

'Am beth oedd hynny?' gofynnodd wedi i mi adael iddo siarad drachefn.

Teimlais ddeigryn bychan, crwn yn llithro o'm llygad ac i lawr fy moch.

'Am wneud i mi sylweddoli nad oeddwn i ar fy mhen fy hun,' meddwn i, a gwenu.

Rhwbiodd Ellis ei wefusau at ei gilydd fel pe bai'n blasu bwyd newydd ac yn ceisio penderfynu a oedd yn ei hoffi. Yna estynnodd law ac, er syndod imi, mwythodd fy mron drwy'r dillad. Cusanodd fy moch ac yna fy ngên ac yna fy ngwddf. Roedd ei flewiach yn crafu fy nghroen ond roedd yn deimlad braf.

Caeais fy llygaid a cheisio gwagio fy meddwl. Doeddwn i ddim am adael i fy euogrwydd lygru hyn fel yr oedd wedi llygru popeth arall yn fy mywyd. Doedd dim byd dan y nefoedd o bwys i mi mwyach y tu hwnt i beidio â gwneud llanast o hyn fel oeddwn i wedi gwneud annibendod o bopeth arall.

Cydiodd Ellis yndda i a'm llywio i lawr tuag at y rŷg dan draed. Roedd yn gryfach nag oeddwn i wedi tybio, ei gorff tenau yn gwlwm o gyhyrau gewynnol. Doedd gen i ddim syniad beth i'w wneud ond roedd yr un olwg o ganolbwyntio ar ei wyneb â phan oedd yn gweithio yn ddiwyd ar yr erthygl olygyddol yng Ngwasg Glass a ddim am gael ei styrbio wrth ei waith.

Yn sydyn, oedodd: 'A fyddet ti'n meindio llacio ychydig ar dy bais?' gofynnodd.

'O!' Codais ar fy eistedd a datglymu fy hun. Safodd yn ôl i werthfawrogi fy nghorff. Roedd hynny'n braf. Yna aeth i lawr ar ei liniau o'm blaen. Roeddwn ychydig yn anghyfforddus ar y rŷg, ond doeddwn i ddim eisiau symud rhag ofn i mi wneud rhywbeth yn anghywir. Syrthiodd deigryn o chwys oddi ar ei dalcen a glanio ar fy stumog ac fe aeth ias drwyddaf.

O! Fe frifodd pan aeth i mewn. Gwelais wyneb Dr Schnitt o'm blaen am eiliad ond gwthiais y darlun o'm meddwl. Ond roedd Ellis fel petai'n synhwyro fy mhryder a symudodd yn araf i ddechrau a, na, doedd hyn ddim cynddrwg â hynny. Roedd yn deimlad braf. Nid fel ymbalfalu Mr Williams. Nid fel y bachgen a roddodd ei law i fyny fy sgert pan oeddwn yn gwylio'r brain yn y cae uchaf pan oeddwn i'n un ar ddeg. Roeddwn i *eisiau* hyn.

Agorais fy llygaid. Roedd Ellis yn gwthio'n gyflymach, ei lygaid ar gau ac ystum ryfedd ar ei wyneb. Dechreuais boeni bod rywbeth o'i le â mi, ond yna cefais fraw wrth iddo ebychu'n uchel a suddo'n llipa drostaf i'm cofleidio.

Cusanodd fy ngwyneb drachefn. 'Wyt ti'n olréit?'

'Ychydig yn… ond… olréit.'

Cododd ar ei draed a chamu'n noeth yn ôl at ei bentwr o ddillad. Codais ar fy eistedd.

'Oedd pethe yn olréit i ti?' gofynnais yn obeithiol. Ni atebodd.

Rhoddodd ei drowsus amdano ac eistedd i lawr ar gadair, yn wynebu'r ffenestr.

'Beth sy'n bod?' Codais a brysio draw, a rhoi braich gysurlon ar draws ei frest. Cusanais gorun ei ben.

Gwelais ei fod yn wylo'n araf bach, y dagrau'n gymysg â'r chwys ar ei wyneb.

'Mi driais i,' meddai. 'Mi driais i 'ngorau.'

'Roeddet ti'n hollol iawn.' Cusanais ei ysgwydd. 'Roedd popeth yn iawn, yn doedd?'

'Roeddwn i'n meddwl am Guto. Dyna'r unig ffordd oeddwn i'n gallu…'

Gollyngais fy ngafael ohono, wedi fy mrifo i'r byw. Ni symudodd. Codais fy staes a fy ffrog a fy nillad isaf o'r llawr a'u gwisgo yn lletchwith. Ni throdd ei ben i edrych arnaf. Wedi gorffen safais yno am ychydig eiliadau yn edrych ar ei gefn crwm, noeth, ei asgwrn cefn fel craith. Rhag ofn iddo ddweud rhywbeth. Ond doedd dim rhagor i'w ddweud.

Agorais ddrws y tŷ. Cerddais allan i'r stryd, gan deimlo fy mod wedi gwneud pethau'n waeth. Fe fyddwn i ar fy mhen fy hun am byth, meddyliais, mor unig â'r postyn lamp nwy y tu allan i'r tŷ. Gwasgais gorcyn ar fy nheimladau eto, sythu fy sgert a'i throi hi am adref.

Erbyn y dydd Mawrth, diwrnod rhoi'r *Llais* i'w wely, yr oedd Ellis yn ôl yn y swyddfa. Edrychai'n welw ond ni soniodd pam y bu yno, nac am farwolaeth Guto. Ni fentrodd neb arall ddweud dim amdano chwaith, ac ni dorrais air ag ef.

Aeth Êb i lawr i gasglu'r papurau Seisnig o'r orsaf, yn absenoldeb

Jenkin, a dychwelyd â'i ben yn y *Times*. 'Death of Liberal candidate,' darllenodd. 'Great agitation and alarm at home of great industrialist... horrible scenes, blood... giant squid... mae yna ddyfyniad gan yr heddlu fan hyn... a man has been taken into custody!'

'Beth?' gofynnodd Ellis. 'Pam bod yr heddlu yn gweud pethe wrthyn nhw nad ydyn nhw'n eu gweud wrthom ni?'

'Achos bod rhai pobol yn meddwl mai Llunden yw'r haul y mae gweddill y bydysawd yn troelli o'i amgylch, ac yn bwysicach na phapur cenedlaethol y Cymry,' atebodd Êb, gan daflu'r *Times* i ganol y pentwr o bapurau eraill.

'Neu eu bod nhw'n gwneud yr holl beth lan er mwyn gwerthu ychwaneg o bapurau!' awgrymais i.

'Wel, mae'r cyfan 'ma,' meddai Ellis. 'Bydd angen i ni ffindio rhywbeth newydd i'w adrodd ar dudalen flaen y *Llais* nawr, neu dim ond aildwymo cawl y *Times* fyddwn ni.'

Penderfynwyd rhoi'r dudalen flaen a'r ail dudalen yn y *Llais* drosodd i drafod brwydr Mr Glass yn erbyn y Degwm, gan olygu nad oedd llawer o ofod mewn gwirionedd i'r newyddion o Loegr na gwledydd eraill. Diflannodd y dynion mewn cwmwl o fwg tybaco wrth iddynt geisio perffeithio union eiriad yr erthyglau golygyddol hyn, a gadawyd i mi ddewis erthyglau fy hun o'r ail drol o bapurau rhyngwladol a ddaethai Êb o'r orsaf.

Roeddwn i wedi gorffen y dasg erbyn i'r awrlais daro deg o'r gloch ond arhosais am oriau wedyn yn cocsio gweithio er mwyn clustfeinio ar sgwrsio'r dynion. Cyrhaeddodd Mr Glass ryw ben a mynnu ailwampio'r cwbwl. A chyn hanner nos, daeth hyd yn oed Mrs Glass i'r swyddfa i roi siâp ar bethau, ac roedd hi'n bur anhapus o gael gwybod bod Mr Glass ei hun am wrthod talu'r Degwm.

'Sdim angen i chi wneud peth mor hurt, Joseph,' meddai gan blethu ei breichiau. 'Rhesymeg y peth sy'n bwysig. Does dim ond angen rhestru pam bod y Degwm yn annheg, a bydd y bobol yn gweld hynny'n blaen.'

Ysgydwodd Mr Glass ei ben. 'Nid creadur pwyllog yw dyn, sy'n tafoli'r dystiolaeth ac ochri â'r dadleuon mwyaf rhesymegol.' Mwythodd ei gernflew. 'Mae'n greadur emosiynol, ac mae angen i ni danio'r emosiynau rheini. Dicter gyda'r Estrones, a chydymdeimlad â ni.' Rhoddodd ei law ar ei frest. 'Dyna pam bod yr aberth bersonol yn bwysig. Rhaid iddyn nhw weld *unigolyn* yn dioddef. Unigolyn uchel ei barch na allen nhw feio ei ffawd ar bechod, neu segurdod. Dyna sut mae amlygu anghyfiawnder y drefn fel ag y mae.'

'Nid unigolyn fydd yn dioddef ond bob un ohonom ni os ydyn nhw'n cymryd popeth sydd gen ti i dalu'r ddyled,' meddai Mrs Glass, a'i hwyneb yn cochi. 'A dydw i ddim yn cael fy argyhoeddi gan ddadleuon emosiynol o gwbwl. Ddylen ni ddim bwydo tueddiadau isaf pobol, a'u trin nhw fel anifeiliaid.'

'Nid pawb sy'n rhedeg fel wats boced fel ti,' meddai Mr Glass. 'Emosiynau sy'n gwneud i bobol weithredu!' Dyrnodd yr awyr o'i flaen. 'Cythrudd gydag anghyfiawnder! Angerdd am gydraddoldeb! Heb emosiynau fydden ni ddim mwy abl i ddyrchafu ein cyflwr ein hunain na'r olwyn neu'r piston!'

Rhythodd Mrs Glass arno gan ddangos nad oedd hi'n gwerthfawrogi ei sylw amdani. 'A beth am dy enw da yn y dref, Joseph?' gofynnodd, gan blethu ei breichiau a chodi ei gên. 'Bydd yr Eglwys yn dy bortreadu fel terfysgwr, bydd y *Times* yn dy lambastio.'

'Rhywbeth i'w feithrin er mwyn cyflawni pethau yw enw da,' meddai Mr Glass. 'Ond yn rhesymegol felly mae'n rhywbeth i'w aberthu pan mae'n sefyll yn ffordd cyflawni pethau.'

'Wel, unwaith wyt ti'n ei daflu i ffwrdd, chei di mohono yn ôl,' meddai Mrs Glass. 'Ac mae gen i ots beth mae pobol yn ei feddwl ohonot ti, hyd yn oed os nad oes gen ti. Y cwestiwn felly yw a oes gen ti feddwl ohona i.'

'Beth am i ni edrych eto ar eiriad yr erthygl,' meddai Ellis, gan dorri ar draws dadl gŵr a gwraig cyn iddi fynd yn rhy anghyfforddus i'r gweddill ohonom. Addasodd ei sbectol a darllen: '"Ni, yr Ymneilltuwyr, yw'r Cymry". Nawr, ydi hynny'n wir? Mae nifer o Gymry yn Eglwyswyr hefyd.'

'Does dim ots a yw'n wirionedd plaen,' meddai Mr Glass. 'Nid y gwirioneddau mwyaf sy'n ennill y dydd ond pwy all bastynu eu gwirionedd i bennau'r bobol, drwy ei ailadrodd drosodd a thro nes ei fod mor gyfarwydd i bobol â'u credoau eu hunain.'

'Ond beth yw diben digio Cymry sydd ddim yn Ymneilltuwyr?' gofynnodd Ellis.

'Am mai creaduriaid llwythol yw pobol,' erfyniodd Mr Glass.

'A rhaid i ni eu hargyhoeddi eu bod yn perthyn i'n llwyth ni, sy'n arddel ein gwerthoedd ni. Ac nad ydynt yn perthyn i'r llwyth arall, sy'n arddel gwerthoedd yr ydym ni'n eu gwrthwynebu.' Pwniodd y ddesg â'i ddwrn. 'Rhaid eu hargyhoeddi yn gyntaf eu bod yn Gymry, ac mai'r hyn yw Cymry yw Rhyddfrydwyr Ymneilltuol.' Amneidiodd gyda'i fys. 'A drwy hynny eu hargyhoeddi mai *nid Cymry* yw'r gelyn. Mai dylanwad estron ydynt – yr Eglwys Sefydledig, y Ceidwadwyr, y tirfeddianwyr, a'u Degwm. Dylanwad Lloegr. Y ni, a nhw.'

Ildiodd Ellis i bastynu Mr Glass. Am hanner awr wedi un o'r gloch y bore gorffennwyd yr araith ac fe dynnodd Mr a Mrs Glass eu cotiau amdanynt a gadael am adref, gyda chryn oerfel rhyngddynt. Roedd Êb wedi syrthio i gysgu yn ei sedd, ond arhosodd Ellis er mwyn goruchwilio cysodi'r tudalennau.

Roeddwn i'n benderfynol o dorri sgwrs ag ef er mwyn pontio rywfaint ar y tawelwch rhyngom, felly chwiliais am bwnc i'w godi.

'Peth rhyfedd fod Mr Glass mor wladgarol,' meddwn. 'Ac yntau'n Sais!'

'Dyn busnes yw Mr Glass yn bennaf oll.' Cododd y golygydd ei ben ac edrych arna i dros ei sbectol. 'Ac mae'n sylweddoli, os yw am werthu papur newydd cenedlaethol, fod angen creu'r genedl yn gyntaf.'

Ysgydwais fy mhen. 'Ry'ch chi weti fy ngholli i'r tro hyn, Mr Morgan. Nid pawb sydd weti ca'l addysg gystal â chi.'

'Dydw i ddim wedi cael addysg o fath yn y byd,' meddai braidd yn ddiamynedd. Yna ailystyriodd, a phwysodd yn ôl yn ei gadair, ymestyn ei freichiau a dylyfu gên. 'Mae angen i bapur newydd wneud arian,' meddai, unwaith iddo lyncu aer.

Nodiais fy mhen. 'Rwy'n deall cymaint â hynny.'

'Gall y papur Saesneg oroesi mewn un dref yn unig, gan bod digon o ddosbarth canol cefnog i'w ca'l ym mhob tref, yn arglwyddi, yn bostfeistri, yn ddiwydianwyr a'n bersoniaid. Ond tlodion – tlodion – yw'r Cymry Cymraeg gan fwyaf, yn ffermwyr, yn weision, yn warelwyr a glowyr.'

'A'n newyddiadurwyr.'

Bu'n rhaid iddo chwerthin. 'Ie. Ond y pwynt wi'n ei wneud yw, oherwydd mai tlodion yw'r Cymry Cymraeg gan fwyaf, nid yw'n talu i bapur Cymraeg geisio ei sefydlu ei hun mewn tref fan hyn, neu bentref fan draw – rhaid i bapur Cymraeg daflu ei rwyd ar draws y wlad er mwyn dod o hyd i ddigon o wŷr a chanddynt yr hamdden a'r arian er mwyn gallu prynu'r papur. Faint yn eich pentref chi oedd yn derbyn *Llais y Bobl*?'

'Nid rhyw lawer,' meddwn, heb ddweud y gwirionedd sef mai yr unig gopi a welais erioed oedd yr un ar ein haelwyd ni.

'Yn gwmws,' meddai'r golygydd. Crafodd ymyl ei drwyn. 'Ond mae'r angen i daflu'r rhwyd yn ehangach yn creu problem newydd, sef sut mae llunio papur sy'n berthnasol i bob darllenydd mewn ardal mor fawr? Efallai nad yw pawb mewn tref yn nabod ei gilydd ond mae yna bethau sy'n digwydd mewn tref sy'n berthnasol i bob un ohonyn nhw. Ond mewn darn mawr o dir – maint Cymru – dyw hynny ddim yn wir. Mae'n annhebygol iawn bod unrhyw un hyd yn oed wedi ymweld â hanner y llefydd y sonnir amdanynt yn y *Llais*.'

Meddyliais am yr holl enwau trefi a phentrefi anghyfarwydd a welwn yn y *Llais*. A'r enwau pregethwyr. Samuel Roberts *Llanperthog*. William Williams *Cefncrwm*.

'A'r gwirionedd plaen, Sara,' meddai Ellis, 'yw nad yw rhelyw trigolion dalgylch ein papur yn ymwybodol o unrhyw genedl o gwbwl – nid ydynt ariôd weti crwydro y tu hwnt i'r cwm lle y ganwyd nhw, neu'r dref farchnad agosaf. Nid ydynt eto weti ymuno â'r oes fodern.'

'Fel yna oeddwn i fis neu ddau yn ôl.'

'Nid ydynt eto yn ymdeimlo ag unrhyw hunaniaeth tu hwnt i'r cwlwm teuluol rhyngddynt a'r rheini y maent yn gweld eu hwynebau â'u llygaid eu hunain, heb sôn am Gymreictod.' Cododd Ellis ei ddwylo'n ystum o'i flaen. 'Ond os nad ydynt yn ymdeimlo â'u Cymreictod, pa ots sydd ganddynt am eu cyd-Gymry? Ac os nad oes ots ganddynt am eu cyd-Gymry, pam darllen ein papur newydd ni er mwyn darganfod beth y mae eu cyd-Gymry yn ei wneud? Wyt ti'n deall?'

'Deall beth?'

'Pam bod Mr Glass yn gymaint o wladgarwr?'

'Na.'

Pwysodd ymlaen dros y ddesg. 'Oherwydd mai synnwyr busnes yw'r peth, Miss Maddocks!'

'Sara. Paid â mynd yn ôl i Miss Maddocks.'

'Sara. Rhaid i'n papur feithrin y teimlad ymysg ein darllenwyr eu bod oll yn perthyn i'w gilydd, ac y dylai trallod y naill fod yn drallod i'r llall, a buddugoliaeth y naill fod yn fuddugoliaeth i'r llall. Rhaid creu y Cymry er mwyn gallu gwerthu papur am Gymru iddyn nhw. Dyna oedd Mr Glass yn ceisio ei ddweud gynne.'

Nid oeddwn lawer callach ar ôl y llith hon, ond teimlwn fy mod i wedi deall prif ergyd y peth. 'Ond os yw ein papur ni yn gwneud pobol yn Gymry – pa effaith mae'r *Times* yn ei gael?'

'Eu gwneud yn Saeson,' meddai'r golygydd. Ac fe aeth yn ôl at gysodi'r papur.

Cefais freuddwyd y noson honno fod y dref yn agerfarch ar olwynion, yn sgrialu ar draws cefn gwlad, gan fathru popeth oddi tano, yn gaeau a chloddiau ac ietiau ac anifeiliaid a nentydd. Roedd blaen yr agerfarch ar ffurf pen draig a mwg a gwreichion yn saethu o'i ffroenau. Y cyfan yn gadael baw, sorod a thir mwdlyd wedi ei gorddi ar ei ôl, yr awyr yn llawn mygdarth o'r miloedd o simneiau, ac un simnai anferth ar ffurf het ddu silc uchel pregethwr.

Cefais fy hun yn ystafell y boeler yn y freuddwyd hon, ac roedd Ellis, Êb a Mr Glass yno'n bwydo'r injan. A finnau'n gofyn beth oedden nhw'n ei wneud yn damshgel ar bopeth o'u blaenau.

'Cymru yw'r agerfarch hwn ac rydym ni'n ei llywio hi ar y llwybr tuag at gynnydd a gwelliant!' ebe Mr Glass.

Ond yna gwasgodd Êb ei ben drwy ffenestr yr agerfarch a gweld rhywbeth oedd yn codi ofn arno.

'Mae Prydain Fawr ar ein cwt! Mae'n mynd i'n llyncu ni!'

A dyma fi'n dianc o ystafell y boeler a dringo i dop yr agerfarch a gweld mynydd anferth ar olwynion yn agosáu, a hwnnw ar ffurf llew anferth, a cherflun anferth o Britannia, fel oedd yn neuadd y dref, yn ei farchogaeth gyda thryfer yn un llaw a tharian yn y llall.

'Mae'n rhy hwyr!' galwodd Ellis.

Ac yna fe agorodd y llew ei enau anferthol a'n llyncu ni'n gyfan.

Cefais fy neffro gan guro mawr ar ddrws y tŷ. Codais o fy ngwely a theimlo'r llawr yn oer dan fy nhraed. Teflais siôl am fy ysgwyddau ac ymbalfalu am gannwyll, ei chynnau, a cherddded allan am ddrws y ffrynt. Roedd Bopa'n cysgu yn ei chadair freichiau o flaen y lle tân.

Agorais y drws a gweld wyneb cyfarwydd – y dyn oedd yn mynd o amgylch Tudor Street, a'r strydoedd cyfagos, yn deffro gweithwyr y ffatri.

'Dydyn ni ddim wedi gofyn i gael ein deffro,' meddwn braidd yn flin.

'Wilo am Bopa ydw i,' meddai, a'i lais yn sboncio â phryder. Edrychodd dros fy ysgwydd i mewn i'r tŷ. 'Mae'r plant yn sâl. Alla i ddim eu deffro nhw.'

Roeddwn yn dechrau digio at y ffordd yr oedd y stryd gyfan yn trin Bopa fel rhyw fath o wasanaeth cyhoeddus, ac roeddwn ar fin dweud wrtho y byddai hi'n galw yn y bore. Ond yna clywais lais y tu ôl i fi:

'Fe ddo i mês nawr i gael golwg arnyn nhw.' Tynnodd Bopa ei siaced amdani wrth ddod at y drws.

'Ydych chi'n ddigon da eich hunan, Bopa?' gofynnais.

'Odw, odw. Dos di'n ôl i dy wely.'

'Na, fe ddo i hefyd,' meddwn.

Dilynais y tad a Bopa i lawr y stryd ac i mewn i'w gartref ar yr heol gyferbyn, chwe drws i lawr. Roedd ei dŷ yn union yr un cynllun ag un Bopa, ond yn aflan. Dyma beth oedd y menywod oedd allan yn golchi'r stepen drws bob bore ym mhob tywydd yn gwarchod rhagddo. Roedd y dref wedi ymdreiddio i'r cartref hwn. Y llawr yn faw a gwellt i gyd, a phedwar o gyrff bychain yn gorwedd ar bentyrrau o glytiau. Roedd bwrdd pren a stôl hir wedi eu gorchuddio â bowlenni a phlatiau brwnt. Safai seld bren ar un wal, yn amlwg wedi ei hachub o rywle a'i thrwsio sawl gwaith. Roedd yn orlawn o lestri tsieina, tuniau, potiau jam a phicl cymysg, peli o gortyn, nytiau, bolltau a chocos, ac yn hongian o'r hoelion roedd cardiau post a lluniau'r plant. Ar y brig roedd pethau i'w cadw rhag y plant: dryll, powdwr du a phecyn o fisgedi. Nid oedd yr un celficyn arall ond hongiai sawl cortyn o un wal i'r llall, i ddal dillad carpiog a nwyddau eraill.

'Dewch drwodd i'r ystafell gefn,' meddai'r tad.

Yno, mewn gwely digon tebyg i'n un i, yr oedd dau blentyn, un tua saith oed a'r llall tua thair, yn gorwedd yn wynebu ei gilydd. Bachgen a merch.

'Lle mae'r fam?' gofynnais yn gysglyd.

'Yn ei bedd ers blwyddyn,' atebodd y tad.

Roeddwn ar fin cydymdeimlo, ond pan drodd un o'r plant i'm hwynebu, gydag ochenaid, fe fferrodd fy nghalon.

'Begw!' meddwn. Roedd arlliw melyn i'w chroen a'i gwefusau mor sych nes eu bod wedi hollti. 'Beth sydd weti dicwdd?'

'Dydyn nhw ddim yn olréit ers iddyn nhw fod yn nofio,' meddai'r tad. 'Ar ôl hynny fe ddechreuon nhw wydu a... a chachu, dros bob man. Dydyn nhw ddim yn gallu cadw dŵr i lawr ers hynny.' Ysgydwodd ei ben.

Gosodais law ar ben Begw, a'i thynnu yn ôl fel petawn wedi cyffwrdd â stof ferwedig. 'Mae'n llosgi!' Codais fy nwylo i 'ngheg. 'Fy mai i yw hyn. Fi a'th â nhw i'r tŷ bàth. Yn meddwl y bydden nhw'n mwynhau.'

'Paid â phlagio dy hunan, Sara,' meddai Bopa'n ddi-lol. 'Mae plant yn dal afiechydon ar hyd a lled y lle 'ma.'

Fe es am y drws. 'Af i i nôl doctor,' meddwn.

'Alla i ddim fforddio doctor, siŵr,' meddai'r tad braidd yn flin, fel pe bawn i wedi awgrymu galw angel o'r nefoedd i gyflawni gwyrth.

'Mi ddo i o hyd i rywun.'

Es i allan o'r tŷ, yn crynu mewn braw ac euogrwydd. Teimlwn fel bod yn sâl fy hun. Cerddais yn ddigyfeiriad tuag at ganol y dref, yn benderfynol o wneud rhywbeth ond heb allu penderfynu lle i droi, a hithau'n oriau mân y bore. Fyddai Mr Orme yn dda i ddim, ac yntau'n llawfeddyg. Doeddwn i ddim yn nabod yr un doctor arall yn y dref. Heblaw am un. Ond hwnnw oedd yr un dyn yn y byd i gyd yr oedd gen i fwyaf ei ofn. Y doctor hwnnw a'm clymodd i'r bwrdd yn y carchar, y doctor hwnnw yr oeddwn i'n gweld ei wyneb yn fy hunllefau.

Allwn i ddim mynd ato. Allwn i ddim. Ond yna meddyliais am wyneb bychan Begw, a edrychai mor agos at farwolaeth! Gwyddwn fod yn rhaid i mi ddatrys y peth neu ni fyddwn yn gallu maddau i mi fy hun. Begw fach. Byddai ei cholli hi'n bechod gwaeth na lladd fy nhad. Roedd hi mor barod i wenu yn ddiweddar, ac yn edrych mor sâl yn awr.

Rhaid oedd trio. Hyd yn oed petai'n fy ngharcharu drachefn, yn gwneud pethau erchyll i mi, roedd rhaid i mi drio. Allwn i ddim maddau i mi fy hun fel arall. Teimlwn mai dyna brawf Duw arnaf. Oeddwn i'n fodlon peryglu fy mywyd innau, er mwyn Begw, er mwyn gwneud yn iawn am bopeth arall?

Wrth edrych i lawr y dyffryn gwelwn fod Seren y Ci fodfeddi uwchben y gorwel tua'r de felly dyfalwn ei bod tua tri o'r gloch y bore. Roedd y strydoedd yn annaearol o dawel, er bod ffwrneisi ffatri Fairclough yn tanio'n dragwyddol. Crynai'r lleuad yn yr awyr wrth i'r gwres godi ohonynt, y sgrech ar ei wyneb yn ddrych i'm hofnau innau.

Cyrhaeddais giatiau'r carchar ond roeddynt ar glo. Ysgydwais hwynt a galw am rywun i'w hagor. Roedd hi'n hynod o oer a thynnais fy siôl yn dynn amdanaf a llithro i'r llawr.

'Who's 'ere?' galwodd llais.

Agorodd ffenest fechan yn y porthdy y tu ôl i'r giatiau, gan ddatgelu amlinell pen dyn. Roedd tân y tu ôl iddo a llifodd y goleuni rhuddgoch ymhell ar hyd y stryd, fel pelydrau haul yn machlud.

'Rydw i ishe gweld y doctor!' meddwn. 'Dr Schnitt!'

'Doctor y carchar yw e, so fe'n dod mês i drin cleifion.'

'Mae'n rhaid i mi gael siarad ag e, o leia.'

'Fe fydd yn gorffen ei shifft mewn awr.' Caeodd y ffenestr.

Felly eisteddais ac aros, a neidio ar fy nhraed bob hyn a hyn pan oedd y giât haearn yn rhuglo ar agor a rhywrai yn mynd drwyddi. Bob deg munud byddai cerbyd ager yn cyrraedd, ambell un â dihiryn wedi'i gaethiwo yn y cefn, ac fe fyddai'n rhaid i mi symud o'r ffordd iddo fynd heibio, ac i osgoi'r cudynnau o fwg du oedd yn codi o benôl y peiriant.

O'r diwedd, wedi'r hyn a deimlai fel oriau, agorodd y giât fach â gwich a gwelais y doctor yn rhuthro yn ei flaen, ei ben i lawr a ches lledr yn ei law. Roedd golwg wedi blino arno ond roedd yn symud ar frys, fel petai rhywrai wedi ei rybuddio fy mod i yma.

'Doctor!' gwaeddais a rhedeg ar ei ôl. Prysurodd ei gam. 'Doctor!'

Trodd i edrych arnaf yn frysiog, fy adnabod, a chamu am yn ôl. 'Guard!' gwaeddodd. 'Get this woman away from me.'

Brysiodd gard drwy'r giât nad oedd eto wedi ei chau, a cheisio gafael ynof, ond llwyddais i'w ochrgamu.

'I have something you need to look at. Please!'

Llwyddodd y gard i gael gafael ar fy mraich o'r diwedd.

'I think she's trying to do me harm,' meddai'r doctor.

'I'll get her inside,' meddai'r gard.

'No! Please! A little girl. She's sick! She needs a doctor.'

'Pam ydych chi wedi dod ataf?' gofynnodd y doctor, gan gadw draw.

'Dydw i ddim yn gwbod am neb arath! Plis! Merch fach.'

'Merch fach?' Edrychodd arnaf yn amheus iawn, cyn estyn llaw grynedig i'w boced a thynnu oriadur aur ar dsiaen ohoni. 'Pa mor bell?'

'Tudor Street.'

Ochneidiodd, a chau ei lygaid blinedig. 'Pell.'

'Rwy'n erfyn arnoch.'

Rhoddodd ei oriadur i gadw. 'Dydw i ddim yn ddyn drwg. Rwy'n gobeithio eich bod chi'n deall hynny.'

'Plis.'

'Iawn. Arweiniwch chi'r ffordd.'

Erbyn i ni gyrraedd Tudor Street roedd Bopa wedi mynd. Roedd dwy gadair bren wedi eu gwthio at ei gilydd yn yr ystafell fyw a Begw a'i brawd bach yn gorwedd ar eu traws â charthen felen drostynt. Safai eu tad y tu ôl iddynt, yng nghornel yr ystafell, yn syllu i lawr arnynt â golwg dyn oedd yn ceisio derbyn y gwaethaf.

Edrychodd y doctor o'i amgylch gan grychu ei drwyn. Gosododd ei fag lledr brown nesaf i'r bwrdd, tynnu cadair ac eistedd i lawr. Cododd ei law chwith a gosod ei fawd dan ei ên, ac edrych i lawr ar y plant.

'Mae rhyw fath o *miasma* afiach weti ca'l gafael arnyn nhw,' meddai o'r diwedd. 'Fe fyddan nhw'n sicr yn marw, heb driniaeth.'

Caeodd y tad ei lygaid a chododd law grynedig i guddio ei wyneb.

'Ond fe allwch chi eu trin nhw?' gofynnais.

'Mae triniaeth yn costio arian.' Rhwbiodd y doctor ei fys a'i fawd at ei gilydd. 'Nid o'm rhan i, ond mae'r moddion, yr offer, gwely, mae'r pethe hyn oll yn costio. Mae angen awyrgylch glân arnyn nhw.'

'Allwch chi ddim – ?'

'Petawn i'n dilyn fy nghalon byddwn i eisiau achub pob plentyn yn y dref yma o'u cyflwr truenus, ond dyw hynny ddim yn ymarferol, yn anffodus.'

Ysgydwodd y tad ei ben. 'Rydw i ar y clwt.'

'Wi'n fodlon rhoi beth sydd gen i,' meddwn.

'Alla i ddim derbyn,' meddai'r tad.

'Sdim dewis gyda chi. W i'n mynd i dalu. Faint?'

Edrychai'r doctor yn flinedig. 'Faint sydd gyda chi?' gofynnodd.

'Rydw i weti arbed £5. Dyna'r cyfan sydd gen i yn y byd.'

Ysgydwodd y doctor ei ben. 'Ddim yn ddigon.'

Gosododd y tad ei ddwylo yn ei bocedi. 'Wel, dyna ni,' meddai, ei lais yn gwichian fel tecell. 'Efallai y dylech chi adael fi efo'r plant nawr, i fi gael treulio ychydig o amser gyda nhw.' Roedd ei wefus yn dynn a gwelais nad oedd am golli dagrau o'n blaenau ni.

'Mae £5 yn ddigon ar gyfer un,' meddai'r doctor.

'Beth?'

'Mae'n ddigon ar gyfer trin un o'r plant,' meddai'r doctor. 'Ond ddim y ddau.'

Gwelais un o lygaid Begw yn llithro ar agor, ac wedi eiliad o ddryswch trodd cannwyll ei llygad a chanolbwyntio arnaf, ac yna'r doctor. Griddfanodd.

'Rwy'n awgrymu,' meddai'r doctor, 'eich bod chi'n dewis y plentyn hynaf. Mae hi'n gryfach. Mae'n fwy tebygol y gwneith hi oroesi.'

'Dewis?' Edrychai'r tad yn flin arnaf, am fy mod wedi ei roi yn y fath sefyllfa. 'Alla i ddim dewis plentyn!'

'Felly fe fydd y ddau yn marw,' meddai'r doctor yn bendant, a chododd ei war.

Roedd y tad yn aflonydd fel pe bai cerrynt trydanol yn mynd drwyddo. Trodd ymaith ac yna'n ôl ataf. Edrychodd arnaf ag ymbil yn ei lygaid. 'Sara, plis. Bydd rhaid i ti ddewis drostaf i. Rwy'n gwbod ei fod yn llwfr. Ond alla i ddim. All rhiant ddim dewis plentyn.'

Rhoddais fy nwylo dros fy ngheg, a chau fy llygaid.

Ochneidiodd y doctor. 'Mae bywydau yn rhad yn y dref yma. Ond un bywyd yn fwy gwerthfawr na holl drysorau India.'

Roedd angen Duw arnaf yn fwy nag erioed yr eiliad honno. Ond ni allwn deimlo ei bresenoldeb o hyd. O Dduw! Roeddwn angen i mi deimlo ei gadernid yn fy nghalon, teimlo ei goflaid gysurlon. Roedd y byd yn ormod i'w oddef hebddo. I'r diawl â mi am daflu bywyd ymaith yn ysgafn.

A dyma oedd fy nghosb, sylweddolais. Fy ngwers.

'Begw,' meddwn. 'Hi yw'r hynaf a'r cryfaf, fel y dywedsoch chi. Fe ddylech chi drin Begw.'

Edrychais ar y tad, gan feddwl y byddai yn diolch i mi am wneud penderfyniad, ond doedd dim rhyddhad yno. Roeddwn newydd ddedfrydu ei fab i farwolaeth.

'Tomos.'

Edrychais i lawr a gweld wyneb bychan, gwelw Begw yn edrych i fyny arnaf, ei chroen yn dynn a melyn. Plygais i lawr nesaf ati.

'Begw.'

'Tomos,' meddai eto, ei cheg yn sych. 'Gwellwch Tomos.'

'Fe fyddwch chi'ch dau yn dod drwyddi, Begw.'

Ysgydwodd ei phen yn araf. 'Tomos,' meddai. Caeodd ei llygaid drachefn ar ôl yr ymdrech i siarad, ac roedd yn llonydd.

Syrthiodd tawelwch prudd dros yr ystafell, wedi ei dorri gan sŵn igian wylo. Sylwais mai fy wylo fy hun ydoedd.

'Merch ddewr,' meddai'r doctor o'r diwedd. 'Fe wnaf fi drin ei brawd, ond mi gymera i'r ferch hefyd, i esmwytho pethe iddi. Mae'n haeddu cymaint â hynny, o leiaf.'

Nodiodd y tad ei ben.

'Dewch i ni gael eu symud nhw,' meddai'r doctor.

Doeddwn i ddim yn fy iawn bwyll dros y dyddiau nesaf, cymaint oedd fy mhryder am Begw. Roedd y terfyn amser ar gyfer rhifyn nesaf y *Frenhines* yn agosáu ond dim ond syllu ar y papur am gyfnodau hir allwn i ei wneud, fel petai holl lwch du y dref yn cymylu fy meddwl. Galar ydoedd heb ddim gollyngdod am nad oedd yr hyn oeddwn i'n galaru yn ei gylch wedi digwydd eto.

Teimlwn yn hunanol, ond roeddwn yn pryderu amdanaf fy hun hefyd. Heb Begw i'm harwain at yr Octopws fyddai dim gobaith darganfod pwy oedd hi mewn pryd.

Ar y nos Wener cefais fy hunan yn lledorwedd ar y gwely, yn syllu ar y nenfwd a'r craciau a'r cen a dyfai arni, yn ddrych i'm cyflwr meddwl fy hunan. Roedd hyd yn oed Bopa wedi picio allan i alw ar ambell un y noson honno, felly roeddwn yn y tŷ ar fy mhen fy hun. Heb Bopa ynddo, roedd y tŷ yn arbennig o ddigysur; yn oer a llaith a thywyll, fel pe bai fy landlord yn dân cysurlon, ei phresenoldeb yn cynhesu, sychu a goleuo.

Yna edrychais i gyfeiriad y ffenestr a llefais. Edrychai wyneb creithiog plentyn arnaf, wedi ei oleuo gan ddim ond rhywfaint o arlliw y gannwyll oedd ar fy nesg. Codais â'm calon yn carlamu fel un cwningen.

'Miss Maddocks,' sibrydodd y plentyn.

Sylweddolais wedyn ar bwy oeddwn i'n edrych – nid bwgan o'r Hen Dref ond yn hytrach y bachgen â'r wyneb llosgiedig oedd yn aml yn chwarae croce yng nghwmni Begw a'i chriw ar y stryd. Brysiais at y drws cefn, ei agor a gweld chwech o blant yn syllu arnaf yn ddisgwylgar, wedi dod drwy'r ffens gefn.

'Be chi ishe?' gofynnais. Doedd y teimlad o berygl ddim wedi mynd yn gyfan gwbwl.

'Roeddech chi wedi addo dod i helpu yn yr ogof heno,' meddai'r bachgen â'r wyneb llosgiedig.

'Ogof yr Octopws?' Syllais arno'n gegrwth. 'Fydd hi yno?'

'Bydd.'

Bywiogais drwyddaf, ond wedi gwisgo fy esgidiau a fy nghôt teimlais fy hun yn gwamalu ar riniog y drws. Beth os oeddwn yn peryglu fy hun? Beth petai hi'n gweld fy nghynllun yn syth, ac yn fy nhroi yn basteiod i'w gwerthu ar y Stryd Fawr?

Ond yna daeth ystyriaeth arall i'm meddwl. Efallai y byddai'r Octopws yn gwybod beth i'w wneud ynghylch Begw. Efallai bod Begw yn ffefryn ganddi hithau hefyd, ac y gallai gyfrannu at yr achos. Wedi'r cyfan, yn ogystal â bod yn ddihiryn roedd hi'n rhyw fath o angel gwarcheidiol – y nesaf peth at Dduw i holl blant y dref.

Llithrodd y plant o dan y ffens, un ar ôl y llall, a mynd i sefyll yr ochr arall i'r cledrau. Penderfynais nad oedd dewis ond eu dilyn, a phlygais ar fy nghwrcwd rhwng y criwiau, gan deimlo'r mwd ar fy mhengliniau drwy fy ffrog.

'Ydi'r Octopws yn garedig?' gofynnais wrth ddilyn y plant i lawr y trac.

'Fe ddywedodd rhywun wrtha i unwaith ei bod hi'n arfer bod yn fôr-leidr,' meddai un o'r plant.

'Môr-leidr!' ebychais.

'Ie, roedd ei thad yn berchen ar gaethweision yn y Caribî,' meddai. 'Ond collodd ei theulu bopeth pan gafodd hi ei rhyddhau. Buodd hi'n dwyn cychod cyn cael ei dal, wedyn dihangodd 'nôl i Gymru a chuddio mewn ogof.'

'Paid â siarad dwli,' meddai plentyn arall. 'Dywedodd hi wrtha i ei bod hi'n arfer byw mewn plas.'

'Ie, yn y Caribî!'

'Na, yn Llundain. Fe gafodd hi ei dal yn dwyn dillad ar ddiwrnod golchi i'w rhoi i blant y pentref a chafodd ei wipo a'i 'ala oddi yno.'

'Weti dwyn dillad i'r caethweision oedd hi,' meddai'r plentyn arall yn styfnig.

Wrth i ni agosáu at y bont haearn teimlais y cledrau'n dirgrynu dan fy nhraed fel trawfforch.

'Yr agerfarch,' rhybuddiodd un o'r plant.

Sylwais fy mod yn rhy agos at y cledrau i ddianc mewn pryd felly, wedi eiliad o oedi, neidiais ar eu traws a thaflu fy hun i lawr i'r ffos yn y pen draw. Ni welais yr agerfarch yn cyrraedd – un ennyd doedd e ddim yno a'r nesaf mi oedd, yn dryllio'r tawelwch fel pe bai'n gwarel o wydr. Am eiliad cefais fy myddaru gan ruglo'r ffordd haearn, trystio'r cerbydau a dyrnu'r stêm wrth iddo hollti'r goleuni'n stribynnau rhwng y cerbydau, cyn diflannu i lawr y ffordd haearn fel seren wib. Bwriwyd fi ar fy ngwegil gan lwch glo fel cenllysg du.

'Wyt ti'n olréit?' Daeth y plentyn llosgiedig i'm harchwilio, ei lygad yn fawr yn yr ychydig olau a dasgai o ffenestri'r tai oedd â'u cefnau at y trac.

Nodiais fy mhen a chodi, gan deimlo nad oeddwn am ddangos gormod o wendid o'u blaen.

Ac yna, wrth i sŵn yr agerfarch gilio fel taran bellennig clywais rywbeth arall – sŵn mwmian difyr. Oedd rhywun yng nghefnau un o'r tai teras yn estyn dillad o'r lein? Ond yna clywais sŵn traed ar y graean i lawr y trac. Yn y noson oer, lonydd, roedd llais yn cario ar y gwynt.

Rhewais, a thynnu'r plant yn agos ataf. Er eu diogelwch nhw neu fy niogelwch i, ni wyddwn. 'Yr Octopws?' gofynnais, fy nghalon yn fy ngwddf.

'Ie.'

Wel, dyma ni, meddyliais. Roedd un o droseddwyr mwyaf toreithiog y dref ar fin fy narganfod ar drothwy ei chuddfan. Gallai'n hawdd fy lladd yn y fan a'r lle. Efallai mai dyma'r diweddglo a fwriadwyd i mi ar hyd yr amser. Cael fy llofruddio a'm taflu yn y canál yn yr un modd ag roeddwn i wedi llofruddio fy nhad a'i daflu i'r dŵr.

Daeth amlinell ffigwr i'r golwg drwy'r tywyllwch. Menyw o gorffolaeth fawr, os menyw oedd, ei gwallt wedi ei glymu'n fyn yn disgleirio dan olau'r lloer. Cariai gewyll mawr yn ei breichiau nerthol. Ac roedd yn mwmian canu – rhyw sianti môr, dychmygwn. Llais uchel, main yn cario drwy lonyddwch y nos.

Yr Octopws.

Ac roedd rhywbeth rhyfeddol o gyfarwydd amdani, hefyd.

'Ie, ie, dewch mês, 'de,' galwodd.

Bu bron i mi syrthio'n glewt ar fy nghefn mewn syndod.

'Bopa!'

'Pwy sy 'na?'

Gollyngais afael yn y plant a chamu tuag ati.

'Beth – beth ydych chi'n wneud fan hyn?' gofynnais.

'Sara?' meddai'n syn. 'Ble – ble mae'r rhai bach?'

'Fan hyn, Bopa,' galwodd y bachgen â'r wyneb llosgiedig. Safai'r plant y tu ôl i mi, a rhagor oedd wedi dod allan o'r ogof, yn un dyrfa ddisgwylgar.

'O! Dyna ni,' meddai Bopa. Gosododd un o'r cewyll ar lawr. 'Gan dy fod ti yma, Sara, allet ti fy helpu i gario un o'r rhain. Mae gen i lêth, matsys, pasteiod, cwrw, dail te. Digon o bethau i'r plant eu gwerthu.'

'Bopa, chi – chi yw'r Octopws?'

'Y beth?' Edrychodd arna i'n ddiddeall.

'Chi yw'r un sydd weti bod yn rhoi pethau i'w gwerthu i'r plant.'

'Wel, wrth gwrs. Ni weti bod yn eu gwneud nhw yn yr ystafell fyw,' meddai gan rwbio ei thalcen. 'Dere nawr i ni gael mynd â nhw i mewn.'

Cododd un o'r cewyll dros ei hysgwydd a gadael y llall i mi ei gario, a mynd heibio ac i lawr i mewn i'r ogof. Ni allwn wneud dim ond ysgwyddo'r baich a'i dilyn. Roedd yn drwm – wyddwn i ddim sut oedd gan Bopa'r cryfder i gario dau ohonynt yr holl ffordd o Tudor Street. Gyda smotiau piws a melyn yn dawnsio o flaen fy llygaid, a'm coesau yn simsanu oddi tanaf, dilynais hi drwy geg yr ogof, o un ffagl danllyd i'r llall, nes cyrraedd y pentwr o focsys a chewyll wedi eu pentyrru wrth adfeilion y clochdy.

Wrth iddi ddiosg y baich a chael ei gwynt ati, tyrrodd y plant o amgylch Bopa yn holi am hyn a'r llall – pwy fyddai'n gwerthu ar y Stryd Fawr, pwy fyddai'n mentro i werthu y tu allan i Ffatri Fairclough?

'Gadewch i mi eistedd am funud,' meddai Bopa a gosod ei phen ôl ar orsedd dderw yr Octopws – gorsedd a ymddangosai'n llawer llai brawychus nawr y gwyddwn mai un Bopa oedd hi. Tynnodd gadach o'i phoced a sychu'r chwys oddi ar ei thalcen.

Teimlwn yn siomedig yn fwyaf sydyn. Roeddwn wedi dechrau meddwl am yr Octopws fel rhyw rym hollalluog, bron â bod. Rhywun oedd yn rheoli'r dref, bydded hynny er gwell neu er gwaeth. Nid Bopa! Gosodais fy mocs innau ar lawr a syllu arno'n gegrwth. 'Sara fach, rwyt ti'n edrych braidd yn simsan,' meddai wrtha i.

'Ond, Bopa, sut allwch chi?'

'Sut alla i beth?'

'Mae'r plant yma'n dwyn – yn lladrata! Ac ry'ch chi'n eu... eu helpu nhw! Yn eu hannog nhw!'

Rhaid cyfaddef nad oeddwn, tan yr eiliad honno, yn tybio bod llawer o ddyfnder i Bopa. Meddyliwn, yn hytrach, ei bod hi braidd yn syml ei ffordd a'i meddwl.

Ond hi oedd yr un a edrychodd arna i fel petawn i'n dwp. 'Nid bai y plant yma yw eu bod nhw'n dlawd, Sara.' Stwffiodd y cadach yn ôl i'w phoced. 'Pa un o'n nhw yr hoffet ti weld yn llwgu?'

Edrychais ar yr wynebau llwglyd, budron o 'mlaen i. Nid oedd gen i ateb.

'Am mai llwgu fydden nhw fel arath,' meddai Bopa. 'Fe geith bob plentyn sy'n ddigon hen neu'n ddigon cryf i ennill swllt onest wneud hynny, ond am y gweddill...'

'Ond rydych chi'n twyllo pobol! Yn gwerthu pasteiod cathod,

llêth llawn calch, cwrw weti ei gymysgu â chlychau'r gog... Na ladrata meddai'r Beibl.'

'Na wennych, hefyd, mae 'wnna'n un o'n nhw, on'd yw e?' meddai Bopa'n siarp. 'A na ladd. Ac mae'n ymddangos i mi bod pobol fawr y dref yn wennych digon, yn wennych holl gyfo'th y ddaear, ac yn fodlon gweld digon o blant bychan yn marw er mwyn ei gael. Weithiau rhaid dewis rhwng y pechod mawr a'r pechod bêch.'

Eisteddais i lawr ar y bocs wrth ei hochor, fy ngên yn pwyso ar fy nwylo. Ysgydwais fy mhen. Teimlwn na allwn ennill. Dyma dref lle'r oedd y pechod yn llyfu ac yn sugno fy nhraed fel dŵr yr afon, ac yn bygwth fy nhynnu dan y dyfroedd.

Meddyliais am eiriau Êb: 'Rwyt ti yma nawr, yng Ngwasg Glass, oherwydd bod Duw dy ishe di yma.' Efallai bod Duw wedi fy ngosod i yma i'm profi, fel yr oedd wedi profi Job. A phe gallwn wrthsefyll y pechod yn awr, gwrthsefyll geiriau Bopa, fe fyddai'n maddau i mi am ladd fy nhad, a fy nerbyn yn ôl i'w fynwes.

Gosododd Bopa law fawr ar fy ysgwydd. '"Gadewch i blant bychain ddyfod ataf fi", meddai'r Iesu. Nid "taflwch nhw i ffwrdd i'r baw".'

Dringodd y bachgen â'r wyneb llosgiedig i fyny ac eistedd yn fy nghôl, cyn edrych i'm llygaid a gwenu. Roedd rhaid i mi wenu'n ôl.

Diflannodd hen ffordd o feddwl fy nhad, fel cwch wedi ei ryddhau oddi ar ei angor yn hwylio i ffwrdd mewn storm. Roeddwn wedi cadw at ei ffordd ef o weld y byd am ei fod yn rhoi cysur i mi. Er fy mod i'n ofn Duw, roedd sylweddoli fy mod yn byw mewn byd lle'r oedd pobol fel y plentyn hwn yn dioddef am ddim rheswm o gwbwl yn llawer mwy brawychus.

Ond ni allwn gredu mwyach mai trefn Duw oedd hyn. Rhaid oedd edrych tu hwnt i unrhyw fath o gynllun mawr. Tu hwnt i gredu bod gan Fairclough a'r Octopws reolaeth dros bopeth. Ffyrdd o feddwl oedd y broblem, ffyrdd o feddwl oedd yn ffafrio'r grymus dros y gwan.

'Ti yma nawr, yng Ngwasg Glass, oherwydd bod Duw ishe ti yma.'

Ie, efallai mai dyna oedd gan Duw mewn golwg. Roedd wedi rhoi cylchgrawn i mi. Wedi agor fy llygaid i ddioddefaint pobol. Er mwyn i mi herio'r ffyrdd o wneud pethau. Er mwyn newid ffordd pobol o feddwl.

'Nawr, beth am i ti ein helpu ni i wagio'r bocsys yma?' meddai Bopa.

Codais a rhwbio fy nwylo at ei gilydd, a pharatoi at y gwaith.

Cododd Sara ei phen wrth glywed sŵn curo ysgafn ar ddrws y ffrynt. Agorodd ddrôr y ddesg a stwffio'r papur a'i phethau ysgrifennu i mewn iddo, gan obeithio na fyddai'r inc ffres yn ei ddifwyno.

Unwaith eto roedd wedi ymgolli yn ei hysgrifennu. Wedi ei chyffroi ganddo – wedi teimlo gwres gwrthryfel yn saethu drwy ei gwythiennau nes bod ei meddwl yn goglais â phleser.

Pwy allai fod yno? Doedd neb yn galw bellach, a byddai Mr Williams y Post yn stwffio'r papur ac unrhyw gyfnodolion drwy'r blwch, yn hytrach na gorfod torri sgwrs â'i thad.

Cododd Sara ac edrych drwy'r ffenestr, yn ofalus fel na fyddai neb yn gweld ei bod yn yr ystafell ysgrifennu. Drwy grychau'r gwydr gallai weld bod dau wrth drws ffrynt y tŷ, un yn ddyn o gorffolaeth fawr a'r llall yn ferch ifanc. Ond ni allai weld eu hwynebau.

Clywodd ragor o guro ar y drws. Cyflymodd ei chalon.

Aeth i'r gegin. Roedd ei thad yn parhau i eistedd yn ei gadair freichiau, lle'r oedd wedi ei adael, â photel o laudanum ar y bwrdd bach wrth ei benelin. Roedd y laudanum yn gostus ond dyma ei hunig obaith os oedd am gael mwy nag ychydig oriau i ysgrifennu. Roedd angen boreau a phrynhawniau arni i orffen y gyfrol.

'Beth wna i?' meddyliodd. Ystyriodd beidio ag agor y drws o'r diwedd, a gobeithio y bydden nhw'n ei gadael hi.

Daeth y curo eto, yn fwy penderfynol y tro hwn.

Cododd y botel laudanum a'i stwffio i mewn i un o gypyrddau'r seld. Yna fe aeth at y drws a'i agor. Edrychai'r dyn ifanc arni, ei wyneb yn goch a'i lygaid yn fflachio, llygaid y ferch yn ymbil a'i gwefus yn crynu.

Adnabu'r dyn fel Isaac, ffermwr ifanc oedd yn gofalu am y caeau cyfagos. Roedd ganddo gledrau garw a gwddf fel boncyff coeden. Ei chwaer, Betti, oedd y llall, merch lawer rhy brydferth i'r parthau hyn, ei chroen fel eira, brychni ar ei thrwyn a chanddi wallt cyrliog golau a syrthiai fel cadwyn o gennin Pedr hyd ei hysgwyddau.

'Ydy'ch têd 'ma?' gofynnodd Isaac.

Cofiodd Sara bod y ddau yn aelodau yng nghapel Siloh, er mai llwch yn unig oedd yn weddill o'r adeilad hwnnw bellach. Roedd eu tad a'u mam wedi marw y flwyddyn cynt, gan adael y fferm yng ngofal Isaac.

'Nid fy nhad yw'r pregethwr bellach. Mae wedi ymddeol.'

Ond yna clywodd ei lais ychydig yn simsan o'r ystafell fyw.

'Pwy sydd yno, Sara?'

'Plant Enoch Llanlas Isaf –'

Ond wrth glywed llais y pregethwr roedd Isaac eisoes wedi ymwthio heibio iddi gan hanner llusgo ei chwaer y tu ôl iddo.

Gwyddai Sara fod angen iddi droedio'n ofalus. Llithrodd ar draws y llawr yn ei sanau at ddrws y gegin, a chlustfeinio. Gallai weld coesau ei thad yn ymestyn ar draws y teils coch a du, a chefn llydan Isaac. Trwy'r bwlch rhwng braich a chorff Isaac gallai weld rhywfaint o wyneb ei chwaer.

'Mae Betti ishe priodi crotyn o'r dref,' meddai Isaac. 'Rydw i weti gweddïo i Dduw ar y mater. Roeddwn i mês ar y caeau fore Sadwrn a chlywais ei lais. Fe ddywedodd wrtha i nad yw'n iawn iddi gymryd gŵr y tu fas i Gapel Siloh.'

Cyrliodd bodiau ei thad.

'Ylwch arni!' meddai Isaac. 'Yn ei ffrog grand a'i phais. Smo hi ddim gwell na gwraig Potiphar.'

Gwelais ben Betti'n syrthio. Roedd ei hwyneb yn goch.

'Pwy yw'r dyweddi?' gofynnodd ei thad.

'Gamblwr ac yfwr yn ôl yr hyn glywais i. A waraewr pêl-droed. Roedden nhw weti cwrdd â'i gilydd yn Eisteddfod Castellgwynt.'

'Dyw hynny ddim yn wir!' wylodd y chwaer, ei llais yn wich.

Clywodd Sara ei thad yn tuchan.

'Sdim gwahanu'r ddau beth,' meddai tad Sara. 'Mae waraeon yn annog hap-ware, diota, meddwi, a'r iaith fwyaf aflan! A dyw'r eisteddfod fawr gwell.'

'Roedd hi ar fin dianc o'r tŷ i fynd am y dref,' meddai'r ffermwr. 'Fe ddaliais i hi'n gwneud ei gwallt.'

'Mae'n rhaid i ti droi oddi ar lwybr pechod,' meddai tad Sara. 'Paid â phardduo dy gorff na dy enaid yn sorod y dref.'

'Dyw'r dyn ddim yn mynychu capel!' meddai Isaac.

'A phryd fuest ti'n y capel ddiwethaf, Isaac?' meddai ei chwaer. Tynnodd ei hysgwyddau'n ôl a syllu'n syth i'w lygaid.

'Bet –'

'Wi'n mynd i'r dref gyda'ch bendith chi'ch dou neu beidio!'

Trodd ar ei sawdl ac anelu am y drws. Roedd Sara eisiau cynnig gair o anogaeth iddi ond roedd ar gymaint o frys i adael aeth heibio heb edrych arni. Brysiodd i lawr y llwybr i gyfeiriad y pentref, gan adael drws y tŷ yn llydan agored.

Synnodd Sara nad oedd ei brawd wedi rhedeg ar ei hôl. Rhaid ei bod wedi llwyddo i'w roi yn ei le. Llenwyd hi ag edmygedd at y ferch ddewr.

Yna clywodd lais ei thad o'r gegin. Aeth yn ôl i glustfeinio.

'Mae cyfrifoldeb arnom yn yr achos yma, Isaac, i beidio â chaniatáu iddi briodi'r dyn hwn,' meddai fel petai'n adrodd cyfrinach. 'Fe ddaw â sen ar eich teulu. Wele'r effaith a gafodd arni eisoes.'

'Ond beth allaf fi ei wneud, os yw'r dyn yn dod i'w hôl?' gofynnodd y ffermwr. Trwy gil y drws, gwelodd Sara ef yn codi ei ddwylo mawr fe rhawiau yn ystum o anobaith.

'Os nad yw hi'n fodlon ei rhoi ei hun i Dduw, ni fydd Ef yn addef iddi gael ei rhoi i neb arath.'

Fe aeth y ddau ddyn allan i gefn y tŷ i siarad, ac roedd bron yn amser iddi hwylio swper erbyn i Isaac adael. A dyna ddiwedd ar y mater, meddyliodd Sara. Gydag unrhyw lwc roedd Betti eisoes ar gefn cert yn hwylio i gyfeiriad y dref a thu hwnt i sibrwd yn y pentref ac ni fyddai yn clywed amdani fyth eto.

Ond daeth Isaac yn ei ôl y diwrnod canlynol, nid i'r tŷ ond i'r ysgubor y tu ôl iddo. Gwelodd Sara ei thad yn mynd allan i siarad ag o, a chlywyd synau llifio a morthwylio.

Dringodd Sara i'r llofft ac edrych allan drwy'r ffenestr. Ond ni allai weld beth oedd yn digwydd yn yr hen ysgubor.

Ychydig ddiwrnodau wedyn fe glywodd sôn am Betti wrth gasglu neges yn y dref.

'Mae Betti Davies weti mynd o'i cho',' meddai rhywun yn y siop.

'Fe fydd hi'n ca'l ei 'ala i seilam y dref.'

'Weti ei dychryn gan darw wrth groesi cê Bryn-pistyll,' meddai rhywun y tu allan i'r dafarn.

'Weti bod yn dawnsio â'r tylwyth teg,' honnodd rhywun arall.

'Mae ei brawd am edrych ar ei hôl hi. Dyna drueni eu bod weti colli eu têd a'u mam.'

'Cristion da.'

'Unwaith y mae Capel Siloh weti ei ailgyfodi fe fydd yn y Sêt Fawr.'

Cerddodd Sara yn ôl i gyfeiriad y tŷ gyda'i chalon yn drwm.

Ond nid oedd ei chalon mor drwm chwaith â'r gadwyn oedd wedi ymddangos ar ddrws yr ysgubor. Meddyliodd am y gwaith y bu Isaac yn ei wneud yno yn ystod y dyddiau blaenorol. Ac wrth iddi ei throi am ei gwely y noson honno dychmygai iddi glywed sŵn yn dod o'r ysgubor. Ond doedd ganddi ddim y dewrder i fynd yno i gael gweld. Hyd yn oed pan oedd ei mam yn fyw, doedd hi erioed wedi mynd yno. Roedd ei thad wedi dweud bod y Ladi Wen yn byw ymysg y trawstiau. Wedi'r cwbwl, efallai mai ei dychymyg oedd iddi glywed y sŵn.

Yna un noson ryw wythnos yn ddiweddarach deffrodd a gweld goleuni wrth y ffenestr. Aeth i edrych, a gwelodd wyneb Isaac yn sgleinio yn y caddug. Cariai lamp gyda channwyll ynddi o'i flaen. Roedd wedi dod ar draws y gweunydd gwyntog o gyfeiriad fferm Llanlas Isaf.

Sylwodd Sara arno'n amlach dros yr wythnosau wedyn. Weithiau deuai o gyfeiriad y pentref a dyfalai, o simsanu goleuni'r lamp law, iddo fod yn yfed yn drwm.

Gwyliodd yr ysgubor fel barcud dros yr wythnosau nesaf, gyda theimlad diysgog o arswyd yn ei mynwes. Ni ysgrifennodd air, gymaint oedd hyn yn pwyso ar ei meddwl. Sylwodd ar ei thad yn mynd yno sawl gwaith yr wythnos. Nid oedd erioed wedi ei weld yn mynd yno o'r blaen. Dechreuodd wrthod ei laudanum yn y boreau, cyn iddo ymweld â'r ysgubor.

Yna un noson, pan oedd y lleuad yn llawn, deffrowyd Sara gan sŵn rhuglo haearn y tu allan i'w ffenest. Aeth ati a cheisio edrych trwy'r gwydr. Llyncodd ei hanadl wrth weld ei thad yn arwain rhyw greadur o amgylch y llwybr ger y coed. Symudai'r creadur yn araf bach, ar ei bedwar, wedi ei arwain ar gadwyn. Meddyliodd i ddechrau mai ci ydoedd, neu lo, a heb allu deall pam bod gan ei thad y fath greadur yn ei feddiant. Ond yna gwelodd fod gan y creadur ffurf ddynol, a gwallt hir oedd yn llusgo yn y mwd. Teimlodd y croen gwydd yn codi dros ei breichiau.

Trodd ei thad i gyfeiriad y ffenestr a chiliodd Sara i'w gwely, rhag iddo ei gweld. Ni allai gysgu eto y noson honno, wrth i'r ddelwedd ryfedd lenwi ei meddwl. Dechreuodd ystyried oedd hi wedi dychmygu'r peth.

Oedd hi yn y gwely yr holl amser, ac wedi breuddwydio? Roedd ei thad wedi dweud wrthi droeon ei bod yn colli ei phwyll.

Ond tuag wythnos yn ddiweddarach fe gadarnhawyd ei hofnau. Daeth dyn i'r tŷ. Dywedodd mai Gwilym oedd ei enw a'i fod wedi teithio yr holl ffordd o'r dref i fod yno. Roedd yn chwilio am ei ddyweddi, Betti Davies. Nid oedd hi wedi bod yn ateb ei lythyrau. Ac roedd wedi cael ar ddeall gan rai yn y pentref ei bod yn aros yn eu tŷ.

Cyflwynodd ei thad ei hun fel pregethwr capel Betti ac arwain y dyn truan i'r gegin.

'Sara, gwna ddishgled o de i'r gŵr hwn,' meddai mewn llais cydymdeimladol. Aeth ei ddwylo i'w bocedi a phwysodd ymlaen. 'Ac yna cer i dy ystafell.'

Wedi iddi wneud y ddishgled, oedodd Sara yn y neuadd er mwyn gwylio drwy gil y drws.

'Mae'n ddrwg gen i ddweud bod Betti weti ei tharo gan wallgofrwydd,' meddai ei thad. 'Mae'n achwyn ddydd a nos fod Cŵn Annwn yn cnoi ei chorff.'

'Bobol bêch!' Cododd y dyn ei law dros ei geg. 'Betti fêch…'

'Roedd ei mam yn ynfytyn yn yr un modd. Roedd yn beth ofnadwy bod ei gŵr wedi ei phriodi cyn darganfod bod cythraul ynddi.' Llyncodd ei thad. 'Rydych chi wedi bod yn lwcus, Gwilym, i osgoi'r un ffawd.' Gwichiodd ei gadair ar y teils wrth iddo bwyso ymlaen i osod llaw gysurlon ar arddwrn y dyn. 'Ond mae Betti dan ofal ei brawd yn awr,' meddai gan syllu i'w lygaid. 'Gwell fyddai i chi anghofio amdani, a phriodi merch arall.'

'A fyddai modd i mi ei gweld?' gofynnodd gan rwbio ei ện.

'Rwy'n rhybuddio yn erbyn y peth!' meddai ei thad yn bendant. 'Rhag i'r teulu geisio eich twyllo i'w phriodi hi. Mae hi'n greadur brwnt, wedi gorwedd â hanner y dynion a chreaduriaid y pentref.'

Clywodd Sara sgrafellu cadair ar hyd y llawr teils. Roedd y dyn ar ei draed. Camodd Sara yn ôl oddi wrth y drws.

Ond yna clywodd ef yn dweud yn benderfynol: 'Rydw i am ei gweld hi!'

'Olréit,' atebodd ei thad yn ddidaro. 'Dewch gyda fi at ei brawd, i ni gael holi amdani.'

Ciliodd Sara i'r ystafell i fyny'r grisiau a gwylio drwy'r ffenestr. Clywodd ei thad yn mofyn ei het, yn cloi drws y ffrynt ac yn gadael y tŷ yng nghwmni'r dyn. Aethon nhw i lawr y llwybr, heibio adfail huddyglog Capel Siloh a draw dros y bryniau caregog i gyfeiriad fferm Isaac Davies.

Sylweddolodd Sara na fyddai ei thad adref am beth amser. Nid oedd yn gerddwr cyflym, yn enwedig yn ei henaint, ac roedd yn cymryd hanner awr dda iddi hi gerdded i'r fferm. Â'i chalon yn curo sylweddolodd mai dyma ei chyfle i weld beth oedd yn yr ysgubor. Aeth i'r gegin a physgota yng nghefn y cwpwrdd am yr allwedd sbâr i ddrws y cefn yr oedd hi wedi ei gwthio i mewn yno.

Agorodd ef a nesáu'n ochelgar at ddrysau mawr yr hen ysgubor. Roedd cadwyn a chlo wedi eu gosod ar eu traws, ond oherwydd eu bod nhw'n hongian oddi ar eu colfachau roedd rhywfaint o le i rywun o gorffolaeth fechan gropian rhyngddynt.

Gwthiodd Sara ei phen drwy'r agoriad, gan edrych yma a thraw er mwyn sicrhau nad oedd llygoden gerllaw. Roedd yn dywyll heblaw am un pelydr o olau a ddeuai drwy'r ffenestr uwchben y drws, ac oedd yn torri fel cyllell drwy'r caddug.

Wrth i'w llygaid arfer yn raddol bach gwelodd fod yr ysgubor yn llawn hen feiliau gwellt pydredig ac offer ffermio. Yr oedd y gwair ar lawr wedi ei hollti'n llwybr a dyfalai bod rhywun wedi bod yno'n symud pethau yn bur ddiweddar. Nid oedd llawer i'w weld fel arall, ond roedd digon i'w arogli. Roedd trwyn ffarm gan Sara a gwyddai nad tail ydoedd. Ogleuai fel gwaed, chwys a baw dynol.

Aeth i gefn yr ysgubor lle'r oedd yn dywyllach byth. Ymestynnodd ei dwylo o'i blaen a theimlo ystol. Edrychodd i fyny. Gallai weld clasbyn haearn a bollt arno yn sgleinio yn yr hanner goleuni uwch ei phen.

Dringodd i fyny, pob symudiad yn bwrpasol, yn ymwybodol o bob gwich ar estyll yr ystol. Wrth gyrraedd hanner ffordd dychmygai y gallai glywed sŵn. Sŵn cadwyn yn llusgo ar bren.

Oedodd. Cofiodd rybudd ei thad am y Ladi Wen pan oedd yn blentyn, a bu bron iddi ildio a throi'n ôl. Ond gorfododd ei hun i fyny'r ystol, un gris ar y tro, a chyda llaw grynedig, cydiodd yn y bollt.

Syrthiodd trap-dôr i lawr ar ei golfachau a'i bwrw ar ei phen. Collodd afael ar yr ystol a syrthio deg troedfedd i ganol y beiliau gwellt oddi tano.

Gorweddai yno am beth amser, ei chorff yn dolurio, ei chlustiau'n canu. Teimlodd rywbeth yn dringo ar draws ei bol a llamodd ar ei heistedd mewn braw. Gwichiodd llygoden a ffoi.

Edrychodd i fyny a gweld wyneb gwelw yn rhythu i lawr arni trwy'r trap-dôr agored, pâr o lygaid fel lleuadau. Aeth ofn fel saeth drwy ei chalon. Y Ladi Wen! Ond wedyn clywodd lais yn hanner sibrwd, hanner crio.

'Sara?'

Trawsnewidiodd y bwgan yn ferch ifanc. Merch ifanc gyfarwydd. Betti. Brathodd Sara ei gwefus isaf a dringodd yn frysiog i fyny'r ystol, ond bu bron iddi gilio'n ôl, cymaint oedd yr oglau chwys a baw yn y groglofft.

'Mae'n rhaid i ti ddianc,' meddai.

Gwelodd fod ffrog Betti wedi ei diosg. Ni wisgai ddim byd ond ei phais a choban denau. Roedd ei chroen yn glwyfau a'i gwallt yn gwlwm. Roedd wedi teneuo'n ddirfawr. Dim ond yn ei llygaid clwyfus y gwelai'r ferch a safai yng nghegin eu cartref wythnosau ynghynt. Roedd rhaff arw wedi ei chlymu'n dynn am ei gwddf, ac wedi ei hoelio i'r llawr gerllaw.

'Wi weti pechu,' meddai Betti. Rhwbiodd ei bol. 'Weti pechu.'

Cydiodd Sara yn ei braich. 'Dere.'

'Pechu.'

'Dere, Betti!'

'Hen slwten ydw i.'

Yna clywodd Sara sŵn lleisiau yn agosáu. Fe aeth cryndod drwyddi. Edrychodd ar y rhaff oedd am Betti ond doedd ganddi ddim math o gyllell i'w thorri.

Cydiodd yn llaw Betti. 'Fe fydda i'n ôl, dwi'n addo,' meddai, ei llais yn crynu.

Gosododd ei thraed ar y grisiau a chymryd ambell i gam i lawr. Yna cydiodd yng nghaead y trap-dôr a cheisio ei wthio ar gau drachefn, ond roedd yn drwm ofnadwy.

Clywodd gadwyn y drws yn rhuglo. Teimlai ofn fel carreg yn ei bol.

'Bydd rhywun yn siŵr o ddod i chwilio amdano.'

'Ys gwn i a welodd rhywun yn y pentref e'n dod?'

'Bydd wedi gofyn am gyfarwyddiadau, mae'n rhaid.'

Gydag un hyrddiad olaf gwthiodd Sara ddrws y trap-dôr am i fyny. Ond wrth gesio estyn am y bollt collodd ei gafael yn yr ystol.

Syrthiodd am yn ôl drachefn. Syrthiodd drws y trap-dôr ar agor, a syrthiodd yr ystol ar lawr yr ysgubor.

Glaniodd Sara ar y llawr â chlec boenus.

'Beth oedd y sŵn yna?' Llais llawn pryder o'r tu allan.

Ysgydwodd y gadwyn ar ddrysau'r ysgubor yn ffyrnig, ac yna daeth sŵn pren yn torri wrth i rywun geisio cicio'r drysau oddi ar eu colfachau. Gwelodd flaen bysedd yn ymwthio drwy'r agoriad rhwng y prennau.

Taflodd Sara ei hun i ganol pentwr o wellt, a'i daflu yn bentyrrau dros ei phen gan obeithio ei bod o'r golwg yn llwyr. Teimlodd rywbeth yn rhedeg ar draws ei chorff, ac wedyn un arall. Ond roedd cymaint o ofn arni fel na symudodd fodfedd na gwneud unrhyw sŵn.

Taflwyd drysau'r ysgubor ar agor o'r diwedd.

'Arglwydd mawr!' Llais Isaac.

'Beth sydd weti dicwdd?' Llais ei thad.

'Mi wetas i, yn do! Mi wetas i ei bod hi weti cholli hi.'

Trodd Sara ei phen yn araf, araf fel nad oedden nhw'n gweld ei symudiad. Roedd pelydrau'r haul yn ffrydio drwy'r drysau agored gan oleuo'r ysgubor gyfan. Uwchlaw gwelodd Betti Davies, yn pendilio yn ôl ac ymlaen, yn hongiai drwy'r trap-dôr gerfydd y rhaff oedd am ei gwddf.

Rhaid ei bod wedi syrthio pan agorodd y trap-dôr. Neu wedi neidio. Ni wyddai Sara. Nid oedd eisiau gwybod.

Ond wrth syllu ar y corff penderfynodd ddianc o gartref ei thad. Cyn iddo wneud yr un peth ag a wnaethpwyd i Betti Davies iddi hithau hefyd. Roedd rhyw ddrygioni mawr, rhyw gythraul wedi cydio ynddo.

Ac wrth orwedd mor llonydd â chelain yn yr ysgubor sylweddolodd Sara nad oedd fiw iddi geisio ffoi fel y gwnaeth Betti. Yr unig ffordd y byddai'n dianc rhag ei thad fyddai trwy ei ladd ef cyn iddo ei lladd hi.

⚙

Gallwn glywed y dorf cyn clywed Mr Glass. Roedd sgwâr y dref yn hanner llawn a nifer yn crwydro i lawr o'r siopau ar y Stryd Fawr i weld beth oedd y twrw. Ond nid y cefnog oedd yma'n unig, Gallwn weld nifer o lowyr a gweithwyr y ffatri haearn a stablau'r ageirferch yn eu dillad gwaith brwnt a'u llygaid glân yn syllu i fyny at sgaffald yr Awrlais Mawr lle'r oedd Mr Glass wedi clwydo.

O symud yn agosach a chysgodi fy llygad rhag yr haul a dorrai'n ysbeidiol drwy'r cymylau tu draw, gallwn weld bod Êb ac Ellis yno hefyd, yn sefyll gerllaw. Chwifiai Mr Glass ddwrn yn yr awyr wrth siarad ac roedd pob brawddeg yn cael ei chymeradwyo'n frwdfrydig gan y dorf.

'Rwyf am i chi i gyd gofio mai ni, yr Ymneilltuwyr Rhyddfrydol – ni yw pobol Cymru!' bloeddiodd Mr Glass, a'i lais yn cario fel tyrfe dros bennau'r bobol. Rhaid bod mil yno os nad mwy. 'Ni yw ceidwaid ein hiaith. Ni sy'n cynnal a chadw'r sefydliadau sy'n diogelu ein traddodiadau. Ein hanes ni yw hanes ein cenedl. Ac yn bwysicaf oll, ni sydd yn y mwyafrif.'

'Clywch!' gwaeddodd rhywun gerllaw, ei ddwylo'n ffurfio corn siarad bob ochor i'w geg.

'Cymharwch ni gyda'r Torïaid!' meddai Mr Glass. 'Dosbarth segur a chefnog sydd ar hyn o bryd yn llywodraethu drostom yng Nghymru.'

'Bw!'

'Paham ein bod ni'n caniatáu iddynt wneud hynny?' Daliodd ei freichiau bob ochor iddo, a'i gledrau i fyny, gan ymbil am ateb. 'Nid ydynt yn cynrychioli daliadau crefyddol y mwyafrif. Yn wir, maent yn addoli crefydd estron. Nid ydynt yn Gymreig eu diwylliant na'u hiaith.'

'Crogwch nhw!'

'Mae unrhyw un sy'n gefnogol iddynt yn bradychu ein traddodiadau,' meddai Mr Glass. 'Bradwyr ydynt oll!'

Llithrais ymlaen drwy'r dyrfa nes fy mod i'n sefyll hanner canllath yn unig o'r Awrlais Mawr. Yma roedd rhywfaint o gysgod a gallwn weld yn well, er fod angen ymestyn fy ngwddf er mwyn gweld Mr Glass.

'A nawr mae'r giwed anghynrychioliadol yma weti dod o hyd i arf newydd i'n gormesu ni – y dreth eglwys!' meddai. 'Maen nhw am gymryd degwm gan bob dyn sy'n berchen ar eiddo yn y dref!'

Bwiodd y dorf.

'Ac i beth y maen nhw angen yr arian? I fuddsoddi mewn ffyrdd a thai i'n pobol?' galwodd. 'Nage, er mwyn talu am fara a gwin cymun, er mwyn trwsio nenfwd yr Eglwys, a muriau eu mynwentydd. Ydi'r Eglwys yn cyfrannu at y pethe hyn yng nghapeli'r Ymneilltuwyr?'

'Na!' bloeddiodd y dorf.

'Felly pam y dylai Ymneilltuwyr dalu at eu cadw ar gyfer yr Eglwyswyr? Pam ddylai dynion segur gael pesgi ar eich llafur chi?'

Gwelais ddyn gerllaw mewn het fowler yn ysgrifennu'n frysiog ar ddarn o bapur. Gallwn weld ei fod yn cofnodi pob gair o'r araith. Euthum draw ato.

'O pa bapur y'ch chi?' gofynnais.

Edrychodd arnaf i lawr ei drwyn hir, yn ddiamynedd fy mod wedi aflonyddu ar ei sgriblan. 'Y *Times*,' atebodd yn ffroenuchel, ac ochrgamu oddi wrthyf.

Camais y tu ôl iddo er mwyn ceisio gweld beth oedd yn ei ysgrifennu. Ond roedd yn cofnodi'r cwbwl yn yr un wyddor ryfedd y gwelwn Ellis yn ei defnyddio weithiau. Iaith ddirgel y newyddiadurwr.

'Felly mae gen i gyhoeddiad i'w wneud heddiw,' meddai Mr Glass, a'i ddwrn uwch ei ben. 'Rydw i weti penderfynu peidio â thalu'r degwm! Dydw i ddim am ei thalu os ydyn nhw'n mynd â fy holl eiddo, dydw i ddim am ei thalu os ydyn nhw'n fy nhaflu i'r carchar. Mae'r dreth Eglwys yn ormes anysgrythurol ac anghyfiawn, ac ni wnaf ei thalu oddigerth trwy orfod. Nid dros fy nghrogi!'

Daeth bonllefau o'r dorf.

'Ac wi'n galw ar bob dyn sy'n berchen ar eiddo i ymuno â mi! Gyda'n gilydd, fe allwn wrthsefyll gormes yr Eglwys! Gyda'n gilydd, fe allwn ennill y frwydr hon!'

Cafwyd cymeradwyaeth frwd wrth iddo orffen.

Cerddais ar draws blaen y dyrfa ac i fyny'r ystol i'r llwyfan lle safai Êb ac Ellis, y ddau â gwên flinedig o ryddhad ar eu hwynebau. Arhosais yno nes i Mr Glass ddod atom.

'Llwyddiant ysgubol, rwy'n credu,' meddai Ellis, a meddyliais am eiliad ei fod am roi llaw ar ysgwydd ei fòs i'w longyfarch, ond fe ataliodd. 'Ry'ch chi'n ysgrifennu areithiau a hanner, Mr Glass.'

'Edrychwch ar y dyrfa!' galwodd Êb. 'Ry'ch chi weti eu tanio nhw! Allwch chi ddim colli nawr.'

Edrychais allan ar y môr o hetiau o'm blaen, a'r wynebau oddi tanynt yn fyw â chyffro. Roedd y dorf bellach yn ymestyn ar draws y sgwâr nes cyrraedd yr orsaf drenau, yr oedd ei nenfwd wydr yn sgleinio wrth i'r haul dorri drwy'r cymylau.

'Yr un dyrfa a groesawodd yr Iesu i Jerwsalem fel Meseia ar y dydd Sul a alwodd am ei groeshoelio ar y dydd Gwener,' meddai Mr Glass. 'Mae tyrfaoedd yn bethau anwadal iawn.'

'Ond mae'r neges weti taro deuddeg,' meddai Ellis.

'Dim ond y dechrau o'dd heddiw.' Tynnodd Mr Glass ei het i lawr dros ei dalcen. 'Y dasg yw lledu'r un neges i bob cornel o'r wlad, ac fe fydd honno'n dasg anoddach. All un dyn ddim bod ymhobman.'

'Mae yna ohebydd o'r *Times* draw fan yna,' meddwn.

Trodd y tri eu pennau'n syth a syllu hwnt ac yma er mwyn cael gweld i le yr oeddwn yn cyfeirio.

'Dyna fe!'

'Beth fyddai un o'r rheini yn ei wneud fan hyn?' gofynnodd Êb. 'Mae newyddiadurwr o'r *Times* yng Nghymru mor ddiethr â chod banana ar gopa'r Wyddfa.'

'Fe allai fod yn beth da, os yw'r araith yn ca'l sylw teg,' meddai Ellis, heb allu cuddio ei anesmwythder. 'Mae llawer o bregethwyr a bonedd yn yr ardal yn darllen y *Times*.'

'Y *Times* yn deg?' wfftiodd Mr Glass. 'Ymffrost gwastadol y *Times* yw dyrchafu pob peth Seisnig uwchlaw pobloedd eraill y ddaear. Nid yw tegwch a'r *Times* weti cwrdd. Fe fyddan nhw'n lladd ar fy araith – ac arnaf i – fe gewch chi weld.'

Wedi cyffro'r araith euthum draw i gyfeiriad ward Dr Schnitt i ymweld â Begw a Tomos, fel y byddwn yn ei wneud bob diwrnod cyn ac ar ôl gwaith. Roedd rhywfaint o liw wedi dychwelyd i ruddiau Tomos, wrth i driniaeth y doctor ddechrau gweithio. Ond edrychai Begw mor sâl, ei chroen yn felyn a'i llygaid wedi suddo i'w phen, fel yr ofnwn ei bod wedi ein gadael. Yna clywn rygnu ei hanadl a byddai rhywbeth oddi mewn i mi'n dymuno gweld diwedd i'w dioddefaint.

Estynnais gadair wrth y gwely, ac wrth i honno grafu ar hyd y llawr teils fe agorodd ei llygaid ac edrych arnaf.

'Cer di'n ôl i gysgu nawr, Begw.'

Trodd ei phen oddi wrthyf ac yn ôl i mewn i'r glustog. Estynnais law a thynnu ei gwallt o'i hwyneb. Roedd hi'n brydferth iawn, hyd yn oed ar derfyn ei bywyd.

Ymestynnodd ei dwylo bach yn araf ar draws y garthen, a chydio yn fy llaw innau. Gosodais hi ar ei brest.

'Tomos?'

'Mae'n gwella.'

Caeodd ei llygaid drachefn. Ceisiais feddwl am rywbeth i'w ddweud er mwyn ei chadw gyda mi.

'Wi'n cretu ei bod hi'n mynd i fwrw eira cyn bo hir.'

'Sai'n hoffi eira. Mae'n gwneud i mi feddwl am y cotwm.' Rhychodd ei thalcen. 'Wi'n oe– oe–'

'Wyt ti'n oer?'

'Ofn.'

Pwysais ymlaen yn fy sedd. 'Ofn beth, Begw fach?'

'Y bydd Duw yn grac. Fel y dywedodd M – Mrs Glass.'

Ysgydwais fy mhen a gallwn deimlo'r dagrau'n powlio i lawr fy ngruddiau. 'Mae Duw yn maddau pob peth os wyt ti'n gofyn iddo Fe, Begw fach.'

Roedd fy llaw yn ysgwyd. Rhaid ei fod yn maddau. Allai Duw cyfiawn ddim anfon merch mor annwyl i uffern. Pe bai'n gwneud hynny, fe awn i lawr i uffern i'w nôl.

'Rwyt ti'n golygu'r byd i ni, Begw,' meddwn wedyn. 'I fi, i dy dad, i dy frawd, i bob un o dy ffrindiau.'

Daeth llonyddwch dros ei gwedd, ac er gwaethaf difrod y salwch ar ei chroen ymddangosai i mi fel yr angel mwyaf perffaith ar y ddaear yr ennyd honno. Edrychodd arnaf unwaith eto, ei llygad pŵl yn dyfrio, a gydag un ochenaid olaf caeodd ei llygaid drachefn a chysgu.

Ymestynnais fy llaw rydd a gwthio'r gwallt oddi ar ei hwyneb a mwytho ei thalcen. Yr unig gysur oedd gwybod y byddai hi, cyn bo hir, yn mwynhau heddwch go iawn.

⚙

Doedd dim rhaid disgwyl yn hir i'r ergyd ddod o gyfeiriad y *Times*. Cyn i ni fynd i'r wasg y dydd Mawrth canlynol daeth Ellis i mewn o'r niwl trwchus y tu allan â'i wyneb braidd yn welw, a phapur newydd dan ei gesail.

'Mae'r erthygl i mewn,' meddai.

Sgwariodd Mr Glass. 'Gadewch i ni ei chlywed hi,' meddai.

'Maent yn rhoi ambell glatsien i chi, Mr Glass.'

'Gadewch i ni ei chlywed hi.'

Cliriodd Ellis ei wddf ac agor y *Times* ar yr wythfed tudalen. 'The rabble rouser at the centre of the anti-tithe agitation in Wales is a nonconformist preacher called Joseph Glass, whose newspaper is written in the unintelligible and unpronouncable gibberish of the

Welsh language. One only has to look at Mr Glass' beliefs in order to ascertain why the Welsh people are held back, in intelligence, health and prosperity.'

Edrychodd yn ansicr ar Mr Glass, ond nid oedd modd darllen wyneb hwnnw.

'Dal ati,' meddai.

'We would usually ignore the ravings of madmen but can no longer sit by while dangerous men such as Joseph Glass continue to impede the progress of what is now the boiler-room of our British Empire. It is no coincidence that the revolutionary change that Wales has seen over the past few years, from a backward, rural, mountainous region into one of the most industrialised countries on earth has coincided with the rapid spread of the English language amongst the general populace.'

'Sothach!' gwaeddodd Êb, oedd yn crynu fel dewin dŵr.

'Hisht!' meddai Mr Glass.

'The mindset of the Celt stands in complete opposition to the modern world of rationality, economics, and machinery,' darllenodd Ellis. 'Their own culture is irredeemably inferior, backward and barbaric. None of the progress towards civilization seen over the last decades has derived from the Welsh themselves, and if they wish to progress further they must cast off their Welshness and become as much like their English bretheren as possible.' Gostyngodd Ellis ei gopi o'r *Times*, ac adrodd y geiriau o'i gof. 'We will be keeping an eye on the *Llais* from now on, and should Mr Glass not desist in his wrong-headed campaign we will suggest that Parliament investigate the role of the Nonconformist Welsh press in instigating mob violence.'

Anadlodd Mr Glass yn drwm. 'Tynnwch y dudalen flaen fel y bwriadwyd hi.' Cymerodd y papur o ddwylo Ellis. 'Fe wnaf i ymateb i'r *Times* yn yr erthygl olygyddol yr wythnos hon.'

Crafodd Ellis ei ben. 'Ond ro'n ni'n mynd i alw ar ein darllenwyr i yrru arian i mewn er mwyn talu i brynu eu celfi yn ôl pan ddaw'r beiliaid.'

'Mae hyn yn bwysicach.'

Gwyliasom Mr Glass yn ofalus, yn dringo i'w swyddfa a'i ysgwyddau'n grwm. Roeddwn i'n disgwyl ffrwydriad. Dwrn yn taro desg. Gwaedd i lawr y corn siarad. Fe fyddai hynny wedi bod yn fwy calonogol rywsut. Ond ni ddaeth.

'Odi e'n olréit?' gofynnais.

'Mae e weti bod yn gwitho bob awr o'r dydd,' meddai Êb. 'Weti ymlâdd mae'n siŵr.'

Yn sydyn teimlwn drueni dros Mr Glass. Doeddwn i ddim wedi disgwyl teimlo hynny erioed o'r blaen. Roedd wedi fy nharo i'n debycach i losgfynydd na dyn – mor ddiemosiwn â thalp o graig, heblaw pan oedd yn barod i ffrwydro. Ond gallwn weld yn awr bod rhywbeth meddalach o dan y gramen allanol, dyn yn cael ei yrru ymlaen yn ddi-ffael gan ryw ddymuniad tanbaid na wyddwn i ddim am ei darddiad, ac yn cael ei glwyfo'n hawdd o fethu â'i gyrraedd.

Roedd Ellis yn pendroni. 'Beth am i ni symud y newyddion am y degwm i'r ail a'r drydedd dudalen, a chael gwared ar y newyddion rhyngwladol?' Edrychodd arnaf yn ymddiheuriol, am i mi fod yn brysur yn lloffa drwy'r papurau rhyngwladol drwy'r prynhawn. Doedd Mr Glass ddim wedi achwyn am hynny o gwbwl – roedd fy angen i nawr fod Jenkin wedi mynd.

'Sdim ots gen i,' meddwn. Codais ac estyn am fy siaced, cyn dylyfu gên. 'Mi wna i ei throi hi, 'te, os yw'r papur yn llawn. Nos da, Eben, Ellis.'

'Wyt ti ishe cwmni?' gofynnodd Ellis. 'Y tro diwethaf o'dd y niwl mor drwchus â hyn fe gerddodd rhywun yn syth i mewn i'r afon.'

Gofynnodd hynny mewn modd cwbwl ddidaro, ond gallwn weld bod rywbeth yn pwyso arno. Ond doeddwn i ddim yn barod i siarad ag e am ein perthynas eto. Roeddwn i'n dechrau teimlo fy mod yn gweld ffordd i ddatod fy nghadwyni meddyliol fy hun a doeddwn ddim am ysgwyddo ei rai ef hefyd.

'Diolch, ond wi'n credu y gallwn i ddod o hyd i fy ffordd gyda'm llygaid ar gau erbyn hyn!'

Ond efallai mai Ellis a wyddai orau. Ni allwn weld braidd dim. Roedd y niwl melynwyrdd trwchus yn treiglo drwy'r dref fel creadur mawr yn ymlusgo ar ei fola, yn tynnu nerth o bob simnai a lle tân, yn codi o bob gwter ac yn dylifo drwy bod ffenestr, a'i anadl yn llosgi'r tu mewn i geg a thrwyn y rheini oedd yn ddigon anffodus i gerdded drwyddo.

Erbyn gadael Church Street doeddwn i ddim ond prin yn gallu gweld fy llaw o flaen fy ngwyneb. Roedd rhaid i mi deimlo fy ffordd ymlaen ar hyd ymyl y pafin fel rhywun dall, gan gyfri'r strydoedd. Doedd dim i'w weld bron â bod ond goleuni'r lampau nwy, a'u golau yn edrych fel staeniau olion bysedd, fel golau lleuad llawn y tu ôl i len o gwmwl oedd ar fin dod i'r glaw.

Gallwn glywed pobol yn mynd heibio – curiad eu traed ar y stryd a'u peswch diddiwedd. Bu bron i mi daro yn erbyn ambell un, eu sgarffiau wedi eu clymu dros eu cegau er mwyn hidlo rhywfaint ar y mwrllwch. Ymbalfalais drwy'r cawl rhyfedd, gan gamgymryd pob postyn a chasgen am leidr.

Wrth gerdded ar hyd Canal Street, clywais sŵn newydd. Sblash, sblash, sblash. Llygoden yn nofio ar draws y gamlas, meddyliais i ddechrau. Ond na, roedd yn sŵn cyson. Sŵn rhwyfau'n curo'r dŵr. Pwy fyddai ar gwch yn y fath drwch? Ond rhaid eu bod nhw'n rhwyfo yn bur araf a gofalus, oherwydd yr oedd y sŵn yn aros y tu ôl i mi o hyd.

Yna clywais sŵn arall, sŵn pren yn taro ymyl y gamlas, ac yna clecian ystol haearn wrth i rywun ei dringo.

'Miss!' galwodd llais.

Oedais cyn ateb, heb allu cuddio'r ofn yn fy llais. 'Ie?'

'Allwch chi ein helpu ni? Mae rhywun wedi syrthio i'r cnel fan hyn.'

Camais yn ochelgar at ymyl y stryd ac edrych i lawr i'r gamlas. Gallwn weld cysgodion yn y niwl.

'Wela i ddim–'

Caeodd law drom dros fy ngheg, gan fygu sgrech. Llusgwyd fi yn ddiymadferth i lawr i'r gamlas a'm taflu i waelod y cwch. Pam y bues i mor dwp? meddyliais. Dylwn i fod wedi rhedeg. Saethodd ofn fel dwfr rhewllyd drwy fy ngwythiennau.

Y peth cyntaf ddaeth i'm meddwl oedd bod Christmas Owens wedi dod o'r diwedd i holi am hunaniaeth yr Octopws. Byddai'n rhaid i mi fradychu Bopa, neu farw. Wyddwn i ddim pa un fyddai waethaf.

Gollyngodd y breichiau fi. Cefais gyfle o'r diwedd i gael fy anadl, ac yna sgrechian. Doeddwn i erioed wedi sgrechian gyda'r fath angerdd o'r blaen. Roeddwn i'n swnio fel Gwrach y Rhibyn.

'Waeth i ti heb â gweiddi yn y niwl yma,' meddai llais oedrannus o flaen y cwch.

Ceisiais godi a dianc dros yr ymyl, gan ysgwyd y cwch bob sut. Tynnwyd fi yn ôl i'm lle eto. Cofiais beth ddywedodd Bopa am gyrff merched yn cael eu tynnu o'r gamlas.

'Gofalus,' meddai'r llais eto. 'Mae'r dŵr fel traeth byw fan hyn.'

'Beth –?' Roedd fy mreichiau yn ddolurus lle'r oedd y dynion wedi cydio ynof.

'Dim ond ishe siarad,' meddai'r dyn oedrannus yn fwy addfwyn, ac yna gyda thinc bygythiol: 'Cawn ni weld sut aiff hynny.' Teimlwn nad oedd yn siŵr a oedd am fy mhwyllo neu godi ofn arnaf. 'Eisteddwch, Miss Maddocks.'

Codwyd fi i eistedd ar asgell wrth ganol y cwch. Yn y niwl gallwn weld fy mod ar ryw fath o gondola, wedi ei baentio yn goch cyfoethog. Roeddwn wedi cael fy ngwasgu fel ham mewn brechdan rhwng dau gwlffyn, ac fe eisteddai'r dyn a siaradai gyferbyn â mi. Roedd ganddo ffon hir yn ei law chwith. Gwisgai gwcwll o biws cyfoethog dros ei ben, ond gallwn weld ei geg yn symud. Fe aeth fy nghalon i fy ngwddf.

'Chi?'

'Ry'ch chi'n fy nabod i,' meddai Deon Sant Teiriol. 'A oes gan eich cyflogwr ddarlun ohonof yn ei swyddfa, i daflu bwyeill ato?'

'Fe welais i chi yng nghastell Fairclough.'

'A.' Gwgodd. 'Noson i'w hanghofio. Roedd marwolaeth Guto Salesbury yn hynod anffodus.'

'Mae Mr Glass yn gweud mai eich cynllwyn chi yw'r cwbwl.'

'Wrth gwrs. Eisiau celu'r gwir – neu, beidio gweld y gwir.' Bwriodd ei ffon yn flin ar waelod y cwch. 'Rhagor o bropaganda i'w recsyn o bapur, sy'n gwisgo hunan-fudd dyn busnes mewn ffug-gochl gwladgarol.'

'Hunan-fudd? Dim ond poeni am beidio ca'l eich Degwm ydych chi.'

'Poeni am drefn,' meddai'r Deon. 'Mae'r dref yma fel ffwrnais ar fin chwythu, ac mae Mr Glass yn benderfynol o daflu rhagor o lo i'r tân. A dyma pam y bydd yn rhaid iddo dalu'r Degwm, doed a ddelo. Mewn arian, neu fel arath, cawn weld.'

'Mi fyddai cnawd yn gwneud y tro,' meddai un o'r dynion drws nesaf i mi.

'Paid â bod mor ddi-foes,' dwrdiodd y Deon, er y teimlwn mai dyna oedd ei ymddygiad ef yn ogystal.

Roedd y cwch bellach wedi llithro o geg y gamlas ac ni allwn weld y lan ar y naill ochor na'r llall. Dyfalwn ein bod wedi cyrraedd Afon Yfrid. Dechreuodd y ddau gwlffyn bob ochor i mi rwyfo i fyny, yn erbyn llif y dŵr. Ysgydwodd cwt y cwch yn ôl ac ymlaen. Roedd y dref yn annaearol o dawel bob ochor i ni, fel petai niwl Arberth wedi syrthio arni.

'Felly pam ydych chi weti fy herwgipio i?' gofynnais, gan blethu fy mreichiau. Roeddwn wedi cael llond bol o fod yn ofnus ac yn prysur droi'n ddig.

'Mae gan Mr Glass dipyn o feddwl ohonoch chi.'

'Dydw i ddim yn siŵr a oes ganddo feddwl mawr o neb,' atebais.

'Mae weti ysgwyddo cryn dipyn o feirniadaeth i'ch cyflogi. Ydych chi'n butain, Miss Maddocks?'

'Rhag eich cywilydd!'

'Wi'n deall i chi gael eich arestio am gynnig gwasanaethau mewn man cyhoeddus.'

'Camddealltwriaeth.'

'Aha. A bod rhywun o bwys cymdeithasol weti gorfod mynd i ofyn am eich rhyddhau chi. Ai Mr Glass oedd hwnnw?'

'Mae Mr Glass yn ddyn duwiol.'

'O, does gen i ddim amheuaeth bod Mr Glass yn rhoi ei ffydd yn Nuw. Fy mhryder i yw ei fod yn credu bod Duw yn rhoi ei ffydd ynddo ef.'

'Mae'n brwydro dros ryddid.'

'Ydi, ond nid eich ryddid chi,' meddai'r Deon. 'Nid rhyddid y tlodion. Nid rhyddid y puteiniaid. Ei ryddid e a dynion fel fe i'ch gormesu chi. I berchnogion y ffatrïoedd gael gwneud fel y mynnent â'u gweithwyr. Ac mae modd cyfiawnhau cael gwared o unrhyw un sy'n teimlo'n wahanol, yn enw gwarchod rhyddid. Erlid eglwyswyr rhag ofn eu bod yn bygwth rhyddid yr anghydffurfwyr, erlid yr undebau llafur rhag ofn eu bod yn bygwth rhyddid y diwydiannwr, erlid menywod rhag eu bod yn bygwth rhyddid dynion. Gellid cyfiawnhau bron â bod unrhyw erchyllter yn enw rhyddid.'

Bu'n dawel wedyn, gan fy ngadael i gnoi cil ar ei eiriau. Yn wir, nid oedd wedi dweud unrhyw beth nad oeddwn wedi ei hir dybio.

Gwyddwn yn iawn sut un oedd Mr Glass, yn well na'r Deon. Penstiff, yn sicr. Diserch, oedd. Ond...

'Weithiau mae pobol yn gallu gwneud pethe da am y rhesymau rong,' meddwn. 'Ac os yw Mr Glass yn rong dyw hynny ddim yn gwneud y Degwm yn iawn.'

'Ac weithiau mae pobol yn gallu meddwl eu bod yn gwneud lles a nhwythau'n gwneud drygioni mawr,' atebodd y Deon. Gwasgodd ei wefus yn llinell. 'Tarw dur yw Joseph Glass, sy'n credu bod diwedd y daith yn cyfiawnhau unrhyw chwalfa mae'n ei chreu ar y ffordd.'

Trodd oddi wrthyf a thuag at y lan, a defnyddio ei ffon i lywio ar hyd ei hymyl nes i ni ddod at geg twnnel wedi ei warchod gan borthcwlis hanner agored.

'Rho dy ben i lawr,' meddai wrth i ni wibio oddi tano.

Rhoddais fy nwylo dros fy mhen. 'I le ydan ni'n mynd?' gofynnais. Doeddwn ddim yn hoff o olwg y waliau uchel yr oedden ni newydd fynd oddi tanynt.

'Yr Hen Dref,' meddai'r Deon. 'Rhywle lle y bydd modd i ni gwrdd yn gyfrinachol.'

Llenwyd fy stumog ag arswyd. Cofiwn yr anobaith a deimlais y tro diwethaf. A'r creadur...

'Dyw hi ddim yn saff fan hyn. Mae yna... ysbrydion...'

Gwenodd y Deon. 'Mae ambell leidr, oes, ambell i fedd-gloddiwr yn chwilio am ysgerbydau sy'n dal i wisgo eu gemwaith, ond mae'r afiechyd wedi hen ymadael.'

Cynnodd y Deon lamp nwy oedd yn hongian o flaen y cwch a llenwyd y twnnel â goleuni gwyrdd gwan. Gallwn deimlo gwe corynnod yn tynnu drwy fy ngwallt ac fe aeth ias i lawr fy nghefn wrth i mi geisio eu rhwbio oddi yno.

Safodd y Deon ar ei draed wrth i ni ddod o'r twnnel, gan bwyso yn erbyn ei ffon er mwyn cadw ei gydbwysedd. Cododd y lamp o flaen y cwch a'i dal o'i flaen er mwyn treiddio drwy'r niwl. Gallwn weld ein bod wedi dod i sgwâr, y geuffos yn rhedeg drwyddo ac o dan bont isel. Y tu hwnt i honno gallwn weld nenfwd cragen yr hen gapel, wedi ei lyncu bron yn gyfan gwbwl gan ganghennau coedwig a oedd yn araf ail-hawlio'r Hen Dref, a rhes o dai isel fel hofelau yn ymwthio yn ei erbyn.

Camodd y Deon oddi ar y cwch i'r lan ac estyn llaw i'm codi

ohono. Dilynodd y ddau gwlffyn a'm cadwodd yn gaeth ar y cwch, un bob ochor.

'Mae'n berffaith saff,' meddai'r Deon.

Llyncais waedd wrth weld cysgodion yn dyfod o'r niwl. Ond pobol oeddynt, nid ysbrydion, ac wedi gwisgo'n smart hefyd. Daethent yn agosach, a gwelais i'm syndod bod wyneb cyfarwydd yn eu plith.

'Jenkin!'

Cilwenodd arnaf braidd yn swil, yn ôl ei arfer.

'Rwy'n falch i ti ddod,' meddai.

'Ces fy herwgipio!' Edrychais yn gyhuddgar ar y ddau gwlffyn.

Crychodd talcen Jenkin. 'Fe ddywedsoch chi…'

'Fe fyddai hi weti rhedeg i ffwrdd fel arath,' meddai'r Deon. 'Ond hidia befo am hynny, rydan ni i gyd yma nawr. Sara, dyma Mr Richards, golygydd y *Weekly Advertiser.*'

Tynnodd hwnnw ei het a chymryd fy llaw. 'Nice to meet you,' meddai â gwên. Roedd ganddo drwyn mawr, fflat, a sbectol gron, a mwstásh a mop o wallt rhuddgoch ar ei ben. 'I'm sorry that we couldn't meet in nicer surroundings, but it's all important that your present employer doesn't get wind of our discussion. I'm told he has eyes in the back of his head.' Edrychodd i'r niwl.

'Beth ydych chi ishe?' gofynnais yn swta, fy mreichiau ymhleth.

'Ishe helpu ydyn ni,' meddai Jenkin.

'We're making you an offer, Miss Maddocks,' torrodd Mr Richards ar ei draws. 'We want to offer you your own column in the *Weekly Advertiser*, and a wage of two pounds a week.'

Edrychais arno'n syn.

'But…!'

'We need to move with the times. Women represent a large audience and the London papers have started employing cooking and fashion correspondents. But you can discuss anything you like, of course,' meddai â gwên fonheddig.

'Mae'n hyfryd yno!' meddai Jenkin. 'Rwyt ti'n ca'l gweud beth wyt ti ishe, yn rhydd o sgriw'r capel. Ac maen nhw'n talu…'

Roeddwn wedi fy fferru. 'Felly dyna'r cyfan y'ch chi ishe?' Teimlwn fod yna ryw amod yn rhywle.

'Ie, ar y cyfan,' meddai'r Deon. 'Ond rydyn ni am i chi wneud ffafr fach i ni.' Gwenodd yn llariaidd. Dyna'r tro cyntaf i mi ei weld yn gwneud hynny, ac roedd yr ystum yn awgrymu nad oedd y weithred yn gyfarwydd iddo ef chwaith. 'Rhywbeth fydd yn dod ag ymgyrch ffôl Mr Glass yn erbyn y Degwm i ben ac yn adfer trefn yn y dref.'

'Beth?'

'Mae Mr Glass yn cynllunio rhywbeth. Stynt cyhoeddus fydd yn ennill cydymdeimlad y bobol. Rydyn ni am fod yn barod i daro'n ôl. Yn fras, ry'n ni angen ysbïwr tu fewn Gwasg Glass.'

'Os wyt ti'n clywed am unrhyw beth, fe alli di drefnu i roi gwbod i fi,' meddai Jenkin. Gwenodd yn hwyliog.

Nodiais fy mhen yn araf.

'Does gen ti ddim i'w golli, Sara, wir i ti,' parhaodd Jenkin. 'Dyw Mr Glass ddim yn haeddu dy deyrngarwch di.'

'You're a very talented author – that's what Jenkin tells us,' meddai Mr Richards. 'Full of ideas. Exactly what we're looking for.'

Oedais. Roedd fy mhen i'n troi. 'I need time to think!'

'Fe fyddi di'n cyfarfod â Jenkin ar y bont dros yr afon am saith nos yfory,' meddai'r Deon. 'Mae gen ti tan hynny i benderfynu.' Yn sydyn trodd ei olygon oddi wrthyf ac edrych draw, i fyny dros doeau'r tai.

'What's wrong?' gofynnodd Mr Richards.

'Mae yna rywun... neu rywbeth... yma.' Craffodd ar nenfwd yr hen gapel. 'Dim ots, mae e weti mynd. Cysgod yn y niwl. Dewch! Mi wnawn ni adael ar wahân, rhag ofn.'

Cyffyrddodd Mr Richards ei het ac fe ddiflannodd ef a Jenkin yn ôl i'r niwl.

'Dyna ni?' gofynnodd un o'r dau ddyn oedd wedi fy nal yn gaeth ar y cwch.

'Am heddiw,' atebodd y Deon.

'Beth am y darn o gnawd?' gofynnodd y llall.

'Bydd rhaid i arian wneud y tro,' meddai'r Deon yn awdurdodol, ond roedd nerfusrwydd yn ei lais.

Cydiodd un o'r dynion ynof. 'Efallai bod hon yn werth mwy nag arian.' Tynnodd fi tuag ato. Llamodd ei dafod allan a llyfu fy ngwddf.

Chwarddodd y llall.

Agorodd llygaid y Deon led y pen. 'Rhowch y gorau iddi, neu...'

Estynnodd y dyn arall ei law i'w boced a thynnu cyllell. 'Neu beth? Pwy sy'n mynd i'ch clywed chi fan hyn?'

Daliodd un o'r dynion fi y tu ôl i'm cefn wrth i'r llall agosáu ataf gyda'r gyllell. Ceisiais wingo o'i afael ond ni allwn. Teimlais ias yn lledu dros fy nghorff wrth i'r llafn agosáu at fy nghroen. Gallwn weld wrth y dyn ei fod yn mwynhau gweld yr ofn ar fy ngwyneb. Daeth yn ddigon agos i mi deimlo ei anadl ar fy ngwar. Roedd oglau poeth fel gwaed arno.

Ciciais ef rhwng ei goesau.

Gollyngodd y gyllell ar lawr a rhegi. 'Fucking hell!'

Teimlais afael y dyn yn tynhau y tu ôl i mi nes bod fy mreichiau yn dolurio.

'Rhowch y gorau iddi!' Gwelodd y Deon ei gyfle yntau a thrywanodd ei ffon dros ben y llabwst.

'Ow!' gwaeddodd hwnnw a dal ei benglog. Ond ni wnaeth lawer o wahaniaeth. Trodd a phwnio'r Deon yn ei wyneb i'r llawr, yna estyn am ei gyllell a'i dal wrth fy ngwyneb.

'That was a mistake,' meddai'n flin. 'I had thought about letting you live, after we're both done with you. But now I might just smash your head on one of those gravestones. And this old bastard too.'

Gostyngodd ei gyllell a dechrau rhwygo blaen fy ffrog, o'r goler i lawr. Ceisiais ei gicio eto, ond roedd wedi dysgu ei wers ac ataliodd fy nghoes gyda'i benglin. Yna trywanodd fi ar draws fy ngwyneb. Teimlais boen yn lledu ar hyd fy moch a'm gên a chaeodd y niwl yn dynnach amdanaf. Roedd sŵn clychau'n atseinio yn fy nghlust.

Chwarddodd y dyn oedd yn fy nal, a chydiodd y llall yn fy ngên a'i gwasgu. Gallwn flasu gwaed yn fy ngheg.

'I don't want to have to cut you before fucking you. I want you to stay pretty. But if you do that again, I'll cut off one of your fingers.'

'Ti, Grist, yw brenin y gogoniant. Ti yw tragwyddol Fab y Tad.'

Oedodd y dyn oedd yn fy nal wrth glywed y llafarganu oeraidd. Gollyngodd fy ngên.

'Pan orchfygaist holl nerth angau, agoraist Deyrnas Nef i bawb sy'n credu.'

'What – what the hell is that?' gofynnodd y dyn. Roedd wedi camu'n ôl oddi wrthyf ac roedd ei lygaid yn llydan â braw.

Llaciodd gafael y llall arnaf wrth iddo droi ei ben.

'Ti sydd yn eistedd ar ddeheulaw Duw yng ngogoniant y Tad.'

Roedd mwy nag un llais yno bellach. 'Yr ŷm yn credu mai tydi a ddaw yn farnwr arnom.'

'Stay back!' meddai'r dyn a ddaliai'r gyllell, ei lais yn crynu. Cododd ef yr arf o'i flaen.

Gollyngodd y llall afael ynof a chamu draw i ymuno â'i gydymaith. Troais innau i weld o le'r oedd y lleisiau'n dod, a sgrechian.

Yn camu o'r niwl o'n hamgylch oedd y plant yn y mygydau. Nid un ohonynt, nid hanner dwsin, ond degau ohonynt. Roedd pennau pob un wedi creithio a gwisgai pob un fygydau o bres. Roeddynt yn cau amdanom yn un dôn.

'Stop!' gwaeddodd un o'r dynion, ei lais yn floesg.

Ataliodd y plant eu cam, a syllu arnom, yn dyrfa o fygydau unfath.

'If you come near, I'll kill you!'

Siaradodd y côr ag un llais. 'Beth yw'r hyn y mae'r pumed gorchymyn yn ei wahardd?' Ac yna'n ateb: 'Na ladd.'

'Bloody hell! Get the fuck away, all of you!' Chwifiodd un o'r dihirod ei gyllell yn wyllt i bob cyfeiriad.

Dechreuodd y plant orymdeithio tuag atom, gan ddweud ag un llais: 'Peidiwch â thyngu llw; nid i'r nef, gan mai gorsedd Duw ydyw.' Camasant heibio i mi a chau yn gylch am y ddau ddyn. 'Nac i'r ddaear, gan mai ei droedfainc ef ydyw.'

'Let's go!' Tynnodd un o'r dynion ar y llall a dihangodd y ddau at y cwch. Neidion nhw i mewn a gwthio yn erbyn y wal a gadael i'r llanw eu cario i lawr i geg yr ogof.

'Peidiwch â thyngu llw,' adroddodd y plant. 'Gan mai o'r Un Drwg y daethont hwy.'

Trodd y plant i'm hystyried. Daliais fy mreichiau o'm blaen a chrynu drostaf, wrth i'r holl wynebau pres disymud syllu arnaf. Ond ni symudon nhw.

'D– diolch,' meddwn. 'Diolch am fy achub i.'

'Y sawl sy'n cyflwyno offrymau diolch sy'n anrhydeddu Duw,' llafarganodd y plant, 'ac i'r sawl sy'n dilyn ei ffordd y mae'n dangos iachawdwriaeth Duw.'

Trodd y dyrfa oddi wrthyf a dechrau gwasgaru, gan ddiflannu un ar ôl y llall i'r niwl. Parhaodd eu lleisiau i atseinio o'r caddug o'm cwmpas.

'Er mwyn i ni ofni'r Arglwydd ein Duw a chadw ei holl ddeddfau a'i orchmynion rhaid eu cadw ar gyfer y plant… a phlant ein plant… a phlant ein plant…'

Pylodd atsain eu lleisiau o'm clyw nes oedd dim ond distawrwydd.

Ni allwn gredu'r hyn oeddwn i newydd ei weld. Teimlwn fel cyfogi. Roeddwn yn benysgafn, a'm calon yn curo mor gyflym roedd yn debycach i gryndod yn fy mrest.

Clywais sŵn griddfan yn fy ymyl a bu bron i mi sgrechian drachefn, cyn gweld mai'r Deon oedd yn dadebru. Gwelwn waed yn llifo o'i drwyn. Cymerais ddŵr o'r geuffos gerllaw a'i daflu dros ei wyneb. Cydiais yn ei law a'i ysgwyd. Roedd dirfawr angen rhywfaint o gwmni arnaf mewn lle mor ofnadwy, hyd yn oed hen ddyn methedig a chas.

Agorodd ei lygaid, a gwelais ansicrwydd ynddynt.

'Mmm– be?' meddai. Cododd ar ei eistedd.

'Fe gawsoch chi glatsien,' meddwn.

'Lle aeth y dynion yna?' Edrychodd o'i amgylch, ac yna ar fy nillad rhacsog. 'Wyt ti'n iawn?'

'Fe ddihangon nhw.'

'Dianc?' edrychodd braidd yn ddrwgdybus. 'Rhag beth?'

Codais ef ar ei draed a chymryd ei fraich. Casglodd ei ffon o'r llawr a dechrau cerdded ochor yn ochor â mi.

'Maen nhw weti mynd â'r cwch,' meddwn.

'O. Mae yna ffyrdd eraill o fynd oddi yma.'

Wrth i ni groesi'r sgwâr, teimlwn fod miloedd o lygaid yn fy ngwylio o bob twll a chornel. Edrychais ar y Deon ac roedd yntau'n edrych yr un mor gythryblus â mi. Roedd ei sicrwydd arferol wedi mynd.

'Mae'n ddrwg gen i, Sara,' meddai.

Ddywedais i ddim.

'Roeddwn i weti gadael i gasineb fy meddiannu. Mae Duw weti dysgu gwers i mi. Dim gwers ry lem, gobeithio.' Edrychodd arnaf ac roedd dagrau yn ei lygaid. Ysgydwais fy mhen. Amneidiodd ei ben yntau. 'Gad i ni adael y lle melltigedig yma,' meddai.

'Sara!'

Troais ar fy ochor ac agor un llygad. Er mor anghyfforddus oedd y gwely roedd yn gynnes dan y cwrlid. Dim ond ychydig oriau o gwsg oeddwn i wedi ei gael.

'Sara!' Daeth llais Bopa eto drwy'r drws.

'Ie?' galwais yn gysglyd. Os oedd hi'n fy ngalw i frecwast, byddai'n rhaid i mi wrthod.

'Mae Ellis wrth y drws.'

'O.' Deffrais ryw fymryn. 'Allech chi ddweud fy mod i'n dal yn fy ngwely? Fe welaf i e yn y gwaith.'

'Mae'n gweud bod y beilïaid y tu fas i dŷ Mr Glass.'

Alla i ddim dweud sut, ond fe es o fod yn orweddiog i fod wrth y drws o fewn eiliad. Agorais ef.

Edrychodd Bopa arnaf mewn braw. 'Beth sydd weti dicwdd i dy wyneb?'

'Ym!' Mwythais fy ngên boenus. Doeddwn i ddim wedi cael cyfle i edrych arni mewn drych. Dyfalais ei bod yn ddu las drosti. 'Weti baglu yn y niwl mawr neithiwr. Odi e'n wael?'

Edrychodd Bopa arnaf yn llym, gan gadarnhau nad oedd yn credu dim o'r hyn a ddaethai o 'ngheg.

'Rydw i weti gweud wrthat ti fod yn garcus!' Anelodd ysbodol fygythiol.

'Mi ydw i!' meddaf. 'Mae'n rhaid i fi fynd at Mr Glass!'

Gwisgais amdanaf yn frysiog, a mynd heibio Bopa am ddrws y ffrynt. Edrychais allan a bob ffordd i fyny'r stryd. Doedd Ellis ddim yno. Mae'n rhaid ei fod wedi ei heglu hi draw o'm blaen i ar ôl rhoi gwybod.

'Wi'n erfyn arnat ti, Sara,' galwodd Bopa. 'Cymera ofal!'

'Mi wnaf i, Bopa!'

'Na wnei, wnei di ddim,' meddai hithau'n egwan a throi cefn arnaf.

Llyncais fy euogrwydd a brysio i lawr y stryd i gyfeiriad tŷ Mr Glass, gan ochrgamu y sbwriel a'r gweithwyr mud, gan fynd mor gyflym ag y byddai urddas yn caniatáu i mi. Gallwn glywed gwatwar y dyrfa o bellter. Wrth gyrraedd gwelwn fod cynulleidfa helaeth wedi ymgasglu, gan wasgaru ar draws y stryd a'i gwneud hi'n anodd i'r llif cyson o gertiau a cheffylau fynd heibio. Roedd

Christmas Owens a sawl heddwas arall yno hefyd, yn sefyll i'r naill ochor ond yn gwylio'n astud rhag ofn bod unrhyw drafferth. Llithrais i'r dorf fel nad oedden nhw yn fy ngweld.

Wrth agosáu at flaen y tŷ gwelais Mr Glass hefyd, yn sefyll o flaen drws y ffrynt, ei het uchaf am ei ben a'i freichiau wedi eu plethu. Roedd ffenestr uchaf y tŷ ar agor a dwy forwyn yn hongian ohono er mwyn cael gwell golwg ar yr hyn oedd yn digwydd.

Daeth gwatwar mawr gan y dyrfa a gwelais dri o feilïaid yn agosáu, gyda golwg ceisio penderfynu oedden nhw'n mynd i wneud y gwaith yr oedden nhw wedi eu cyflogi i'w wneud, neu ffoi oddi yno, gan fod gormod o berygl i'w bywydau i gyfiawnhau unrhyw bris.

O'r diwedd Joseph Glass wnaeth y penderfyniad drostynt. Camodd at y giât haearn o flaen ei dŷ, ei hagor a sefyll i'r naill ochor.

'Wel, ydych chi'n dod i mewn ai peidio?' gofynnodd.

Chwarddodd y dorf wrth i'r beilïaid faglu heibio iddo.

'Sdim te bêch i chi yn anffodus!' meddai Mr Glass.

Chwarddodd y dorf yn uwch, a diflannodd y beilïaid i'r tŷ fel llygod i dwll. Roedd cysgod gwên ar wyneb Mr Glass ond pan ddaeth Mrs Glass i ymuno ag e wrth y giât roedd golwg boenus iawn arni. Siaradodd y ddau yn isel a chydiodd Mr Glass yn dyner yng ngarddwrn ei wraig.

Gwyliai Ellis ac Êb o ymyl y dyrfa, ac mi es i draw i sefyll gyda nhw. Roedd gwên lydan ar wyneb Ellis ac roedd Êb yn neidio o un droed i'r llall.

'Ma wech weti ca'l rhybudd y bore yma y bydd y beilïaid yn galw os nad ydyn nhw'n talu'r degwm,' meddai Ellis yn gyffrous. 'Maen nhw weti gorfod dod â beilïaid i fyny o'r porthladd, mae'n debyg. Doedd neb o'r dref yma'n fodlon gwneud y gwaith!'

Wedi dau funud daeth y beilïaid allan yn cario soffa a chadair.

Fferrwyd Mrs Glass yn yr unfan, ei llaw dros ei cheg. 'Dim ond tri swllt naw ceiniog oedd y ddyled!' meddai. 'Mae'r rheini werth we phunt.'

'Costau,' meddai un o'r beilïaid wrth fynd heibio, yn fyr ei wynt.

'Peidiwch â phoeni, Kate,' meddai Mr Glass, ei goesau ar led a'i ên i fyny.

Edrychodd Mrs Glass i lawr ar ei dwylo a'u rhwbio yn erbyn ei gilydd.

Daeth un arall o'r beilïaid allan drwy'r drws. 'Dydw i ddim yn gallu codi'r awrlais,' meddai.

'Mae weti ei hoelio i'r pared,' meddai Mr Glass.

Hwtiodd y dorf eto ac fe aeth clustiau'r beilïaid yn goch. Bryd hynny penderfynodd y tri eu bod nhw wedi cael digon am y tro. Codwyd y celfi i gefn cert. Ond yna roedd rhyw gythrwfl. Cododd lleisiau blin a gwelais rhywun yn taflu dwrn. Syrthiodd un o'r beilïaid i'r llawr fel sach o datws.

'Dyna ddigon!' bloeddiodd Mr Glass. 'Dim ond gweithwyr y'n nhw – gadewch iddyn nhw fynd.'

Ond roedd nifer o gyrff eisoes ynghlwm â'i gilydd ac yn cael trafferth gwahanu eu hunain o'r ysgarmes. Nid oedd yr heddlu yn ymddangos yn awyddus i ymyrryd chwaith.

'A vote for every man!' galwodd rhywun.

'A chyflog teg!'

'Bread and clean water!'

Roedd yn amlwg i mi beth oedd yn digwydd. Roedd rhai o gyfeillion Solomon y Pentyrrau Sorod wedi dod i geisio ieuo eu protest eu hunain wrth un Mr Glass. Ac yn wir, gallwn weld Solomon ei hun yn sefyll yno, wrth galon y llafarganu, yn arwain y côr.

'Pleidlais gudd!'

'Dŵr glân!'

'Dyna ddigon!' gwaeddodd Mr Glass eto.

Llwyddodd y beilïaid i ddianc i ben y gert a llusgo eu cyfaill anymwybodol i fyny i ganol y nwyddau. Aeth un i'r blaen a chymryd yr awenau a gwthiodd y gert drwy'r dorf yn boenus o araf i sŵn côr o fwian. Roedd Mr Glass yn crensian ei ddannedd, ei lygaid yn ddu fel fflint. Dechreuodd y dyrfa wasgaru a dyna'r pryd y camodd yr heddlu ymlaen a chydio yn ambell un o'r dynion ifanc.

'Wnes i ddim byd!' meddai un.

'Mae dy drwyn di'n gwaedu,' meddai'r heddwas.

'Ca'l penelin yn fy ngwyneb wnes i,' protestiodd.

'Fairclough's hired thugs!' gwaeddodd rhywun, ond o bellter saff. 'Twll tin i'r heddlu!'

Arestiwyd chwech o'r dynion a'u gosod i eistedd ar y wal y tu allan i dŷ Mr Glass nes bod car stêm yr heddlu yn cyrraedd i'w cario oddi yno. Aeth Mrs Glass i'r tŷ, ei hysgwyddau'n grwm a'i phen i lawr. Ond arhosodd Mr Glass wrth y giât, yn siarad yn bwyllog â'r dynion a'r heddweision yn eu tro.

Teimlais law fawr ar fy ysgwydd. 'Rwyt ti'n lwcus, Miss Maddocks, fod gennym ni ein dwylo'n llawn,' meddai llais Christmas Owens yn fy nghlust.

Gwingais a throi tuag ato a'i gael yn edrych i lawr ei fwstásh sinsir tuag ataf.

'Fe fyddwn ni'n galw â chi mewn diwrnod neu ddau – ac yn disgwyl cael yr hanes i gyd,' meddai.

Wedi i gar stêm yr heddlu hwylio ymaith galwodd Mr Glass arnom ni.

'Ellis, Êb, Sara, dewch i'r tŷ,' meddai, a chamu o'r neilltu i ni fynd heibio fel y gwnaeth â'r beilïaid ynghynt.

Afraid dweud bod cartref Mr Glass yn union fel y dyn ei hun, yn gwbwl barchus ac yn gweddu i'w statws heb fod yn arbennig o rwysgfawr. Tŷ Sioraidd ydoedd, gydag ystafelloedd helaeth eu maint â nenfydau uchel, waliau lliw hufen a charpedi gwyrdd tywyll a chelfi o dderw tywyll. Roedd ffenestri uchel tua'r stryd a chyrtens gwyrdd sidanaidd ar y rheini hefyd. Addurnwyd y waliau â rhai paentiadau Beiblaidd – Joseff yn cael ei adnabod gan ei frodyr, a'r swper olaf – a thorlun pren o ambell hen bregethwr.

Arweiniwyd ni i'r llyfrgell. Roedd pob wal yma yn gyfrolau lledr trwchus hyd y nenfwd, ar silffoedd derw. Gwelais gopi o *Lais y Bobl* wedi ei fframio uwch un lle tân, ond roedd wedi colli gormod o'i liw i mi weld pa rifyn ydoedd – un o'r cynharaf, yn ôl golwg braidd yn hen ffasiwn yr argrafflythrennau.

Eisteddais ar gadair bren galed.

'Beth sy'n bod arnyn nhw yn cwffio a difetha pethe fel yna?' gofynnodd Êb wrth i Mr Glass ddod i mewn.

'Efallai y gallen ni eu defnyddio nhw – gwneud merthyron ohonynt,' meddai. Camodd yn ôl ymlaen ar hyd y carped, gan rwbio ei ddwylo i lawr ei drowsus. 'Gweud eu bod weti ca'l bai ar gam. Eu bod yn dioddef dros iawnderau cydwybod a chrefydd.'

'Beth am eich eiddo chi?' gofynnais, yn awyddus i Mrs Glass eu cael yn ôl.

'Rwy'n amau na fyddant yn meiddio ceisio eu gwerthu'n gyhoeddus, ar ôl yr hyn ddicwddodd heddiw.' Rhwbiodd Mr Glass ei ên yn feddylgar.

Pwysais ymlaen yn fy sedd. 'Beth am hyn?' cynigiais. 'Mi wnawn ni roi gwbod i'r wardeiniaid eich bod chi'n bwriadu gadael y dref am ychydig ddyddiau, i fynd i bregethu – yn y gogledd efallai, neu yn Lerpwl. Nid rhoi gwbod yn uniongyrchol, wrth gwrs, ond drwy glecs ar y stryd.'

Trodd y dynion i edrych arnaf.

'Fe fyddan nhw'n siŵr o geisio gwerthu eich pethe chi pan ydych chi ddim yma.'

Gwingodd Ellis. 'Ond mae Mr Glass am eu ca'l nhw'n ôl!' meddai.

'Ie, ond yna wrth iddyn nhw ddechrau'r arwerthiant, fe gewch chi gyrraedd yn ôl ar gefn eich cert a'u dal nhw wrthi,' meddwn. 'Fydd neb yn meiddio prynu'r nwyddau wedyn.'

'Ac fe gewch chi nhw'n ôl am hanner eu pris!' meddai Êb, ei lygaid yn disgleirio.

Edrychodd Mr Glass arnaf mewn rhyfeddod. Amneidiodd ataf gyda bys crynedig.

'Ydi, mae'n werth rhoi cynnig arni.' Crafodd ei gernflew. 'Rhowch wybod i bawb fy mod yn bwriadu mynd i Lundain ddydd Llun, ac yna fe ddof yn ôl yn ddisymwth a'u dal nhw'n gwerthu'r nwyddau! Ac yna gwneud chwip o araith!' Bwriodd yr awyr â'i ddwrn.

Daeth Mrs Glass i mewn â'r te i ni. Gallwn weld bod ei llygaid yn goch, ac roedd ei llaw yn ysgwyd wrth iddi osod y llestri ar y bwrdd. Aeth allan heb ddweud dim, ac ni wnaeth Mr Glass sylw ohoni.

'Y bobol sydd eu hangen!' meddai, gan ddyrnu ei gledr ei hun. 'Nid dim ond y peirianyddion a'r tocynwyr. Y cyfan. Y labrwyr, y tlodion, pawb.'

'Gaf fi ddweud un peth arath?' gofynnais, â hyder newydd yn fy llenwi.

'Cei,' meddai Mr Glass.

'Wneith hi mo'r tro ceisio smalio mai cefnogwyr ymgyrch y Degwm oedd y dynion a gafodd eu harestio. Fe glywoch chi beth oedden nhw'n ei weiddi. Cyflog teg! Pleidlais i bob dyn!'

Caeodd Mr Glass ei ên yn dynnach. Gallwn weld nad oedd diddordeb ganddo yn y pynciau hyn.

Ond doedd dim ots gen i, roeddwn i'n benderfynol o gael dweud fy nweud yn awr. Doedd gen i mo'i ofn rhagor.

'Y rheswm nad ydych chi'n cael cefnogaeth y bobol ydi am nad ydych chi'n trafod pryderon y bobol,' meddwn. 'Rydych chi'n trafod treth ar eiddo. Prisiau ŷd. Hawliau crefyddol. Nid pryderon y bobol gyffredin yw'r rhain.'

'Mae Sara…' meddai Ellis.

'Gad iddi siarad,' meddai Mr Glass.

'Os ydych chi eisiau cefnogaeth y bobol, rhaid i chi ennill cefnogaeth y bobol fel ag y maen nhw, nid fel yr hoffech chi iddyn nhw fod.' Roedd fy meddwl i ar Begw druan ar ei gwely angau wrth ddweud y pethau hyn, a bu'n rhaid i mi lyncu fy nheimladau wrth siarad. 'Pethau fel dŵr glân.'

'Ond does gan y pynciau hynny ddim oll i'w wneud â'r Eglwys!' meddai Mr Glass, gan agor ei freichiau ar led. 'Dyna'r frwydr sydd angen i ni ei hennill! Rhaid i ni fod fel agerfarch, yn ddall i'r hyn sydd naill ochor, yn bwrw ymlaen yn unionsyth at ein nod.'

'Beth yw'r frwydr yn erbyn yr Eglwys?' gofynnais. 'Pam ydyn ni'n brwydro yn erbyn yr Eglwys?!'

'Rhyddid!' meddai Mr Glass.

'Yn union,' atebais, gan syllu'n syth i'w lygaid. Gofalais gadw fy llais yn isel, rhag iddo feddwl fy mod yn ei blagio. 'A beth am ryddid rhag salwch, a newyn? Onid yw'r rheini'n frwydrau dros ryddid hefyd?'

Tynnodd Mr Glass wyneb ac edrych ar Ellis.

'Gellid gwneud brwydr y degwm yn rhan o ymgyrch ehangach am ryddid i bawb yn y dref – nid perchnogion eiddo yn unig,' meddwn, gan fwrw cledr fy llaw gyda fy nwrn. 'A thrwy hynny ennill ton o gefnogaeth fydd yn walu dylanwad yr Eglwys a'r bonedd am byth.'

Roedd Êb yn gwenu mewn edmygedd.

Croesodd Mr Glass ei freichiau, ac edrych drwy'r ffenestr. Roedd goleuni haul y bore yn amlygu'r rhychau ar ei wyneb. 'Fydd Fairclough ddim yn hoffi hynny,' meddai.

'I'r diawl â Fairclough,' meddai Ellis. 'Nid yw'n frenin nef na daear.' Rhoddodd ei sbectol yn ôl ar ei drwyn. 'Mae'n rhwystro popeth – dŵr glân, system garthffosiaeth, sefydlu cyngor tref. Mae hon yn dref o 50,000 o bobol erbyn hyn ond yr un mor amddifad o lywodraeth sifig â'r pentref lleiaf yn Affrica.'

Llyncodd Mr Glass lond ysgyfaint o aer, a'i chwythu allan yn araf bach.

'Rydym ni'n sefyll ar lannau'r Môr Coch,' meddai. 'Y cyfan sydd ei angen ar y bobol yw rhywbeth fydd yn rhoi gobaith iddynt y gellid agor y dyfroedd a chyrraedd gwlad yr addewid.'

'Roedd Moses wedi addo rhywbeth iddyn nhw,' meddwn. 'Cael dianc o gaethwasiaeth y Ffaro. Allech chi addo'r un peth?'

Rhychodd talcen eang Mr Glass a gwelais ef yn pendroni'n ddwys am ychydig eiliadau. Ond yna llaciodd y rhychau o amgylch ei lygaid, tynhaodd ei ên a dychwelodd yr hen bendantrwydd.

'Reit,' meddai. 'Y dyn Solomon yma. Rydw i eisiau siarad ag e.'

Roeddwn mor ddwfn y tu mewn i fy meddwl fy hun wrth gerdded at y bont i gwrdd â Jenkin, bu bron i mi beidio â sylwi ar y fflochion bychain o eira yn cylchdroi o'm cwmpas. Gorweddai haen denau o wynder ar bob stryd, to llechi, bocs a chert, gan droi popeth arall – yr haearn a'r tai a'r bobol – yn ddu. Yr unig liw yn y byd oedd y goleuni oren a grynai ar wynebau'r tlodion a safai hwnt ac yma o amgylch y tanau. Dalient eu dwylo crynedig o'u blaenau wrth geisio amsugno cymaint o wres â phosib o'r fflamau. Roedd bodiau fy nhraed innau wedi dechrau fferru wrth i'r eira gasglu ar flaen fy esgidiau.

Stwffiais fy nwylo oer i bocedi fy siaced a brasgamu yn gyflymach i gyfeiriad y bont, eisiau cyrraedd cyn i fi newid fy meddwl.

Cefais hyd i Jenkin yn sefyll o dan un o'r lampau nwy wrth y bont ac yn edrych i lawr ar bentwr o garpiau ar lawr. Roedd y lamp yn goleuo'r plu eira yn llachar wrth iddynt dawnsio fel eurgylch o amgylch ei ben. Ond taflwyd cysgod ei het i lawr dros ei wyneb, gan olygu na allwn weld ei lygaid.

'Wilo am ysbrydoliaeth ar gyfer y nofel nesaf?' gofynnais.

Neidiodd ryw fymryn wrth glywed fy llais. Yna lledodd gwên ar draws ei wyneb, a rhoddodd gledr ei law ar ei galon.

'Roeddwn i'n dechrau meddwl dy fod ti ddim yn dod,' meddai.

'Wrth gwrs fy mod i,' meddwn, fy llais yn nerfus.

Gwelais beth y bu'n edrych arno. Dyn ysgerbydol a orweddai mewn pentwr o sachau brethyn ar ymyl yr hewl, ei fysedd a gwaelod ei draed noeth yn las gan oerfel. Roeddwn i'n meddwl ei fod wedi trigo ond yna fe symudodd ychydig ac agorodd cil ei lygaid.

Aeth Jenkin i'w boced a thaflu ceiniog ato, a throi tuag at y bont.

'Mae'n annheg,' meddai.

'Mae yna lawer sy'n dal i gredu bod pobol yn haeddu eu ffawd.'

'Problem annhegwch yw ei fod yn dwyn pethau gan bobol – addysg, prydferthwch, dillad glân,' meddai Jenkin. 'A drwy eu gadael mewn cyflwr anos ei garu mae'n gwneud i'r annhegwch ymddangos yn deg.'

Edrychodd allan dros ddüwch rhewllyd yr afon, a edrychai fel inc wedi ei ddal dan haen o wydr, cyn troi a gwenu arnaf.

'Fyddi di ddim yn difaru dod i weithio i'r *Advertiser*.' Cydiodd yn fy llaw. 'Mae fel mynd o eistedd ar hen stôl bren i eistedd mewn catar freichiau. Wi'n cael llonydd i sgwennu heb i neb fy mrysio i, na dweud bod sgwennu straeon yn bechod.'

'Beth ddigwyddodd i wrthryfela yn erbyn y drefn?'

Cochodd ei glustiau. 'Sai'n cretu bod lot o obaith, o's e? Mae Fairclough wedi cael gafael ar y lle 'ma gyda'i faneg haearn a gwasgu'r bywyd o bawb. Pwy sydd â'r egni i wrthryfela ar ôl diwrnod yn y ffatri haearn, neu'r pwll glo?'

Ymunais ag ef yn syllu'n synfyfyriol i'r dŵr. Roedd yn weddol glir fan hyn, ond yn cymylu yn bellach i lawr yr afon.

Sylweddolais fy mod yn wynebu un o benderfyniadau mwyaf fy mywyd – y mwyaf ers penderfynu ffoi i'r dref, o leiaf. Teimlwn yn fyr fy anadl wrth feddwl am y peth, ac nid fy staes oedd yn gwbwl gyfrifol am hynny. Gallwn weddïo i Dduw am arweiniad ond nid oeddwn yn siŵr a fyddai'n gwrando. Roedd y drws a gaewyd arnaf y diwrnod y lleddais fy nhad ar glo o hyd.

Ychydig oriau ynghynt fe fyddai y penderfyniad wedi bod yn un hawdd, ond roedd parodrwydd Mr Glass i wrando arnaf wedi fy llenwi ag amheuon. Oedd e wir wedi newid ei farn ar y pwnc, wedi sylweddoli'r angen i fynd i'r afael â'r anghydraddoldebau yn y dref, neu ai dim ond newid tactegau ydoedd?

'Dydw i ddim yn credu eu bod nhw'n mynd i fedru atal Joseph Glass,' meddwn. 'Mae gyda fo ryw… rym dros bobol.'

'Drostat ti?'

'Na, wi'n treulio gormod o amser yn ei gwmni. Wi'n gweld yr holl fecanwaith yn symud o dan yr wyneb. A dwi ddim yn eu gweld nhw fawr gwell na'i gilydd.'

'Yr Eglwys?'

'Mae'r *Llais* yn plygu'r gwirionedd cymaint â'r *Times*.'

'Mae'n 'en ddyn blin.'

'Odi. Ond wi'n meddwl bod ei galon o'n y lle iawn, ond yw hi? Y broblem yw, os wyt ti'n credu bod yr achos yn un teg, fe alli di gyfiawnhau popeth arath wedyn.'

Cododd Jenkin ei aeliau. 'Dwi'n deall. Mae'n anodd, ti'n gwbod. Gadael fel yna. Mi wnaeth Watkin ffafr â fi drwy bod yn gymaint o fastad. Allen i ddim mynd yn ôl wedyn.'

Efallai nad bradychu Mr Glass oedd yn corddi fy stumog mewn gwirionedd, ond yn hytrach Ellis ac Êb. Roedden nhw'n gyfeillion, ac roeddwn i'n eu caru nhw ill dau. Fe fyddai gweld eu hymateb petawn i'n eu bradychu am y *Weekly Advertiser* yn fy nghlwyfo i'r byw.

'Ti'n gweld eu heisiau nhw? Ellis ac Êb?'

'Roeddwn i'n gweld dy ishe di,' atebodd yn gyflym, a gyda mwy o deimlad nag oeddwn i'n meddwl ei fod wedi bwriadu. Yna edrychodd i lawr ar y dŵr unwaith eto, fel pe bai yna gywilydd arno.

Gwenais. 'Wel, fe fyddi di weti syrffedu arna i eto cyn bo hir, mae'n siŵr!'

Ond eto roedd y papur hwnnw yn cynnig cyfle i mi nad oedd y *Llais*. Cyfle i ddefnyddio fy swydd i drafod y baw oedd yn llechu dan y menig gwynion. Cyfle i ddangos y ffordd i ferched eraill. Ac yn fwy na dim, cyfle i brofi i mi fy hun nad oeddwn i'n greadur di-werth, a thawelu atsain llais fy nhad yn fy mhen am byth.

Piti nad oedd y penderfyniad mor ddu a gwyn â'r byd o 'nghwmpas.

'Weithiau rhaid dewis rhwng y pechod mawr a'r pechod bêch,' meddwn.

'Beth?'

'Dim byd.'

Na, penderfynais, roedd rhaid gwneud hyn. Byddai lleisiau'r bobol, fel y dyn yn ei garpiau wrth y bont, fyth i'w clywed yn y *Llais*. Byddai fy llais fy hun, wrth geisio siarad ar eu rhan, yn cael ei fygu gan yr hyn oedd wrth fodd Mr Glass. O leiaf yn y *Weekly Advertiser* roedd yna obaith y gallwn wneud gwahaniaeth.

Anadlais yn drwm.

'Mae gen i wybodaeth i chi,' meddwn. 'Gwybodaeth am Mr Glass wi'n credu y bydd o help i'r Deon wrth ddod â brwydr y Degwm i ben.'

A dyma fi'n bradychu'r cwbwl.

⚙

Roedd clytiau o eira yma a thraw ond tywynnai haul llwynog i lawr ar Mr Glass a Solomon wrth iddynt sefyll ochor yn ochor ar risiau neuadd y dref y diwrnod canlynol, o flaen torf ddisymwth oedd wedi ymgasglu i'w clywed yn siarad.

Edrychai Solomon gyda'i farf ddu a'i got flêr, dyllog yn ddigon rhyfedd ochr yn ochr â Mr Glass yn ei het uchel, a'i gernflew gwyn a'i fotymau pres yn sgleinio yn yr haul. Roedd rhywfaint o'r anesmwythder hwnnw i'w weld ar wyneb Mr Glass, ond roedd llygaid Solomon yn llawn cyffro.

'Mae gan y dref hon y ffatri haearn a'r pyllau glo mwyaf yn y byd,' bloeddiodd, gan estyn llaw i gyffwrdd wyneb y dorf. 'Adeiladwyd yr Ymerodraeth ar y glo a'r haearn yn y bryniau hyn. Hebddon ni, yn wir, fe fyddai olwynion yr Ymerodraeth yn rhoi'r gorau i droi!'

Ebychodd y dorf ei chymeradwyaeth.

'Ond er mai ein llafur ni sy'n hollti'r graig, er mai ein chwys ni sy'n iro olwynion diwydiant, yn hytrach na chael yr elw ohono, ni sy'n talu'r pris!' Hongiai edefyn o boer gwyn ar ei farf ddu. 'Ni sy'n boddi dan bentyrrau o sorod ac yn dioddef nentydd wedi eu gwenwyno!'

Tawelodd y dorf. Roedd golwg beryglus arno.

'Ein cyfoeth ni yw hwn! Ac yn gyfnewid amdano rydym yn disgwyl ca'l llais!' meddai. 'Dyna pam fy mod i'n sefyll yma gyda Joseph Glass, golygydd papur *Llais y Bobl*. Er mwyn rhoi llais i chi!'

Camodd Mr Glass ymlaen yn erbyn bloedd o gymeradwyaeth.

'Mae Mr Prichard wedi rhoi ei fys ar rywbeth o bwys mawr,'

meddai. 'Ym mhob etholiad ers fy ngeni – ac mae hynny'n amser pur hir – mae'r Blaid Geidwadol wedi addo tegwch economaidd i Gymru. Celwydd!' Daliodd ei ddwylo yn agored bob ochr iddo. 'Maen nhw weti addo tegwch crefyddol i Gymru. Celwydd eto!'

'Celwydd!' atseiniodd y dorf.

'Maen nhw'n addo ein cynrychioli'n deg yn y Senedd!' Cododd fys o'i flaen. 'Beth ydan ni'n ei feddwl o hynny?'

'Celwydd!'

'Y gwirionedd yw mai plaid y Tirfeddiannwr a'r Eglwyswr yw'r Blaid Geidwadol, a ni fyddant fyth – *fyth* yn cynrychioli buddiannau mwyafrif trigolion ein gwlad. Felly pam ydyn ni'n caniatáu iddynt lywodraethu drostom o gwbwl?'

Mwmiodd y dorf.

'Ie!' galwodd Mr Glass. 'Ond daeth tro ar fyd yn awr.' Llygadodd y dorf. 'Mae'n bryd anfon neges i'r Torïaid eglwysig. Ein gwlad ni yw hon, ac nid eich gwlad chi. Ein hegwyddorion ni a'n teimladau ni yw rhai y Cymry, ac nid eich rhai chi. A ni, Ymneilltuwyr Rhyddfrydol, sy'n cynrychioli ein gwlad!'

Deuthum o hyd i Ellis yn y dorf. 'Beth sy'n dicwdd?' gofynnais.

'Maen nhw'n mesur ymateb y dyrfa,' atebodd yn dawel, gan amneidio ei ben yn araf. 'A'i gilydd.'

'Ydyn nhw'n mynd i weithio gyda'i gilydd?'

'Mwy na gwitho gyda'i gilydd efallai – cynnig ymgeisydd ar y cyd yn yr etholiad i sefyll yn erbyn Fairclough. Ond maen nhw am gymryd tymheredd y bobol yn gyntaf.'

Gallwn synhwyro o'r ymateb o'm cwmpas bod tymheredd y dorf yn weddol uchel. Roeddynt yn clywed pethau, o geg Solomon yn enwedig, nad oeddynt wedi eu clywed yn cael eu dweud mewn man mor gyhoeddus o'r blaen.

Roedd hwnnw wedi bod yn crwydro yn ôl ac ymlaen y tu ôl i Mr Glass fel llewpart mewn caets a nawr roedd yn ystumio ei fod am ddweud rhywbeth.

'Mae Joseph yn llygad ei le,' meddai. 'Ond rhaid gofyn yn does, sut mae perchnogion y ffatri haearn yn well na'r tirfeddianwyr? Maen nhw biau ein tai, ein tir.' Symudodd ei ben yn gyflym wrth syllu o'r naill i'r llall yn y dorf. Tagai ei lais ag emosiwn. 'Fe allen nhw ein shoto ni mês ar unrhyw bryd. Maen nhw'n dweud wrthyn ni sut i bleidleisio. Maen nhw'n pasio grym i lawr o un mab i'r llall. Sut mae Robert Fairclough yn well na'r tirfeddianwyr?'

Aeth rhyw chwa oer drwy'r dorf. Cefais y teimlad bod y sgwâr cyfan yn dal eu hanadl. Roedd rhyw deimlad disgwyl gweld a fyddai y nenfwd yn syrthio ar eu pennau. Roedd rhywun wedi beirniadu Ffaro y Tiroedd Haearn yn gyhoeddus, ac roedden nhw am wybod a fydden nhw'n cael eu hystyried yn euog hefyd o fod wedi ei glywed yn gwneud hynny.

Edrychais ar Mr Glass. Roedd yn crafu ei gernflew, fel y gwelais ef yn ei wneud yn aml pan oedd yn bryderus.

'Mae angen diwygio'r dref gyfan!' bloeddiodd Solomon, gan ddyrnu cledr ei law. 'Mae angen ysgarthu yr holl gywilydd, y trallod a'r angen. Nid trosglwyddo grym o'r tirfeddianwyr i'r diwydianwyr sydd angen. Y bobol ddylai reoli! Chi ddylai reoli!' Cododd ei ddyrnau o'i flaen a'u hysgwyd, fel petai'n datod gefynnau. 'Ac mae'n bryd i chi godi llais a chymryd grym drostoch chi eich hunain!'

Ffrwydrodd y dorf. Taflwyd hetiau i fyny i'r awyr. Teimlais fod y caead wedi ei godi oddi ar y sosban.

Parhau i grafu ei gernflew oedd Mr Glass.

Roedd capel y Trochwyr yn awyrlong oedd wedi ei thynnu'n ddarnau a'i hweldio yn ôl at ei gilydd wyneb i waered ar lannau afon y dref. Roedd perfedd y llong wedi ei dynnu gan adael dim ond y boeleri – pedwar bob ochor – a oedd yn cael eu tanio er mwyn llenwi'r llong â golau a gwres. Roedd organ hefyd wedi ei chysylltu â'r corn ar y dec, gan lenwi'r awyr â nodau soniarus dwfn pan oedd mewn defnydd. Eisteddai'r gynulleidfa bob ochor ar eisteddleoedd llethrog yn dilyn siâp corff y llong.

Roedd y capel yn orlawn, nid yn unig o Drochwyr ond hefyd nifer fawr o arweinwyr crefyddol ac arweinwyr sifig y dref. Yn eu mysg yr oedd Deon Eglwys Sant Teiriol, y Prif Gwnstabl Christmas Owens, a golygydd y *Weekly Advertiser*. Ac roeddwn i yno hefyd – wedi fy ngwahodd gan Jenkin i wylio'r sioe yng nghwmni fy nghyflogwr newydd, Mr Richards. A hynny o safle breintiedig tua'r blaen gyda'r pwysigion eraill.

O'r fan honno gallwn weld Watkin Tomos, ei grys wedi ei ddiosg a'i gyhyrau'n sgleinio â chwys yng ngwres y ffwrneisi, yn gosod lletwad anferth uwchben yr allor. Roedd honno yn fowlen oedd yn llawn haearn tawdd yn ffrwtian a byrlymu, wedi ei baratoi yn arbennig ar gyfer y seremoni oedd ar fin mynd rhagddi i fedyddio William Fairclough â thân.

'Y cyfan fydd angen ei wneud yw tynnu'r lifer yma a bydd y lletwad yn dechrau arllwys,' meddai Watkin dros sŵn clebran y gynulleidfa.

'Yn araf bêch,' pwysleisiodd Evan Evans.

'Mor araf ag ydych chi'n tynnu'r lifer.'

Edrychodd yn ofalus. 'Mi wna i adael hynny i chi,' meddai.

Safai William Fairclough gerllaw, yn bwrw ei droed yn ddiamynedd ar y llawr metel. 'Are we almost ready to go? It's very hot back here.'

'Most men do this stripped down to a loincloth,' meddai Evan Evans gyda hanner gwên.

'I'd prefer to preserve the Fairclough family's dignity. Well, I'll take my jacket off, at least,' meddai gan ei thynnu.

'Are you sure you're ready for this?' gofynnodd Evan Evans, gan shifflo ei draed. 'You're putting yourself at God's judgement. It's not too late to withdraw. No one will think the worse of you.'

'I'm entirely sure, but thank you for your concern,' meddai William Fairclough, ond ni edrychodd i lygaid yr hen bregethwr.

'Brave man.'

'Nonsense. Bravery has nothing to do with it.' Hwyliodd ei dad, Robert Fairclough, rhwng y corau yn ei gadair olwyn. Cododd ei ffon a'i tharo yn erbyn y lletwad a hongiai uwchben yr allor. 'This is a machine, which can be calibrated. The decision has already been taken out of God's hands.'

Trodd a gwibio i lawr at y lle'r oeddwn i'n eistedd gerllaw y Deon, Christmas Owens a Mr Richards.

'Did you hear about the speeches in the square?' gofynnodd hwnnw.

Ffromodd Robert Fairclough. 'Let that Solomon stand and get nowhere!' cyfarthodd. 'Most of his supporters can't vote.'

Pwysodd y Prif Gwnstabl ymlaen. 'We can have him arrested for you before sundown,' meddai.

Pendronodd Fairclough am eiliad. 'No, he wants to be arrested. He wants to be barred. He wants to be a martyr. It would be like striking a tinder block. The whole town could go up in flames. No, you can arrest and torment his hangers-on as much as you like, but leave Solomon in one piece.'

Dadchwythodd Christmas Owens. Cefais yr argraff fod gwrthodiad Fairclough wedi ei frifo. 'And what about Mr Glass?' gofynnodd yn obeithiol.

Ymunodd y Deon â'r sgwrs. 'He has shown his true colours,' meddai. 'He is nothing more than a rabble-rouser at heart. But the nonconformists are easily split. And we have a plan to deal with Mr Glass.'

Edrychodd i'm cyfeiriad i a wincio. Teimlais ias yn mynd i fyny fy nghefn. Wrth weld y dynion hyn yn cynllwynio dan eu gwynt, ni theimlwn fy mod ar yr ochor iawn, rywsut.

'It's a dangerous situation,' meddai Robert Fairclough. 'But it is all a consequence not truly of unhappiness with the system as it stands but of the low price of iron. I am either a saint or a devil to the men, depending on something I have very little control over.' Crychodd ei drwyn, a phwyso ymlaen. 'During the depression I have often paid more for a ton of iron ore than I could sell it for on the market.' Pwyllodd. 'But once things pick up again all the workers will be back on board.'

'And if the price of iron does not increase?' gofynnodd y Deon.

Dangosodd Fairclough ei ddannedd. 'I've lived through six depressions,' atebodd. 'Seven years of want are always followed by seven years of plenty.'

Edrychodd y dynion eraill ar ei gilydd, heb eu hargyhoeddi.

Teimlais fy ngheg yn sych wrth sylweddoli bod rhaid i fi dorri ar draws y sgwrs. 'Perhaps if you give them something they want the protests would die down,' meddwn.

Trodd sawl wyneb gwrywaidd i edrych arnaf yn syn.

'Like what?' gofynnodd Mr Richards.

Teimlais fy nghalon yn curo. 'All the people are calling for is clean water, good housing, and the vote,' meddwn.

'Miss, I think you misunderstand my role,' meddai Fairclough. 'I am the owner of an ironworks. I am not the governor of a colony. The conditions in which my workers live once they leave my factory is up to them.'

'But you stand in the way of their organising better conditions.'

'I stand in the way of their challenging my power in my domain!' cyfarthodd. Cododd ddwrn gwan a bwrw braich ei gadair olwyn. 'If I weren't their master I would be their slave.' Ffromodd, ond yna ymlaciodd ychydig. 'Any government would simply interfere in the rights of the individual.' Nodiodd ei ben ar y dynion o'i amgylch. 'If the individual is treated well he will stay, if he is treated badly he will go. If every man does what is best for him, all will be well.'

Dychrynais fy hun, unwaith eto, drwy ddal ati: 'But clean water, at least, would do so much to improve the health of your workers. That is for the good of all.'

Gwelodd Fairclough nad oedd ei ddicter yn mynd i fy atal. Ceisiodd wenu yn nawddoglyd eto, fel y gwnaeth yn ei gastell. 'My engineers tell me that if the water ran freely through the town the level of the river would be lower and my blast furnaces would not run,' meddai, a'i geg yn troi yn wên ysmala.

Daeth Evan Evans i lawr tuag atom ni. 'Mae pawb yma,' meddai.

Teimlwn yn falch fod rhywun wedi fy achub rhag gorfod dal ati i herio Fairclough. Trodd hwnnw at ei fab.

'Time to go,' meddai. 'You got yourself into this, now you have to get yourself out.'

Nodiodd Fairclough yr ifancaf ei ben, cyn chwythu anadl allan drwy ei geg. Camodd i fyny at yr allor, i olau'r ffwrnais, gyda'i lygaid yn hanner cau a'i freichiau ar led a'i gledrau i lawr, fel petai'n angel yn hedfan o flaen y dyrfa. Yn y caddug o'i flaen, syllai dwy fil o Drochwyr yn ôl arno. Doedd dim dowt y byddai miloedd eraill hefyd yn dweud wrth eu hwyrion eu bod wedi gweld y cwbwl, ac yn credu hynny hefyd. Aeth sibrwd drwy'r llong a hwnnw'n codi'n floedd wrth atseinio oddi ar y corff haearn.

'He's a brave lad,' meddai Christmas Owens.

'There's something a little soft in him,' ategodd Fairclough yr hynaf. 'Too much of his mother. The idleness of the landowning class.'

'Well, they don't own all that land for nothing,' meddai Christmas Owens.

'And he is proving himself a man today,' meddai'r Deon.

'A real man doesn't have to,' atebodd Fairclough.

Camodd y Parch. Evan Evans yntau ymlaen, yn ei het uchel a tsiaen ei oriadur aur yn sgleinio yn yr ychydig olau. Cariai helmed o ddur yn ei ddwylo. Dywedodd rywbeth wrth William Fairclough ac fe aeth hwnnw ar ei liniau ar lawr o dan y lletwad. Gosododd Evan Evans yr helmed ar ei ben a'i thynhau wrth ei ên â strapen ledr.

'Mae Syr William Fairclough heddiw'n cynnig ei hun yn aelod o'n henwad ac yn ymgeisydd i ymuno â'r etholedig, ym mynwes yr Arglwydd,' meddai Evan Evans. 'Dim ond ef all wybod pa bechodau sy'n llechu yn ei galon. Ond cawn ninnau yn awr wybod a yw Duw yn ei ystyried yn deilwng o Deyrnas Nef. Os yw'n goroesi'r bedydd tên.'

Gallwn weld gwefusau William yn symud, fel pe bai'n dweud gweddi fach.

Troais at Jenkin, a eisteddai yn y côr tu ôl i mi. 'Oes unrhyw un ariôd weti ca'l eu llosgi?' gofynnais.

Pwysodd ymlaen. 'Aiff pethau o le o dro i dro,' meddai. 'Digon aml i atal y pechadurus rhag mentro. Ac wrth gwrs pan aiff rhywbeth o'i le daw sïon wedyn bod hwn a hwn yn bechadur weti'r cwbwl. Faint o wirionedd sydd i sôn felly dwn i ddim.'

'Head up please,' meddai Evan Evans wrth William. 'And let God bring his wonderful but terrible wrath down upon it, and burn away the impurities of your soul.'

Amneidiodd Evan Evans ei ben ar Watkin Tomos, a safai y tu ôl i'r lletwad. Tynnodd hwnnw y lifer ac fe wyrodd y lletwad ymlaen fymryn. Goleuwyd yr ystafell gan olau tanllyd y metel tawdd oddi mewn iddo.

Cydiodd Evan Evans yn William a'i symud am yn ôl nes ei fod yn penlinio yn union dan big y lletwad, cyn ei ollwng a chamu o'r neilltu. Cripiodd y metel tawdd yn araf at big y lletwad, cyn gollwng yn stribyn tenau ar yr helmed ddur oedd am ben William Fairclough. Llifodd yr haearn tawdd i lawr ymyl yr helmed, yn frawychus o gyflym i ddechrau, ac ebychodd y gynulleidfa mewn ofn. Ond yna symudodd yn arafach, cyn atal yn gyfan gwbwl a chaledu yn yr unfan fel cwyr ar ochor cannwyll.

'Is that it?' gofynnodd Robert Fairclough.

'Oes angen ychydig bêch eto?' galwodd Watkin.

Cododd Evan Evans fys a bawd i ddangos y byddai dropyn bach arall yn gwneud y tro, fel na allai neb ddweud nad oedd William Fairclough wedi ei fedyddio'n ddigonol. Byddai disgrifiadau o'r llif yn sicr o fod wedi troi'n rhaeadr erbyn cyrraedd tudalennau'r *Weekly Advertiser.*

Gwthiodd Watkin y lifer yn ei flaen hanner modfedd arall a daeth stribyn tenau o'r haearn tawdd o big y ffwrnais a ffurfio'n bwll gludiog ar ben yr helmed ddur. Unwaith eto llifodd i lawr ychydig fodfeddi, cyn caledu.

Cydiodd Evan Evans yn llaw William Fairclough a'i godi ar ei draed. 'Dewisiwyd ef!' datganodd â chryn ryddhad. 'Mae'n un o'r etholedig rai.'

Daeth bonllefau o gymeradwyaeth o'r dorf.

Yr eiliad honno torrodd un o'r ceblau dur oedd yn dal y lletwad wrth nenfwd y llong a gwyrodd y fowlen gyfan wysg ei hochor. Trodd cymeradwyaeth y dorf yn waedd o ddychryn wrth i'r hylif poeth dasgu dros ben William Fairclough. Llamodd Evan Evans am yn ôl â braw. Syrthiodd William Fairclough ar ei bedwar a phlygu ei gefn am yn ôl yn ddarlun o boen arteithiol wrth i'r haearn tawdd losgi drwy ei grys ac yna croen ei gefn. Dihangodd sgrech annaearol o'i enau wrth i gwmwl o stêm poeth ei amgylchynu. Dymchwelodd y lletwad a siglo'n ôl ac ymlaen gan dasgu gweddill ei gynnwys yn ffrydlif ar hyd gwaelod haearn y llong.

'Rhywun ddal gafael arno!' gwaeddodd llais o rywle, ond gwyddai pawb arall ei bod yn rhy hwyr. Bu tawelwch llethol wrth i'r stêm glirio gan ddatgelu nad oedd dim yn weddill ond corff celain a'i arwyneb rhuddgoch yn sïo wrth i'r dafnau olaf o waed ferwi ohono.

Digwyddodd hyn oll o fewn ychydig eiliadau ond, ar fy myw, teimlai fel munudau ac ni fyddaf fyth yn ei anghofio.

'My son!' ebychodd Robert Fairclough.

Torrwyd ar y tawelwch gan sŵn sgrechian ac wylo o'r dorf.

Roedd nifer ohonynt wedi codi ac yn brysio i adael, tra bod eraill yn ymafael â rhai oedd wedi llewygu yn y fan a'r lle.

Tynnodd Evan Evans ei het a sychu'r chwys oddi ar ei dalcen â chadach. Troediodd draw at y corff, gan ofalu bod yr haearn tawdd wedi caledu ar lawr. Edrychodd arno. 'Duw annwyl,' meddai.

Camodd y Prif Gwnstabl Christmas Owens ymlaen i gwrdd ag ef, cyn codi ei olygon at y lletwad wag, oedd yn parhau i hongian o'r nenfwd gerfydd un tsiaen fetel.

'Rhaid bod rhywun weti torri'r tsiaen,' meddai.

'Torri'r tsiaen!' meddai Evan Evans. 'Rydym ni'n credu mai dyfarniad Duw yw'r trochi.'

'Wel, alla i ddim arestio Duw,' meddai Christmas Owens. 'Pwy oedd yn gyfrifol am ddiogelwch y lletwad?'

Cyflymodd Fairclough yr hynaf at gorff ei fab. Roedd yn crynu drosto.

'Sabotage!' gwaeddodd Fairclough, â phoer yn hedfan o'i geg. 'They did this!'

Trodd Christmas Owens ac Evan Evans i edrych ar Watkin Tomos.

Cododd hwnnw ei ddwylo yn amddiffynnol o'i flaen. 'Dim ond cynnig helpu wnes i! Roedd y lletawd yn dod o'r ffatri. Torrodd y tsiaen!'

'Rwy'n cytuno,' meddai Evan Evans. 'Doedd e'n amlwg ddim yn un o'r etholedig rai.'

'I'm God in these parts,' rhuodd Fairclough. 'And I will choose who is chosen. Was it him?' gofynnodd, gan amneidio at Watkin Tomos â llaw grynedig.

Camodd Mr Richards i fyny a chlirio ei wddf. 'And am I right in saying that he works for Mr Glass at his printing office?' gofynnodd.

Caeodd dyrnau Fairclough yn beli. 'It's all a plot! A plot.' Hedfanodd poer o'i geg. 'Mr Owens, arrest this man.'

'Yes, Sir,' meddai Christmas Owens mewn rhyddhad, ac estynnodd am ei efynnau a'u cau am Watkin. Edrychodd hwnnw ar Evan Evans ag anghrediniaeth, ei geg yn agor a chau.

'Mae hi ar ben arno,' meddai Jenkin a'i law dros ei geg, wrth i Watkin gael ei arwain oddi yno.

'Ond dim y fe wnaeth,' meddwn. 'Fe fydd yn ca'l achos llys, mae'n siŵr.'

Ysgydwodd Jenkin ei ben. 'Fairclough yw'r ustus.'

Hebryngwyd Watkin Tomos rhwng y corau i gyfeiriad y fynedfa gan y Prif Gwnstabl.

'Mr Owens!' gwaeddodd Robert Fairclough ar ei ôl.

Trodd Christmas Owens. 'Yes, Sir?'

'Round them all up. Solomon and his friends. All of them. It's time to purge this miasma from our streets.'

Dawnsiodd llygaid y Prif Gwnstabl.

'And Mr Glass?'

'Leave him. Let him come to us.'

Roeddwn yn falch o gael dianc o wres llong-gapel y Trochwyr i oerfel adfywiol y prynhawn. Er gwaetha'r braw a gefais wrth weld tranc William Fairclough roedd angen i mi frysio draw i ymweld â Begw cyn i'r ward gau am y diwrnod. Edrychais i gyfeiriad yr Awrlais Mawr i wirio faint o amser oedd gen i. Ond o'r cyfeiriad hwn – cyfeiriad y ffatri – dim ond y geiriau 'Day shift' a 'Night shift' oedd ar yr wyneb, ac un bys hir i wahaniaethu rhyngddynt.

Brysiais i ben arall y dref a cherdded i mewn i'r ward. Roedd y nyrsys wedi hen arfer â fy mhresenoldeb bellach. Gwelais fod Tomos, brawd Begw, yn eistedd i fyny yn ei wely. Edrychai mor denau â rhaca ond roedd yn falch gen i weld ei fod yn ymateb i'r driniaeth. Edrychais draw at wely Begw a gweld ei fod yn wag, y blanced wedi ei thynnu yn ôl.

'Lle mae Begw?' gofynnais wrth i'r metron fynd heibio.

'Farwodd hi yn ystod y nos. Galwyd y têd i mewn.'

Teimlais fy nghoesau'n simsanu oddi tanof. 'Begw?' Teimlwn yn benysgafn a bu'n rhaid i mi bwyso ar ei gwely gwag.

Cymerodd y metron fy llaw a'i gwasgu. 'Dyna ni nawr, mae hi mewn lle llawer gwell.'

'Yn lle?'

'Weti mynd at ei Chreawdwr, wrth gwrs.'

'Na, lle mae'r corff?'

'Dymuniad y têd oedd bod yr ysbyty yn rhoddi'r corff i'r athrofa feddygol, a'r ffi yn mynd at ofal y brawd.'

Eisteddais ar y gwely a rhwbio fy nwylo ar ei hyd. Roedd y lliain wedi crychu o hyd lle y gorweddai corff bychan Begw oriau ynghynt. Rhoddais fy llaw arno gan ddychmygu y cawn i deimlo ychydig o'i chynhesrwydd. Ond roedd y lliain yn wlyb ac yn oer.

'Begw fach,' meddwn, a rhwbio fy mochau gyda'm llawes, a gweld ei hwyneb yn nofio yn llewyrch y dagrau yn fy llygaid.

Cydiais yn y blanced a chaeodd fy llaw yn ddwrn amdani. Trodd fy ngalar yn ddicter at yr holl anghyfiawnder yn y byd. Roedd Begw'n haeddu claddedigaeth o leiaf, nid cael ei gwerthu i'w thynnu'n ddarnau. Roedd hi'n haeddu gorffwys mewn marwolaeth. Ond ni châi hynny hyd yn oed.

Roedd wedi dechrau tywyllu erbyn i mi droi am adref. Sychodd y gwynt main y dagrau yn grisialau ar fy mochau. Wrth gerdded drwy'r strydoedd oer, didostur, roedd rhaid i mi atgoffa fy hun y byddai degau o blant yn marw drwy'r dref y noson honno, mai dim ond un oedd Begw, ond ei bod hi wedi golygu rywbeth i fi. Roedd rhaid i mi beidio â gadael i'r tristwch fy ngwasgu. Heb dywyllwch, nid oedd golau. Heb farwolaeth, nid oedd bywyd. A phwy oedd yn sylweddoli, a gwerthfawrogi eu bod nhw'n fyw nes iddyn nhw ddod wyneb yn wyneb â marwolaeth? Rhaid oedd cydio ym mha bynnag hapusrwydd oedd wrth law. Ceisiais feddwl fel yna, ond ni wnaeth ryw lawer i godi fy nghalon.

Cerddais i mewn i dŷ Bopa. Eisteddai hi wrth y tân, a chododd ar ei thraed pan welodd fod fy llygaid yn goch.

'Begw,' meddwn.

Cododd a rhoi cwtsh mawr i mi.

'Roedd hi ofn,' meddwn i, a'r dagrau yn powlio i lawr fy ngruddiau a gwlychu ysgwyddau llydan Bopa. 'Dyna ddywedodd hi y tro diwethaf i mi ei gweld. Ofn y byddai hi'n mynd i uffern, am ei bod hi weti pechu.'

'A beth wetaist ti wrthi?' Mwythodd Bopa fy ngwallt.

'Bod Duw yn maddau bob dim, dim ond i ni ofyn iddo.'

'So ni'n gallu stopo pethe drwg rhag dicwdd, Sara,' meddai. 'Y cyfan y'n ni'n gallu wneud yw bod yn gefen i'r rheini sy'n diodde. Ac mi'r oeddet ti'n gefen i Begw.'

Wrth ymryddhau, gwelais fod deigryn yn ei llygaid hithau hefyd. Nodiais fy mhen a'i gladdu yn ôl yn ei mynwes.

Ac yn sydyn daeth llonyddwch mawr drostaf. Oedd, mi'r oedd Duw yn maddau bob dim, sylweddolais, dim ond i ni ofyn iddo. Roeddwn i yn credu hynny. Ac roedd hynny'n golygu ei fod yn maddau i mi hefyd. Teimlwn rywbeth yn goglais yn fy nghalon, a sylweddolais nad oedd Duw erioed wedi cau'r draws arnaf. Fi oedd wedi ei gau arno Ef.

Doedd dim angen i mi fy nghosbi fy hun rhagor, yn feddyliol nac yn gorfforol, a gwrthod cariad. Dim ond cariad allai ein hachub yn y lle hwn. Dyna'r unig amddiffyniad yn erbyn ffordd o feddwl oedd yn torri pobol yn lo mân. A dyna'r unig angen oedd gen i mewn gwirionedd – y cariad hwnnw na chefais gan fy nhad. Y cariad a gefais gan Begw. Doedd dim angen i mi fod yn newyddiadurwr mawr i brofi fy mod i'n werth rhywbeth. Doedd dim angen i mi ddatgelu pechod neb arall i wneud yn iawn am yr holl bethau a wnes i o'i le. Dim ond caru, a chael fy ngharu yn ôl.

Aeth hyn oll drwy fy meddwl fel bollt drydan, fel petai rhywun wedi cynnau lamp nwy yn fy mhen a goleuo popeth. Am y tro cyntaf, teimlwn y gallwn weld pethau'n glir.

Tynnais fy ngwyneb o freichiau Bopa. Roedd dagrau yn fy llygaid o hyd, ond roedd dagrau o ddiolchgarwch yn gymysg â nhw.

'Diolch, Bopa,' meddwn.

Troais yn ôl at y drws.

'Ond lle'r wyt ti'n mynd?' gofynnodd. 'Mae swper ar y tên.'

'Mae angen i mi helpu fy ffrindiau,' meddwn.

Gwelais hi'n agor ei cheg i ddweud wrtha i i beidio â gwneud dim byd gwirion, ond yna ysgydwodd ei phen mewn anobaith wrth sylweddoli ei bod yn rhy hwyr, fy mod eisoes hanner ffordd drwy'r drws.

Roedd rhyw dyndra peryglus ar strydoedd y dref wrth i mi frysio i gartref Mr Glass. Safai dynion mewn tyrfaoedd ar gorneli'r stryd, yn aflonydd, yn siarad yn rhy gyflym ac yn chwerthin yn rhy hir, yn edrych yn wyliadwrus o'r naill i'r llall, fel petaent yn disgwyl i rywbeth ddigwydd.

Croesais fy mreichiau, cadwais fy mhen i lawr a cheisiais gadw at gysgodion y waliau. Roedd fy nghlustiau fel rhai cathod yn y gwyll, yn codi pob pesychiad dyn a siffrwd traed llygoden.

Bob hyn a hyn clywn bytiau o sgyrsiau wrth fynd heibio.

'Mae'r dynion weti troi'r ffatri haearn at wneud arfau.'

'Glywais i bod Fairclough weti galw'r milwyr i lawr o Dre Brychan. Fe fyddan nhw'n cyrraedd yfory.'

'He has an iron grip on this town. If you do get arrested, he will be judge and jury. If they don't, they'll just shoot you first.'

Cyrhaeddais dŷ Mr Glass a darganfod bod y cyrtens oll wedi eu tynnu. Curais y cnociwr ar y drws. Wedi munud fach, agorwyd ef gan un o'r morwynion.

'Dyw Mr Glass ddim yma,' meddai. 'Mae weti mynd ar yr agerfarch i Lundain.'

Pwysais i mewn yn gynllwyngar. 'Dywedwch wrtho bod Sara yma i'w weld.'

Gwgodd arnaf. 'Y'ch chi'n fyddar? Mae weti mynd.'

'Miss Sara Maddocks,' meddwn.

Edrychodd arnaf fel pe bawn i o 'ngho a chau'r drws. Tynnais fy siôl amdanaf a symud o un goes i'r llall er mwyn cadw'n gynnes. Wedi pum munud agorodd y drws drachefn ac amneidiodd y forwyn arnaf i'w dilyn.

'Dewch, 'te,' meddai'n swta.

Dilynais hi i'r ystafell fwyta. Teimlais fy hun yn gwrido wrth i don o wres fy nharo o'r lle tân. Eisteddai Mr Glass, Mrs Glass, Êb ac Ellis wrth fwrdd bwyd wedi ei osod â chyw iâr, wyau, bara, caws a grawnwin.

'O! Mae'n ddrwg gen, doeddwn i ddim ishe tarfu ar eich swper,' meddwn.

'Dim o gwbwl,' ategodd Mrs Glass. Cododd yn afrosgo a bwrw fforc i'r llawr. Edrychai fel pe bai rhywbeth ar ei meddwl, ond daeth draw i'm llywio i eistedd wrth y bwrdd.

Roedd golwg brudd ar y dynion. Edrychai Mr Glass i lawr ar ddarn o gyw iâr yr oedd yn ei dorri, ei ysgwyddau wedi crymu fel pe bai pwysau'r byd arno.

'Rydyn ni newydd gael gwbod y bydd pethe Mr Glass yn ca'l eu gwerthu yfory,' meddai Ellis. Gollyngodd anadl hir fel agerfarch yn gollwng stêm.

'A beth fyddwch chi'n ei wneud?' gofynnais, a'm llais yn crynu.

'Cadw at dy gynllun,' meddai Mr Glass, gan edrych arnaf. 'Mynd mês a'u herio.'

'Allwch chi ddim!' gwaeddais, gan estyn allan yn ymbilgar tuag ato.

Cododd ei aeliau trwchus. 'Pam ddim?'

'Maen nhw'n gwbod eich bod chi'n dod. Trap yw e.'

'Ond does neb yn gwbod heblaw amdanom ni,' meddai Ellis.

Tynnais fy ngên yn erbyn fy mrest a gwasgu fy nwylo ar ochrau fy ngwyneb. Allwn i ddim edrych arnynt. 'Mi wetes i wrthyn nhw!'

Cododd Ellis ar ei draed. 'Beth?' Pwysodd ymlaen. 'Pam?'

'Mae'n ddrwg gen i,' meddwn. 'Mi ddaeth Jenkin, ac addo swydd i fi ar y *Weekly Advertiser* os oeddwn i'n gweud wrthyn nhw beth oedd Mr Glass yn bwriadu ei wneud.'

Codais fy ngolygon a gweld bod y dynion oll yn edrych arnaf fel pe bawn i'n esgymun. Gwelwodd Mrs Glass, pob rhych ar ei hwyneb yn bantiau du.

'Roeddwn i'n ffŵl, ond nawr rydw i weti edifarhau,' meddwn.

Pwysodd Êb ar draws y bwrdd fel petai yn barod i ymosod arnaf. 'Jiwdas!' meddai, gan godi bys cyhuddgar. 'Jiwdas mewn ffrog!'

'Bydd dawel, Êb,' medd Mr Glass. 'Mae Sara weti gofyn am faddeuant, rhywbeth na wnaeth Jiwdas ariôd.' Sychodd ei geg â napcyn a'i daflu ar y plât. 'Yr hwn sydd yn ddibechod ohonoch, tafled yn gyntaf garreg ati hi.' Roedd ei lais yn drwchus â theimlad.

'Ond beth wnawn ni nawr?' gofynnodd Ellis.

'Yr un peth oeddwn i'n bwriadu ei wneud. Cadw at y cynllun.'

'Ond mi fyddan nhw yno yn aros amdanoch!'

Cododd ei ben a syllu i'n llygaid, yn ein tro. 'Mae fy amser yn agosáu,' meddai. 'Yr amser i mi gael fy nghyfri gyda'r troseddwyr, a cha'l fy ngwneud yn esiampl o bechodau llawer.'

Roedd llygaid Mrs Glass yn dyfrhau. 'Joseph,' meddai, ei llais yn crynu, gan geisio cadw ei hunanfeddiant. 'Rwyt ti wedi gwrando ar fy nghyngor ariôd...'

'Kate.' Pwysodd draw ati, a gosod ei law fawr ar ei llaw hithau. 'Beth am i ni agor y botel yna o win coch, a roddodd dy rieni i ni ar ddydd ein priodas?'

'Ond Joseph,' meddai, a'i llygaid yn fawr. 'Ry'ch chi weti bod yn llwyrymwrthodwr ers tri deg o flynyddoedd.'

'Rwy'n siŵr y gallaf i gael un llymaid bach,' meddai, a gwên gyfrin yn tynnu ar ochrau ei geg.

Cododd Mrs Glass yn afrosgo, a gadael yr ystafell fel petai hi'n syrthio am ymlaen.

'Yfory bydd rhaid i ni wynebu holl erledigaeth a chasineb y byd,' meddai Mr Glass. 'Ond fe gawn ni fwynhau cysur cwmni ein gilydd heno. Eisteddwch, Sara.'

Teimlais ollyngdod mwyaf sydyn, rhyw ysgafnder a meddwdod, wrth ddeall nad oedd Mr Glass yn dal dig wrthyf. Gwelais Ellis ac Êb yn gwenu hefyd, braidd yn drist, ond yn falch ein bod oll yno. Estynnais gadair, a syrthiodd tawelwch dros y bwrdd am ychydig eiliadau.

'Neno'r annwl!' meddai Êb o'r diwedd.

'Beth?' gofynnodd Ellis.

'Dydw i ddim yn credu ein bod ni weti trafod dim ond tryblith y byd, ac argraffu llyfrau a phapurau newydd yng nghwmni ein gilydd ariôd.' Roedd ei lygaid yn wincio â direidi. 'Allaf i ddim meddwl am ddim arath i siarad amdano!'

Glaschwarddodd Mr Glass.

'Mae'n rhaid eich bod chi'n meddwl fy mod i'n ddyn caled,' meddai. Edrychodd y tri ohonom ar ein gilydd, a gwelodd nad oedd wedi ein hargyhoeddi fel arall.

'Mae blinder gwaith yn naddu ar gydymdeimlad pob dyn,' meddai Êb.

Nodiodd ei ben. 'Ydw, rydw i weti blino. Wi'n hen, ac yn cadw'n brysur o hyd, rhag ofn i mi orfod atal – a meddwl.' Pwysodd yn ôl yn ei sedd a chau ei lygaid am eiliad.

'Ry'ch chi weti bod yn gymorth i lawer o bobol,' meddai Ellis, a'i lais yn floesg. 'Ac weti cadw'r ffydd ar hyd y daith.'

Ochneidiodd Mr Glass. 'Efallai mai dynion anhapus sy'n wilo am wlad yr addewid o hyd hefyd.'

Daeth Mrs Glass i mewn gyda'r botel win a'i gosod o flaen ei gŵr. Cymerodd ef hi â diolch. Aeth hithau i eistedd a gallwn weld o'r modd y chwaraeai â ffrilen ei llawes ei bod dan deimlad.

'Nawr, sut mae agor peth fel hyn?' gofynnodd Mr Glass wrth lygadu'r botel.

'Dewch â hi i mi,' meddwn. Codais gyllell awch o'r bwrdd a thrywanu'r corcyn, a'i bysgota o'r botel â sŵn 'blwb'.

'Mae gan Miss Maddocks brofiad helaeth o agor poteli yn amlwg!' pryfociodd Ellis.

'Roedd fy nhad yn eu casglu, yn anffodus,' meddwn, ac estyn y botel yn ôl i Mr Glass.

Tywalltodd wydryn yr un i ni.

'Hoffwn gynnig llwncdestun.' Cododd ei wydryn. 'Nid i gydweithwyr, ond yn hytrach i gyfeillion.'

'I gyfeillion!' meddai Ellis.

Yfodd pawb lymaid o'u gwydrau. Hyd yn oed Mrs Glass, yr oedd ei llaw yn crynu.

Blasai braidd yn sur i mi.

Llyfodd Mr Glass ei weflau, ac edrych ar ei wraig. 'A dyma rywbeth o'r dechrau, ar y diwedd,' meddai, ei lais yn torri.

Pan gyrhaeddais y carchar y prynhawn canlynol yr oedd tyrfa fawr eisoes wedi cyrraedd yno ar gyfer y gwerthu. Tynnais fy siôl yn dynnach am fy mhen fel mai dim ond fy llygaid a fy nhrwyn oedd yn y golwg, rhag ofn i rywun fy adnabod. Wrth wthio i flaen y dyrfa, gwelais fod pentwr mawr o eiddo yno, gan gynnwys soffa a chadair Mr Glass. Peth rhyfedd bod cymaint o helbul dros y fath bethau di-nod, meddyliwn i. Gallai Mr Glass brynu'r cwbwl oedd yno ddeng gwaith drosodd. Ond roedd y nwyddau di-nod rheini wedi eu trwytho ag arwyddocâd llawer yn fwy: rhyddid, grym, a thegwch.

Wrth giatiau agored y carchar gallwn weld y warden, arwerthwyr, nifer o heddlu, ac er syndod imi, y Deon ei hun. Roedd ei aeliau wedi cau at ei gilydd fel dyrnau, a'i lygaid yn chwilio'r dyrfa fel pe bai'n filwr yn disgwyl ymosodiad. Edrychodd i fyw fy llygaid a gwelais ei fod wedi fy adnabod. Ond daeth cysgod o wên gefnogol i'w wyneb a nodiodd.

Tawelodd y dorf yn sydyn, fel petai rhagargoel ofnus wedi cydio ynddi. Ac wrth i'r sŵn ostegu, clywyd sŵn carnau ceffyl yn agosáu o bellter. Gwahanodd y gwylwyr i'r naill ochor wrth i het uchel Mr Glass ymrithio drostynt, a daeth ef i'r golwg ar gefn ei geffyl. Ataliodd o flaen y pentwr nwyddau ac edrych i lawr ar y Deon.

Siaradodd y Deon yn gyntaf. 'Dyma gyfle yn awr i ddatrys yr anghydfod hwn, unwaith ac am byth,' meddai, ei lais uchel yn codi dros bennau'r dorf. 'A hynny heb ragor o ymddygiad anwaraidd a golygfeydd gwarthus fel y gwelwyd pan aeth y beiliïaid i gartref Mr Glass i gasglu'r nwyddau hyn.'

Edrychais o'r naill i'r llall yn y dyrfa er mwyn gweld eu hymateb. Sylwais i'm braw fod ambell un yn gyfarwydd i mi. Heddweision oeddynt, ond eu bod wedi eu gwisgo mewn dillad budron cyffredin. Roedd y ddau heddwas oedd wedi fy nghludo i'r carchar yno, mewn capiau fflat a siacedi tyllog yn orchuddiedig â baw.

Parhaodd y Deon. 'Yr ydym ni, Gymry, wedi ennill enw da a theg, fel cenedl dirion ac ufudd i'r gyfraith,' meddai. Gwisgai fodrwy ar ei law chwith, a throellai hi â'i law dde wrth siarad. 'Does dim achos i lychwino'r cymeriad hwnnw yng ngolwg ein cymdogion, a rhoi rheswm pellach i bapurau Lloegr bardduo ein henw da.'

Er na edrychai'r Deon arno wrth siarad, gwyddwn fod y neges wedi ei hanelu fel saeth at Mr Glass.

'Yn yr ysbryd hwnnw, rwyf am fodloni heddiw i werthu y nwyddau hyn yn ôl i'r rheini oedd yn berchen arnynt, am y pris y maen nhw'n ei weld yn dda,' meddai'r Deon wedyn. Ysgydwodd ei lais ryw fymryn wrth orffen. 'A rhoddi diwedd ar fater y dreth eglwys am eleni.'

Cododd ei olygon at Mr Glass er mwyn gweld ei ymateb.

'Gwrthodaf brynu'r eiddo yn ôl,' meddai hwnnw. 'Am mai fy mhethau i ydynt, ac ni ddylwn orfod talu am yr hyn sydd eisoes yn eiddo i mi.'

Fe aeth sŵn 'wwwwww' drwy'r dorf. Llaciodd wyneb y Deon a gwelwodd ryw fymryn.

'Ry'ch chi'n siarad am gyfraith a threfn,' meddai Mr Glass. 'Ond trefn yr Eglwys yw honno. A'r golled ariannol i'r Eglwys a ddaw yn sgil colli'r drefn honno sy'n eich poeni chi.'

Cochodd y Deon, a gwelais fod y geiriau wedi ei ddwysbigo.

Parhaodd Mr Glass. 'Dymunol iawn yn wir fyddai datblygu brawdgarwch rhwng Ymneilltuwyr y dref hon a'r Eglwys,' meddai. 'A rhyngddoch chi a minnau.'

Nodiodd y Deon ei ben. 'Byddai,' meddai.

'Ond wneith hynny ddim digwydd nes i'r Eglwys ddyfod i lawr o'i gorsedd yn gyntaf, a sefyll ar yr un tir â ni… yn ystyried ei hun yn gyfartal i'r Mecanyddwyr, a'r Trochwyr, a'r Cloddwyr.'

'Cyfartal?' ebychodd y Deon, a'i lygaid bron â neidio o'i ben. 'Am ddyn rhagrithiol y'ch chi, Joseph. Nid sicrhau cyfartaledd fuodd eich nod ariôd, ond bachu ar bob cyfle i ddyrchafu eich hun uwchben pawb a phopeth.' Ysgyrnygodd ei ddannedd. 'Ni fyddwch chi'n hapus nes eich coroni eich hun yn Ffaro y Tir Haearn!' gwaeddodd.

Daeth bwian a hwtian o'r dorf. Cyffrôdd y ceffyl yr oedd Mr Glass yn eistedd arno, a bu'n rhaid iddo ymestyn llaw i'w leddfu. Gwelais mai heddlu cudd yn y dorf oedd yn arwain y bwian.

'Ffaro y Tir Haearn!' gwatwarodd rhywun gan chwerthin, a daeth rhagor o chwerthin a gwatwar yn ei sgil.

'Mae'n bryd bwrw Mr Glass oddi ar gefn ei geffyl!' galwodd un o'r heddlu cudd eraill.

Rhyddhawyd yr anesmwythder a fu'n cronni ymhlith y dorf, a'i fwrw i gyfeiriad Mr Glass. Ni welais o le y daeth y garreg gyntaf, ond rwy'n amau iddi ddod o ddwylo un o'r heddlu cudd. Bwriodd het uchel Mr Glass oddi ar ei ben a chwarddodd y dorf eto.

'Rhowch y gorau iddi!' llefodd y Deon.

Gwelwn fod Mr Glass yn gwneud ei orau i aros yn unionsyth, ond roedd y ceffyl wedi dechrau troelli oddi tano gan ddeisyfu dianc. Roedd y dyrfa wedi cau amdano ac ni allai symud drwyddynt.

'Dewch nawr, Joseph,' galwodd llais yn wawdlyd. 'Os mai ti yw arweinydd y bobol yma, gorchmynna iddynt agor fel y môr coch a dy adael drwyddo!'

Roeddwn eisiau rhedeg ymlaen i'w helpu, ond gwyddwn ei fod yn rhy beryglus ac na allwn i wneud dim byd.

Chwarddodd y dorf, ac fe glywais i nhw yn ei watwar, ac yn rhegi arno. Yna ddaeth ebychiad o fraw wrth i garreg arall hwylio drwy'r awyr a bwrw Mr Glass ar ochor ei ben. Yn araf bach, gwelais ef yn simsanu ac yna'n syrthio wysg ei ochor i mewn i'r dyrfa. Dychrynodd y ceffyl a charlamu i ffwrdd.

Teimlais fy stumog yn cordeddu.

Bu eiliad o dawelwch ac yna cynhyrfodd y dorf unwaith eto. Clywid rhagor o watwar a rhegi, a gwelais fod ambell un yn cicio ac yn poeri ar Mr Glass.

'Dyna ddigon!' galwodd y Deon eto, ei ên yn crynu.

Roeddwn wedi fferru yn yr unfan, ond yn awr gwthiais ymlaen, yn awyddus i'w warchod rhag ymosodiad y dorf. 'Stopiwch! Stopiwch!' llefais.

Wrth i mi gyrraedd daeth Ellis ac, i'm syndod, Jenkin o rywle. Cydiasant yn Mr Glass dan ei geseiliau a'i godi, gan eu gwarchod eu hunain rhag traed a dyrnau'r dorf. Gafaelais innau mewn un goes a rywsut llwyddasom i'w godi a'i hwylio drwy'r dorf. Peidiodd yr ymosodiadau rywfaint a rhannodd y dorf o'n blaenau wrth i ni frysio at gert gyfagos – un Jenkin – a thaflu Mr Glass i'r cefn fel sach datws. Aeth Jenkin i'r blaen a chymryd yr awenau wrth i mi ac Ellis ddringo wrth ochor Mr Glass ymysg y gwair.

Gallwn weld bod gwaed yn llifo o'i gorun ac wedi troi'r cernflew ar ochor dde ei wyneb yn rhuddgoch. Roedd ei frest yn codi a gostwng, ond yn llafurus, a'i lygaid ar gau, ac ni wyddwn a oedd yn ymwybodol, oherwydd roedd ei wefusau'n symud fel pe bai ganddo rywbeth i'w ddweud.

Pwysais i lawr yn agosach.

'I'r swyddfa,' meddai.

'Jenkin, awn ni i Wasg Glass,' meddai Ellis. 'Dydyn ni ddim am dynnu tyrfa i lawr ar ben Kate druan.'

Wrth rasio i fyny'r Stryd Fawr euthum drwy giwed o ddynion oedd yn dod i lawr yn y cyfeiriad arall, dynion y pyllau glo gan fwyaf. Neidiodd un i gefn y gert a bu bron i mi ei fwrw oddi arni gyda'm troed cyn gweld mai Solomon ydoedd.

'Taflodd rhywun garreg a'i fwrw oddi ar ei geffyl,' esboniodd Ellis.

'Roedd yr heddlu yno, mewn dillad pobol gyffredin,' meddwn.

Gwgodd drwy ei farf ddu. '*Thugs* Fairclough,' meddai. 'Ishe dial am ei fab, mae'n siŵr.'

'Wnaeth Mr Glass ddim byd i'w fab.'

'Ishe dial ar rywun. Y dref gyfan. Ond daeth yn bryd i ni daro'n ôl, a rhoi Fairclough yn ei le. Mae'r dynion hyn i gyd wedi dod lawr o Fryn Eithin – eu picasau gyda nhw.' Safodd ar y gert a throi i wynebu'r dynion. 'Dilynwch ni!' meddai, a'i ddwylo cornaidd o amgylch ei geg.

Trodd y fyddin fechan oedd yn mynd i lawr y Stryd Fawr a dechrau dilyn y gert i gyfeiriad Gwasg Glass. Gwelais fod nifer fawr ohonynt yn cario ceibiau ac offer cloddio eraill. Gwelais ambell un yn cario prennau o'r pwll glo, pastynau a pholion perthi. Cariai un whilber dros ei ysgwydd, fel petai'n bwriadu ei bwrw dros ben yr heddwas cyntaf a welai.

Wrth agosáu at y bont gwelwyd tyrfa o Fecanyddwyr, gyda'u brysgyllau a'u gynnau.

'Symudwch,' meddai Jenkin. 'Mae Mr Glass weti ei anafu.'

Daeth un o'r dynion draw ac edrych arno.

'Pwy wnaeth hyn?' gofynnodd.

'Dynion Fairclough,' poerodd Solomon. 'Mae'n bryd dangos iddo pwy yw'r dref. Y ni, neu un dyn.'

Nodiodd y Mecanyddwr ei ben yn brudd, tynnu ei frysgyll o'i wregys, a chwifio'r gert heibio. Wedi i ni groesi'r bont roedd dynion yn llifo o bob twll a chornel. Rhagor o Fecanyddwyr, yn gigyddion yn eu ffedogau gwaedlyd ac yn holltwyr â chyllyll, yn beirianyddion gyda chadwyni yn eu dwylo, yn gryddion gyda morthwylion. Roedd rhywun wedi dod o hyd i waywffon ac wedi trywanu torth o fara, a honno'n cael ei chario dros y bont o flaen y dyrfa.

Ond yna tywyllwyd y stryd o'r pen arall wrth i dorf o weithwyr y ffatri haearn ddod i gwrdd â ni. Daliais fy ngwynt wrth i'r ddwy ochor lygadu ei gilydd, fel dwy fyddin ar fin cychwyn ymladd. Daeth rhyw wynt heibio a chwipio'r dail sych drwy'r gwagle rhyngom.

'Wel,' gofynnodd Solomon. 'Y'ch chi gyda ni, neu weti eich sodro at Fairclough?'

Bu saib ac yna camodd Evan Evans i flaen y dyrfa o Drochwyr. Daliai sbigyn hir haearn yn ei ddwylo. 'Rydyn ni weti cadw tanau'r ffatri i fynd drwy'r nos,' meddai.

'I wasanaethu eich meistr?'

'Nage, i wneud y rhain!'

Â sŵn trystio a chlecian mawr tynnwyd cannoedd o arfau haearn o'u cuddfannau o dan ddilladau'r dynion.

'I'r diawl â Fairclough!' meddai Evan Evans. 'Mae ymosodiad ar un ohonom yn ymosodiad ar y cwbwl! Rydan ni'n mynd i lawr i'r carchar i ryddhau Watkin Tomos!'

Daeth bonllef o gymeradwyaeth gan y dynion ar y ddwy ochor.

'Ac wedyn rydan ni'n mynd i fyny i Gastell Fairclough i drafod telerau ein cyflogaeth!' meddai.

Gyrrodd Jenkin y gert ymlaen drwy'r dorf.

'Symudwch o'r ffordd, mae yna glaf yn fan hyn!' gwaeddais wrth i ni wasgu drwodd.

Diolch byth roedd y strydoedd y tu draw i'r dorf o Drochwyr yn wag ac fe gyrhaeddon ni Wasg Glass mewn dim o dro. Neidiodd Ellis i lawr, datgloi y drws bach yn nrysau mawr y buarth, ac yna agorwyd y drysau mawr i'r gert fynd trwyddynt. Codwyd Mr Glass a chariodd Ellis a Jenkin ef i fyny'r grisiau i'w swyddfa.

'Fe af i i nôl Mrs Glass,' meddai Ellis. 'Jenkin, der i chwilio am y llawfeddyg. Sara, allet ti aros 'dag e?'

Nodiais fy mhen, braidd yn anfodlon. Cerddais i fyny'r grisiau yn araf, pob astell yn gwichian yn ddolefus, fy mreichiau wedi eu croesi ar draws fy nghorff. Roeddwn i'n ofni ei fod eisoes wedi marw. Agorais gil y drws ac edrych i mewn i'r swyddfa dywyll. Roedd Mr Glass yn ei gadair yn ei swyddfa, yn yr un man â'r tro cyntaf i mi ei weld erioed. Pwysai ei ben i'r naill ochor fel ei fod yn rhythu allan dros y dref i gyfeiriad Eglwys Sant Teiriol. Roedd ei geg yn llac, fel petai ar ganol dylyfu gên. Ni symudodd fodfedd.

'Mr Glass?'

Daeth sŵn anadlu cyflym a chras, fel rhwnc angau.

'Mr Glass?'

Yn sydyn siaradodd, gan beri i mi neidio.

'Yr allor…' meddai.

'Y beth?' gofynnais.

'Yr allor… deuluaidd. Hoffwn i weld… un tro…'

Edrychais o amgylch y swyddfa'n wyllt, heb ddeall beth oedd ganddo.

Cododd un llaw a cheisio amneidio i'r gornel.

Roedd silfflyfrau yno ac arni sawl cyfrol drwchus, wedi eu rhwymo a'r teitlau wedi eu boglynnu mewn aur. Deg cyfrol *Y Gwyddoniadur*, *Geiriadur Gwasg Glass*, *Hanes y Cymry a'r Brytaniaid*, *Cymru Fu a*

Chymru Fydd. Y llyfrau roedd Mr Glass fwyaf balch ohonynt. Ac yn eu mysg, *Brenhines yr Aelwyd*… ac *Yr Allor Deuluaidd*. Cydiais yn yr olaf a'i gario at ddesg Mr Glass.

'Dyma fe, Mr Glass,' meddwn. Byseddais drwy'r tudalennau. 'Am beth wi'n wilo?'

'Y bwthyn…' meddai.

'Lle?' Bodiais ymhellach.

'Ar yr ochor… ishe gweld… dim ond un tro…'

Gosodais y llyfr o'i flaen, gan feddwl efallai ei fod am weld y clawr, ond ni allai symud.

Ochneidiodd, a gwyddwn ei bod ar ben.

'Dygwch chwithau…'

'Beth?'

'Dygwch chwithau,' meddai, 'f'esgyrn oddi 'ma, i wlad yr… yr…'

Edrychodd arnaf, ond wedi ennyd pylodd y goleuni yn ei lygaid melynfrown, fel petai rhywun wedi gosod caead ar lamp nwy, gan lyncu'r aer ohoni, a dwyn y goleuni. Pwysodd ei ben mawr yn ôl yn erbyn cefn y gadair. Ni chlywais yr un anadl arall.

'Mr Glass?' Estynnais law grynedig tuag ato a chyffwrdd ei ysgwydd, yna ei godi a mwytho'r cernflew gwyn fel eira ar ochor ei wyneb.

Ond ni ddaeth ymateb. Aeth ei groen yn oer, mor welw ag ifori, ei wefus yn llwyd.

Eisteddais yn y gadair gyferbyn â'r ddesg. Teimlwn yn benysgafn ac roedd waliau'r swyddfa dywyll yn cau amdanaf. Sylwais mor dawel oedd hi. Tawelwch nad oeddwn wedi ei glywed yn y dref erioed o'r blaen. Roedd y sŵn tragwyddol hwnnw, curiad calon y dref, yr un a fu'n ergyd cyson yn fy nghlustiau ers cyrraedd misoedd ynghynt – ffwrneisi chwyth y ffatri – wedi tewi. Rhaid nad oedd digon o ddynion i'w cynnal.

'Cysgwch yn dawel, Mr Glass,' meddwn. 'A bydded i Dduw ddangos trugaredd tuag atoch, fel y bydd i bob un ohonom sy'n rhoi ein ffydd ynddo Fe.'

Codais a chychwyn i lawr y grisiau, gan sychu'r dagrau oddi ar fy moch â'm llawes. Wrth fynd daeth Ellis a Mrs Glass i gwrdd â mi. Rhewon nhw yn yr unfan wrth weld yr olwg ar fy ngwyneb.

'Odi e weti…?' gofynnodd Ellis.

Nodiais fy mhen, a griddfanodd Mrs Glass. Cofleidiais hi.

'Gadewch i mi ei weld e,' meddai.

'Af fi â chi lan nawr.' Cydiodd Ellis yn ei braich ag un llaw a rhwbio'i wyneb â'r llall.

Cyrhaeddais waelod y grisiau a gweld Êb yn eistedd yno. Wyddwn i ddim a oedd gen i'r nerth i dorri'r newyddion i un arall o gyfeillion Mr Glass.

'Mae e weti ein gadael ni felly,' meddai. 'Fe glywais i waedd Mrs Glass.'

Eisteddais wrth ei ochor, y ddau ohonom yn edrych ar ein hesgidiau.

'Dydw i ddim yn deall pam ei fod wedi mynd i'r gwerthiant. Roedd yn gwybod y byddai'n beryglus.'

Anadlodd Êb yn ddwfn.

'Mae bywydau pobol yn rhedeg ar hyd ffyrdd haearn y straeon sy'n gyfarwydd iddyn nhw,' meddai. 'Roedd Mr Glass yn deall grym straeon yn well na neb, ac roedd gan y straeon mawr yr oedd Mr Glass yn gyfarwydd â nhw un peth yn gyffredin.'

'Beth?'

'Aberth.'

Bu ennyd o dawelwch, ac yna clywais lafarganu y tu allan, yn agosáu.

'Beth sy'n dicwdd?' gofynnais.

'Maen nhw'n mynd lan at gastell Fairclough,' meddai Êb.

Daeth sŵn fel torf fawr yn mynd heibio i'r adeilad.

'Y cyfan o'n nhw. Y Trochwyr, y Mecanyddwyr a'r Cloddwyr.'

Llamais ar fy nhraed a dringo'r grisiau i fyny i'r warws i sbecian allan drwy'r ffenestri mawr. Roedd y stryd yn llawn pobol. Miloedd ohonynt, a phob un â'i arf, yn martsio heibio. Nid oedd yr haul eto wedi machlud ond roedd gan ambell un ffaglau tanllyd yn eu meddiant. Rhaid bod bron pob dyn yn y dref yn martsio i fyny i gyfeiriad y castell.

Mi es yn ôl i lawr y grisiau a chael braw wrth weld pâr o lygaid sgleiniog fel rhai llygoden yn syllu arnaf, mewn helmed bres. Yna sylweddolais mai Mr Orme, y llawfeddyg oedd yno. Roedd wedi bod gyda Jenkin.

'Oes rhaid i chi wisgo'r mwgwd yna o hyd?' gofynnais.

Edrychodd i fy nghyfeiriad, er na allwn fod yn siŵr i le'r oedd ei lygaid yn syllu y tu ôl i'r goglau trwchus. 'Nes fy mod weti canfod sut y bu farw,' meddai. Gallwn glywed ei anadlu'n chwibanu fel tegell drwy drwyn y mwgwd.

'Taflwyd carreg ato'i ben – mi welais gyda'm llygaid fy hun,' meddwn i'n swta.

Nodiodd ac aeth i fyny'r grisiau i swyddfa Mr Glass.

Gallwn weld bod Jenkin ar bigau'r drain. 'Welaist ti'r dyrfa?' gofynnodd.

'Do.'

'Dyma hi – mae'r wyldro weti dod! Ti'n meddwl – ?' Edrychodd i gyfeiriad y drws. 'Ti'n meddwl y byddai unrhyw un yn gweld o 'with petawn i'n ymuno â nhw?'

'Byddai dy gyflogwr newydd yn gweld o 'with.'

'Wel, mae'n well gwitho i rywun nad oes modd ei faeddu. Ond os wyt ti'n gallu eu maeddu nhw –' Tynnodd ei law ar draws ei wyneb fel petai'n ceisio diosg ei emosiynau. 'Fe ddywedson nhw eu bod nhw'n mynd i ryddhau Watkin Tomos o'r carchar.'

'Rwy'n falch.'

Nodiodd Jenkin ei ben yn ansicr, a throi am y drws. Ond yna trodd yn ôl. 'Hei, fe ddylet ti ddod hefyd.'

'Pam?' gofynnais. 'Fyddwn i'n dda i ddim mewn brwydr.'

'Rhaid i rywun adrodd yr hanes yn y *Llais*, yn does? Fe fydd yn dod mês fel arfer dydd Mawrth.'

Chwarddais. Rhaid cyfaddef nad oeddwn wedi meddwl am y papur o gwbwl.

'Dydw i ddim yn gwybod pam wyt ti'n chwerthin,' meddai Jenkin. 'Os na fyddi di'n ca'l y *Llais* i'w wely bydd Mr Glass yn codi o'i fedd i'w osod ei hun.'

Crynais. 'Paid â gweud peth fel yna.'

Ond roedd yn dweud calon y gwir, roedd cyfrifoldeb arnaf i adrodd beth oedd yn mynd rhagddo. Dyma hanesyn mwyaf y dref erioed, efallai. Roedd angen i rywun gofnodi'r gwirionedd. Roedd angen i'r *Llais* fod yn llais i'r gweithwyr.

'Dere yn dy flaen, 'te.' Safais ar fy nhraed a thynnu fy siôl amdanaf.

Gwenodd yn gyffrous. 'Fe gawn ni ddweud wrth Ffaro y Tir Haearn – gadewch i'n pobol ni fynd!'

'Dere nawr, neu mi fyddan nhw weti llosgi'r castell yn ulw cyn i ni gyrraedd,' meddwn, gan godi blaen fy ffrog fel nad oedd yn llusgo drwy'r cerrig a'r dail.

Doedd Jenkin ddim yn fodlon mynd â'i geffyl i fyny'r dyffryn at Gastell Fairclough rhag iddo gael niwed, felly roedd hi wedi nosi cyn i ni gwblhau'r daith lafurus. Ond hyd yn oed o bellter gellid gweld streipen o ffaglau tanllyd yn dringo ar hyd y llwybr, fel afon o dân, a chlywed canu a bloeddio'r dorf.

Wrth gyrraedd y brig gwelson fod rhai yn brysur yn clymu rhaffau ar draws y ffordd, rhwng y coed.

'I atal milwyr rhag dod lan mae'n siŵr,' meddai Jenkin. 'Neu atal y gweithwyr rhag rhedeg i ffwrdd.'

Dringasom drostynt a gweld bod torf o ryw 20,000 o ddynion wedi casglu o flaen y castell, goleuni eu ffaglau'n dawnsio ar y muriau. Roedd nifer yn llafarganu 'Bara a chaws!'

'Waw!' Sgleiniodd llygaid Jenkin ag awch chwyldroadol yn llewyrch y fflamau. 'Mae fel rhywbeth o lyfr, yn dyw e?'

Gwelais ddelw o wellt yn nillad Fairclough, yn gorymdeithio cyn cael ei roi ar dân. Bwriwyd muriau'r castell gan gesair cyson o gerrig a phrennau. Roedd y rhan fwyaf yn bownsio i ffwrdd ond sylwais fod ambell un o'r ffenestri uchel wedi eu torri gan rai craff eu hannel.

'Rhowch y gorau iddi!'

Edrychodd y dorf i fyny, a gwelais wyneb Christmas Owens yn ymwthio o un o'r ffenestri, ei fwstásh mawr sinsir yn sgleinio yng ngoleuni'r lleuad. Dechreuodd y dorf daflu cerrig a phethau eraill ato ef hefyd. Diflannodd y pen.

'Oi! Gadewch iddo fe siarad!' gwaeddodd llais o rywle. Llais Solomon. Safai ar frig ffynnon gyferbyn â drws y ffrynt.

Ataliodd y taflu ac ailymddangosodd pen Christmas Owens.

'Mae 'da fi neges gan Fairclough,' meddai'n bwdlyd. 'Mae milwyr arfog ar y ffordd. Rhaid i chi adael nawr neu wynebu marwolaeth.' Clywyd rhu o wrthwynebiad a diflannodd pen Christmas Owens.

Wedi i'r dorf ddistewi ymddangosodd drachefn â darn o bapur yn ei law.

'Mae gen i gopi o'r Ddeddf Terfysg,' meddai, a'i chwifio fel baner. 'Os nad y'ch chi'n gadael y fan hon, fe fyddwch oll yn torri'r gyfraith.'

'Rydyn ni ishe siarad â Fairclough!' galwodd Solomon.

Diflannodd pen Christmas Owens ac ymddangosodd pen arall yn y ffenest. Adnabyddais y Deon.

'Os nad y'ch chi'n gwrando ar gyfraith gwlad, efallai y byddwch chi'n gwrando ar gyfraith Duw,' meddai. Cododd Feibl du yn ei ddwylo. 'Epistol cyntaf Pedr, pennod 2,' meddai, cyn agor y Beibl a darllen. '"Y gweision, byddwch ddarostyngedig gyda phob ofn i'ch meistriaid; nid yn unig i'r rhai da a chyweithas, eithr i'r rhai anghyweithas hefyd." Dyma ddangos mai dewis Duw yw'r drefn fel ag y mae, a'i fod yn gorchymyn pob un ohonoch i ufuddhau i'r gyfraith.'

Bwiodd a hwtiodd y dorf eto.

'Beth am efengyl Matthew?' galwodd Solomon. 'Ni ddichon neb wasanaethu dau arglwydd. Ni ellwch wasanaethu Duw a mamon.'

Chwarddodd y dorf a diflannodd pen y Deon o'r golwg wrth gochi.

Tro Fairclough oedd hi i ymddangos wedyn, o'r diwedd.

'So help me God, I will not listen to men coming in arms in this violent manner,' meddai. 'If you disperse I will do what I can for you.' Roedd ei lais yn crynu, a meddyliais ei fod yn agos at ddagrau. 'Otherwise, you must take the consequences upon yourselves.'

Gwatwarwyd ef gan y dorf a diflannodd Fairclough yntau wrth i sawl carreg fwrw'r wal o amgylch y ffenestr.

'Mae'r milwyr yn dod!' Rhedodd llanc ifanc, a fu'n brysur yn clymu'r rhaffau, i fyny'r ffordd tuag atom.

'Faint sydd yno?' galwodd Solomon o ben y ffynnon.

'Tua wyth deg!'

'Sdim angen eu hofni nhw, ddynion!' meddai Solomon. 'Fe fyddan nhw fel eirin Mair yn ein dwylo!'

Doeddwn i ddim mor siŵr – sylwais bryd hynny nad oedd ffordd i'r gweithwyr ddianc. Dim ond un hewl oedd, ac i fyny honno fyddai'r milwyr yn dod. Clywyd hwynt cyn eu gweld. Bu rhywfaint o oedi wrth i'r rhaffau oedd yn atal y ffordd gael eu torri, ac yna daeth y milwyr i'r golwg o amgylch y tro. Gwisgent siacedi coch a hetiau du uchel ac roeddynt oll yn cario gwybr-ddrylliau hir o bren a phres. Cerddent ymlaen gan gydamseru eu camau, fel pe baent yn greadigaethau mecanyddol fel yr ager ddynion yng nghastell Fairclough. Yna gyda gwaedd dyma nhw'n atal o flaen y dyrfa anniben o weithwyr.

Bu saib am ennyd ac yna galwodd Solomon: 'Mae yna filoedd ohonan ni, a llond dwrn o'n nhw! Dygwch eu gynnau oddi arnyn nhw!'

Roedd fel petai argau wedi bylchu a llifodd y gweithwyr ymlaen, gan chwifio pob math o arfau o wneuthuriad cartref.

'Aim!' galwodd llais o ganol y milwyr. Gostyngwyd y gwybr-ddrylliau mewn un symudiad o'u blaenau.

Taflais fy hun i'r llawr a dal fy nwylo dros fy mhen.

'Fire!'

Clywyd sŵn rhwygo mawr. Teimlais wynt y saethau dros fy mhen a'u clywed yn gwibio heibio gyda sŵn *sip*, *pa-dong* wrth iddynt daro'r llawr *tsha-pwng* a tharo'r cyrff y tu ôl i mi. Clywais sgrechiadau poenus bob ochor i mi. Codais fy ngolygon a gweld cwmwl o fwg yn codi o flaen y milwyr.

Troais fy mhen a gweld Jenkin ar ei eistedd wrth fy ymyl. Roedd yn edrych i lawr ar ei frest mewn braw a gallwn weld y gwaed yn diferu i lawr ei frest.

Syllodd arnaf mewn syndod.

'Sara–'

'Aim!'

Ymlusgais ar fy mol i gyfeiriad y castell. Gwyddwn y byddwn naill ai'n cael fy nharo gan wybr o'r drylliau neu fe fyddai y môr o gyrff yn fy sathru i'r baw.

'Fire!'

Gwibiodd rhagor o saethau dros fy mhen ond rhywsut ni chefais fy nghyffwrdd, er bod y cerrig ar lawr bob ochor i mi'n neidio fel petai rhywun wedi eu trywanu i fyny o'u gwaelod. Cyrhaeddais wal y castell ac edrych dros fy ysgwydd. Roedd rhai o'r gweithwyr wedi cyrraedd y milwyr cyn iddynt allu llwytho eu gynnau drachefn ac yn eu pwnio a'u torri gyda'u pastynau a'u cyllyll. Gwelais fwtsiwr yn hollti ysgwydd un milwr, a milwr yn gwthio sbigyn haearn i stumog dyn arall. Gorweddai cyrff ymhobman ac roedd sawl un yn baglu ar goesau simsan wrth gydio mewn clwyfau.

Gwelais Jenkin hefyd. Gorweddai ar lawr, ei goes wedi plygu oddi tano, yn syllu arnaf â llygaid dall.

Ond cydiodd greddf hunanamddiffynnol ynof a doeddwn i ddim yn meddwl am ddim ond ffoi at ddiogelwch. Llusgais fy hun o amgylch ymyl y castell. Pan oeddwn i'n ddigon pell o faes y frwydr codais a rhedeg nerth fy nhraed i mewn i'r goedwig gerllaw. Parhaodd sŵn gwybr-ddrylliau'r milwyr i atseinio fel taranau, a gallwn glywed sgrechfeydd a sŵn haearn yn bwrw haearn. Pan oeddwn yn ddigon pell llithrais ar fy nghwrcwd a gorffwys am eiliad, fy wyneb yn fy nwylo. Edrychais i lawr ar fy nghorff yn y golau gwan a cheisio gweld a oeddwn wedi cael fy anafu o gwbwl. Doeddwn i ddim wedi teimlo dim byd ond roedd y fath ias yn rhedeg drwyddaf fel na allwn deimlo llawer o ddim mewn gwirionedd. Hyd y gwelwn i roeddwn i gyd yno.

'It is time to clean out the stables, to empty the slag from the furnace.'

Clywais lais cyfarwydd y tu ôl i mi. A sŵn traed ar gerrig bychain – a sŵn olwynion. Arhosais wedi fy fferru yn yr unfan am funud, eisiau aros lle'r oedd hi'n saff.

'We are almost ready to proceed, Sir,' meddai llais arall. 'There may be a delay of a few weeks but the ironworks will not be unattended for long.'

Llais Dr Schnitt oedd yr ail. A llais Fairclough oedd y cyntaf. Gyda chryn ymdrech llwyddais i argyhoeddi fy nghoesau anfoddog i'm cario ar hyd wal y castell nes cyrraedd y pen draw.

Yno, yng ngoleuni'r lloer, gwelais amlinell coets – un ddigon tebyg i honno oedd wedi fy nghludo i'r castell yr wythnos flaenorol, gydag olwyn ychwanegol ar y cefn a simnai arni, ond nid oedd ceffyl ynghlwm y tro hwn. Gallwn hefyd weld dau ffigwr tywyll, Fairclough yn ei gadair olwyn a Dr Schnitt yn cerdded wrth ei ymyl. Mae'n rhaid eu bod nhw'n ceisio dianc, meddyliais.

Ystyriais beth ddylwn i ei wneud. Efallai y dylwn fynd yn ôl a rhoi gwybod i Solomon, os oedd yn fyw. Ond o'r hyn y gallwn glywed roedd y milwyr yn parhau i saethu, gan awgrymu nad oedd y frwydr yn mynd o blaid y gweithwyr.

'She has been working quite undisturbed,' meddai Dr Schnitt. Ni allwn glywed ond ambell air. 'In the Old Town. But now that the Clock Tower is finished...'

Daliais fy anadl. Roedd rhaid i mi gael gwybod i le'r oedden nhw'n mynd, a beth oedden nhw'n ei wneud yno. Ceisiais glywed rhagor ond roedd Dr Schnitt yn codi Fairclough i'r cerbyd, ac roedd eu lleisiau'n aneglur. Wedi munud neu ddwy cododd ager o'r simnai ar gefn y goets a dechreuodd yr olwynion droi. Hwyliodd i lawr y llwybr i ganol y goedwig, fel car stêm.

Edrychais i bob cyfeiriad, yna rhedeg yn ysgafndroed ar eu holau, gan gadw at y cysgodion fel na allai unrhyw un fy ngweld.

O'r diwedd gwelais doeau llechi yn ymrithio dros y waliau yn y pellter a sylweddoli fy mod wedi cyrraedd yr Hen Dref. Daeth y cerbyd at borthcwlis yn y wal, ac agorodd hwnnw iddo. Ond yna rhuglodd ar gau cyn i mi gael cyfle i fynd drwyddo.

Roeddwn i'n diawlio wedyn – roedd y waliau yn rhy uchel i mi eu croesi. Ac roedd rhywun wedi agor y porthcwlis. Rhywun fyddai'n cadw golwg. Doedd yr Hen Dref ddim mor wag ag oeddwn i wedi meddwl.

Camais i'r goedwig y naill ochor i'r ffordd, a dilyn ymyl y wal uchel gan geisio gochel rhag sefyll mewn unrhyw beth annymunol a gwlychu fy nhraed. Clywais sŵn dŵr a dod o hyd i nant yn llifo i lawr ymyl y dyffryn a thrwy geuffos yn wal y dref. Es i lawr ar fy nghwrcwd ac edrych drwyddi. Oedd, roedd digon o le i gropian, ond ddim heb wlychu.

'Beth ar y ddaear wyt ti'n ei wneud Sara?' gofynnais i mi fy hun. Fe fyddai Bopa yn benwan. Ond teimlwn fy mod ar drothwy datrys dirgelwch, un yr oedd Fairclough ac eraill ynghlwm ag ef. Er bod yr ofn fel carreg oer yn fy stumog, ni allwn i faddau i mi fy hun pe bawn i'n troi cefn a mynd yn ôl adref nawr.

Ceisiais wthio drwy'r geuffos ond roedd fy staes yn brathu i mewn i fy nghroen. 'I'r diawl â hwn,' meddyliais. Tynnais fy ffrog dros fy mhen, gan gadw fy mreichiau yn agos at fy nghorff rhag teimlo chwa o oerfel. Datglymais fy staes a'i daflu i mewn i'r goedwig, cyn gwisgo drachefn. Teimlwn yn llawer fwy rhydd yn awr.

Gwthiais drwy'r geuffos a theimlo dŵr yn tryddiferu i mewn i fy ffrog ac yn gwlychu fy mhengliniau. Roedd y nenfwd mor isel roedd yn crafu asgwrn fy nghefn a bu'n rhaid i mi shifflo yn bur araf, â'm dwylo yn gyflym golli teimlad yn y dŵr rhewllyd. O'r diwedd gwelais ychydig o oleuni yn y pen draw, a gydag un hyrddiad olaf, daeth fy mhen allan.

Roeddwn mewn stryd wag wedi ei thagu gan chwyn, a gallwn weld nenfwd yr hen gapel yn ymrithio dros y wal o fy mlaen.

Sychais fy nwylo rhynllyd ar flaen fy ffrog lle nad oedd wedi gwlychu, ac yna chwythu arnynt er mwyn ceisio annog y gwaed i lifo drachefn. Roeddwn i'n crynu, ond nid yn unig gan oerfel. Roedd yr Hen Dref yn lle anghyfannedd a brawychus. Teimlwn yn sydyn na allwn gymryd yr un cam arall ymlaen – roeddwn eisiau ffoi. Ond anadlais a phwyllo, a chamu yn ysgafndroed i gyfeiriad yr hen gapel, gyda'r bwriad o gerdded i gyfeiriad y sgwâr lle y cyfarfu Jenkin a Mr Richards o'r blaen.

Agorais giât y fynwent gyda gwich boenus o swnllyd yn y tawelwch llethol. Teimlais yr un ias â'r tro diwethaf, ond rhoddais fy mhen i lawr a cherdded drwyddi mor gyflym ag y gallwn heb gadw unrhyw sŵn. Ond wrth wneud hynny sylwais fod rhywun wedi bod yma o'm blaen. Roedd rhywfaint o'r cen a'r iorwg wedi eu clirio oddi ar un rhes o'r beddi. Doeddwn i ddim am dreulio eiliad yn rhagor yn y fynwent, ond aeth chwilfrydedd yn drech na mi a chamais ar draws y tir soeglyd i edrych yn agosach. Euthum i lawr ar fy nghwrcwd wrth ymyl un o'r beddau a darllen y geiriau cerfiedig:

Miriam Glass
Hunodd yn wyth oed ar 15 Mawrth, 1837
'A'r Iesu a ddywedodd, gadewch i blant, ac na waherddwch iddynt ddyfod attafi; cannys i'r cyfryw rai y mae teyrnas nefoedd.'

Teimlais fy nghalon yn trymhau. Cofiais i Bopa sôn i Mr a Mrs Glass golli plentyn. Dyma hi, mae'n rhaid. Roeddwn yn meddwl iddi farw yn fuan ar ôl ei geni, ond roedd hon yn hŷn.

Euthum at y bedd nesaf a thynnu'r deiliach oddi ar ei wyneb. Glaniodd pry copyn ar fy llaw a rhwbiais ef i ffwrdd. Astudiais y geiriau yn y golau gwan. Ebenezer Glass. Es at y bedd nesaf. Gwenllian Glass. Edrychais ar hyd y rhes. Elias. Moses. Isaac. Martha. Ruth. Mary. Pob un yn Glass. Yr ifancaf yn ifancach na blwydd.

Yna i'm syndod sylweddolais fod y dyddiad yr un fath. Roedd pob un wedi marw ym mis Chwefror neu Mawrth 1837. Ai dyma'r afiechyd afiach y soniodd Bopa amdano? Teimlais don o dosturi dros Mr a Mrs Glass. Roedd bywyd yn greulon.

Ond pwy oedd wedi clirio'r beddau?

'Pa sawl ran sydd mewn dyn? Dau: y corff a'r enaid.'

Neidiais ar fy nhraed mewn braw wrth glywed sibrwd y tu ôl i mi. Gwelais silwét bychan ym mhen draw'r fynwent, ochor ei wyneb pres yn sgleinio.

'Pa beth yw y corff o ran ei ddefnydd? Pridd.'

Camodd y plentyn tuag ataf. Bu bron i mi ebychu ag ofn wrth weld yr un croen glas, creithiog, a'r un mwgwd ag a welais yma o'r blaen.

'Pa beth yw natur yr enaid sydd ynddo?' gofynnodd. 'Mae wedi deilliaw oddi wrth Dduw, heb ddim defnyddiau cymysglyd a dadfeiliedig ynddo.'

Cerddodd heibio, ychydig droedfeddi i ffwrdd, ar hyd cefn y capel, heb wneud unrhyw sylw ohonaf. Aeth draw at y wal ym mhen pella'r fynwent a gostwng ei ben cyn gwasgu drwy'r agoriad.

Curai fy nghalon fel dwrn ar gaead arch. Ond penderfynais ddilyn. Roedd rhaid i mi gael gwybod beth ydoedd. Darganfod ai ysbrydion y meirw oedd yn cyniwair yn yr Hen Dref. Euthum ar ei ôl, gan faglu dros wreiddiau'r ywen ysgerbydol wrth galon y fynwent, a mynd ar fy nghwrcwd i wasgu drwy'r twll yn y wal.

Edrychais bob ffordd. Roeddwn ar stryd o goblau, a chysgod y plentyn yn tonni yng ngoleuni'r lloer, wrth iddo gilio i'r pellter. Dilynais ef yn ysgafndroed, fy nghorff yn erbyn y wal fel na allai fy ngweld.

'Beth oedd dibenion mawr a gogoneddus Duw wrth greu dyn?' sibrydodd y creadur. 'Ei ogoniant ei hun, a dedwyddwch y creadur.'

Aeth o amgylch y gornel, yn ôl i gyfeiriad yr Hen Dref. Cuddiais a'i wylio'n mynd. Daeth i stop rhwng yr hen gapel a'r sgwâr, cyn pwyso i lawr a chodi caead twll archwilio oddi ar y llawr. Dringodd i mewn, ac eiliad yn ddiweddarach dyma law fach yn cydio yn y caead a'i gau.

Sleifiais draw. Roedd y sgwâr yn gyfan gwbwl wag. Edrychais i lawr ar gaead y twll archwilio. Roedd patrymau cylchog fel canghennau coed arno a'r geiriau 'Fairclough Iron Chapel St 1832' yn gylch o amgylch yr ymyl. Roedd bachyn i'w godi i fyny. Codais ef mor dawel ag y gallwn a'i lusgo draw heb adael iddo grafu'r coblau. Edrychais i mewn i'r twll du. Roedd ystol yn plymio i'r tywyllwch. Tynnais fy ffrog amdanaf a dechrau dringo.

Nid oedd yr ystol yn mynd i lawr ymhell. Roeddwn mewn twnnel cerrig, yn symud tua'r gogledd dan yr hen gapel a thua'r de dan y sgwâr. Roedd y llawr yn wlyb dan draed. Rhaid ei fod yn garthffos o fath, neu'n geuffos afon nad oedd bellach mewn defnydd.

Nid oedd y plentyn wedi ymlwybro ymhell; gallwn glywed ôl ei draed yn siffrwd ar hyd y llawr anwastad, ei lais yn adrodd y catecism:

'Pa fath o berthynas sydd rhwng dyn a Duw? Perthynas creawdwr a chreadur, fel cynhaliwr a rhai sydd yn cael eu cynnal ganddo.'

Euthum ar ei ôl, a dod at groesffordd. Roedd lampau nwy wedi eu cynnau yn hongian o'r nenfwd. Roeddwn ar fin croesi pan glywais bitran traed bach, yn agosáu ar hyd y twnnel. Cuddiais o'r golwg mewn cilfachau gerllaw. Wedi ychydig eiliadau aeth plentyn arall heibio yn ei fwgwd pres, creithiau ar hyd ei ben. Roedd ganddo wallt ychydig yn hirach a dyfalwn mai merch oedd hi.

Adroddai iddi ei hun yn undonog: 'Pa beth yw diben pennaf dyn? Diben pennaf dyn yw gogoneddu Duw, a'i fwynhau ef yn dragywydd.'

Diflannodd y creadur o amgylch y troad, gan barhau i adrodd yr un weddi.

Cripiais ymlaen nes i'r twnnel agor yn ystafell oedd yn llawer mwy o faint. Gallwn glywed lleisiau, ond nid catecism difeddwl y plant.

'Do you think I will feel pain?' gofynnodd llais cryglyd dyn.

'Impossible – not while your nerves are severed,' meddai llais arall. Dr Schnitt.

'You're very brave, Sir,' meddai llais arall eto. Mr Orme.

'Bravery has nothing to do with it,' meddai'r un cryglyd. Fairclough. 'I face either death or death with the possibility of being reborn. Who in my position would not choose the latter option? No, don't flatter me with talk of bravery. I am a terrible husk of a thing, but soon, soon I will be much more.'

Clywais ruglo haearn drws yn cau, ac yna saib.

'Wyt ti'n ffyddiog y bydd yn barod mewn pryd?' sibrydodd Mr Orme.

'Wrth gwrs, hwn fydd y gwleidydd cyflawn,' meddai Dr Schnitt. 'Yn rhedeg fel wats, yn ôl ein gorchymyn, yn weithgar hyd yn oed pan mae ein gelynion gwleidyddol yn cysgu, byth yn brin o egni.'

'Ydych chi'n meddwl ein bod ni'n gwneud y peth iawn?'

'Mae Duw wedi ein creu, nid yn unig yn ei ddelw Ef, ond hefyd yn ei feddylfryd Ef. Dymuniad dyn yw creu hefyd, a darostwng ac arglwyddiaethu dros yr hyn y mae wedi ei greu. Ac fel yr oedd Duw wedi creu bywyd, rydym ni hefyd yn ymdrechu tuag at yr un nod.'

Wyddwn i ddim beth oedden nhw'n ei gynllwynio ond roedd iddo sawr dieflig. Gobeithiwn glustfeinio ar ragor, ond yna clywais lais y tu ôl i mi:

'Pa reol a roddodd Duw i'n cyfarwyddo? Gair Duw, yw'r unig reol i'n cyfarwyddo.'

Bu bron i mi neidio o'm croen. Safai un o'r plant yno, yn syllu arnaf. Y ferch â'r gwallt hir, os gellid ei galw'n ferch.

Baglais am yn ôl ar hyd y twnnel. Ond wrth ddod at y groesffordd, daeth plentyn arall tuag ataf.

'Pa beth y mae'r ysgrythurau yn ei ddysgu?' meddai. 'I ddyn gredu yn Nuw, a'i sancteiddio Ef.'

Troais i'r chwith a brasgamu i lawr y twnnel. Roedd ystafell arall yma, yn llawn hen offer llawfeddygol a chelfi o bob math.

Edrychais dros fy ysgwydd. Roedd y plant yn agosáu. Nid un ohonynt. Nid dau. Ond tyrfa fechan, y cyfan yn llefaru mewn un llais:

'Pe beth yw Duw? Ysbryd yw Duw, yn anfeidrol, yn dragwyddol, yn anghyfnewidiol, yn ei hanfod, ei ddoethineb, ei gyfiawnder, a'i wirionedd…'

Roeddynt yn codi ofn arnaf. 'Byddwch dawel!' meddwn.

Cydiais yn yr un â gwallt hir, a'i hysgwyd gerfydd ei hysgwyddau.

Ond ni phallodd ei llafarganu, a syllodd yr hanner mwgwd, hanner wyneb arnaf â'i mynegiant mor wag ag erioed.

Hyd yn oed yn fy ofn gallwn weld a theimlo mai plentyn go iawn oedd yno, nid ysbryd. A daeth ton o drueni drostaf. Ymbalfalais am y strapiau tu ôl i'w phen, a datod y byclau oedd yn eu cadw yn eu lle.

Syrthiodd y mwgwd oddi ar ei hwyneb ac ar y llawr caregog.

Edrychais arni. Lledodd oerfel marwaidd drwyddaf, a theimlais ddagrau'n cronni.

'Be- Begw?' gofynnais.

Adnabyddwn hi, er bod ei hwyneb yn groesymgroes o bwythau rhyw lawdriniaeth erchyll. Dyma Begw, ond nid dyma Begw chwaith. Nid oedd yr un adnabyddiaeth yno. Syllodd arnaf â llygaid a allai fy ngweld ond nid fy adnabod.

'Beth maen nhw weti ei wneud i ti?' Cofleidiais hi'n dynn. Roedd ei chorff yn oer. Roedd wedi rhoi'r gorau i lafarganu nawr. Safai fel postyn, yn gwbwl ddiddeall.

Sylweddolais nawr beth yr oedd Dr Schnitt wedi ei wneud. Roedd wedi cynnig edrych ar ôl Begw, nid er mwyn lleddfu ei thaith i'r bywyd nesaf, ond er mwyn defnyddio ei chorff at ei swyn erchyll ei hun.

'Y diawliaid!' gwaeddais, gan anghofio lle'r oeddwn i. 'Beth maen nhw weti ei wneud i ti?'

'Ei hachub,' meddai llais o'r twnnel y tu blaen i mi. Fe aeth ias i lawr fy nghefn wrth i mi adnabod y llais. Camodd y plant i'r naill ochor yn ufudd er mwyn caniatáu i Mrs Glass gamu ymlaen.

Aeth ar un glin a gosod llaw ar foch Begw. Roedd ei llygaid yn llawn cariad.

'Wele'r tangnefedd ar ei hwyneb,' meddai mewn llais adrodd hwiangerdd. 'Mae hi mewn lle gwell yn awr. Maent oll weti eu rhyddhau o'u hesgeulustod a'u dioddefaint. Weti eu hesgyn i'r cyflwr perffeithiaf, yn rhydd rhag pechod na phoenau cnawdol, daearol.'

'Chi sydd weti gwneud hyn?'

Gwenodd arnaf. 'Fel yr ysgrifennaist ti yn dy gylchgrawn sawl gwaith, gall menyw feddu ar lawer o ddylanwad y tu ôl i ddrysau caeedig. Yn y cysgodion.'

Cododd y mwgwd oddi ar y llawr a'i glymu'n ôl ar wyneb Begw.

'Rhed di nawr, fy mhlentyn annwyl i.'

Trodd y creadur ar ei sawdl a martsio ymaith, gan lafarganu:

'Os ysbryd yw Duw, pa fodd y cyfrifir iddo serchiadau a theimladau dynol?' Diflannodd o amgylch y troad. 'Duw, oherwydd ein gwendid, sy'n ymostwng i lefaru mewn dull dynol, er amlygu i ni ei berffeithderau a'i waith...'

'Wyt ti'n clywed hynny?' gofynnodd Mrs Glass. 'Cymraeg perffaith, Beiblaidd. Wedi ei garthu o holl wastraff amryw dafodieithoedd y byd. Dyma iaith yr Arglwydd, iaith Gomer, iaith Eden yn dylifo o'u genau. A dyma ddechrau adeiladu ein Heden ni.'

Syllais yn gegrwth arni. 'Pam gwneud rhywbeth mor ofnadwy?'

Edrychodd hithau'n syn, a blincio. 'Ofnadwy? Dyma fy mhlant i, Sara.'

'Rydych chi'n eu troi nhw mewn i... robotiaid.'

'Rydym yn byw mewn oes o gynnydd,' meddai. 'Nid yw cynnydd y peiriant yn ddigonol tra bod y cnawd yn amherffaith. Rhaid addasu dyn, a menyw, i ddisgyblaeth y peiriant. Rhaid rhoi iddynt y nerth i weithio yn rhydd o feddyliau pechadurus er mwyn cael eu gwobr yn y nefoedd.'

'Ry'ch chi'n cymryd plant prydferth, a'u llurgunio.'

Edrychodd arnaf yn dosturiol. 'Roedd rhaid i Dduw, hyd yn oed, ddinistrio ei fab ei hun yn enw cynnydd. A oedd Iesu ar y Groes yn brydferth? Na, ond fe ryddfreiniodd y ddynoliaeth, i gymryd y cam nesaf, i gymryd ei lle ochor yn ochor â'r Arglwydd yn y nefoedd. A dyna ydyn ni'n ei wneud yma.'

Nesaodd tuag ataf.

'Oedd Mr Glass yn gwbod am hyn?'

'Naco'dd siŵr.' Gwenodd hi. 'Joseph druan. Fyddai e ddim weti deall.' Oedodd, ac edrych ar lawr. 'Ar ôl yr hyn a ddigwyddodd i'n plant, fe gladdodd ei hun mewn gwaith.' Cododd ei golygon a syllodd arnaf. 'Fi gladdodd y plant, Sara,' meddai, a'i llais yn crynu. 'Nid yn y ddaear, ond ynof fi fy hun.' Cododd ei llaw i'w brest. 'Mae gen i galon fel caead arch. Ond wnes i ddim anghofio sut y bu i'r plant ddioddef yn eu dyddiau olaf. Ac roeddwn i'n benderfynol o atal unrhyw blentyn arath rhag dioddef yn yr un modd. Felly pan ddaeth Dr Schnitt...'

Cerddodd tuag ataf, a chiliais yn ôl yn erbyn y peiriannau argraffu.

'Rwyt ti'n dioddef hefyd, Sara,' meddai. 'Wi'n gallu gweld y peth yn dy lygaid! Mae cymaint yn pwyso ar dy feddwl. Piti fy mod wedi ymyrryd y noson honno yn y carchar, pan oedd Dr Schnitt yn mynd i dy ryddhau o gadwyni pechadurus y meddwl. Ond roeddwn yn meddwl, efallai, y byddet ti'n deall, yn y pen draw, efallai y byddet ti ar fy ochor i.'

Cydiais mewn polyn o haearn o ganol gweddillion y gweisg argraffu a'i ddal o'm blaen yn fygythiol.

'Dewch chi'n agosach ac fe fyddwch yn ymuno â Mr Glass yn ei fedd,' meddwn, gan ysgyrnygu dannedd.

Ar ôl gweld beth a wnaethai i Begw, roeddwn yn ei chasáu. Ei chasáu mwy nag oeddwn wedi casáu fy nhad.

Ond yn sydyn siaradodd un o'r plant: 'Blant, ufuddhewch i'ch rhieni yn yr Arglwydd, canys hyn sydd gyfiawn.'

'Anrhydedda dy dad a'th fam,' llafarganodd y plant eraill.

Roedden nhw wedi tyrru o flaen Mrs Glass, yn un twr, ac yna roeddynt yn cau amdanaf i hefyd. Ni allwn eu bwrw ymaith – plant oedden nhw, wedi'r cwbwl.

'Gwranda ar dy dad a'th genhedlodd,' medden nhw yn un côr. 'Ac na ddiystyria dy fam pan heneiddia.'

Chwarddodd Mrs Glass. 'Mae'r plant yn gwbod eu Beibl – ac yn gweithredu arno,' meddai. Yna galwodd: 'Dr Schnitt a Mr Orme! Mae yma westai sydd angen lle i aros.'

Gwelais gysgodion y tu ôl iddi. Brwydrais drwy'r môr o gyrff ac allan i'r twnnel, a phan oeddwn yn rhydd, rhedais oddi yno. Rhedais am fy mywyd, ar hyd y twnnel hir, nes dod at yr ystol. Estynnais am y caead uwchben.

'Miss Maddocks,' meddai llais. Troais fy mhen a gweld mwgwd yn edrych arnaf. Mwgwd â phig hir, a goglau copr a gwydr. Rhathellai anadl drwy'r pig. 'Mi ddywedais i wrthoch chi am fod yn ofalus. Mae damweiniau'n dicwdd. Rwy'n gwbod hynny am mai fi sy'n eu hachosi nhw, yn amlach na pheidio.'

Mr Orme.

Teimlais rywbeth caled yn ergydio cefn fy mhen, ac aeth y byd yn ddu.

'Ydi'r ferch fach yn effro?'

Roeddwn mewn poen ers peth amser. Roedd fy nghorff yn dolurio, fel pe bawn wedi cael fy rhoi mewn sach a fy nghuro bob sut, rhyw wasgedd anghyfforddus, annioddefol o amgylch fy nhalcen ac ochrau fy mhen.

Nid y llais oedd wedi fy neffro, ond yn hytrach yr oglau. Oglau fel wyau wedi mynd yn ddrwg yn llenwi fy ffroenau. Oglau ager yn codi o injan bres.

Cliriodd rhywfaint o'r niwl. Gwelwn diwbiau copr a chymhlethdod o olwynion danheddog. Roedd yr olwynion yn troelli, gyda sŵn *dy-dyn* trwm bob eiliad, ac yna sŵn *rat-rat-rat-tat-tat* fel agerfarch yn taranu ar hyd ffordd haearn. Roeddwn ar fy nghefn, yn edrych i fyny.

'Lle...?' gofynnais yn simsan, ac yna, uwchben, y sŵn: 'Lle ydw i?'

'Y tu mewn i bencampwaith peirianyddol y byd!'

Troais fy mhen gyda pheth ymdrech a gweld Dr Schnitt yn syllu i lawr arnaf, fel oedd wedi gwneud ar ffurf hunllef ers y noson yn y carchar. Gwisgai bâr o oglau a sgleiniai fel llygaid cath. Ceisiais godi ar fy eistedd er mwyn ffoi ond gallwn deimlo fy mod, unwaith eto, wedi fy nghlymu yn fy lle. Roeddwn yn yr hunllef.

'Na!' Gwingais yn wyllt yn erbyn y strapiau. Curai'r galon yn fy mrest i'r un trawiad cyflym â'r peirianwaith o'm cwmpas.

'Does dim angen cyffroi!' meddai Dr Schnitt. 'Fe fydd popeth ar ben i'r ferch fach yn fuan, a phopeth yn iawn hefyd. Fe fydd hi ymysg yr etholedig rai.'

Troais fy mhen oddi wrtho a gweld rhywbeth a edrychai, ar yr olwg gyntaf, fel ffenest liw gron, anferthol. Llenwai wal gyfan yn y siambr fawr ac roedd trawst haearn yn rhedeg rhyngddi a'r olwynion yng nghanol yr ystafell. Ar ôl rhai eiliadau deallais beth oedd.

'Rydw i yn yr Awrlais Mawr?'

'In the big clock! Ie, yr awrlais, er nad awrlais ydyw, mewn gwirionedd, neu nid awrlais yn unig. Esgus yw'r awrlais. Sdim angen holl rym yr afon i redeg oriadur cyffredin! It's a machine, a machine for building up energy. Trydan, dyna ydyn ni'n ei gynhyrchu. I roi bywyd newydd i'r ferch fach – i'r plant i gyd.'

Cyfeiriodd i ben draw'r ystafell. Crymais fy ngwddf poenus a dychryn wrth weld bod cynulleidfa fawr o blant, yn eu mygydau, yn sefyll mor llonydd â delwau, yn gyfan gwbwl fud.

Suddodd fy nghalon. Deallais yn awr beth oedd y gwasgedd ar fy nhalcen. Roedden nhw am redeg cerrynt drwyddof fel y gwnaethont yn y carchar. Ond y tro hwn fyddai neb i'w hatal.

'Gadewch fi fynd!' gwaeddais. Teimlwn fy mod yn mynd o 'ngho. 'Gadewch i fi fynd!'

'Bydd popeth yn iawn!' Brysiodd Dr Schnitt yma a thraw yn paratoi y peiriant. 'Cyn bo hir ni fydd y ferch yn poeni ei phen bach am ddim byd o gwbwl.'

Clywais sŵn rhuglo mawr ac roeddwn yn poeni bod y peiriant trydan eisoes yn tanio. Roedd olwynion yn troelli'n gyflym uwch fy mhen a chadwynau'n symud. Caeais fy llygaid gan ddisgwyl yr ergyd fyddai'n cymysgu fy ymennydd bob sut, fel wy wedi'i sgramblo, nes na fyddai gen i fwy o synnwyr na Begw a'r plant truenus eraill.

Rat-tat-tat-tat-tat...

Ond yna fe dawelodd y sŵn.

'Dr Schnitt, mae angen i chi roi'r gorau i chwarae â'ch bwyd.'

Llais Mrs Glass.

Edrychais draw heibio fy nhraed a gweld bod caetsh haearn wedi codi i fyny o waelodion y tŵr, fel hwnnw mewn pyllau glo, ac ynddo roedd Mrs Glass, a hefyd Mr Orme yn cario gwybr-ddryll pres hir dros ei ysgwydd. Roedd gwely ar olwynion ganddynt, ac ar y gwely hwnnw roedd corff dan gynfas wen. Gwthiodd Mrs Glass ef allan o'i blaen nes ei fod gyferbyn â mi.

'Ydi'r trydan yn barod?' gofynnodd, gan blethu ei breichiau.

'Un funud,' meddai Dr Schnitt, yn brysur dynnu ar liferi a throi olwynion.

'Gadewch fi i fynd!' meddwn. 'Plis!'

'Paid â phoeni, Sara,' meddai Mrs Glass yn gysurlon. 'Rwyt ti'n lwcus – er efallai nad wyt ti'n sylweddoli hynny eto. Cyn bo hir fe fyddi di'n ymuno â'r plant mewn tangnefedd pur.'

'Beth ydych chi wedi ei wneud iddyn nhw?'

'Fe ddywedais i wrthyt o'r blaen, yn do: iaith ydym ni oll yn y bôn,' meddai. 'Iaith yw'r unig fodd sydd gennym o ddeall y byd o'n cwmpas, o ddeall ein hunain. Ac yn absenoldeb iaith ni allwn ddeall y pethau hynny o gwbwl. Ac wrth ystyried, dyma fi'n taro ar yr ateb.

Beth os mai'r allwedd i ddileu pechod, i ddileu meddyliau drygionus, yw i ddileu iaith?'

Syllais arni'n gegagored.

'Beth yw adnod gyntaf efengyl Ioan?' gofynnodd.

Atebais i a'r plant yn un côr: 'Yn y dechrau yr oedd y Gair, a'r Gair oedd gyda Duw, a Duw oedd y Gair.'

Cyffrôdd Mrs Glass. 'Yn union! Wele, hyd yn oed yn y Beibl, mae grym iaith wedi ei osod yn blaen ar ein cyfer ni. Duw yw'r Gair! Ac os mai Duw yw'r Gair, o ddarganfod y Gair pur, dechreuol hwnnw – o wrth-droi cosb Babel – fe allwn ddatgloi dirgelion y bydysawd.'

Edrychais arni'n syn. Ond unwaith eto, roedd fel petai'n gallu darllen beth oedd yn mynd trwy fy meddwl.

'Rwyt ti'n ferch glyfar, Sara. Ac rwyt ti'n meddwl 'mod i'n wallgof. Ond mi wnei di ddeall. Os oes iaith sylfaenol sy'n ateb dirgelion y bydysawd, mae'n rhaid bod yr iaith honno – iaith Eden, yr iaith cyn cwymp Babel – yn llechu dan yr wyneb yn rhywle. Mae yna rai sy'n dweud mai Saesneg yw'r iaith honno, ond i mi mae'r awgrym hwnnw yn chwerthinllyd. Sut all iaith fratiog fod yn berffaith? Mae'r Gymraeg yn iaith crefydd, ond yn dda i ddim yn myd diwydiant. Mae'n rhaid bod ym mhob un o'r ieithoedd gwasgaredig ryw elfen o'r iaith berffaith, wreiddiol honno.' Cerddai yn ôl ac ymlaen wrth siarad, gan ystumio â'i dwylo. 'A drwy eu hastudio fe allwn ddod o hyd iddi, a dim ond wrth siarad yr iaith honno, yr iaith oedd yn rhagflaenydd i'r cwymp, y gallwn ddychwelyd at gynllun gwreiddiol Duw.'

Rhwbiodd ei dwylo at ei gilydd.

'Dyna sut y cwrddais i â Dr Schnitt, oedd wedi bod yn hir astudio effaith iaith ar yr ymennydd. Drwy ei arbrofion ar feddyliau gwallgofion, roedd wedi darganfod bod modd diffodd y rhannau hynny o'r ymennydd oedd yn gyfrifol am iaith drwy driniaeth drydanol. O ddileu'r iaith oedd yn caniatáu i ni feddwl am bechod, gallwn ddileu y gallu i feddwl yn bechadurus!' Gwenodd yn fuddugoliaethus. 'Rwyt ti ar fin esgyn i gyflwr perffeithiach bodolaeth. Bywyd heb boen, heb drallod. Heb y geiriau i allu meddwl yn bechadurus.'

'Rydych chi'n sôn am fywyd heb ewyllys rydd!' cyfarthais.

Edrychodd arnaf yn hir. 'Beth yw ewyllys rydd ond y rhyddid i deimlo tristwch, ac ofn, a chasineb – y rhyddid i ddymuno drygioni i eraill?' Lledodd gwên ar draws ei hwyneb. 'A beth yw'r nefoedd, wedi'r cwbwl, ond rhyddhad rhag ewyllys rydd? O'r duedd i ddymuno pechu – ac o holl boenau bywyd?' Sgleiniodd ei llygad wrth weld y ddyfais uwch fy mhen, a chododd ei dwylo tuag ataf. 'Fel hyn, gallwn greu nefoedd ar y ddaear!'

'Bydd y ferch fach yn un o'r cyntaf o hil newydd a fydd yn tra-arglwyddiaethu ar bob un arall ar y ddaear!' ebychodd Dr Schnitt. 'Fydd hi ddim yn gwastraffu ei hegni ar emosiynau blinderus, pechadurus, ond yn treulio ei hamser ar lafur a diwydiant buddiol.'

'Ac nawr bod y tŵr wedi gorffen bydd modd i ni addasu holl weithwyr y dref fel eu bod yn gallu ymuno yn yr un ymdrech,' meddai Mrs Glass.

Aeth ias drwy fy nghorff. 'Nid cynnydd mo hyn!' Edrychais o'm cwmpas yn wyllt. 'Helpu pobol, gwella eu bywydau, fel nad oes rhaid iddynt bechu i gael byw, dyna ydi cynnydd.'

Chwiliais am gydymdeimlad, yn Mr Orme a'i ddryll, a'r dyrfa ddisynnwyr yn syllu o ben arall yr ystafell, a sylweddoli ei bod ar ben arnaf. Roedd dynoliaeth ar fin cael ei hechdynnu ohonaf, fel glo yn cael ei dynnu o'r ddaear, i'w losgi yn ddim.

'Ydyn ni'n barod?' gofynnodd Mrs Glass.

'I'm going as fast as I can.' Sychodd Dr Schnitt y chwys oddi ar ei dalcen. Tynnodd lifer arall a chlywyd sŵn chwyrnu o rywle, a gwelais wreichion yn tasgu.

Yn sydyn, drwy gornel fy llygad, gwelais y gynfas ar y gwely yn symud mymryn. Clywais ochenaid alarus oddi tani.

'Beth yw hwnna?' gofynnais yn ofnus.

Camodd Mr Orme ymlaen a chododd ymyl y gorchudd ryw fymryn i sbecian oddi tano. Gwelais wyneb dyn ifanc a chanddo fwstásh du. Ond roedd ei wallt wedi ei eillio ac roedd ganddo greithiau erchyll ar draws ei benglog, tebyg i'r rheini ar bennau'r plant ond eu bod yn fwy amrwd, yn fwy diweddar.

'Fe fydd yn deffro'n fuan,' meddai Mrs Glass. 'A chawn weld wedyn sut hwyl sydd arno.'

'Beth ydych chi wedi ei wneud iddo?' gofynnais, gan ofni beth fyddai fy ffawd.

'Roedd Fairclough yn chwilio am olynydd,' meddai Mrs Glass.

'Rhywun i barhau â'i waith. Ond roedd Guto Salesbury a'i fab ei hun yn rhy wan. Eisiau gwobrwyo'r tlawd am eu segurdod, neu dreulio eu bywydau yn ymofyn pleser yn lle cynnydd.'

Teimlais fy nghorff yn crebachu mewn arswyd.

'Chi laddodd nhw? Guto a William?'

'Rhaid gwahanu'r sorod oddi wrth yr haearn, tynnu'r gwendid, neu ni fydd yn dda i ddim i adeiladu byd newydd,' nodiodd Mrs Glass ei phen. 'Fel y gwnaeth Duw yn Sodom. Dinistrio'r drwg er mwyn arbed y da.'

'Felly pwy yw'r olynydd?' gofynnais, er nad oeddwn yn fy nghalon eisiau gwybod yr ateb.

Camodd Mrs Glass draw at y gwely â'r gynfas wen. 'Fel ym mhopeth, mae'r ysgrythur yn cynnig arweiniad,' meddai. 'Roedd Iesu yn fab i Dduw ond ef hefyd oedd Duw. Felly pam na allai Fairclough olynu ei hun?'

Symudodd y gynfas eto a chiliais yn ôl gymaint ag y gallwn yng ngafael y strapiau.

'Y cnawd oedd yn wan,' meddai Mrs Glass. 'Tra bod y meddwl yn parhau yn gryf.'

'Ychydig eiliadau eto!' meddai Dr Schnitt.

Gallwn glywed sŵn grwnian yn codi o'r gwaelodion, fel pe bai'r tŵr i gyd yn crynu.

Edrychais o 'nghwmpas, yn chwilio am achubiaeth. Edrychais ar fygydau mud y plant. Roeddynt oll yn edrych bron yn union yr un fath. Pa un oedd Begw, meddyliais, os oedd yno o gwbwl?

Mae'n rhaid ei bod hi yno'n rhywle, y tu ôl i'r mwgwd. 'Begw!' galwais. 'Begw! Plis, wyt ti'n fy nghofio i?'

Ni symudodd yr un.

'Ti'n cofio mynd i ogof yr Octopws? Chwarae croce y tu allan i dŷ Bopa?'

Safai'r plant fel delwau. Ond yna, wrth i mi alw, gwelais un yn crymu ei phen y mymryn lleiaf, fel pe bai yn troi clust i wrando.

'Mynd i nofio?' galwais. 'Prynu bara yn y siop, a chadw bynsen i Tomos? Wyt ti'n cofio'r ffatri, Begw, lle'r oedd y gwlân fel eira yn yr awyr?'

'Mam!' galwodd. Aeth cryndod drwy'r plentyn, a chododd ei mwgwd pres tua'r nenfwd, fel petai yn gweld y gwlân yn syrthio arni.

Ceisiais gofio rhywbeth arall, rhywbeth fyddai'n deffro'r cof, er mor ddwfn yr oedd wedi ei gladdu.

'Begw!' galwais. 'Wyt ti'n cofio'r Ysgol Sul?' Ceisiais innau gofio'r catecism. 'Pam... pam y chwalwyd tŵr Babel?'

Bu saib am eiliad.

Yna camodd Begw ymlaen, a chlywais ei llais yn glir fel cloch. 'Er mwyn cyfyngu balchder dyn syrthiedig oedd am ei ddyrchafu ei hun i'r un gwastad â Duw.'

Aeth ysgytiad drwy'r dorf o wynebau bychain, fel ton o adnabyddiaeth. Roedden nhw'n cofio. Yn ddwfn yn eu hymennydd, fel crair archeolegol, roedd yr atgof yn dal yno.

Ffromodd Mrs Glass.

'Duw sydd wedi rhoi y dechnoleg yma i ni!' gwaeddodd. 'Fel bod modd i ni greu bywyd newydd fel y gwnaeth Efe!' Hedfanodd poer o'i cheg a glanio ar fy ngwyneb.

'Mae ymraniad y cenhedloedd yn gynllun Duw,' meddai Begw, 'ac ymraniad y bobloedd hefyd, a'u hieithoedd, fel nad yw'r un yn tra-arglwyddiaethu ar y llall.'

'A beth wnaeth Duw i'r rheini oedd yn adeiladu tŵr Babel?' gwaeddais innau.

'Yr Arglwydd a'u gwasgarodd hwynt oddi yno ar hyd wyneb yr holl ddaear, a pheidiasant ag adeiladu y ddinas,' meddai Begw yn bendant. 'A thŵr Babel a adawyd i ddistrywio.'

Syrthiodd tawelwch prudd dros yr ystafell. Yr unig sŵn oedd yr olwynion danheddog uwch fy mhen yn troelli'n gyflymach ac yn gyflymach, a si trydanol y peiriant oedd wedi ei glymu i'm pen.

'Pam y chwalwyd tŵr Babel?' gwaeddais mor uchel ag y gallwn.

Camodd y plant oll ymlaen a llafarganu yn un llais, yr un modd â Begw: 'Er mwyn cyfyngu balchder dyn syrthiedig oedd am ei ddyrchafu ei hun i'r un gwastad â Duw.'

'Byddwch yn dawel!' meddai Mrs Glass.

'Mae ymraniad y cenhedloedd yn gynllun Duw,' canodd y plant. 'Ac ymraniad y bobloedd hefyd, a'u hieithoedd, a'u teuluoedd, fel nad yw'r un yn tra-arglwyddiaethu ar y llall.'

'Mrs Glass, you taught these children,' galwodd Dr Schnitt. 'Shut them up!'

'Nawr 'te!' meddai yn ei llais mwyaf awdurdodol. 'Stopiwch!' Chwipiodd y bechgyn ac ymestynnodd fys a bawd er mwyn ceisio pinsio'r merched.

Ond roedd y plant wedi camu ymlaen a'i hamgylchynu.

'Yr Arglwydd a'u gwasgarodd hwynt oddi yno ar hyd wyneb yr holl ddaear, a pheidiasant ag adeiladu y ddinas,' medden nhw. 'A thŵr Babel a adawyd i ddistrywio.'

'What are they doing?' gofynnodd Dr Schnitt, wrth i'r dyrfa gau amdano.

Chwarddodd Mr Orme. 'Dim ond plant ydyn nhw!' meddai. Ciciodd a thrywanu un yn ei stumog. Syrthiodd y plentyn. Ond cydiodd plentyn yn ei goes arall ac un arall o'i du ôl, a baglodd Mr Orme ar lawr, gan ollwng ei ddryll. 'Shw!' meddai. Cydiodd degau o ddwylo bychain ynddo a bu'n rhaid iddo gropian oddi yno ar ei bedwar tuag at y caets metal.

Cefnodd Dr Schnitt ar ei waith ac ymbalfalu drwy'r dyrfa o gyrff bychain ar ei ôl.

'Pam y chwalwyd tŵr Babel?' gwaeddais eto.

'Er mwyn cyfyngu balchder dyn syrthiedig oedd am ei ddyrchafu ei hun i'r un gwastad â Duw,' adroddodd y plant.

Dringodd Begw i fyny ar y bwrdd a dechrau datod y clymau oedd yn fy nal yn fy lle. Unwaith iddi ddatod un fraich llwyddais i godi a datod y lleill.

'Nawr 'te!' gwaeddodd Mrs Glass yn orffwyll, wedi colli rheolaeth ar y dosbarth yn llwyr. 'Nawr 'te!'

Dringais oddi ar y bwrdd a chydio yn nryll Mr Orme o'r llawr.

Roedd Mr Orme a Dr Schnitt bellach wedi cyrraedd y caets metal ben arall yr ystafell, ond roedd y lifer oedd yn gweithio'r lifft allan o'u gafael.

'A beth ddylid ei wneud i'r rheini sy'n bwriadu codi tŵr Babel drachefn?' gofynnais.

I'm braw, cydiodd pâr o ddwylo bach yn lifer y caets, a'i dynnu yn ôl gydag un hyrddiad.

'You're supposed to lower it slowly!' galwodd Dr Schnitt, a dyna'r peth olaf a glywais ganddo.

'Eu hymrannu,' meddai'r plant.

Syrthiodd y caets ar wib. Clywyd sgrech hir haearn ar haearn a sgrech hir o enau'r teithwyr ac yna dwrw mawr wrth i'r caets ergydio yn erbyn gwaelod y tŵr.

Bu tawelwch hirfaith wedyn. Anadlais yn ddofn a cheisio pwyllo. Gallwn flasu bustl yng nghefn fy ngwddf.

Troais i gyfeiriad Mrs Glass. Roedd hithau'n sefyll wrth ochor y ddyfais oedd bellach yn sïo wrth i'r trydan lifo drwyddo. Sylwais fy mod wedi dianc ag eiliadau yn weddill.

Cododd Mrs Glass ei dwylo crynedig. Roedd ei hwyneb yn goch.

'Nawr, Sara, dwyt ti ddim yn llofrudd,' ymbiliodd.

'Odw,' meddwn, a chodais y dryll. Gwelais ei gwep yn syrthio a chaeodd ei llygaid wrth ddisgwyl yr ergyd. Deisyfwn ei saethu yn farw yn y fan a'r lle. Hi oedd yn gyfrifol am lofruddio Guto Salesbury a William Fairclough. Ac roedd wedi troi Begw yn ddim byd gwell na pheiriant.

'Rhaid cyflawni pechod bach er mwyn osgoi cyflawni pechod mawr,' meddwn.

'Beth?'

'Dinistrio'r drwg er mwyn arbed y da, fel y dywedsoch chi.'

Anelais y dryll.

Ond yna oedais.

Gostyngais y dryll drachefn. Na... na, doedd bywyd ddim i'w gymryd yn ofer. Os oeddwn wedi dysgu un peth, roeddwn wedi dysgu hynny. Mewn byd creulon, roedd bywyd yn werthfawr. Roedd gormod eisoes wedi marw yn y dref y noson honno.

'Mae angen i chi ailfeddwl, Kate,' meddwn, yn fy nagrau. 'Ac mae angen amser arnoch i feddwl am yr hyn ydych chi wedi ei wneud.'

Llyncodd hithau. 'Roeddwn i eisiau'r gorau i bawb,' meddai, gan ostwng ei dwylo fymryn. 'Mae'n anodd, wyddost ti, pan mae cymaint o boen yn dy galon. Mae galar yn cymylu popeth.' Caeodd ei dwylo o flaen ei brest. 'Rwyt ti'n anghofio blas hapusrwydd. Yn dechrau meddwl mai dianc rhag dioddefaint fyddai orau i bawb. Y cyfan wyt ti eisiau yw...'

Gwelais hi'n estyn ei llaw.

'O, peidiwch...'

Ond roedd yn rhy hwyr. Roedd Mrs Glass wedi cydio yn yr

helmed bres oddi ar y gwely lle y bûm innau'n gaeth munud ynghynt. Gwasgodd hi ar ei phen a thynnu'r strap am ei gên.

'Y cyfan wyt ti eisiau yw...' Gwenodd, ei llygaid yn bell. 'Boddi mewn gwynfyd, a pheidio teimlo dim byd o gwbwl...'

'Kate...'

Saethodd y trydan drwyddi fel pe bai wedi ei tharo gan fellten. Crynodd pob cyhyr ar ei hwyneb a thaflwyd ei breichiau ar led bob ochor iddi.

Rhedais at y peiriant, gan geisio cofio beth wnaeth Dr Schnitt. Tynnais y liferau a throi'r olwynion ar hap, a syrthiodd Mrs Glass i'r llawr, gan barhau i grynu yn ei hunfan. Codai oglau llosgi oddi arni erbyn hyn.

O'r diwedd des o hyd i'r lifer cywir a rhoddodd y gorau iddi. Camais draw ati a phwyso i lawr. Ofnwn y byddwn innau'n cael fy effeithio pe bawn yn cyffwrdd yr helmed bres. Yn ochelgar cydiais ynddi a datod y strap oedd am ei gên. Ni chafwyd ymateb. Syllai arnaf ag ystum parhaol o fraw ar ei hwyneb. Roedd hi wedi mynd.

Cerddais draw at y lle'r oedd Begw. Tynnais ei mwgwd i ffwrdd a'i daflu ar lawr. Roedd ei llygaid yr un mor ddiddeall ag erioed. Mwythais ei gwallt, a chusanu ei thalcen. Na, roedd rhywbeth yno. Roedd wedi fy adnabod, wedi fy natod o'r peiriant. Roedd rhywbeth wedi ei gladdu'n ddwfn. Rhywbeth y byddai modd ei gael yn ôl i'r wyneb.

'Diolch,' meddwn.

'Y sawl sy'n cyflwyno offrymau diolch sy'n anrhydeddu Duw,' llafarganodd y plant, 'ac i'r sawl sy'n dilyn ei ffordd y mae'n dangos iachawdwriaeth Duw.'

Edrychais ar y gwely gyda'r gynfas. Nid oedd y corff oddi tani yn symud. Nid oeddwn eisiau ymyrryd. Roedd arna i ormod o ofn.

'Wel, well i chi fy nilyn i, 'te,' meddwn.

Cerddais i ben draw'r ystafell, lle roedd y grisiau'n troi o amgylch tu mewn y tŵr, i lawr at waelodion yr adeilad. I lawr â fi, yn ymwybodol bod tyrfa o blant yn fy nilyn yn dawel, ond ofn troi i edrych arnynt. Roedd cannoedd o risiau, yn troelli a throelli, ond o leiaf roedd mynd i lawr yn haws na mynd i fyny.

Cyrhaeddon ni'r gwaelod, ac anelu am y drws, gan geisio osgoi edrych ar y pentwr toredig o gyrff yn y caets haearn. Agorais ef a sbecian allan ar sgwâr y dref. Roedd yn ganol nos o hyd, a dim byd i'w weld ond un car stêm a dau heddwas yn eu siwtiau glas yn eistedd arno.

Tynnais fy mhen o'r golwg drwy gil y drws, ond yn rhy hwyr.

'There!' galwodd un ohonynt. 'Someone's coming out.'

'Dr Schnitt?' galwodd y llall.

Gwelais un o'r heddweision yn neidio i lawr o'r car ac yn brasgamu at y drws. Doedd dim pwynt ceisio ffoi nawr. Wrth iddo agosáu gwelais pwy ydoedd. Christmas Owens.

'Miss Maddocks!' meddai. Tynnodd ei hun i'w lawn faint. 'Beth y'ch chi'n ei wneud yma? Lle mae Dr Schnitt a Mr Orme?'

'Maen nhw weti marw,' atebais, a'm llais yn rhyfeddol o undonog i'm clust.

Tynnodd ei het uchel a rhoi ei law ar ei dalcen. 'Weti marw? Shwt?'

'Yr Octopws laddodd nhw,' meddwn i, a'm llais mor oeraidd â'r plant.

'Yr Octopws?' Edrychodd arnaf mewn dryswch llwyr. Roedd rhywfaint o ofn yn ei lais yntau. 'Felly... ry'ch chi'n gwbod pwy yw e?'

'Ydw – dewch i mewn i'w gweld hi.'

'Hi?' Plethodd ei aeliau a chrynodd ei dagell. Stwffiodd ei helmed yn ôl ar ei ben a chamu ymlaen.

Camais innau'n ôl i ganol Tŵr yr Awrlais.

'Wel?' gofynnodd y Prif Gwnstabl, gan roi ei ben drwy'r drws. 'Lle mae hi, 'de?'

Yna gwelais yr olwg ar ei wyneb yn newid. Agorodd ei lygaid ar led, cododd ei aeliau nes eu bod bron â dianc o'i ben, a syrthiodd ei ên hyd at fotymau ei frest. Nid oedd yn edrych arnaf i, ond ar y dyrfa o blant o'm hamgylch, ac ar y grisiau, yn eu mygydau, eu hwynebau'n greithiog a'u llygaid yn sgleinio.

'Fi,' meddwn, a'm llais yn llawn malais. 'Fi yw'r Octopws. Ac os y'ch chi'n gwbod beth sydd orau i chi, mi wnewch chi adael llonydd i ni o hyn mês. Fi a'r plant.'

Tagodd sgrech yng ngenau Christmas Owens a diflannodd ei ben drwy'r drws. Wedi hanner munud clywais y car stêm yn tanio a'r olwynion yn sglefrio ar draws llawr coblau y sgwâr.

Troais at y dyrfa.

'Ry'ch chi'n rhydd i wneud fel yr ydych chi ishe nawr,' meddwn yn ansicr.

'Canys i ryddid y'ch galwyd chi, frodyr,' meddai'r plant. 'Yn unig nac arferwch y rhyddid yn achlysur i'r cnawd, ond trwy gariad gwasanaethwch eich gilydd.'

Ni newidiodd yr olwg ar wyneb Begw. Syllodd arnaf â'r un llygaid pŵl.

'Iawn,' meddwn, a throi i adael. Ond wrth i mi groesi'r sgwâr sylwais ei bod hi a'r lleill yn fy nilyn.

'Does dim rhaid i chi ddod ar fy ôl i,' meddwn.

'Cyfarwydda ein camre yn dy air,' medden nhw, 'ac na lywodraethed dim anwiredd arnom.'

I'm syndod daeth Begw i gydgerdded â mi. Ac yna cododd ei llaw a chydio yn fy un i.

'Begw?' gofynnais.

Ni edrychodd arnaf o gwbwl, dim ond caniatáu i mi ei harwain fel pe bai'n cerdded yn ei chwsg. Aethom i fyny strydoedd troellog y dref, a'r rheini fel y bedd. Yr unig sŵn y tu hwnt i chwibanu'r gwynt oer oedd llafarganu annaearol y plant yn torri trwy'r awyr lonydd.

'Beth yw ysbryd?' gofynasant. 'Duw, angylion ac eneidiau dynion.'

'Shhh,' meddwn, yn ofni y byddai rhywun yn ein clywed.

Ond nid oedd unrhyw weithwyr yn troi am eu shifft nos. Nid oedd y ffwrneisi chwyth yn tanio ac am unwaith doedd dim fflachiadau coch yn llenwi'r awyr. Hawdd fyddai credu mai fi a'r plant oedd yr unig bethau byw ar y ddaear y noson honno.

'Sut y maen nhw'n wahanol?' gofynnodd y plant. 'Creuwyd eneidiau dynion a'r angylion. Ond mae ysbryd Duw yn bodoli y tu allan i amser.'

Daethom at y ffordd haearn ac un ar ôl y llall fe aeth y plant drwy'r twll bychan rhwng y crawiau yn y ffens, ac i lawr i mewn i'r ogof.

'Pwy a'n creodd ni? Duw. Duw a'n creodd ni,' meddai'r plant yn bendant.

Camais allan i oleuni Ogof yr Octopws. Yno eisteddai Bopa ar ei gorsedd, wedi ei hamgylchynu gan y lleill.

Atseiniodd llais y plant o'n cwmpas. 'A all Duw farw? Na, ni all

Duw farw. Nid oes dechrau na diwedd iddo. Fe fydd Duw gyda ni yn oes oesoedd. Yn oes oesoedd.'

Cododd y plant o amgylch Bopa ar eu traed, gan synnu gweld Begw yn dal fy llaw, a'r dyrfa fawr o ysbrydion yn fy nilyn. Aeth llaw Bopa at ei brest.

'Wel, rydw i wedi dod o hyd iddyn nhw,' meddwn, wedi ymlâdd. 'Maen nhw adref nawr.' Syrthiais ar fy ngliniau.

'Yn oes oesoedd,' meddai'r dyrfa y tu ôl i mi. 'Amen.'

⚙

Yr wythnos ganlynol roedd nifer fawr o angladdau. Doeddynt ddim yn beth dierth yn y dref ond roedd rhagor nag a welwyd erioed o'r blaen. Lladdwyd 37 o weithwyr a 26 o filwyr yn y brwydro o flaen castell Fairclough, cyn i weddill y gweithwyr ffoi oddi yno. Roedd y siopau dillad yn llawn crêp sidan a siwtiau du, cymaint oedd y galw.

Mynychais dair angladd yn eu tro. Y gyntaf oedd un Jenkin, a ddarganfuwyd yn gorwedd yn y man lle y'i gwelais ef yn syrthio, yn dal i gydio yn ei frest. Angladd fechan oedd hon. Dim ond ei fam oedd ar dir y byw ac roedd yr unig frawd oedd ganddo wedi mynd i America. Efallai petai'r angladd wedi ei hysbysebu dan ei enw barddol y byddai rhagor wedi dod. Ond fel yr oedd, dim ond fi, ei fam, Êb ac Ellis oedd, a daeth Bopa hefyd, a gadael i'r fam grio ar ei hysgwydd wrth y bedd. Un dda i grio arni fu Bopa erioed.

Yr ail oedd angladd Guto Salesbury, oedd wedi ei oedi nes i ymchwiliad yr heddlu ddod i ben. Dywedodd Ellis air o weddi, a darllen o'r Beibl: 'Gofid fydd arnaf am danat ti fy mrawd, cû iawn fuot gennyf,' meddai. 'Rhyfeddach oedd dy gariad tuag ataf na chariad gwragedd.' Ac roedd ei gefn yn fwy crwm nag arfer wrth iddo ddarllen.

Y drydedd oedd y fwyaf o lawer, ac yn goron ar y cyfan: angladd Joseph a Kate Glass. Dyna'r fwyaf a welodd y dref erioed, yn ôl cyfri Êb, beth bynnag. 'Roedd yr holl hewlydd i mewn i'r dref yn ddu fel llwybrau morgrug gan alarwyr,' meddai yn ei lais barddonol. 'A phob agerfarch a ddaw i mewn i'r dref yn llawn o bwysigion mewn du.'

Cefais yr argraff bod y dref i gyd yn galaru y diwrnod hwnnw. Nid efallai'n galaru am Mr Glass ei hun, ond yn galaru diwedd pennod yn hanes y dref. Galaru pawb, a Mr Glass yn cynrychioli'r pawb hwnnw. Roedd tyrfa o filoedd eisoes wedi ymgynnull y tu allan ac ar ochor y ffordd wrth i'r ddwy arch dderw gael eu cludo o'u cartref, drwy'r stryd ar gert ceffyl a thuag at y Capel Mawr. Sylwais fod y cwbwl o'r tai a'r busnesau y naill ochor i'r stryd wedi cau a thynnu eu bleindiau i lawr.

Roeddwn ymysg y rheini a gafodd gerdded y tu ôl i'r hers. Teimlwn yn euog am hynny. Roedd Mr Glass wedi bod yn rhan o wead y dref ers bron i chwe deg mlynedd, wedi cwrdd â bywydau cymaint. A minnau, oedd wedi ei nabod am ychydig fisoedd yn unig, a'm brad yn gyfrifol am ei farwolaeth, ymhlith y galarwyr pennaf.

Ond roeddwn i wedi dechrau dysgu maddau i mi fy hunan am bethau felly, ac erbyn i ni gyrraedd drysau y Capel Mawr roeddwn wedi llwyddo i'w yrru o'm meddwl.

Efallai a dweud y gwir fod yr olygfa yn y capel yn ddigon i fwrw pob dim arall o'm meddwl. Amcangyfrifodd Êb fod yna dair mil yno yn hawdd, a chwech ohonynt yn aelodau seneddol. A phymtheg o bregethwyr yn y sêt fawr – gan gynnwys Evan Evans – pob un am gael dweud ei ddweud.

Ond wrth i'r gwasanaeth fynd yn ei flaen teimlwn fod cystadleuaeth yn datblygu rhwng y pregethwyr a'r gwleidyddion i weld pwy allai fynd â'r dorf i fwyaf o hwyl, a phwy allai dynnu'r bonllefau mwyaf o gymeradwyaeth, a'u bod nhw wedi anghofio Mr Glass, braidd, hyd yn oed wrth ei foli ymhellach ac ymhellach i'r cymylau, nes ei fod yn eistedd wrth ddeheulaw yr Arglwydd.

'Cymerwyd ef ymaith yn awr fel Moses, ar drothwy gwlad yr addewid,' meddai Evan Evans. 'Ar drothwy'r hyn yr oedd yn gwitho tuag ato gyhyd. Ein gwaith ni'n awr fydd hau a medi'r wlad honno.'

Pe gallwn fod wedi estyn llaw at y pulpud byddwn wedi rhoi clatsien iddo.

Bu gorymdaith wedyn i lawr i gyfeiriad y fynwent, ac yn wahanol i'r daith i'r Capel Mawr roedden ni rhywle tua'r cefn, gyda'r gweinidogion, yr aelodau seneddol, y cynghorwyr, y siryfion, y llywodraethwyr, yr ynadon heddwch, tirfeddianwyr, diwydianwyr, dynion busnes, prif swyddogion yr heddlu a'r gwasanaeth tân, a phwysigion eraill o bob math tua'r blaen. Y tu cefn i ninnau deuai'r cyhoedd.

Roedd torfeydd trwchus ar ymyl y ffordd, ac wrth i'r orymdaith agosáu gwelais filoedd o hetiau – yn rhai fflat, crwn ac uchel – yn cael eu diosg, yn barchus, fel ton yn rhedeg i lawr ymyl y bryn.

Cludwyd yr eirch i fynwent newydd ar gyrion y dref, a chladdwyd hwy yno dan dderwen.

'Roedd ishe ca'l ei gladdu i lawr fan hyn fel nad oedd modd clywed clychau'r Eglwys yn ystod ei angladd,' meddai Êb, a gwnaeth hynny i mi chwerthin.

Ac yna roedd y cyfan ar ben. Gwasgarodd y galarwyr ymylol ac arhosodd y pwysigion, y teulu a gweithwyr Gwasg Glass i siarad ymysg ei gilydd.

Safai Ellis ger bedd y ddau felly cerddais draw i'w gyfarch. Doedd dim i nodi'r fan ar hyn o bryd ond croes o bren.

'Bydd rhaid codi arian ar gyfer cofeb i Mr Glass,' meddwn, er mwyn torri sgwrs.

'Dim byd rhy rhwysgfawr,' meddai Ellis. Gwenodd. 'Neu bydd rhaid i Evan Evans gael un fwy ben arath y fynwent pan fydd e'n marw.'

Rhoddais law ar ei gefn. Roeddwn yn disgwyl iddo wingo, ond rhoddodd fraich o'm cwmpas i a gadael i mi bwyso fy mhen yn ei erbyn. Gwenodd.

'Beth nawr?' gofynnais.

'Yr un peth â phob wythnos arall yng Ngwasg Glss,' meddai. 'Fe welaf i ti yn y swyddfa yfory.'

Ac yn y pellter, clywais y ffwrnais chwyth yn tanio am y tro cyntaf ers wythnos. Ysgubodd y sŵn i lawr y dyffryn ac wedi wythnos o fferdod angheuol teimlai fel petai calon y dref yn curo unwaith eto.

Ceisiais ailgydio yn y *Frenhines* y bore canlynol, gan wybod ei bod eisoes yn hwyr i'r wasg. Ond o ddychwelyd i Wasg Glass roedd rhywbeth yn fy mhoeni o hyd – syniad ffwdanus na allwn roi fy mys arno.

Amser cinio, penderfynais fynd i swyddfa Mr Glass. Doedd dim dymuniad gen i i weld y lle, na theimlo presenoldeb Mr Glass. Roedd yr atgofion am y noson y bu farw yn rhy fyw. Ond roeddwn eisiau cael golwg ar y llyfr. *Yr Allor Deuluaidd*, y llyfr y gofynnodd amdano cyn marw. Roedd y sgwrs honno yn chwarae ar fy meddwl ers nosweithiau.

Agorais ddrws y swyddfa'n araf a syllu i mewn. Roedd popeth fel yr oedd, heblaw am absenoldeb Mr Glass. Roedd y papurau y bu'n gweithio arnynt yn dal ar y ddesg, heb eu cyffwrdd. Roedd hyd yn oed un o'i hetiau uchel yn hongian o hoelen bren ar y wal. Bywyd wedi ei rewi yn yr unfan.

Ar ei ddesg, roedd *Yr Allor Deuluaidd* o hyd.

Cydiais ynddo a brysio yn ôl i lawr i swyddfa'r newyddiadurwyr, yn ei droi yn fy nwylo.

Daeth Watkin Tomos i mewn â phlât o un o dudalennau'r *Llais*. Cafodd ei ryddhau o'r carchar gan griw Solomon noson yr orymdaith yn erbyn Castell Robert Fairclough, ac yn sgil diflaniad hwnnw doedd neb wedi trafferthu ei arestio eilwaith.

'Copi Mr Glass o *Yr Allor Deuluaidd*,' meddai wrth weld y llyfr yn fy nwylo.

'Wyddost ti beth, dyma'r peth olaf ofynnodd e amdano cyn marw,' meddwn. 'Ond wela i ddim pam.'

'Beth yn union ddywedodd e?'

'Rhywbeth am gael gweld bwthyn. Ond rydw i wedi bod drwy'r llyfr fesul tudalen a welaf i ddim un llun o fwthyn yn y llyfr.'

'A, dwi'n credu fy mod i'n gwbod.'

'Beth?' gofynnais mewn syndod.

'Plyga'r tudalennau.'

Edrychais arno'n ddiddeall, ac yna cydiais yn y llyfr a dechrau plygu. 'Beth –'

Yn sydyn pylodd lliw euraid ymyl y tudalennau a daeth cysgod darlun i'r golwg.

'Gofynnodd Mr Glass i mi ei greu, rhyw bum mlynedd yn ôl, pan oedd gwaith yn y swyddfa'n brin,' meddai Watkin. 'Y cyfan oedd angen ei wneud yw gosod y llyfr mewn feis er mwyn plygu tudalennau'r llyfr am yn ôl, ac yna'i baentio.'

Wrth dynnu tudalennau'r llyfr dros ei gilydd daeth y darlun i'r golwg eto. Troais y llyfr. Dyna fe – nid oedd yn weledol pan oedd y tudalennau'n fflat oherwydd y lliw aur ar ymyl y tudalennau. Ond wrth eu plygu roedd y paentiad ar yr ymylon yn dod i'r golwg.

Bwthyn bach to gwellt oedd yno. Un digon cartrefol yr olwg.

'Pam fyddai Mr Glass ishe gweld hwn?'

Chwarddodd Watkin. 'Y tŷ ble y magwyd ef yn Lloegr. Cyn dod i'r dref. Mi greodd sgetsh i mi un tro. Rhaid ei fod ishe ei weld, unwaith eto, cyn mynd. Eisiau mynd yn ôl i'r dechrau, cyn y diwedd.'

Syllais ar y llun am beth amser. Edrychai'n ddigon tebyg i'm cartref ym Melin Frewys.

Y prynhawn hwnnw daeth Êb i mewn – yn hwyr, fel arfer – gan ddylyfu gên.

'Weti bod lan trwy'r nos yn ysgrifennu erthyglau 'to?'

Roedd golwg arno fel pe bai am syrthio i gysgu yn ei gadair.

'O! Rhoi trefn ar y daith i Batagonia,' meddai. 'Bellach, mae gennym dros gant pum deg yn mynd ar y fflyin-mashîn.' Syrthiodd ei ên i'w frest wrth iddo siarad ac anadlodd yn drwm.

Ystyriais adael iddo gysgu, ond gwyddwn fod llawer i'w drafod am rifyn newydd y *Frenhines*. 'Beth am i ni fynd i gael awyr iach?' gofynnais.

Unwaith eto, fe gerddon ni i fyny glan orllewinol yr afon i gyfeiriad Eglwys Sant Teiriol ar y bryn. Efallai mai'r oglau yn hytrach na'r awyr iach oedd yn gyfrifol, ond fe gafodd effaith adfywiol ar Êb. Dechreuodd hymian yn fodlon iddo'i hun. Ond sylwais fod ei gam yn arafach na'r arfer.

'Y'ch chi weti ca'l golwg ar *Frenhines yr Aelwyd*?' gofynnais.

'O, rwy'n credu dy fod ti'n gwbod yn well na fi erbyn hyn,' meddai gan chwifio llaw. 'Mae gen i ffydd hollol ynot ti i wneud yr hyn wyt ti'n ei weld orau gyda hwnnw.'

Trawodd hyn fi'n rhyfedd. Roedd Êb fel arfer mor frwdfrydig am y cylchgrawn ac yn sydyn iawn braidd yn ddiystyriol.

'Êb, y'ch chi'n mynd i Batagonia ar y llong?' gofynnais. Roeddwn wedi bod yn drwgdybio hynny ers peth amser.

Edrychodd i lawr ar ei draed ac ochneidio'n drwm. 'Nacw, er y byddwn wrth fy modd yn gwneud. Mae'r hen gorff yma'n rhy lesg. Antur pobol ifanc fydd y Gymru Newydd.' Gwenodd arnaf yn drist. 'Creadur yr Hen Gymru ydw i, ac mae'r Hen Gymru, fel y fi, yn marw.'

Cyrhaeddasom frig y bryn ac edrych dros y dref.

Ochneidiodd Êb a chymryd anadl a drodd yn wich yn ei ysgyfaint.

'Beth wyt ti'n ei weld?' gofynnodd.

'Y dref,' meddwn, wrth godi fy ngwar.

'Rydw i'n gweld camsyniadau dyn,' meddai. 'Mae dyn yn hoffi twyllo ei hun y gall wella pethau, y gall greu pethau. Ond beth wnaeth Adda ac Efa yng ngardd Eden? Llanast o bethau. Ac edrych di allan ar y dref hon. Beth ydym ni'r ddynoliaeth yn ei wneud? Llanast o bethau.' Croesodd ei freichiau dros ei fol. 'Troi paradwys, troi Eden, yn anialwch. Gan dwyllo ein hunain bob cam o'r ffordd ein bod ni'n cyflawni cynllun Duw.'

Edrychais i gyfeiriad yr Awrlais Mawr. Roedd y sgaffald wedi ei ddiosg yn gyfan gwbwl, a'r bysedd mawr ar yr wyneb yn troi.

'Cyn bo hir fe fydd yr Hen Gymru yn ca'l ei suddo yn gyfan gwbwl gan y dilyw Seisnig, a hynny o'n dewis ni,' meddai Êb. 'Am ein bod ni weti llyncu'r celwydd bod yna hierarchaeth i'r ddynoliaeth. Bod rhai ieithoedd a chenhedloedd yn well na'i gilydd.' Yna gwenodd. 'Ond nid oes yr un ymerodraeth yn parhau yn hir – ie, yn wir, rhyw 'wiw dros dro fydd yr Ymerodraeth Brydeinig, hyd yn oed, ym mesur tragwyddoldeb.'

Tarodd bys yr awrlais mawr ar yr awr a lledaenodd sain ei gloch ar draws y dref, fel cloch eglwys ar ddiwrnod angladd.

'Ffolineb Babel yw'r cyfan,' meddai Êb. 'Ond nid cosb oedd yr hyn a wnaeth Duw bryd hynny ond bendith – gwasgarwyd y ddynoliaeth yn genhedloedd o ieithoedd a diwylliannau unigryw, i bob cwr o'r byd, i sicrhau eu parhad. A dyna sydd rhaid gwneud eto gyda chenedl y Cymry. O'i pheryglu fan hyn, ei gwasgaru – i lannau'r Mississippi, i Batagonia, i ben draw'r byd, lle na all crafangau ffolineb imperialaeth ei chyrraedd.'

'Hoffwn i fynd,' meddwn, a theimlo lwmp yn fy ngwddf. Roedd bwthyn bach to gwellt Mr Glass wedi fy nharo oddi ar fy echel. Wedi gwneud i mi feddwl efallai nad oedd mor hawdd i unigolyn o gefn gwlad adael y bywyd syml ar ei ôl wedi'r cwbwl.

'O ddifri?' Edrychodd arnaf yn syn, ac yna nodio ei ben yn araf. 'Ar dy ben dy hun? Gan adael pawb a phopeth sydd gen ti fan hyn?'

'Mae angen newyddiadurwyr ar y Gymru Newydd hefyd, yn does?'

meddwn. 'Ac weithiau rhaid mynd a dechrau o'r dechrau, a pheidio edrych yn ôl.'

'Paid â rhuthro yn amharod, gan feddwl bod dedwyddwch i'w gael dros y môr,' pregethodd. 'Bydd llawer o anghyfleustra am rai blynyddoedd, wrth godi cenedl o'r newydd. Nid oes yno dai, yr agerfarch, na ffyrdd hyd yn oed ar hyn o bryd.'

'Dyna hoffwn i – y cyfle i greu rhywbeth o'r newydd, lle mae pawb yn gorfod cydweithio, a neb yn feistr ar neb. A sefydlu gwasg sy'n rhoi rhyddid barn i bawb.'

'Efallai dy fod ti'n gobeithio gormod. Wel, deuddeg punt yw tocyn.'

'O!' Doedd dim gobaith gen i godi arian o'r fath. Aeth bron i bob ceiniog oedd gen i yn y byd ar driniaeth Tomos.

'Ond rwyf fi fy hun weti talu am gludiant nifer o'r teithwyr, a byddwn yn fodlon gwneud yr un fath i ti.' Edrychai'n feddylgar. 'Bydd angen Cymraesau glandeg, o foesau uchel, weti'r cyfan.'

Teimlwn fel pe bawn i'n arnofio yn yr unfan, fel pe bai yr holl feichiau ar fy ysgwyddau wedi eu codi. Troais at Êb a'i gofleidio.

'Êb, rwyt ti mor garedig. Sut na chefaist ti wraig ariôd?'

Chwarddodd. 'Fyddwn i ddim yn aberthu bywyd yr un wraig drwy ei hannog i fyw gyda fi.'

Gollyngais afael ynddo. 'Patagonia,' meddwn, gan edrych tua'r gorwel. 'Dyna fyddai antur.'

Roedd yr Awrlais Mawr wedi rhoi'r gorau i ganu a cherddasom i lawr y bryn, yn ôl i gyfeiriad Gwasg Glass, fraich ym mraich.

'Wyt ti'n siŵr dy fod ti'n barod?' gofynnodd Bopa wrth i mi sefyll ar frig Tŵr yr Awrlais yn edrych i lawr ar y bobol a'r certiau, fel teganau bychain ar y stryd dri chan troedfedd oddi tanaf.

'Odw,' meddwn, gan geisio anwybyddu'r glöynnod byw yn siffrwd yn fy mrest.

Roedd yr awyrlong fel petai'n arnofio ar fôr anweledig. Roeddwn wedi gweld ambell un o bell, ond erioed mor agos â hyn. Edrychai'r corff pren yn ddigon tebyg i gliper cyffredin. Y prif wahaniaeth oedd yr hyn oedd uwchben a thu ôl. Yn hytrach na hwyliau gwyn yn crychdonni yn y gwynt, roedd ugain o fastiau uchel a chanddynt lafnau gwthio ar frig pob un, pob llafn yn troi i gyfeiriad gwrthwynebol i'r un drws nesaf, er mwyn atal y llong rhag troelli yn yr unfan. Ymysg y llafnau, safai tair simnai hanner can troedfedd o uchder, yn bytheirio mwg trwchus i'r awyr. Y tu cefn i'r llong, lle y byddai'r llyw ar gwch hwylio, yr oedd llafn gwthio mwy o faint na'r lleill i yrru'r llong yn ei blaen. Roedd hwnnw'n troelli'n ofalus o araf er mwyn symud y llong i'w lle ger yr Awrlais Mawr.

Cydiodd Bopa ynof ac addasu fy siôl am y trydydd tro. 'Mae'n edrych yn wyntog iawn ar y dec,' meddai. 'Gwylia di nad wyt ti'n dal annwyd.'

'Bopa, bydda i'n iawn,' meddwn a chyffwrdd ei llaw. Anadlais yn ddwfn a gwylio wrth i'r astell gael ei gostwng o'r llong. Teimlais gryndod yn mynd trwy fy nghorff.

Roedd y safle glanio ar do'r tŵr yn orlawn. Roedd rhai wedi dod â llond tŷ o nwyddau – yn gadeiriau a gwelyau wedi eu clymu i fyny â rhaff. Y cyfan oedd gen i oedd fy nillad a chacennau Bopa. Teuluoedd oedd y lleill, hyd y gwelwn i, heblaw am y criw a ddisgwyliai am ddechrau awyrdaith newydd, eu hwynebau garw, coch wedi eu llosgi gan haul a chesair bob yn ail.

Wrth glymu'r astell i'w lle dechreuodd y gweddill godi eu pethau a thyrru ymlaen. Gwyddwn y byddwn, o gamu ar yr astell, yn cael fy nal yn y llif, felly troais i gofleidio Bopa.

'Ry'ch chi weti gwneud cymaint drostaf. Hebddoch chi fyddwn i ddim wedi goroesi yn yr 'en dref yma.'

'Paid â gweud hynny,' meddai. 'Fydd yna ddim Bopa i edrych ar dy ôl di ben arath.' Gollyngais hi a gweld bod ei llygaid yn goch. 'Cofia ysgrifennu i weud dy fod ti weti cyrraedd yn saff,' galwodd.

Gosodais droed ar yr astell. Wrth i mi wneud, daeth chwa o wynt o rywle a wnaeth imi simsanu o'r naill ochor i'r llall. Teimlwn yn sâl yn fwyaf sydyn. Doedd hyn ddim fel gadael cefn gwlad am y dref, pan oeddwn i'n weddol siŵr fy mod yn gwneud y peth iawn. Y tro hwn roeddwn i'n gadael ffrindiau. Gan anadlu'n ddwfn, codais fy mag a chamu i lif y dorf, heb obaith troi'n ôl yn ei erbyn.

Cynigais fy nhocyn i'r dyn ar y dec a chamu'n ochelgar ar fwrdd y llong. Roedd yn deimlad rhyfedd iawn sefyll ar rywbeth yn yr awyr, heb i mi fod â dim ond daear dan fy nhraed erioed. Ond teimlai'n ddigon solet, heblaw ei bod yn codi a gostwng ar anadl y gwynt. Troais a gweld Bopa'n codi llaw. Codais law yn ôl. Yna trodd hithau a cherdded i ffwrdd, a gwelais hi'n diflannu i lawr y gorddrws yn arwain yn ôl i'r sgwâr. Yn mynd am adref, i goginio swper iddi ei hun, ac efallai meddwl am baratoi at ddiwrnod bàth i'r plant. Begw a'r lleill.

A dyna'i diwedd hi, neu efallai ei dechrau. Roeddwn yn gadael am fyd newydd, am fyd gwell. Doeddwn erioed yn gwbwl hapus fy myd yn y dref. Merch y wlad oeddwn i. Roeddwn i'n lwcus i gael dianc. Yn lwcus bod Êb mor hael.

Es i mewn i'r caban ac eistedd i lawr. Roedd copi o'r *Weekly Advertiser* ar un o'r seddi. Yr unig newyddion o'r dref y byddwn yn ei gael am rai wythnosau, mae'n siŵr.

Byseddais drwy'r tudalennau mawr. Daliodd llun ar y drydedd dudalen fy sylw. Torlun pren du a gwyn o wyneb dyn ifanc a chanddo fwstásh du. 'David Lloyd George' meddai'r egluryn. Ymgeisydd newydd y Rhyddfrydwyr. Roedd yr wyneb yn gyfarwydd, ond ni allwn roi fy mys ar le roeddwn wedi ei weld o'r blaen.

'Sara!'

Codais yn frysiog, gan ollwng y papur, ac i bwyso dros y rhwystr ar ymyl y llong i weld pwy oedd yn fy ngalw. Yno gwelais Ellis yn dringo i fyny'r astell yng nghanol y teithwyr eraill. Ataliwyd ef gan y tocynnwr a bu'n rhaid i mi bwyso dros yr ymyl er mwyn ei glywed.

'Mae gen i rywbeth i'w ddweud!' galwodd.

Teimlais fy nghalon yn suddo. Doedd hi ddim yn hawdd gadael. 'Beth?'

'Mae weti gadael y wasg i fi. Mr Glass, yn ei ewyllys. Alli di gredu'r peth?'

'O! Rw i'n falch drostat ti, Ellis. Mi fyddi di'n wych.'

'Wi am i ti ymuno â fi.'

Edrychais arno'n syn. Yna chwerthin.

'Wi'n mynd, Ellis!' meddwn, a chyfeirio at y llong, fel pe na bai wedi ei gweld.

'Beth sydd mor ddoniol?' gofynnodd.

'Pa wahaniaeth alla i wneud?'

'Pob gwahaniaeth! Y gwahaniaeth oeddet ti ishe ei wneud o'r cychwyn.'

Teimlwn yn flin ag Ellis. Roedd yn ddigon anodd gadael heb iddo ymrithio o fy mlaen fel y diafol yn y diffeithwch a chynnig i mi bopeth a welwn. A beth a welwn? Y dref. Yr hen hollt nadreddog yn y ddaear. Nid oedd yn brydferth. Ond roedd iddi fwrlwm, gwasgfa o bobol o bob cwr o'r wlad, a thu hwnt, pawb a'i farn a'i arferion ei hun. Doedd hi byth yn ddistaw, byth yn ddiflas ac roedd rhywbeth i'w weld o hyd. Yr unig brydferthwch oedd prydferthwch y bobol, yn eu harwriaeth, eu creadigrwydd, a'u caredigrwydd i eraill ar adegau anodd.

Na.

'Sdim modd achub y dref. Mae'n rhy…'

'Fe allet ti ei newid hi.'

Ysgydwais fy mhen. 'Dydw i ddim ishe, Ellis. Dydw i ddim am edrych yn ôl.'

'Beth alli di wneud yn wahanol ym Mhatagonia?'

'Dechrau o'r dechrau.'

'Rhedeg i ffwrdd, Sara,' meddai gan ysgwyd ei ben. 'Dwi'n gwbod bod Mr Glass yn 'en darw ystyfnig, ond roedd yn iawn am un peth – os wyt ti ishe gwneud gwahaniaeth gwirioneddol, mae'n rhaid i ti sefyll dy dir.'

Pwysais dros yr ymyl a bytheirio ato. 'Dw i weti penderfynu, Ellis. Efallai mai dyma'r penderfyniad rong, ond dw i weti penderfynu.' Edrychais i fyw ei lygaid. 'Ond – ond rwy'n gwerthfawrogi dy fod ti weti trio.'

'O. Olréit.' Nodiodd ei ben yn siomedig, cyn gwenu. 'Pob lwc i ti yn y Gymru Newydd.'

'Os fyddi di ishe gohebydd fan honno…'

Chwifiais fy llaw, ac fe gododd law yn ôl. Yna troais fy nghefn a diflannu i grombil y llong. Eisteddais ar fainc wrth un o'r portyllau. O'r fan honno gallwn weld Ellis yn troi, ac yn cerdded, ei ddwylo yn ei bocedi, a'i ben i lawr, tuag at y gantri. Dychmygais ef yn gwneud y daith unig yn ôl i Wasg Glass, gan sefyll i edrych trwy ffenestri siopau'r Stryd Fawr. Fe fyddai angen siwt newydd arno. Het uchel. Oriadur poced aur. Pethau fyddai'n adlewyrchu ei statws newydd fel perchennog gwasg argraffu uchel ei pharch drwy Gymru gyfan, Lerpwl, a hyd yn oed yn Llundain. Byddai hyd yn oed y Prif Weinidog yn gwybod ei enw, cyn bo hir.

Meddyliwr dwys oedd Ellis, a phrin y byddai'n sylwi ar y bobol o'i amgylch wrth lywio ei gam i gyfeiriad Church Street, drwy ddrws agored y clos, ac yna i fyny'r grisiau cerrig i'r brif swyddfa.

Swyddfa Mr Glass ar un adeg.

Ei swyddfa ef yn awr.

Fe fyddai'r erthygl olygyddol yr wythnos ganlynol yn pwyso ar ei feddwl wrth iddo agor y drws. A byddai bron yn cael trawiad wrth weld rhywun yn eistedd y tu ôl i'r ddesg, heb fedru cuddio'r wên ysmala ar ei hwyneb.

'Sara!'

'Ar un amod,' meddwn. 'Ei fod yn llawn straeon am bobol go iawn. Nid am faint o seddi cyngor sydd gan yr Anghydffurfwyr. Nid am beth sydd fwyaf manteisiol yn wleidyddol i'r Rhyddfrydwyr.'

Nodiodd Ellis ei ben, a'i ên yn llac.

'Am bobol go iawn. Rhaid i'r wasg fod yn llais i'r bobol.'

Rhwygwyd y dudalen yr oedd Sara yn ysgrifennu arni o'i dwylo. Deffrodd o'i breuddwyd. Roedd wedi mynd i berlewyg, wedi ymgolli yn hanes ei chymeriadau, wrth ysgrifennu beth bynnag a ddeuai i'w meddwl, yn gwireddu ei dymuniadau dwysaf.

Trodd ei phen mewn braw a gweld wyneb ei thad yn edrych arni. Gwgodd yn feddw, ei lygaid fel soseri, yr opiwm a'r morffin yn ei waed yn cymylu ei feddwl. Yna edrychodd i lawr ar y dudalen yn ei llaw.

'Beth yn y diawl yw hwn?' gofynnodd, a'r poer yn hedfan o'i geg. Rhedodd ei lygaid ar draws y dudalen. '"Ei fod yn llawn straeon am bobol go iawn",' darllenodd oddi ar y papur. '"Nid am faint o seddi cyngor sydd gan yr Anghydffurfwyr." Ti 'di bod yn... ysgrifennu?' Edrychodd ar y ddesg. 'Gyda 'mhethe i?'

'Do, 'nhad,' meddai Sara, ei llais yn crynu. Roedd wedi ei fferru ormod i ddweud dim byd arall.

'Dyma wyt ti weti bod yn ei wneud bob dydd tra odw i weti bod yn ca'l cyntun,' meddai. 'Nid golchi dillad neu sgwrio'r llawr na'r pethau y dylai merch sy'n edrych ar ôl têd oedrannus fod yn eu gwneud. Ond sgrifennu...' Edrychodd ar y dudalen drachefn. 'Sgwennu ffuglen! Sothach!'

Trodd ei phen er mwyn derbyn yr ergyd. Ond nid oedd wedi rhagweld mor ffyrnig fyddai hi. Nid ergyd i ddisgyblu mo hon, ond ergyd o gynddaredd. Ergyd o gasineb a ddaeth yn un ffrydlif nerthol. Syrthiodd Sara am yn ôl oddi ar y stôl a bwrw cefn ei phen ar lawr. Roedd ei chalon yn curo'n rhy gyflym i deimlo'r boen yn iawn. Ond pan edrychodd i fyny gwelodd, drwy'r smotiau o flaen ei llygaid, ei fod yn dal i syllu arni, ei lygaid yn mudlosgi. Ymbalfalodd Sara am ddihangfa, pob aelod o'i chorff yn ysu i ffoi, ond roedd mewn gormod o banig i roi cynnig arni. Daeth blaen troed ei thad i lawr ar ei hasennau, a'i gwasgu ar lawr, nes ei bod yn cael trafferth anadlu.

'Ry'n ni weti bod drwy hyn o'r blaen, Sara,' meddai, ei frest yn codi a gostwng yn gyflym. Syrthiodd dafn o boer o'i geg a glanio ar ei hysgwydd. 'Dim...' Cydiodd yn y potyn inc a'i daflu arni. 'Ysgrifennu!' taranodd.

Cydiodd yn y cwbwl o'r papurau ar y ddesg a'u sgrynsio'n beli.

'Na. Dim y...'

Stwffiodd ei thad y papurau dan ei gesail ag un llaw, a gyda'i law rydd, plygodd a chydio yn ei gwallt. Teimlodd Sara bob blewyn ar gorun ei phen yn plycio fel tannau telyn wrth iddo ei llusgo o'r stydi ac i mewn i'r ystafell fyw. Yno roedd tân yn mudlosgi. Sylweddolodd ei bod yn pryderu llai am ei hiechyd ei hun na'r bwndel o bapurau oedd gan ei thad dan ei gesail. Fe fyddai ei chnawd yn iacháu ar ôl curfa arall, ond... o golli'r cwbwl, fyddai hi ddim yn bosib eu hadfer. Roedd y geiriau wedi tywallt ohoni fel dŵr o bistyll, ac wedi cael eu sugno gan y papur. Ni fyddai modd eu cael yn ôl, ddim fel oedden nhw.

Oedodd ei thad, a'i gollwng, fel pe bai angen hoe fach wrth lusgo sach o datws o'r mart. Dechreuodd fyseddu drwy'r tudalennau, gan oedi yma a thraw i ddarllen, yn chwilio am dystiolaeth i'w damnio.

'Sothach coelgrefyddol, ynfyd.' Poerodd. 'Anaf angheuol i gredo crefyddol y Cymry.' Cododd ei lais, wedi gwylltio go iawn, fel y gwelai Sara ef yn gwneud ar y Sul. 'Amgen efengyl sy'n rhwystr i'r gwirionedd ledu yn ein gwlad!'

Dihangfa. Dyna oedd Sara eisiau ei ddweud. Dihangfa ydoedd. Dihangfa i fyd arall. Dihangfa oddi wrthoch chi, fy nhad.

Fel pe bai'n gallu deall yr ystyr yn ei llygaid, fe roddodd gic arall iddi.

Camodd draw at y tân a gwelodd Sara yn syth ei fod ar fin taflu'r cyfan i'r fflamau.

Nid oedd ymostwng yn ddewis. Roedd angen iddi amddiffyn ei gwaith, fel mam yn amddiffyn ei phlentyn.

Crwydrodd ei llaw at y celfi wrth y pentan. Cydiodd yn y teclyn a ddaliai'r rhaw, y procer, yr efail a'r brwsh a'u hysgwyd oddi arno.

'Fe aiff y rwtsh yma i'r tên, a thithau gydag ef,' meddai ei thad. Gwelodd ei fod yn oedi, yn sawru'r peth. Doedd e erioed wedi cael ei brifo hi fel hyn. Roedd yn well nag unrhyw ergyd gorfforol. 'So ti ddim gwell na dy fam. Yr hoeden iddi, yn rhedeg bant 'da'r dyn 'na o'r dref!'

Gofynnodd Sara i Dduw am nerth. I fod mor gryf â'r Sara honno yn nhudalennau ei dychymyg. Ond gwyddai na fyddai Ef yn ateb ei gweddi. Nid i gyflawni'r hyn oedd hi'n ei fwriadu. Dim ond y Diafol a roddai nerth i'w braich yn awr.

Cododd ar ei thraed y tu cefn i'w tad, a chodi'r polyn pres. Chwipiodd ef i lawr ar ei ben mor galed ag y gallai hi. Fe aeth cryndod rhyfedd drwyddo, fel pe bai'n dawnsio yn yr unfan. Fel pe bai wedi cydio mewn gwifren drydan.

Ond ni syrthiodd. Sadiodd ar ei draed. Trodd. Roedd ei wyneb wedi newid. Un hanner ohono'n siglo fel jeli, fel pe bai wedi colli pob rheolaeth.

Camodd Sara am yn ôl a chodi ei breichiau o'i blaen. Ond camodd tuag ati, ei goesau'n simsan, ar fin syrthio un eiliad ond yn unionsyth y nesaf. Gydag un ymdrech olaf cyn trigo, estynnodd ei ddwylo tuag ati a'u cau am ei gwddf, a gadael i'w bwysau mawr ei gwthio drosodd.

Roedd yn benderfynol o fynd â hi i uffern gydag ef.

Wrth syrthio bwriodd Sara ei phen yn erbyn ymyl y bwrdd bach. Ni welai ddim wedyn. Dim ond teimlo fel petai'n suddo i bwll moethus. Roedd hynny'n iawn. Rhyddhad oedd hynny. Dihangfa.

A gwelodd wynebau, yn camu ymlaen i'w chroesawu. Na, nid ei theulu. Neb oedd wedi ei bradychu. Wynebau cyfarwydd. Wynebau cyfeillgar.

Ellis. Jenkin. Mr Glass. Bopa. Wynebau yr unig gyfeillion oedd ganddi. Wynebau ei chymeriadau.

Hefyd gan yr awdur:

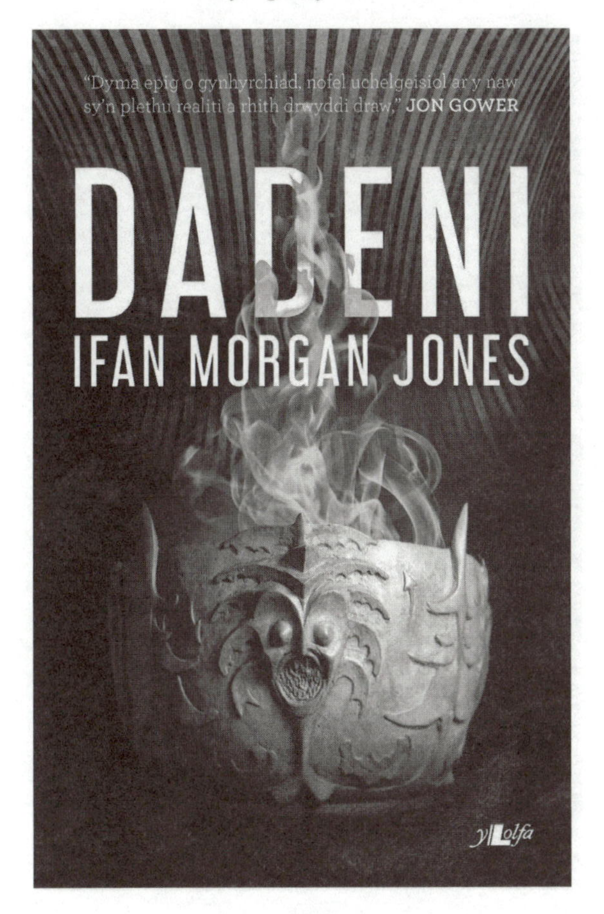

£9.99

y Lolfa
YR ARGRAFF GYNTAF
Caerdydd, 1927, ac mae'n wythnos fawr yn hanes y ddinas . . .
IFAN MORGAN JONES
Nofel antur gyffrous gan enillydd Gwobr Goffa Daniel Owen 2008

£7.95

"Go brin fod yng Nghymru heddiw nofelydd mor wreiddiol
a dyfeisgar â'r awdur hwn." Emyr Llywelyn
Igam Ogam
Enillydd
Gwobr Goffa
Daniel Owen
2008
Ifan Morgan Jones
y Lolfa

£7.95

Hefyd o'r Lolfa:

£9.99

Nofel gyfoes ffraeth â llinyn storïol cryf
DANIEL DAVIES
PEDWAREDD
RHEOL
ANHREFN
y Lolfa

£8.99

AR DRYWYDD LLOFRUDD
'Llais newydd hyderus ym myd sgrifennu ditectif Cymraeg.'
JON GOWER
ALUN DAVIES
y Lolfa

£8.99

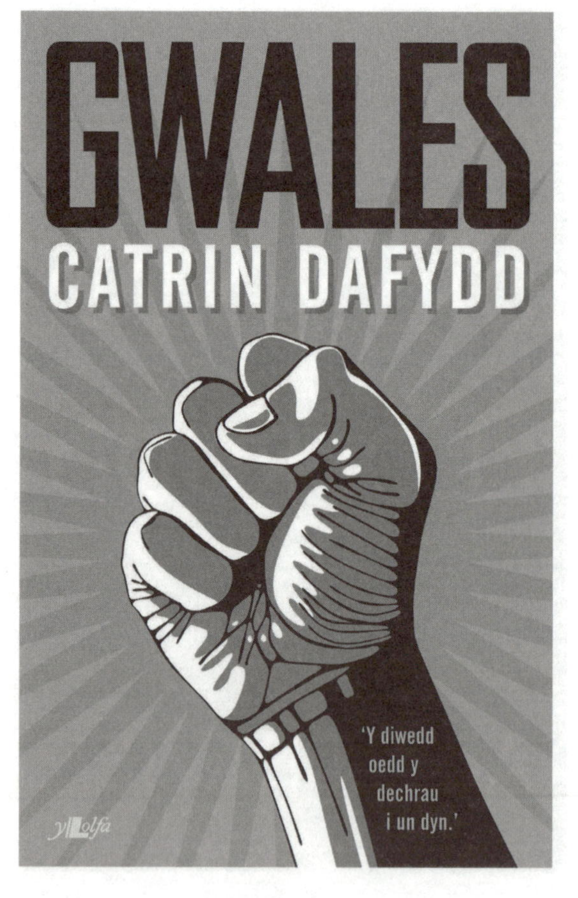

£9.99

Holwch am bris argraffu!
www.ylolfa.com